主　编 ◎ 黄津孚
副主编 ◎ 张小红　龙成凤

MANAGEMENT

管理学
精读文选与管理案例

首都经济贸易大学出版社
Capital University of Economics and Business Press
·北京·

图书在版编目（CIP）数据

管理学精读文选与管理案例／黄津孚主编．--北京：首都经济贸易大学出版社，2022.10
ISBN 978-7-5638-3342-9

Ⅰ．①管… Ⅱ．①黄… Ⅲ．①管理学 Ⅳ．①C93

中国版本图书馆 CIP 数据核字（2022）第 055466 号

管理学精读文选与管理案例
主　编　黄津孚
GUANLIXUE JINGDU WENXUAN YU GUANLI ANLI

责任编辑	陈　侃
封面设计	砚祥志远·激光照排　TEL:010-65976003
出版发行	首都经济贸易大学出版社
地　　址	北京市朝阳区红庙（邮编100026）
电　　话	（010）65976483　65065761　65071505（传真）
网　　址	http://www.sjmcb.com
E - mail	publish@cuob.edu.cn
经　　销	全国新华书店
照　　排	北京砚祥志远激光照排技术有限公司
印　　刷	唐山玺诚印务有限公司
成品尺寸	170 毫米×240 毫米　1/16
字　　数	449 千字
印　　张	25
版　　次	2022 年 10 月第 1 版　2024 年 1 月第 1 版第 3 次印刷
书　　号	ISBN 978-7-5638-3342-9
定　　价	65.00 元

图书印装若有质量问题，本社负责调换
版权所有　侵权必究

主编简介

黄津孚：首都经济贸易大学教授，博士生导师，工商管理学院前院长、MBA教育中心主任、企业发展研究中心主任。国家级优秀教师、享受国务院特殊津贴专家。长期担任中国企业联合会国家级创新成果审定委员会委员、袁宝华企业管理金奖评审专家委员会委员；曾担任中国企业管理研究会常务理事、中国人民大学客座教授、首都企业改革与发展研究会副会长、多家企业独立董事和高级顾问。主要研究领域：管理学理论、企业管理现代化与管理创新、企业组织与人力资源管理、机遇管理。先后主持完成国家自然科学基金、北京市自然科学基金、教育部、工业和信息化部、北京市教委、首都经济贸易大学以及企业委托科研咨询项目20余项，获得省部级优秀成果二等奖3项。考察指导国内大中型企业管理创新上百家。

代表性学术著作：《现代企业管理原理》，首都经济贸易大学出版社（1991，1994，1997，2001，2006，2011），清华大学出版社（2017），先后七版共重印30多次，发行33万余册；《企业管理现代化：理论·轨迹·经验》，经济管理出版社（2008）；《机遇及机遇管理——理论与方法》，科学出版社（2010）；《信息化、数字化、智能化——管理的视角》，经济科学出版社（2014）；《智能互联时代的管理变革》，首都经济贸易大学出版社（2019）。

前言

本教材主要面向以下读者：选修管理学课程的大学生和研究生、管理学教学科研工作者、各行各业从事管理事业以及对管理学感兴趣的人们。

本教材分为主教材《现代企业管理原理（第八版）》与配套教材《管理学精读文选与管理案例》，是继首都经济贸易大学出版社 1991 年第 1 版、1994 年第 2 版、1996 年第 3 版、2002 年第 4 版、2007 年第 5 版、2011 年第 6 版和清华大学出版社 2017 版之后的新版本。

编著本教材的主要背景和目的

本书编著者自 1982 年研究生毕业后，一直以管理学教学、学术研究和社会服务为职业生涯，担任管理学课程主讲教师 26 年、MBA 教学督导多年，培养管理学硕士、博士研究生 82 名；担任中国企业联合会管理现代化创新项目评审指导专家 20 年，先后为企业提供管理讲座、管理咨询百余场（项）。

通过对本科生和研究生、在职管理人员教学培训实践的长期研究，笔者认识到编著这样一部管理学配套教材有以下必要性和紧迫性。

1. 更好地贯彻新时代高等教育以学生为本、以自学为主的理念。为扩展大学生的知识面，鼓励大学生独立思考，高等教育的教材在为学生提供科学扎实的基本理论的同时，还必须提供较为丰富的自学资料和管理案例。现有的管理学教材大都将管理学理论及相关案例、参考文献编成一体，使教材越来越厚，教师和学生都感觉不方便。国内虽有专门的管理学案例出版，但鲜见专门为管理学（原理）编著的阅读与案例配套教材。本套教材分为两册，同时编著出版，供读者自主选用，以期更好地贯彻以学生为本、以自学为主的理念。

2. 更好地适应不同读者的需要。我国高校选修管理学课程的在校学生数以百万计，既有本科生，又有研究生；既有管理学科专业的学生，又有经济学、社会学乃至理工科专业的学生。编著者将管理学（原理）教材分为以传授基本理论为主的主教材，和以扩大学生知识面、提升学生独立思考和解决实际问题能力为主的配套教材（配套教材中的阅读文献有长有短，管理案例的问题有深有浅，案例材料既可以是为某一主题服务的局部性事件，也可以是各章共享的系统性较强的相关文献和案例），学生和在职管理人员可以根据教学要求和兴趣灵活选择，两种教材能够满足不同的需要。

3. 适应理论与实践不同的变化节奏。理论的发展和实践的发展通常不是同步的，一般情况下是理论滞后于实践。教科书的理论内容大部分应该是相对成熟、具有较长时效价值的知识，更新周期可以稍长；而配套教材则主要针对组织面临的新情况和新问题，应当提供最新的实践经验和比较前沿的学术研究成果，使学生和管理人员拥有更大的独立思考空间；同时，配套教材的内容更新也可以比理论性教材更快。

如何使用配套教材

配套教材共分14章，与主教材一一对应。每章采用图文结合的形式提供理论概要，便于读者理解和掌握该章的核心内容；每章同时提供4~6道思考和讨论题，3~4篇阅读文献以及3~4个管理案例。

建议读者首先阅读理论概要，然后带着思考和讨论题预习主教材《现代企业管理原理（第八版）》（首都经济贸易大学出版社），或选用最近5年内出版的其他管理学教材的相关内容，然后根据教学的需要选读选用本教材提供的阅读文献和管理案例。例如，对于管理学专业的研究生，特别是MBA学生，建议阅读所有的推荐文献和案例；对于本科生或专科生，每章可以选择其中1~2篇推荐文献和1~2个管理案例，以及与之相关的思考讨论题，以减轻学生的学习负担。

案例的价值重在讨论。管理问题大都没有标准答案，可以有不同的视角和不同的解决方案，还可关注黄津孚的新浪博客专题文章。通过小组讨论以及各小组的交流，可以获得互相启发、事半功倍的效果。

致谢

本教材属于编著类辅助教材，大量借鉴了国内外学界的研究成果，大量吸收了国内外企业实践经验和相关材料，特别是得到了中国企业联合会的大力帮助，有多篇是他们提供的最新管理研究的创新成果。本版教材的编著、出版、发行得到了首都经济贸易大学出版社杨玲社长、编辑部主任王玉荣老师以及其他工作人员的大力支持和帮助。为支持本书的编著，我的夫人索桂荣女士包揽了全部家务，不断给予鼓励。在此，一并向上述机构和人士表示由衷的感谢！

为了更好地为读者服务，恳请各位为改进本教材的编著提出改进意见！

黄津孚
2022年6月30日于北京

《管理学精读文选与管理案例》的阅读价值

这是一本针对性极强的、国内鲜见的与管理学教材配套辅助教材。本书共收入精选文献及管理案例各四十余篇，其阅读价值可以归纳为以下六个方面。

（一）为主教材提出的管理理论提供有说服力的论证

1. 从数学及物理学角度论证，管理既可以实现系统功能的增强，也可以实现系统功能的削弱。新功能形成的主要机制在于系统要素的时空排列优化、系统要素运动的有序化以及系统要素之间的相互激励。该论点可通过相关管理实例加以诠释（参见第1章"管理效应1+1大于2的机制揭秘""张瑞敏三招推动海尔崛起的故事""王师傅的一次管理实践"）。

2. 管理目标的达成必须以完成优化资源配置、活动秩序和合作氛围三项基本任务，以及实现计划、组织、激励、协调、控制和领导六项职能为前提。该论点以抗日战争时期爱国人士卢作孚组织宜昌大撤退的案例予以展示（参见第1章"卢作孚成功组织宜昌大撤退"）。

3. 企业经营存在巨大风险，绝大多数企业寿命不长，经营者常常面临很大压力，原因之一是企业是一个难以驾驭的复杂系统，企业内外环境高度不确定（参见第2章"企业生存统计与企业家的感慨""首钢国际化战略首战失利""西方这10家著名公司岌岌可危"，以及第11章"工程公司经理们的苦恼"）。

4. 卓越管理者都有不平凡的成长过程和不向"潜规则"屈服的勇气（参见第3章"刘强东创建京东公司的发展回忆""王石坚持不向'潜规则'屈服""北大方正竟然破产了"）。

5. 在实现客户价值的同时实现要素共享者价值以及社会价值是可能的（参见第4章"华为为什么得到全世界的尊重""汉斯·瓦尔如何成为德国的'茅厕大王'"）；但仍有不少企业利润至上，不惜损害客户利益（参见第4章"魏则西事件重挫百度商誉""普惠金融与中国的P2P"，以及第13章"网红奶茶成分大揭秘"）。

6. 以人为本应创造良好的文化氛围（参见第6章"埃森哲研究指出企业

创新活力来自人性而非狼性")。

7. 权变与创新必须增强核心竞争力、促进价值创造能力（参见第 7 章 "乐视与信维通信都搞创新殊途不同归"以及第 9 章 "德国的隐形冠军企业的八个特点"）。

8. 企业可持续竞争优势来自企业系统的不断优化，企业重大短板将导致其走向衰落（参见第 8 章 "有关企业可持续竞争优势的系统思考""国内外著名企业沉浮录"）。

9. 平均主义的分配违背激励的原则（参见第 11 章 "主张平均社会财富的实验结果令人震惊"）。

10. 协调出效益（参见第 12 章 "曹德旺将玻璃厂的毛利率提高到 40%""反倾销中的中国企业联盟""南车株洲所成功并购英、德两家高科技公司"）。

11. 跨国经营必须重视合规经营管理，风险控制必须基于系统思维（参见第 13 章 "跨国经营中外企业合规性管理的经验和教训""这款私募基金能不能认购""从房地产创业泡沫到新能源汽车与芯片之创新风口"）。

（二）将抽象的理论展示为具体的应用方法与工具

1. 关于如何贯彻科学经营理念，第 5 章提供了两篇文选："长安汽车的标准化管理体系""新春油田智能互联科技应用取得实效"。

2. 关于资本市场战略投资决策分析思路，参见第 8 章 "选择向哪家公司做战略投资"。

3. 关于制订计划必须善于利用各种指数研究环境，参见第 9 章 "关注义乌指数——小商品市场的晴雨表"。

4. 关于引领行业发展的战略，参见第 9 章 "红领集团的个性化定制""沃尔玛如何应对零售业竞争"。

5. 关于公司治理机制的设计，如何阻止公司控制权旁落，参见第 10 章 "创业者和企业家如何保持公司控制权""东胜油田实行混合所有制的治理机制"。

6. 关于如何构建工业互联网，如何实行团队管理，参见第 10 章 "海尔构建工业互联网平台企业""腾讯公司的团队管理"。

7. 关于如何激励经营者和员工，参见第 11 章 "让世界'瞩目'的 Zoom""京汉实业投资项目实行跟投管理制"。

8. 关于如何处理大型国企多元主体治理难题，参见第 12 章 "中国电子科技集团多元治理主体的协调"。

9. 关于企业如何建立长期成本优势，以及中小企业如何应用六西格玛管理，参见第 13 章"台塑经验还有哪些可取之处""某塑料厂实施六西格玛管理的应用"。

10. 关于高风险企业如何建立高可靠性安全管理体系，参见第 13 章"大亚湾核电站的安全保障体系"。

（三）管理面临的挑战

1. 长期挑战：管理的复杂性、不确定性与两难困境。

（1）关于企业成本控制与社会责任的两难，参见第 6 章"关于'996'的争论"。

（2）关于亲情文化与成本控制的矛盾，参见第 6 章"海底捞及其企业文化"。

（3）关于传统文化对科学决策的抵制，参见第 2 章"意大利为什么未能吸取历史经验及时控制新冠肺炎疫情"。

（4）关于环境的不确定性，参见第 7 章"富士康在美国投资的百亿工厂 2 年才盖起一栋房"。

（5）关于人才评价标准与薪酬的分配难题，参见第 11 章"中国公立医院面临人才流失危机"。

2. 智能互联挑战。

（1）关于平台型企业面临参与者共享成本、协调各种利益关系的挑战，参见第 2 章"网约出租车的前途如何"，第 12 章"平台型企业成长的烦恼"。

（2）关于智能化将淘汰大量现有岗位的预测，参见第 6 章"未来将有许多机器人上岗"。

（3）关于在管理实践中应用智能互联科技的伦理与政策问题，参见第 5 章"科技应用的伦理与政策问题"。

3. 中国管理面临的挑战。

（1）关于中国经济应对以美国为首的西方各国制裁，参见第 7 章"国有企业深化改革三年行动计划"。

（2）关于中国物业管理难题，参见第 8 章"中国的物业管理难题"。

（3）关于中国机床行业的困境，参见第 8 章"如何破解中国机床行业的困境"。

（四）学界和社会上可能存在争议的管理认知、管理事件和管理人物

1. 学术争议。

（1）关于互联网时代个性化定制是否将取代标准化生产方式，参见第 5 章"个性化定制将取代标准化生产方式吗"。

（2）关于市场经济体制下，资本意志和企业家意志应该谁服从谁，参见第 10 章"万科与门口'野蛮人'的抗争"。

2. 人物及企业评价。

（1）关于如何评价联想及柳传志，参见第 3 章"联想 35 年的艰苦探索"。

（2）关于如何评价阿里巴巴与马云，如何评价平台巨头，参见第 4 章"27 家平台巨头被约谈与阿里巴巴的自我介绍"。

（3）关于如何评价传奇人物企业家乔布斯，参见第 14 章"'独辟蹊径'的企业家乔布斯"。

（4）关于如何评价国有企业整合策略，参见第 12 章"南车北车合并引发垄断质疑"。

3. 管理模式的普适性争议。

（1）关于企业要不要规章制度，参见第 6 章"特斯拉的员工手册"。

（2）关于有机管理模式和君子型领导，参见第 14 章"李彦宏的有机管理模式和君子型领导"。

（五）倡导独立思考和科学探索精神

关于管理先驱的思想方式：

（1）关于科学管理之父泰勒论科学管理的实质，参见第 5 章"泰勒的科学管理思想和调查研究"。

（2）关于华为总裁任正非的演讲和对话，参见第 2 章"任正非在人民大会堂向国家领导人及两院院士的汇报"及第 14 章"索尼吉田社长对话华为创始人任正非"。

（3）关于战略，参见第 9 章"企业家宋志平谈战略"。

（4）关于苹果管理逻辑，参见第 11 章"苹果首席执行官库克的管理逻辑"。

（六）延伸阅读

1. 统计资料和排行榜。

（1）关于史上最伟大的"企业家"，参见第 3 章"彪炳世界的企业家"。

(2) 关于企业成败，参见第 2 章"格罗斯对 200 多家公司的成败因素分析"。

(3) 关于创新能力，参见第 7 章"2021 年度全球百强创新机构"。

2. 管理发展史介绍。

(1) 关于从精益生产到精益经营，参见第 4 章"精益生产与精益经营简介"。

(2) 关于企业创新，参见第 7 章"变革与创新的历史轨迹"。

(3) 关于管理哲学的演进，参见第 8 章"现代系统思维概要"。

（七）笔者的大胆质疑和深度探索

1. 从数学和物理学的角度揭示系统新功能形成的主要机制。1983 年，笔者在学习和研究系统管理理论时触及一个学界未加证明的结论：系统整体的性质和功能不等于各组成部分性质和功能的简单相加，这就是著名的贝塔朗菲定律，即人们常说的"1+1>2"。系统新的功能究竟是怎么形成的？贝塔朗菲定律可否证明以及如何证明？当时，笔者请教中国科学院哲学所一名博士，他以无可置疑的口气对我说：这是系统理论中不证自明的一个公理。本人不满足于这个答案，况且笔者还记得恩格斯曾说过：任何一门科学的真正完善在于数学工具的广泛应用。经过数月的研究及实践，笔者终于从数学和物理学的角度揭示了系统新功能形成的机制，从而也揭示了系统管理原理，并发表在权威刊物《系统工程理论与实践》（参见第 1 章"管理效应 1+1 大于 2 的机制揭秘"）。

2. 采用概率论和图论模型，解决了机遇的定义和机遇的识别问题。发展机遇是 21 世纪初出现在媒体上频率最高的概念之一，但对于发展机遇，无论是学术界、企业界还是社会上，都存在将机遇和机会概念混为一谈的情形，认为"机遇和风险对等"。这一认识导致企业界和社会中机会主义盛行，投资者及权益相关者损失巨大。笔者鼓起勇气挑战西方管理界及保险界的长期观点，通过语义学研究，采用概率论和图论模型，解决了机遇的定义和机遇的识别问题，并在企业管理咨询中投入应用，得到客户的认可，填补了国内"机遇管理"理论的空白。笔者的相关理论论著《机遇管理导论》的出版得到首都经济贸易大学出版基金资助，相关理论论著《机遇及机遇管理——理论与方法》也通过北京市自然科学基金资助项目成果评审（参见第 9 章"机遇的性质与识别——机遇难得而机会遍地都有"）。

3. 建立"管理原理金字塔"独特理论架构。直到 21 世纪初，国内外管理学教材理论架构多采用美国管理学权威孔茨的做法，形成以计划、组织、领导、控制等管理职能为框架的知识体系。笔者认为该体系并未揭示管理的基本规律，未能为读者提供清晰的管理原理。笔者通过30多年的艰苦探索，建立了包括管理要素、经营理念、管理职能的多层次"管理原理金字塔"理论架构，为管理学的相关学术使命贡献了自己的力量（参见第1章"主流管理学教材内容体系框架一览"）。

黄津孚

2022年6月于北京

目 录

第1篇 管理要素

第1章 管理活动及管理原理 ·· 3
一、教学目标、内容概要、思考与讨论 ····································· 3
二、精读文选 ·· 5
  文选（一）管理效应1+1大于2的机制揭秘 ························· 5
  文选（二）张瑞敏三招推动海尔崛起的故事 ························· 13
  文选（三）主流管理学教材内容体系框架一览 ····················· 16
三、管理案例 ··· 23
  案例（一）王师傅的一次管理实践 ····································· 23
  案例（二）中国足球何时能够在国际上争得一席之地 ············ 24
  案例（三）卢作孚成功组织宜昌大撤退 ······························ 26

第2章 管理对象 ·· 32
一、教学目标、理论概要、思考与讨论 ···································· 32
二、精读文选 ··· 34
  文选（一）企业生存统计与企业家的感慨 ··························· 34
  文选（二）首钢国际化战略首战失利 ································· 36
  文选（三）任正非在人民大会堂向国家领导人及两院院士的
            汇报 ··· 40
  文选（四）格罗斯对200多家公司的成败因素分析 ·············· 42
三、管理案例 ··· 44
  案例（一）西方这10家著名公司岌岌可危 ························· 44

案例（二）　网约出租车的前途如何 ················· 47
　　　案例（三）　意大利为什么未能吸取历史经验及时控制新冠肺炎
　　　　　　　　　疫情 ······························· 51

第 3 章　管理者 ······································· 54
　一、教学目标、理论概要、思考与讨论 ···················· 54
　二、精读文选 ··· 55
　　　文选（一）　全球有多少个管理者和有志于管理事业的人 ··· 55
　　　文选（二）　彪炳世界的企业家 ······················ 57
　　　文选（三）　北大方正竟然破产了 ···················· 60
　三、管理案例 ··· 63
　　　案例（一）　李女士参与创办茶餐厅的辛酸经历 ········· 63
　　　案例（二）　王石坚持不向"潜规则"屈服 ············· 64
　　　案例（三）　刘强东创建京东公司的发展回忆 ··········· 66
　　　案例（四）　联想35年的艰苦探索 ···················· 70

第 2 篇　经营之道

第 4 章　创造价值 ····································· 79
　一、教学目标、理论概要、思考与讨论 ···················· 79
　二、精读文选 ··· 81
　　　文选（一）　华为为什么得到全世界的尊重 ············· 81
　　　文选（二）　汉斯·瓦尔如何成为德国的"茅厕大王" ··· 87
　　　文选（三）　精益生产与精益经营简介 ················ 88
　三、管理案例 ··· 91
　　　案例（一）　魏则西事件重挫百度商誉 ················ 91
　　　案例（二）　27家平台巨头被约谈与阿里巴巴的自我介绍 ·· 94
　　　案例（三）　普惠金融与中国的P2P ·················· 99

第 5 章　科学经营 ···································· 103
　一、教学目标、理论概要、思考与讨论 ··················· 103
　二、精读文选 ·· 104

文选（一）　泰勒的科学管理思想和调查研究 …………… 104
　　　文选（二）　长安汽车的标准化管理体系 ………………… 106
　　　文选（三）　新春油田智能互联科技应用取得实效 ……… 115
　　三、管理案例 ………………………………………………………… 122
　　　案例（一）　一个管理学的老命题——管理是一门科学吗 … 122
　　　案例（二）　个性化定制将取代标准化生产方式吗 ……… 126
　　　案例（三）　科技应用的伦理和政策问题 ………………… 129

第6章　以人为本 …………………………………………………………… 133
　　一、教学目标、理论概要、思考与讨论 ……………………………… 133
　　二、精读文选 ………………………………………………………… 135
　　　文选（一）　世界人权宣言 ………………………………… 135
　　　文选（二）　楚汉之争项羽败于刘邦的用人之道 ………… 139
　　　文选（三）　埃森哲研究指出企业创新活力来自人性而非狼性 … 141
　　　文选（四）　海底捞及其企业文化 ………………………… 142
　　三、管理案例 ………………………………………………………… 144
　　　案例（一）　关于"996"的争论 …………………………… 144
　　　案例（二）　特斯拉的员工手册 …………………………… 146
　　　案例（三）　未来将有许多机器人上岗 …………………… 150

第7章　权变与创新 ………………………………………………………… 154
　　一、教学目标、理论概要、思考与讨论 ……………………………… 154
　　二、精读文选 ………………………………………………………… 155
　　　文选（一）　变革与创新的历史轨迹 ……………………… 155
　　　文选（二）　2021年度全球百强创新机构 ………………… 166
　　　文选（三）　《从0到1》的创新 …………………………… 171
　　三、管理案例 ………………………………………………………… 174
　　　案例（一）　富士康在美国投资的百亿工厂2年才盖起一栋房 … 174
　　　案例（二）　国有企业深化改革三年行动计划 …………… 177
　　　案例（三）　乐视与信维通信都搞创新殊途不同归 ……… 181

第8章　系统优化 …………………………………………………………… 186
　　一、教学目标、理论概要、思考与讨论 ……………………………… 186

二、精读文选 ··· 187
文选（一） 现代系统思维概要 ······································ 187
文选（二） 有关企业可持续竞争优势的系统思考 ············· 190
文选（三） 如何破解中国机床行业的困境 ······················ 199

三、管理案例 ··· 204
案例（一） 选择向哪家公司做战略投资 ························· 204
案例（二） 国内外著名企业沉浮录 ································ 214
案例（三） 中国的物业管理难题 ··································· 218

第3篇 管理职能

第9章 计划原理 ··· 225
一、教学目标、理论概要、思考与讨论 ···························· 225
二、精读文选 ··· 226
文选（一） 关注义乌指数——小商品市场的晴雨表 ········· 226
文选（二） 企业家宋志平谈战略 ··································· 228
文选（三） 机遇的性质与识别——机遇难得而机会遍地都有 ··· 235
三、管理案例 ··· 239
案例（一） 红领集团的个性化定制 ································ 239
案例（二） 沃尔玛如何应对零售业竞争 ························· 244
案例（三） 德国的隐形冠军企业的八个特点 ···················· 247

第10章 组织原理 ·· 252
一、教学目标、理论概要、思考与讨论 ···························· 252
二、精读文选 ··· 253
文选（一） 创业者和企业家如何保持公司控制权 ············· 253
文选（二） 东胜油田实行混合所有制的治理机制 ············· 259
文选（三） 奇瑞汽车实施阿米巴经营见成效 ···················· 262
三、管理案例 ··· 264
案例（一） 万科与门口"野蛮人"的抗争 ······················ 264

案例（二）海尔构建工业互联网平台企业 …… 266
　　　案例（三）腾讯公司的团队管理 …… 272

第11章　激励原理 …… 276
　一、教学目标、理论概要、思考与讨论 …… 276
　二、精读文选 …… 277
　　　文选（一）主张平均社会财富的实验结果令人震惊 …… 277
　　　文选（二）让世界"瞩目"的Zoom …… 279
　　　文选（三）苹果首席执行官库克的管理逻辑 …… 282
　三、管理案例 …… 285
　　　案例（一）工程公司经理们的苦恼 …… 285
　　　案例（二）京汉实业投资项目实行跟投管理制 …… 289
　　　案例（三）中国公立医院面临人才流失危机 …… 291

第12章　协调原理 …… 297
　一、教学目标、理论概要、思考与讨论 …… 297
　二、精读文选 …… 298
　　　文选（一）曹德旺将玻璃厂的毛利率提高到40% …… 298
　　　文选（二）反倾销中的中国企业联盟 …… 302
　　　文选（三）风险沟通 …… 303
　三、管理案例 …… 305
　　　案例（一）中国电子科技集团多元治理主体的协调 …… 305
　　　案例（二）南车株洲所成功并购英、德两家高科技公司 …… 310
　　　案例（三）平台型企业成长的烦恼 …… 313
　　　案例（四）南车北车合并引发垄断质疑 …… 317

第13章　控制原理 …… 320
　一、教学目标、理论概要、思考与讨论 …… 320
　二、精读文选 …… 321
　　　文选（一）某塑料厂实施六西格玛管理的应用 …… 321
　　　文选（二）跨国经营中外企业合规性管理的经验和教训 …… 323
　　　文选（三）大亚湾核电站的安全保障体系 …… 328

三、管理案例
    案例（一）　网红奶茶成分大揭秘 ………………………………… 335
    案例（二）　台塑经验还有哪些可取之处 ……………………………… 337
    案例（三）　这款私募基金能不能认购 ………………………………… 344
    案例（四）　从房地产创业泡沫到新能源汽车与芯片之
               创新风口 ………………………………………………… 348

第14章　领导原理 …………………………………………………… 351
一、教学目标、理论概要、思考与讨论 …………………………………… 351
二、精读文选 ………………………………………………………………… 352
    文选（一）　埃隆·马斯克与薛其坤院士的对话 ……………………… 352
    文选（二）　硅谷"教父"汉尼斯论领导力要领 ……………………… 355
    文选（三）　李彦宏的有机管理模式和君子型领导 …………………… 359
三、管理案例 ………………………………………………………………… 364
    案例（一）　民主纳谏与独裁决策 ……………………………………… 364
    案例（二）　"独辟蹊径"的企业家乔布斯 …………………………… 369
    案例（三）　索尼吉田社长对话华为创始人任正非 …………………… 372

第1篇　管理要素

第1章 管理活动及管理原理

一、教学目标、理论概要、思考与讨论

(一) 教学目标

1. 鼓励人们献身或参与管理事业。
2. 理解管理的性质、特殊贡献和特殊技能。
3. 了解管理学的学科性质。
4. 理解管理学的基本命题,掌握管理学原理的知识体系。

(二) 理论概要

管理是管理者在一定环境下,运用计划、组织、激励、协调、控制、领导等专门技能,促成集体努力达成一定目标的行为。

管理可以是一项伟大的事业。管理的特殊价值在于:它使集体活动得以形成并通过赋能促成集体活动目标的实现。

管理学是研究管理规律的新兴高科技应用学科群,目前已经形成几十门细分学科。

作为研究管理一般规律的管理学原理(在大学课程体系中常被简称为管理学),主要研究三大命题:何谓管理(管理的性质、功能及任务),有效管理的机制(管理理念及行为准则),如何管理(管理的具体方法、手段及其应用场景)。本书提出了由管理三要素(主要回答何为管理)、管理五大准则(归纳出有效管理的普适性要求)及管理六项职能(管理的实施策略)构成的管理原理金字塔(见图1-1)。

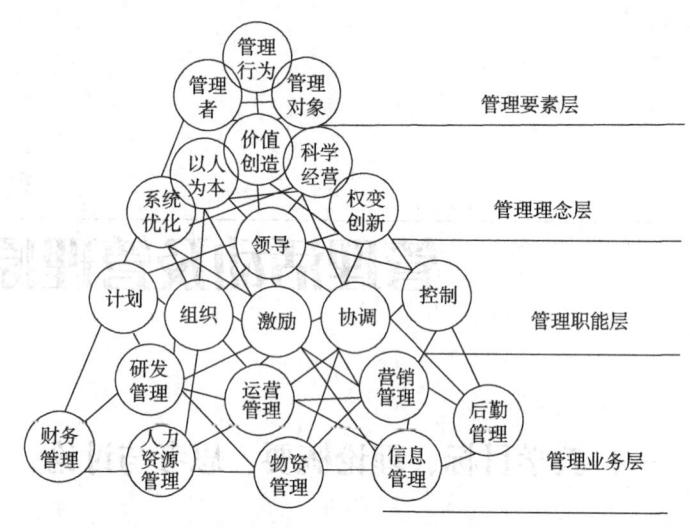

图1-1 管理原理金字塔

（三）思考与讨论

1. 如果有机会，你愿意应聘或竞聘管理岗位（包括当学生会干部）吗？为什么？

2. 如何认识管理和科技是推动人类社会发展的两个基本动力？你如何理解推动企业和国家发展方面管理与科技的相互关系？

3. 管理为什么能形成1+1>2的增能效应？尝试从理论上加以论证。

4. 从王师傅的管理实践、张瑞敏振兴海尔的"三招"，到卢作孚成功组织宜昌大撤退，归纳管理的性质、管理的特殊贡献、管理的基本功能与任务。

5. 通过将管理原理金字塔与你阅读过的国内外管理学教材，以及配套教材提供的19个管理学原理样本进行比较，你在理解管理的基本规律、管理学的基本命题方面有何新的收获？

6. 运用管理学原理总结中国女排夺取国际比赛"十冠王"桂冠，以及中国足球长期不振的不同原因。

二、精读文选

文选（一）管理效应 1+1>2 的机制揭秘[①]

1. 系统的整体功能及贝塔朗菲定律

系统理论认为，系统整体的性质和功能不等于各组成部分的性质和功能的简单相加，即人们常说的，1+1>2（确切地说，应该是 1+1≠2）。这就是著名的贝塔朗菲定律，也是系统理论的核心内容之一。

系统整体功能与分散个体功能总和存在差别早就为先哲们所觉察。古希腊伟大的思想家亚里士多德在公元前 300 多年前就发现"整体大于它的各部分的总和"的现象；英国经济学家亚当·斯密在 18 世纪就提出了分工协作能够提高生产力的学说；马克思在《资本论》第一卷第 362 页中进一步指出，元素结合成为系统，在功能上不仅可表现为量的增加，而且可形成不同性质的功能："一个骑兵连的进攻力量或一个步兵团的抵抗力量，与单个骑兵分散展开的进攻力量的总和有本质的差别。同样，单个劳动者的力量的机械总和，与许多人手同时完成同一不可分割的操作（例如举重、转绞车、清除道路上的障碍物等）所发挥的社会力量有本质的区别。……这里的问题不仅是通过协作提高了个人生产力，而且是创造了一种生产力，这种生产力本身必然是集体力。"

笔者将通过适当结合若干元素而形成系统新功能的现象称为系统的组织效应。人类之所以要组织起来，形成国家、政党、军队、企业和各种团体，其目的就是通过这种组织效应获取分散个人所不足或没有的功能，达到分散个人难以达到的目标。管理的任务就是产生和增大这种组织效应。

分散个体结合起来，为什么会产生新的、更大的功能，即为什么 1+1 能够大于 2？组织效应的内在机制是什么？这显然是管理学者十分感兴趣而且必须予以解读的问题。

2. 个体与系统的功能状态及其比较方法

广义上，我们可以将个体或系统的功能理解为个体或系统对环境内外的改造力与改造作用。这一定义使我们可以对分散的个体与若干个体组成的系

[①] 参见：黄津孚. 一般系统的实用模型及其应用实例 [J]. 系统工程理论与实践, 1985, 5(4)；黄津孚. 企业管理新论 [M]. 北京：北京经济学院出版社, 1989.

统进行比较。例如,在现实社会中,由10名职工组成的服装厂能够生产服装,手艺不错的个体裁缝也可以生产服装,那么我们就可以对这家服装厂的生产能力与分散的10个裁缝的生产能力进行比较。

要对系统与分散个体,或系统与系统进行功能比较,有必要提出功能的目的性概念。

系统的功能是与一定的目的相联系的。例如,机器功能与加工目的相联系,医疗系统与治病目的相联系,企业系统与提供商业性服务并盈利的目的相联系。于是,功能状态可以从以下三个方面进行考察和比较:

(1) 系统(或分散个体)有没有某一种或某一类功能?既然功能具有目的性,系统就存在能否达到目的的问题。例如,老李和老张各自买了1台照相机,一起到公园里游玩拍照,老李发现自己的照相机有摄录视频功能,而老张的那台却只能拍摄静态的画面。老张本想摄录公园里蝴蝶飞舞的动人画面,却无法达到预定目的。两台相机显示出不同的功能。

(2) 系统功能种类有多少?例如,有的汽车属于客货两用,还有空调、收放音设备,有的则只能运货;机械加工企业的机床有专用机床与多用机床之分;现代数控加工中心则车、铣、刨、磨无所不能,显然两者达到的目的也不一样。这就是系统功能种类的区别。

(3) 系统某种或某类功能水平如何?有时两个系统具有相同类别的功能,但是水平不一样。例如,同样是卡车,载重量有大有小,车速有快有慢;同样是服装厂,产品质量有高有低。因此,即使是功能类别相同的系统,其能够达到的目的水平也是不同的。

为了叙述方便,下面我们用功能目的函数 g 来表示事物的功能状态:

$$g = \begin{cases} 0 \text{(表示事物没有某种功能,即不能达到目的)} \\ 1 \text{(表示事物有某种功能,即能达到某种目的)} \\ 2 \text{(表示事物有较多功能,即能达到多种目的;或事物某种功能水平较高,能较好地达到该目的)} \end{cases}$$

此时将系统与分散个体进行功能比较,可出现如表1-1所示的四种情况。

表 1-1 分散个体与系统功能的比较

分散个体	$g=0$	$g=1$	$g=1$ 或 2	$g=2$
系统	$g=1$ 或 2	$g=2$	$g=0$	$g=1$
说明	系统产生了分散个体没有的新功能	系统增大或综合了分散个体的功能	系统抑制了分散个体原有的功能	系统减小或减少了分散个体原有的功能总和
举例	交响乐队的音响效果是任何单个乐器都难以达到的	专业化协作可提高生产率；智能手机兼有通信、摄录等功能	一个和尚挑水喝，三个和尚没水喝	某些企业兼并重组后由盈变亏

3. 整体功能的系统效应机制

系统的功能状况是由系统与环境（作用对象）的相互作用状况决定的。系统要具备某种功能，必须满足以下三个条件（见图 1-2）：

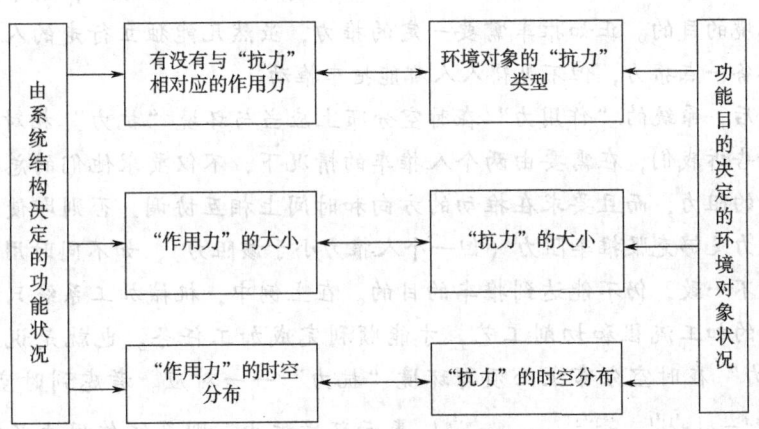

图 1-2 系统功能的决定

首先，系统应具备与环境对象"抗力"相应的各种"作用力"。系统要改造环境，环境会产生相应的"抗力"。例如，机床切削金属要克服机械抗力；（水、气、油）流体输送要克服界面摩擦力；等等。一定的目的（即改造环境的功能）对应一定的抗力。

在通常情况下，环境"抗力" R 是一组在性质或方向上各不相同的矢量：

$$R = \{\vec{r}_1, \vec{r}_2, \cdots, \vec{r}_n\}$$

例如，要将一块金属加工成一个复杂的机器零件，可能需要经过铣、钻、镗、磨等多道工序，它们对机械加工系统就表现为铣削抗力、钻削抗力、镗削抗力与磨削抗力。机械加工系统要达到加工的目的，就必须具备上述四种"作用力"。若用 A 表示系统具备的"作用力"，则系统具备某种功能的第一个条件应当是系统"作用力"集合中，具备与 R 相对应的各种"抗力"，即作用力集 $\vec{A} = \{\vec{a_1}, \vec{a_2}, \cdots, \vec{a_n}, \vec{a_{n+1}}, \cdots\}$，且其中有 $\vec{a_1} \rightarrow \vec{r_1}$，$\vec{a_2} \rightarrow \vec{r_2}$，…，$\vec{a_n} \rightarrow \vec{r_n}$（→表示在性质或方向上对应）。

如果系统缺少一种或几种与环境"抗力"相对应的"作用力"，就难以达到改造环境的目的，从而 $g=0$。

其次，系统的"作用力"在量上要等于或大于环境的各种"抗力"。在上例中，机械加工系统不仅应具备铣、钻、镗、磨削功能，而且其加工能力（如能否加工很硬的合金或较软的铝坯，以及其切削效率能否满足要求）应当等于或大于加工对象产生的"抗力"，即必须满足系统作用力的集合 $A = \{a_1, a_2, \cdots, a_n, a_{n+1}, \cdots\}$ 有 $|a_1| \geq |r_1|$，$|a_2| \geq |r_2|$，…，$|a_n| \geq |r_n|$。如果系统某一种或某几种"作用力"小于环境对象相应的"抗力"，则难以达到改造环境的目的。正如推车需要一定的推力，虽然凡能独立行走的人多多少少都具备一点推力，但不见得人人都能把车推动。

最后，系统的"作用力"在时空分布上应当与环境"抗力"相对应。日常经验告诉我们，在需要由两个人推车的情况下，不仅要求他们的总推力大于推车的阻力，而且要求在推动的方向和时间上相互协调，否则即使两个人的总推力足够克服推车阻力（但一个人推力小于该阻力），如不同时用劲或用力方向不一致，仍不能达到推车的目的。在上例中，机械加工系统只有严格按一定的加工流程和切削工艺，才能顺利完成加工任务。也就是说，系统"作用力"在时空分布上必须与环境"抗力"一一对应。考虑到时空因素，若用 $R^{s,t} = \{r_1^{s_1,t_1}, r_2^{s_2,t_2}, \cdots, r_n^{s_n,t_n}\}$ 表示环境抗力，则系统作用力必须满足 $A^{s,t} = \{a_1^{s_1,t_1}, a_2^{s_2,t_2}, \cdots, a_n^{s_n,t_n}, a_{n+1}^{s_{n+1},t_{n+1}}\}$，即在时空方面必须具有一一对应关系，否则系统仍难达到改造环境的目的。例如作战，其胜负不仅取决于作战双方兵力、火力的强弱多寡，在很大程度上还取决于兵力与火力的战术运用（即时空分布）。

分散个体组成系统之所以能形成新的功能，就是因为通过系统的"自组织"能够产生、增大与环境"抗力"对应的作用力，能够"优化"作用力的时空分布。自组织的机制包括以下三个方面：

(1) 在系统内,各种"作用力"的时空排列得到有序化和优化,从而大大增大了使 $g=1$ 或 $g=2$ 的概率。

分散个体尽管有可能具备与环境"抗力"相对应的各种"作用力",且满足 $|\bar{a}_i| \geq |\bar{r}_i|$ ($i=1, 2, \cdots, n$),但由于它们在时空分布方面处于随机状态,如在某一时刻,可能出现作用力组合 $\{\bar{a}_1, \bar{a}_2, \cdots, \bar{a}_n\}$ 或 $\{\bar{a}_n, \bar{a}_{n-1}, \cdots, \bar{a}_2, \bar{a}_1\}$ 等多种可能,也就是分散个体"作用力"集合正好满足排列 $\{\bar{a}_1^{s_1,t_1}, \bar{a}_2^{s_2,t_2}, \cdots, \bar{a}_n^{s_n,t_n}\}$ 的概率是相当小的,因而其总功能 $g=0$ 或最多 $g=1$。最简单的例子莫过于人工搬运千斤(500 公斤)巨石。假设每个人有 100 斤(50 公斤)举力,现在正好有 10 个人,其抬举力总和正好等于石头重量。在分散无组织的情况下,他们无法搬运此巨石,因为这 10 个人抬举的方向和时刻是随机的;只有当他们组成系统即集体行动时,按规定的方向并在同一时间用力,才能达到搬运的目的。

在自然界有所谓"聚焦效应",纸张、木片在日光下一般不会自燃,但利用聚光镜使散射的光聚合集中照射某一部位,就可将其点燃。机器设备的使用年限一般都在 10 年以上,每年提取的折旧基金无法实现设备的自我更新而只能等十几年之后,但企业可将 10 台设备的折旧基金集中起来,提前更新机器,淘汰落后设备,从而在固定资产总规模不变的情况下获得新的生产功能。

我国古代曾利用烽火台系统恰当组织火光信号的依次传递,迅速将敌情报告到远处的指挥部,克服了火光信号及个人视力之间的矛盾,这是利用个体作用力的顺序传递获得的新功能。在化工或冶炼等企业中,某些生产过程不能中断,而任何一群工人都不能长时间不睡觉,如果将他们分成三组轮班生产,就解决了这个矛盾;20 世纪 60 年代,国际上钢铁行业出现了连铸连轧新工艺,就是将冶炼、铸锭、轧钢三个生产子系统紧密相连,形成连续生产,从而达到优质产品低成本生产的目的。

以上诸例说明,通过将分散个体的作用力按一定规则结合起来,可以产生新的功能。这类组织效应的特点是:系统在作用力性质和总量上都没有发生变化,各组成部分也保持了原有的作用力,但它们的作用地点与时间变化了,从而形成了新的功能。

(2) 系统内各组成部分的不同性质"作用力"发生转移、扩散、互补,改变了各部分的功能状态,从而使系统功能状态发生转变。

以作战为例,设有三个连分别担任三个要塞的防守任务,其中甲、乙两个连战斗力较强,可胜任防守任务,但丙连战斗力稍弱,在甲、乙、丙分散作战的情况下,敌人很可能从丙连防守处突破,而使整个战局处于危急状态。

如果三个连通过建立战地通信和火力支援,就可以使整个防线得到加强,从而达到阻止敌军的功能目标。类似的情况还有企业根据生产情况,通过调度人力、物力解决薄弱环节,以保证任务的完成。以上两例反映了系统内由于作用力的转移使某部分的功能得到了增强,并使整个系统功能状态由 $g=0\to1$ 或 $g=1\to2$。

有些"作用力"的转移不一定是零和游戏,例如人类的知识、技艺,通过系统内的信息联系予以广泛传播,就可以将一个部分的功能扩散到许多其他部分。例如,在生产班组内张师傅的先进操作法可以传递给王师傅、李师傅等,使许多人同时提高劳动效率,整个班组的生产效率也就提高了,这就是扩散导致系统功能由 $g=0\to1$ 或 $g=1\to2$ 的转变。改革开放初期,上海人民机器厂通过联合无锡县三个乡镇企业生产系列印刷机,本厂集中资源消化吸收国外先进技术,研制和生产具有国内、国际先进水平的新型印刷机,无锡县三个乡镇企业则专业生产与之配套的辅机和市场需要的传统印刷机,合作期间上海人民机器厂的产值和利润分别提高 2 倍和 2.3 倍,无锡三个合作厂的产值和利润都增加了 10 倍。

(3) 系统内各部分"作用力"发生耦合、反馈、互激振荡,改变了作用力的性质和总量,从而使系统的功能状态发生第一或第二类转变。

我国有一句谚语:"三个臭皮匠,顶个诸葛亮",说的是三个智力平常的人通过互相启发,往往可以想出很好的主意。假设皮匠甲首先就某个问题提出一种解决办法 I_1,作为信息传递给皮匠乙,乙在此基础上得到启发,又加入了自己的改进意见 ΔI_1,形成 $I_2=I_1+\Delta I_1$,他再把信息 I_2 传递给丙,皮匠丙得到启发又加入了改进意见 ΔI_2,结果形成 $I_3=I_1+\Delta I_1+\Delta I_2$,如果丙再把信息反馈给甲,这时甲对该问题的看法更加深入、全面,从而可提出更好的主张。按上述路线循环多次,往往可以形成改造客观世界的"作用力"的"增幅振荡"。这样,由甲、乙、丙组成的集体,就具有分散个人所没有的功能。许多企业在制定中长期发展规划时,采用一系列步骤,从上到下提设想—从下到上提建议—从上到下讨论初步规划—从下到上拾遗补阙,上下反复几次,使规划更具前瞻性、系统性和可操作性。

系统内某一部分的作用力,可激发另一部分或其他几部分潜在的作用力。核反应堆中利用快速中子轰击放射性物质,释放更多的中子产生轰击作用,从而引起增能的连锁反应;体育运动可激发血液循环、呼吸及消化系统的新功能,从而整体上提高人的活力;在协作劳动中,"单是社会接触就会起竞争心和特有的精神振奋,从而提高每个人的个人工作效率"[1]。此外,团体中领袖人物的号召鼓动,先驱榜样的示范,都可以激起革命或劳动热忱等。

系统内各部分作用力的耦合,不仅能引起原有作用力量的增加,而且还能产生性质完全不同的作用力。例如,导体在磁场内的机械运动可产生电流;左右声道同时播放音乐,能产生立体音响效果;控制论与经济学结合,形成了全新的学科——经济控制论;为获取超额利润的市场经济的竞争,可以促进技术进步;等等。

这种耦合效应用数学表示,就是 $\overline{R}=\overline{A}\times\overline{B}$ 矢量积,此时矢量 $\overline{R}$ 的方向不仅与 $\overline{A}$ 和 $\overline{B}$ 都不同,而且也不在 $\overline{A}$ 和 $\overline{B}$ 构成的平面上。这类组织效应的特点是,系统的作用力在性质、总量、各部分作用力的分布方面都可能不同于分散个体,从而获得功能状态从 $g=0\rightarrow1$ 或 $g=1\rightarrow2$ 的转变。表1-2对三类组织效应进行了比较。

表1-2 组织效应的比较

组织效应类别	系统作用力与分散个体作用力的比较			
	作用力性质	作用力总量	在各部分的分布	作用地点和时间
结构有序化、优化	不变	不变	可变	可变
功能的转移、扩散与互补	不变	不变	变	可变
功能的耦合、作用反馈与互激	可变	变	变	可变

在实际系统中,以上三种类型的组织效应常常是同时存在的,从而使系统整体功能有可能远远超过分散个体功能的总和。从系统论的角度看,生物进化速率的加快、人类社会发展的加速,都是成长的系统提供了迅速增加的新功能的结果。

4. 完整理解贝塔朗菲定律

许多人在阐述贝塔朗菲定律时,往往强调了1+1>2的系统增值效应(或者赋能效应),而忽视了1+1=2,甚至1+1<2的可能,因而完整、科学的表达应该是1加1不恒等于2:

$$1+1\neq2$$

也就是说,分散个体组成系统以后,其总功能不一定有所增强,有时反而可能下降,甚至丧失,这就是系统的负效应。比较常见的系统负效应包括

---

[1] 马克思. 资本论(第一卷)[M]. 北京:人民出版社,2004.

摩擦内耗、传递损耗、因果干扰、"木桶效应"和污染扩散等。

（1）摩擦内耗。系统意味着元素之间有密切联系，接触机会的增加可能导致某些功能的损耗。例如，压缩气体会引起其温度的升高，就是由气体分子碰撞机会增加而起的；如果夫妻经常怄气，那么单身生活不一定让人感觉生活更不幸福；派系斗争、无谓纠葛及过度竞争是削弱社会团体或组织凝聚力的常见原因；自由主义的市场经济常常为争夺超额利润而进行广告战、价格战，或者采取垄断的手段，结果消耗了过多的社会劳动，或者扼杀了社会创造力。这些都可看成是系统的摩擦内耗。

（2）传递损耗。系统功能的形成和发挥离不开物质、能量、信息的流动，而物流、能流、信息流经系统各个环节时难免有损耗。例如，音响信号从电子线路接收端，通过几级放大再输出，难免发生失真；供电、供热、供气系统的能耗更是相当可观；机器装配面临零件误差传递累加的问题；企业中总裁的计划意图经过部门经理再到班组长逐级传递，经常会走样；传递引起的时间消耗更是不可忽视的影响因素，各种经济活动经过层层请示和下达，会大大降低国民经济的效率。

（3）因果干扰。每一个自组织系统的功能运动都受因果链，即目的—结果关系的制约，在目的支配下运动，通过运动结果与目的对比的反馈信息加以调节。在由若干自组织子系统构成的复杂系统内，由于因果链的交联及总结果的支配调节，某些子系统的功能运动会因受到不正常的干扰而下降甚至丧失。例如，在正常情况下，人体消化子系统按营养平衡目的运动——肠胃蠕动，分泌消化液，在满足人体营养要求时便自动抑制其功能；但在与其他子系统构成人体的情况下，感冒、腹部受冷甚至情绪波动可由交感神经产生抑制信号，从而导致食欲不振、消化不良、体力下降。人体在因脑卒中死亡时，消化系统、呼吸系统等器官虽功能良好，但人的整体功能已被丧失。

在联合劳动组织中，由于个人收益不完全取决于其努力程度，也与集体的努力、组织管理、分配制度有关，从而因果关系也不那么明确，不公正的利益分配容易导致劳动者积极性的下降，从而影响系统的整体功能。

（4）"木桶效应"。系统内各元素功能水平不平衡，水平高的常常受制于水平低的。例如，汽车发动机功率甚大，底盘强度、刚度也足够，可惜车厢很小，结果运输功能受到了车厢的抑制；在相互衔接的加工体系中，某一设备效率低，导致多数设备时开时停，形成所谓的"瓶颈现象"；一个企业或一个车间组织管理能力差，会严重抑制各种生产要素功能的发挥。

（5）污染扩散。一个人得了肺癌，癌细胞可通过淋巴系统扩散而毁坏其他部位,甚至致人死亡,这就是系统中的污染扩散。在游牧民中,流行病不像在城市中那么可怕,因为后者的污染扩散是在大系统中进行的。在社会团体和企业组织中,少数人的消极情绪或谣言也能引起系统的不稳定及总功能的下降。

一般来说,任何系统都同时存在组织的正效应与负效应,但有的正效应较大、负效应较小,有的则负效应较大、正效应较小,从而使同类系统在功能上显示出很大差别。

文选(二) 张瑞敏三招推动海尔崛起的故事

这也许是一段众人皆知的老故事,但其中深含管理的哲理。

1984年时,海尔前身——青岛电冰箱总厂,是一个有600名职工的集体所有制小厂,当年销售收入仅348万元,亏损达147万元,人心涣散、纪律松弛、公私不分、环境脏乱。在连换三任厂长仍然"病入膏肓"的困境之下,当年12月26日,时任青岛市家电工业总公司副经理的35岁的张瑞敏"临危受命",担任这个小厂的厂长。刚刚到任后,张瑞敏到农村大队借钱才使全厂工人领到工资过了一个年。

当时,工厂臭气熏天,只有一条烂泥路,工人们上班打着瞌睡,想来就来、想走便走。因为企业待遇低,又看不到前途,在张瑞敏到任后,53张请调报告递到他的办公桌上。

张瑞敏赴任后抓了三件大事:定目标、抓纪律、抓质量。

当时中国电冰箱市场品牌繁多、鱼龙混杂,因为供不应求,产品质量和服务普遍很差。张瑞敏提出,要干就要干成第一流,创名牌成为海尔的战略目标。德国的家电在国际上声誉很高,为了尽快提升企业品牌价值,1984年10月23日,青岛电冰箱总厂与联邦德国利勃海尔公司正式签订关于电冰箱技术和经济合作项目的协议,规定:利勃海尔公司先向青岛电冰箱总厂提供制造20世纪80年代水平的3种型号家用电冰箱的关键设备和技术,总投资额为1830万元,年产28.5万台。同年12月,青岛电冰箱总厂改组建立海尔集团。

没有纪律就没有工业化大生产的质量和效率。张瑞敏干的第二件大事就是整顿生产秩序。他推出了13条规章制度:青岛电冰箱总厂劳动纪律管理规定(见图1-3),其中一条竟然是:不准在车间里大小便。这在今天看来,不免有些让人觉得可笑,但这份如同"军规"的规章制度在执行时却困难重重。规定贴出后的第二天,就有人大摇大摆地扛走了一箱原料。翌日,张瑞敏就贴出布告，给予这名员工严厉的处分。在严格的制度下，渐渐地，车间里随地大小便的人没有了，抽烟喝酒的人没有了，迟到早退的人也少了很多，生产环境有了改善，工厂开始有了工作气氛和干劲。

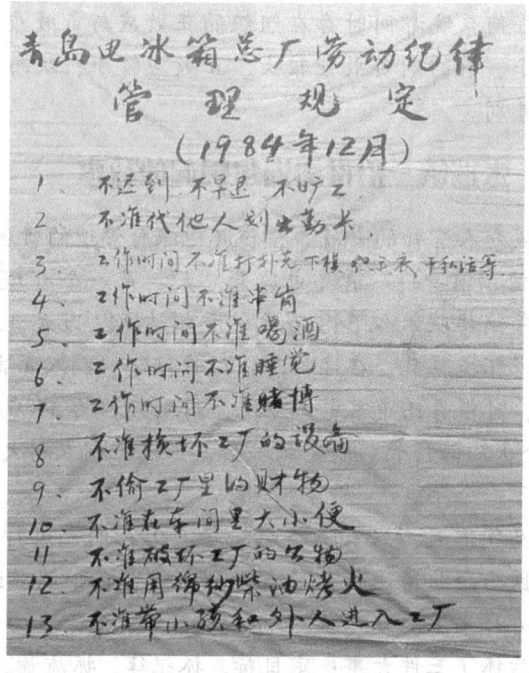

图1-3 青岛电冰箱总厂劳动纪律管理规定

企业的前途在市场，市场的份额取决于质量，质量的关键在员工意识。张瑞敏一上任就提出："有缺陷的产品就是废品。"1985年，一位用户向海尔反映：工厂生产的电冰箱有质量问题。张瑞敏立刻突击检查仓库，发现仓库中还有76台有缺陷的冰箱！当时研究处理办法时，有干部提出把这些冰箱作为福利降价处理给本厂的员工，但张瑞敏却做出了有悖"常理"的决定：开一个全体员工的现场会，把76台冰箱当众全部砸掉，并且由生产这些冰箱的员工亲自来砸！听闻此言，许多老工人当场就流泪了……要知道，那时候别说"毁"东西，企业就连开工资都十分困难！当年的一台冰箱顶得上普通人3年多的工资。在那个物资还紧缺的年代，别说正品，就是次品也要凭票购买的！如此"糟践"，大家"心疼"啊！对此，甚至连海尔的上级主管部门都难以接受。

但张瑞敏明白：如果放行这些产品，就谈不上质量意识！如果管理层有任何姑息的想法，带缺陷的冰箱今天是76台，明天就可以是760台、7 600台……所以必须实行强制，必须要有震撼作用！结果，一柄大锤伴随着阵阵巨响，真正砸醒了海尔人的质量意识！"我砸掉的不是一个不好的冰箱，砸掉的是这种观念！"张瑞敏经常讲，不管有多么好的设备、多么好的资产，都不可能增值，唯一可以增值的就是人。如果把人的素质提高了，企业就可以增值。

1986年，联邦德国驻华大使裴培义先生从北京专程到青岛海尔考察。工厂紧张有序的工作状况使裴大使十分佩服年轻的厂长张瑞敏。

由于产品质量过关，海尔冰箱在北京、天津、沈阳三大城市一炮打响，市场出现抢购现象。在1987年世界卫生组织进行的招标中，海尔冰箱战胜十多个国家的冰箱产品，第一次在国际招标中中标！海尔的发展逐渐引起了各级领导和社会各界的关注。1988年12月，海尔冰箱在全国冰箱评比中，以最高分获得中国电冰箱史上的第一枚金牌，从此奠定了海尔冰箱在中国电冰箱行业的领头地位。

青岛红星电器厂曾和青岛海尔一样，被列为中国三大家电重点企业之一；该厂的厂房、设备、技术并不差，在同样的起跑线上，海尔越跑越快，摘取了中国家电行业的桂冠，而红星仅1995年上半年就亏损1亿元，当时已经资不抵债。1995年7月，在青岛市政府的支持下，红星电器厂整体划归海尔。兼并之初，海尔经调研发现，红星厂失败的原因不是厂房、设备、技术、资金，而是企业文化落后，职工凝聚力差，缺乏将生产要素有效组合的灵魂和软实力。为此，海尔文化中心派人到红星厂打造以人为中心的人本管理体系。在海尔，职工不用考虑给领导送礼拉关系，只考虑怎样干好工作、学好技术，谁的劳动贡献大、技术高、发明创造多，就给谁协商涨工资。通过实施"日事日毕、日清日高"的严细管理，仅5个月红星厂月盈利就达150万元。

1998年9月8日，张瑞敏开始在海尔内部推行"内部模拟市场"，让上道工序与下道工序之间进行商业结算，下道工序变成上道工序的市场。他打破原来的管理框架，至2002年底，他先后调整组织结构40余次。2000年，张瑞敏将"内部模拟市场"的概念探索成为"SBU理论"。他的企业管理理想是至2008年把每一名员工都变成一个合格的"小老板"，让这些"老板"们亲身感受市场的压力。

文选（三）主流管理学教材内容体系框架一览[①]

从 2014 年开始，笔者比较系统地研究了管理学原理体系架构的状况，在浏览图书市场的基础上，选择了 19 本 2009 年以来（当时以 5 年以内为标准）出版的、有一定代表性的国内外管理学教材（见表 1-3），并对其内容体系进行了研究，其中包括在全世界名列基础管理学教材榜首、全美有 1 000 多所大学和学院选作教材的《管理学（第 11 版）》，由清华大学出版社与据称在美国教材市场占有率位居第二的 CENGAGE Learning 合作出版的《管理学原理（第 11 版）》（*PRINCIPLES OF MANAGEMENT Eleventh Edition*），在国内管理学教材中发行量高居第一（1993 年以来已发行 300 多万册）的、由南京大学周三多等教授编著、复旦大学出版社出版的《管理学——原理与方法（第五版）》，以及由黄津孚编著、首都经济贸易大学出版社 2011 年出版、国内同类教材中版次最高的《现代企业管理原理》（1991 年至今已发行达 32 万册）。对比发现，70%以上的教材（7 部美国教材中的 5 部，12 部中国教材中的 7-8 部），其理论体系是以计划、组织、领导、控制等管理职能为基本框架构建的，它们大体上反映了国内外管理学教学体系的主流，因而我称之为"主流管理学"。

表 1-3　国内外管理学教材的内容体系[②]

作者/译者	书名	出版社及出版年份	内容体系
黄津孚	现代企业管理原理	清华大学出版社 2017 年	第一篇　管理要素（管理活动及管理原理、管理对象——企业、管理者）；第二篇　管理理念（价值创造、科学经营、以人为本、权变创新、系统优化）；第三篇　管理职能（计划原理、组织原理、激励原理、协调原理、控制原理、领导原理）

[①] 参见：黄津孚. 智能互联时代的管理变革［M］. 北京：首都经济贸易大学出版社，2019：31-37.

[②] 教材按国内出版时间由近到远排列，内容仅到篇、章标题，资料主要来源于京东商城图书信息。

续表

作者/译者	书名	出版社及出版年份	内容体系
焦叔斌,杨文士	管理学（第4版）	中国人民大学出版社 2014年	第一篇绪论（管理、管理者与组织、管理思想的演进）；第二篇计划职能（计划职能概述、战略管理、决策）；第三篇组织职能（组织职能概述、组织的职位设计与结构设计、人力资源管理、组织变革）；第四篇领导职能（领导职能概述、激励）；第五篇控制职能（控制职能概述、组织绩效的控制与改进）
[美] 兰杰·古拉蒂,安东尼·梅奥,尼汀·诺利亚著,杨斌译	管理学	机械工业出版社 2014年	导论（管理学概论）；战略视角（商业环境、战略概述、业务层战略、公司层战略、动态竞争、全球化）；组织视角（组织环境、组织结构、组织文化、绩效管理、组织变革）；个体视角（组织中的领导力、成为领导者、权力与影响力、决策、冲突与谈判、如何领导团队、激励、沟通、构建关系网、伦理与企业社会责任）
[美] 斯蒂芬·罗宾斯,玛丽·库尔特著,李原、孙健敏、黄小勇译	管理学（第11版）	中国人民大学出版社 2012年	管理导论（管理与组织导论、管理史、理解管理的情景：约束和挑战）；综合的管理问题（全球环境中的管理、对多样性的管理、对社会责任和道德规范的管理、对变革和创新的管理）；计划（作为决策者的管理者、计划的基础、战略管理、计划工具和技术）；组织（基本的组织设计、适应能力强的组织设计、人力资源管理、管理你的职业、团队管理）；领导（理解个体行为、管理者与沟通、激励员工、作为领导者的管理者）；控制（控制导论、运营管理、管理创业型企业）

续表

作者/译者	书名	出版社及出版年份	内容体系
刘亚臣	管理学	哈尔滨工业大学出版社 2012年	第一篇总论（管理学概述、管理者、管理环境、管理者必备的知识）；第二篇计划（计划的基础、计划管理过程及技术方法、战略性计划、预测、决策）；第三篇组织（组织体系、组织的整合与层级化、人力资源管理、组织文化和组织变革与发展）；第四篇领导；第五篇控制
邢以群	管理学（第3版）	浙江大学出版社 2012年	第一篇基础篇（管理与管理学、管理者、管理思想的演变、管理与环境）；第二篇计划篇（目标及其确定、计划及其制订、决策及其过程）；第三篇组织篇（组织结构的设计、人员的配备、权力的分配）；第四篇领导篇（领导理论、沟通方法、激励原理）；第五篇控制篇（控制基础、控制方式与方法）；第六篇创新篇（管理创新）；结束语：管理生涯成功要领
方振邦	管理学基础（第2版）	中国人民大学出版社 2011年	第一篇绪论（管理与管理学、管理理论的发展与演变）；第二篇计划（计划与决策、战略管理）；第三篇组织（组织结构与组织设计；组织文化，组织变革与创新，人力资源管理）；第四篇领导（个体行为的基础、激励理论及其应用、群体和团队的建设、领导、沟通及冲突管理）；第五篇控制（控制的基础、控制的方法与技术）
黄津孚	现代企业管理原理（第6版）	首都经济贸易大学出版社 2011年	第一篇导论（企业管理学导论）；第二篇系统管理原理（企业的系统分析评估、企业的系统优化）；第三篇职能管理原理（计划原理、组织原理、协调原理、控制原理）；第四篇科学管理原理（调查研究与基础管理、科学管理常用方法与系统平台）；第五篇人本管理原理（人本管理与人才战略、企业文化建设、激励原理、领导原理）；第六篇权变管理原理（权变与创新管理、企业管理的演进与变革）

续表

作者/译者	书名	出版社及出版年份	内容体系
[美]海因茨·韦里克,马克·坎尼斯,哈罗德·孔茨著马春光译	管理学：全球化与创业视角（第13版，中文版）	经济科学出版社 2011年	第一篇全球化管理的理论和实践基础（管理学、科学理论和实践、管理与社会：外部环境、社会责任和伦理道德、全球化管理、比较管理与质量管理、结束语：全球化与创业管理的基础）；第二篇计划（计划精要和目标管理、战略政策和计划的前提条件、决策、结束语：全球化与创业计划）；第三篇组织（组织的性质、创业精神和流程再造、组织结构：部门、直线职权、参谋职权、授权和分权、组织有效性和组织文化、结束语：全球化与创业组织）；第四篇人员（人力资源管理和选拔、绩效考评和职业生涯战略、通过管理人员和组织的发展来管理变革、结束语：全球化与创业人员管理）；第五篇领导（人的因素和激励、领导、委员会、团队和集体决策、沟通、结束语：全球化与创业领导）；第六篇控制（控制系统和控制过程、控制方法和信息技术、生产率、经营管理和全面质量管理、结束语：全球化控制与挑战和创业控制）
王凤彬,李东	管理学（第4版）	中国人民大学出版社 2011年	第一篇概述（管理者与管理工作、管理决策）；第二篇管理的基本职能（计划、组织、领导、控制）；第三篇综合与应用（管理思想的演变、事务型管理与变革型管理、人力资源管理过程、销售工作管理过程、理财工作管理过程、自我测试）

续表

作者/译者	书名	出版社及出版年份	内容体系
[美] Robert Kreitner	*PRINCIPLES OF MANAGEMENT* Eleventh Edition 管理学原理（第11版）	清华大学出版社/CENGAGE Learning 2010年合作	PART ONE The Management Challenge (The Evolution of Management Thought; The Changing Environment of Management; Diversity, Globol Economy, and Technology; International Management and Cross-Cultural Competence; Management's Social and Ethical Responsibilities); PART TWO Planning and Decision Making (The Basics of Planning and Project Management; Stratigic Management: Planning for Long-term Succes; Decision Making and Creative Problem Solving); PART THREE Organizing, Managing Human Resources and Communicating (Organizations: Effectiveness, Design, and Cultures; Human Resources Management; Communicating in the Internet Age); PART FOUR Motivating and Leading (Motivating Job Performance; Group Dynamics and Teamwork; Influence, Power, and Leadership; Change, Conflict, and Negotiation); PART FIVE Organizational Control Processes (Organizational Control and Quarity Inprovement)
陈劲	管理学	中国人民大学出版社 2010年	第一篇管理的环境与范式（管理的环境、管理学的新范式）；第二篇领导与计划（愿景、战略、计划、决策、领导）；第三篇组织运营与创新（组织的概述、创业管理、组织运营、组织创新与变革）；第四篇资源与能力（资源的整合、能力的构建、资源与能力的管理）；第五篇治理与控制（组织的治理与控制）

续表

作者/译者	书名	出版社及出版年份	内容体系
李兴山主编	现代管理学（第3版）	中央党校出版社 2010年	导言：现代管理学的研究对象；第一篇现代管理要素（管理主体、管理客体、管理目标、管理信息）；第二篇现代管理观念（管理的人本观念、管理的系统观念、管理的战略观念、管理的权变观念、管理的创新观念）；第三篇现代管理过程（决策、计划、实施、监督、评价）；第四篇现代管理方法与艺术（现代管理方法综述、现代管理技术、管理艺术）
[美]彼得·德鲁克著，齐若兰译	管理的实践	机械工业出版社 2009年	概论：管理的本质；第一部分：管理企业；第二部分：管理者；第三部分：管理的结构；第四部分：管理员工和工作；第五部分：当一名管理者意味着什么；结语：管理层的责任
林志扬	管理学原理（第4版）	厦门大学出版社 2009年	第一章管理与管理学；第二章组织与组织的目标；第三章组织的内外部环境；第四章利益相关者、社会责任与管理道德；第五章早期的管理思想和管理实践；第六章古典管理理论；第七章人际关系学说；第八章现代管理理论；第九章管理的计划职能；第十章管理的组织职能；第十一章管理的领导职能；第十二章管理的控制职能
芮明杰	管理学（第3版）	高等教育出版社 2009年	第一篇管理的内涵（管理的概念、管理的基本问题、管理理论的发展、管理主体、管理风格）；第二篇管理的架构（组织体系、组织结构、非正式组织、组织运行、组织发展）；第三篇管理的过程（决策、计划、控制、绩效评价、激励）；第四篇管理的方式（塑造共同愿景、实施目标管理、改进人际沟通、创新工作流程、以人为本的管理）

续表

作者/译者	书名	出版社及出版年份	内容体系
周三多，陈传明，鲁明泓	管理学——原理与方法（第五版）	复旦大学出版社 2009年	第一篇总论（管理与管理学、管理思想的发展、管理的基本原理、管理道德与社会责任、管理的基本方法、案例）；第二篇决策（决策、计划与计划工作、计划的实施、案例）；第三篇组织（组织设计：人员配备、组织力量的整合、组织变革与组织文化、案例）；第四篇领导（领导与领导者、激励、沟通、案例）；第五篇控制（管理信息、控制与控制过程、控制方法、案例）；第六篇创新（管理的创新职能、企业技术创新、企业组织创新、案例）
冯光明，冯桂香	管理学原理	北京交通大学出版社 2009年	第一章管理学与管理者；第二章管理理论的产生与发展；第三章管理基本原理（系统原理、人本原理、效益原理）；第四章决策；第五章计划；第六章战略管理；第七章组织与组织设计；第八章组织整合与变革；第九章人力资源管理；第十章领导；第十一章激励；第十二章信息沟通；第十三章控制；第十四章创新；第十五章企业文化
[美]理查德·达夫特著 高增安，马永红，李维余译	管理学原理（第5版）	机械工业出版社 2009年	第一部分绪论（管理范式的变化与学习型组织的基础）；第二部分管理环境（管理环境与企业文化、全球化环境中的管理、管理伦理与企业的社会责任）；第三部分计划（组织目标与计划、管理决策与信息技术）；第四部分组织（组织结构与组织基础、创新与变革、人力资源管理与多样性）；第五部分控制（通过管理和质量控制体系提高生产力）；第六部分领导（组织行为的基础、组织中的领导、组织中的激励、组织中的沟通、组织中的团队）

续表

作者/译者	书名	出版社及出版年份	内容体系
[美]小约翰·谢默霍恩著 甘亚平译	管理学原理	人民邮电出版社 2005年	背景（当代管理、环境多样性和竞争优势、全球化与国际管理、道德行为与社会责任）；计划与控制（计划—设置方向、战略管理与企业家精神、控制—确保成果）；组织（组织—创建结构、组织文化与设计、人力资源系统）；领导（领导—鼓舞士气、激励和工作设计、团队和团队合作、沟通与人际技能、变革领导与压力）；附录（管理的历史基础）

三、管理案例

案例（一）王师傅的一次管理实践[①]

这是一个多事之夏。

王师傅是山东与某著名家电企业签约的物流公司的卡车司机，这次因为为某山区客户运送家电，路程稍微有点远。与王师傅合作的还有安装调试工大李和大学实习生小张。送货途中天空突然下起大雨，由于连日下雨，山体出现滑坡，车前车后均有石块坠落，幸好没有伤及车辆。麻烦的是前方除有碎石，还有一块巨石挡在路中央。此处道路狭窄，卡车调头回城不仅危险，而且按照企业承诺这些家电应该在当天送达，否则公司肯定要被罚款。

王师傅一直惦记着家里，因为妻子即将临盆，不但要花不少钱，而且老婆究竟是在自己家坐月子，还是到丈母娘家坐月子，两亲家似乎各有想法。因为是生二胎，政府还罚不罚款？听说国家已经准备放开计划生育……这些烦心事以后再说，眼前赶时间比什么都重要。于是王师傅带头下了车，三个人一起将碎石清除了；那块巨石，大家各自试了试，谁也搬不动。没有撬杠，只能三个人联合行动了。第一次大家围成一个圈，但石头实在太重，根本抬

---

① 转引自：黄津孚. 现代企业管理原理［M］. 北京：清华大学出版社，2017：3.

不起来，王师傅提议三个人站在同一边，想办法把石头滚到路边去，先后试抬了两次，石头只是微微动了两下，没有滚起来。王师傅感觉小张和大李没有同时发力使大劲，就提醒道："如果大家不把吃奶的力气使出来，我们就只能在这儿过夜了！来，大家跟我一起使劲！预备……"此时，大李想到这也与自己完成任务有关，小张还希望物流公司为自己实习报告写点好评语，于是都振作精神用足力气。"一、二、三！"石头开始滚动，经过大家的努力，他们终于将石头滚下山去。

此时雨也停了，王师傅开车按时将家电送到了客户家中，并进行了安装调试，得到了用户好评；三人各自回到自己的住处，继续各自的生活。

案例（二）中国足球何时能够在国际上争得一席之地[①]

近年来，中国足球一直处在风口浪尖上，大家都在关注中国足球何时能够走向世界，但国足队员们一次次地用输球来挑战球迷们的底线，甚至出现了1∶5输给泰国的情况，其水平在亚洲已然沦为二三流。此外，从1990年开始，只有两次从小组出线，但也都在淘汰赛第一阶段被淘汰，成绩非常惨淡，1993年国青小组赛3连败，1997年一平两负一球未进，1999年开局两连败只赢下了马来西亚，而2001年干脆直接在预选赛被淘汰，无缘亚青赛正赛。中国足球职业化20余年，国际影响力越来越大，外援水平越来越高，支付的年薪令人咋舌，国足成绩却不见起色，国人反复诘问：有14亿人口支持的中国足球代表队何时能够冲出亚洲？

以前曾有人质疑东亚人体质上不适合足球运动，可偏偏日本足球队屡屡进入世界杯决赛圈。还有人认为，国内青少年足球人才选拔与培养重视不够，方法不当，然而近10年来，从中央到地方，从政府到民间，从学校到家庭，付出的人力、物力、财力越来越多，为什么还是没有多大起色？

再查一下21世纪头12年中国足协的大事件，也许能得到一些启示[②]。

2001年6月，在阿根廷举行的20岁以下世界青年锦标赛中，以曲波、安

[①] 参见：专家：中国足球最大问题在于足协，他们总是不按照规则办事 [EB/OL]．（2019-11-24）[2020-10-27]．https：//dy.163.com/article/FPUO4JEP0529MKNM.html；光明日报析中国足球为什么培养不出人才 [EB/OL]．（2019-11-24）[2020-10-27]．https：//sports.qq.com/a/20191124/002661.htm.

[②] 参见：玩酷判五年，中国足球近十年概览 [EB/OL]．（2013-12-05）[2020-10-27]．https：//zhidao.baidu.com/question/1637667394958101020.html.

琦为领军人物的中国青年队以出色的表现打进16强，成为当届比赛中表现最出色的亚洲球队，但在八分之一决赛中负于后来夺取冠军的阿根廷队。这一届国青队后来被冠以"超白金一代"的名号。2001年10月7日，中国国家队在亚洲杯10强赛中主场凭借于根伟的进球1比0击败阿曼，提前两轮晋级2002年韩日世界杯，这是中国足球历史上第一次也是至今唯一一次晋级世界杯决赛圈。一股前所未有的足球热潮席卷神州大地。

2002年2月23日，中国足协在联赛工作会议最后一天宣布全面取消升降级；3月15日，国际级裁判龚建平被北京市公安局宣武分局以涉嫌商业贿赂拘留，成为首个被拘留审查的足球裁判。次年1月，龚建平被判处有期徒刑10年。2002年6月4日，中国队第一次参加世界杯，首场比赛就以0比2不敌哥斯达黎加，随后又以0比4不敌巴西、0比3输给土耳其，阎世铎提出的"进一球，拿一分，赢一场"的三大目标成为笑柄。

2004年11月17日，在世界杯亚洲区预选赛最后一场比赛中，国足在广州以7比0大胜中国香港队，科威特队则以6比1战胜马来西亚队，国足因进球数比对手少而遭淘汰。

2005年1月28日，西门子公司宣布不再做中超联赛的主赞助商，最终导致职业联赛首次"裸奔"；2月17日，国家体育总局决定，谢亚龙任足球运动管理中心主任、党委副书记。

2006年10月21日，塞尔维亚人杜伊科维奇正式出任中国国奥队主教练。

2007年7月18日，中国国家队在亚洲杯小组赛中0比3败于乌兹别克斯坦，未能小组出线。

2008年6月14日，中国国家队在世界杯预选赛上1比2不敌伊拉克队，无缘2010年南非世界杯；2008年8月，中国国奥队在奥运会上三战皆负。

2009年8月25日，反赌扫黑专案组成立，随后掀开了一场震惊中外的"反赌风暴"。

2010年1月21日，警方证实此前失踪的南勇、杨一民等人正在接受调查；1月22日，国家体育总局正式宣布韦迪接替南勇，成为足管中心主任、党委书记；9月3日，中国足协前副主席、中国足球运动管理中心主任、党委副书记谢亚龙被警方带走协助调查，后被判刑。

2011年1月，中国国家队在亚洲杯小组赛中未能出线。

2012年2月16日，中国足坛系列反赌案在丹东中院进行一审宣判，陆俊被判刑；中国足协原副主席杨一民犯受贿罪被判刑；2月29日，2014年巴西世界杯亚洲区预选赛20强赛A组最后一轮，中国队提前告别巴西世杯。2012年6月13日,中国足坛系列反赌案继续在辽宁丹东、铁岭、鞍山、沈阳四地中级人民法院宣判,中国足球协会原副主席南勇、原国足领队蔚少辉犯受贿罪被判刑;9月11日,国足远赴巴西累西腓客场挑战巴西队,以0比8不敌对手,创造了国足有史以来参加国际A级赛事最大比分输球纪录。

后来,恒大集团出巨资支持中国足球,中国足球开始以高薪引进外援和"洋教练",但起色也不大。2020年年末,中国足协在上海召开职业联赛"专项治理工作会议",会上公布了从2021赛季开始执行的各级职业联赛球员工资的限薪令,同时足协还要求从下赛季开始,各家俱乐部必须实现俱乐部名称的去企业化。从2021赛季开始,中超俱乐部单个财政年度支出不得超过6亿元人民币;中超国内球员单赛季薪酬不得超过税前500万元人民币,全队平均年薪不得超过税前300万元人民币;而在外援方面,中超外援单季顶薪为税前300万欧元,全队外援总薪资不得超过1 000万欧元。

失去物质刺激的中国足球将如何发展?国人正拭目以待。

案例(三) 卢作孚成功组织宜昌大撤退[①]

在湖北省宜昌市滨江公园夷陵长江大桥边上,有一座宜昌大撤退纪念园。纪念园的建立是为了纪念70多年前发生在这里的一场惊心动魄、关系国家命运的大撤退——宜昌大撤退。此次大撤退比二战期间英国组织的敦刻尔克大撤退更为艰难。大型历史人物纪录片《记忆——卢作孚1938》中说:西方的敦刻尔克大撤退是靠一个国家的力量、由一个军事机构指挥完成的;而中国的宜昌大撤退,是由一个实业家指挥完成的。这在中外战争史上,只此一例。

新中国成立初年,毛泽东曾对黄炎培说过:在中国近代历史上,有4个人是我们万万不可忘记的——张之洞、张謇、卢作孚、范旭东。

卢作孚1893年生于四川重庆,小学毕业即辍学,但他坚持自学。后来,他当老师,作记者,成为报纸主笔,以一个文人的身份、在身无分文的情况

[①] 黄津孚主要根据(但不限于)以下文献摘自:卢国伦.记卢作孚领导的宜昌大撤退:中国实业家的敦刻尔克(2015-08-20)[2021-10-30].http://www.xinhuanet.com/mil/2015-08/20/c_128458857.htm;清秋子.卢作孚指挥"宜昌大撤退"[N].海南日报,2016-01-04;莫玉.卢作孚:民国一代船王[M].北京:中国财政经济出版社,2020.

下,从 1 艘 70 吨的小船起家,创办了著名的民生公司。在他的领导下,民生公司的航运业务迅速壮大,整合了川江上所有的中国轮船公司,沉重打击了外资轮船公司的垄断地位,以一己之力收回了川江上的内河航运权。1937 年 8 月 13 日,日军对上海发起进攻,声称三个月内灭亡中国,历时三个月的淞沪会战爆发;中国军队奋勇抗战,不仅粉碎了日寇的狂妄计划,也为国民政府战略性西撤赢得了时间。卢作孚以国民政府交通部次长的身份,以民生公司为主力,承担组织抢运滞留在宜昌的大批军工企业、战略物资,以及百万难民向大后方转运的艰巨任务。

1938 年 10 月武汉保卫战失败,国民政府决定以重庆为中心,建立新的抗战基地。当时,由武汉至重庆的陆路交通非常有限,规划中的川汉铁路始终未能建成,因而主要的西侧路线就只剩下长江水道。长江全长 6 000 余千米,不同河段水文条件差异极大,以湖北宜昌为分界点,宜昌以上河段为上游,河流水急滩多,大船无法通行,只能靠小船实现运输。从武汉装满物资和人员撤退的大船,到达宜昌后就再也无能为力。武汉距宜昌不过 300 千米,日军飞机随时可以对聚集在宜昌的人员和物资进行肆无忌惮的轰炸,在宜昌中转的人员和物资必须及时抢运入川;然而当时,上游河段的运输能力却极为有限,能走上游河道的只有民生公司的 22 艘轮船和两艘外轮,公司单船运载能力只有 200~600 吨,而武汉沦陷时急需转运的物资有 9 万余吨,人员超过 3 万人,按这样的运力计算需要整整一年时间;更为严峻的是,每年 10 月中旬以后,长江上游仅能保持 40 天左右的中水位以供较大的轮船航行,过后便是漫长的枯水期,大型设备根本无法入川。前是滚滚江水,后是凶猛的日军追兵,短短的 40 天,如何抢运这些物资,千斤重担落在了 1938 年被任命为国民政府交通部常务次长的卢作孚身上。

宜昌市位于长江北岸,三峡东口,它上控巴蜀,自古以来号称川鄂咽喉、西南门户,交通军事地位十分险要。武汉沦陷前两天卢作孚飞赴宜昌,从宜昌上空往下看,只见公路上挤满了难民和溃兵,一眼望去不见尽头,不计其数的物资从港口一带延伸出来,地面堆得密密麻麻。下飞机以后,卢作孚一刻不停地直奔民生公司设在宜昌的办公室,发现城里的情况比他在空中看到的更加混乱:能住人的房子都住进了人,找不到住处的人,只好在街边露宿;大量物资器材找不到仓库存放,空气里满是嘈杂的人声和难闻的气味,公司办公室周围挤满了要求购买入川船票的民众。进入办公室,迎面而来的是众多气势汹汹、有身份、有地位、要求民生公司员工赶紧给他们安排船只的军政人员。卢作孚通过下达命令以及对他们做必要的安抚和承诺以后,开始考虑如何在40天内完成一年才能完成的艰巨任务。

根据统计，沿江至少堆积了9万吨以上的物资，其中有各种工厂的设备，还有汽油、炸弹、炸药等军用物资，甚至故宫文物。除了极少数，绝大多数被无遮无盖地杂乱堆放在江边荒地上，互相挤压，日晒雨淋，有些都已生锈。这些物资涉及中国兵器工业、航空工业、其他机器工业等。这是当时中国几乎全部的工业家底，是支援抗战前线和战后重建的中国工业的命脉。在3万多等待入川的人员和难民中，不乏叶圣陶、老舍等各界名流，还有1万多名孤儿。

卢作孚把物资和人员的情况梳理清楚之后，立即在其办公室里召集轮船公司负责人和轮船的驾引人员、港内的技术人员彻夜开会，商讨紧急运输方案。卢作孚以政府方面负责人的身份，请各公司负责人提出具体的运输方案。众人认为根本不可能完成这个任务，当时能够调用的轮船除了民生公司的22艘船以及另外两艘挂法国国旗的中国船只，剩下的2 000多艘都是木船，航行速度慢，难以承担这种运输任务。

在参会人员处于无奈的情况下，卢作孚提出了民生公司在枯水期也不停船的商业秘诀，即分段运输方案。具体讲就是用不同的船，在不同的河段航行，在中间设立中转站数个，一艘船，仅负责一段的运输，而非全程，如此一来可根据船只情况充分利用不同河段，实现最大运力。此次运输分为三段，宜昌到三斗坪一带为第一段，三斗坪到万县一带为第二段，万县到重庆为第三段。分段要考虑物资和人员的重要程度，笨重的物资可由宜昌直达重庆，次等紧要的物资到万县为止，再次一等的物资和人到三斗坪一带，所有物资抢运出宜昌后再分批运至重庆。

按照当时的情况，轮船从宜昌至重庆，去时溯江而上要走4天，返回顺江而下需2天，来回一趟共6天，将整个运输划分为三段航行之后，则可以大幅缩短每艘船单程的航行时间，每艘船以吃水深度、马力大小为基本依据，有一部分船只先运货物至三斗坪，当即返回，再由公司调船运现货到重庆，重要物资和大型货物则由宜昌直接运至重庆，并在重庆满载出川抗日的士兵，再顺江而下。各轮船公司负责人无不表示赞同。照此方法轮船往返时间势必大幅缩短，同时各种轮船都能得以充分使用。作为中转站的三斗坪和万县一带地处西南腹地，物资人员分散，日军无法集中进行轰炸；而且两地地势险要，易守难攻，日军地面部队开展进攻，无异于自寻死路。

方案一经确定，接下来就是实施。根据运输要求，需要参与运输的各个单位根据己方物资情况,将物资按重要性依次分类。为了避开长江三峡的激流险滩,保证船只安全,船只就只能在白天航行。同时,为了能够充分利用每一分钟,所有船只都在夜间装卸货物,充分利用白天的宝贵时间航行。一时间混乱不堪的码头,开始井井有条起来,3 000多名装卸工人,在统一的指挥调度下有条不紊地将各种货物进行装卸,于是人们就看到了这样的场景:早晨总能开出5到6只汽轮船,下午总能有几只轮船回来。当轮船要抵达码头的时候,舱口盖子早已揭开,舱门早已拉开,起重机的长臂早已举起,轮船刚抛锚泊就会被拖到驳船边开始紧张装货。装货的灯光映在江上、岸上,数人或数十人一队,抬着沉重的机器不断歌唱,往来的汽笛不断鸣叫,配合成为一支极其悲壮的交响曲,写出了中国人动员起来反抗敌人的力量。

为了能够及时高效地调度使用船只,卢作孚亲自审阅,批示所有与行业相关的电文。公司设在宜昌的办公室里发报机24小时不停歇,接受来自各个方面海量的电文信息,传出一条条卢作孚亲自批发的命令,由于工作量繁重,而且时间紧迫,整个撤退结束后,卢作孚明显消瘦了,不久后大病一场。

在抢运期间,卢作孚不仅关心运输进度,也十分关心码头上的装卸工人。处理完白天的工作后,他时常拖着疲惫的身体到码头巡视,慰问辛劳作业的码头工人。尽管身兼交通部等政府要职,但是他没有一点官老爷的做派,在码头对装卸工人和船员嘘寒问暖,工人和船员深为感动,干劲愈加充足。

经过40天的紧张工作,卢作孚基本完成了全部人员和重要物资的运输任务,其中民生公司担负的运输量超过90%。又过了20天,当长江水位没法组织大规模运输时,剩下的只是一些零零星星的物资。有关资料显示,到宜昌沦陷前,民生公司运送部队伤兵、难民等各类人员总计150万人余,货物100余万吨,其中包括2万吨空军器材和炮厂物资,从宜昌大撤退抢运出的部分单位,包括数家兵工厂、南昌飞机厂、宜昌航空战委会无线电厂、扬州航空站、上海钢厂、周恒顺机器厂、中福煤矿、大成纺织厂、武汉被服厂、武汉纱厂等,还有国民政府机关、科研机构,以及大量的学校设备、珍贵历史文物等。抢运入川的物资很快被用来在西南地区建立起一系列新工业区。以重庆为中心的兵工等行业,构成抗战时期中国的工业命脉,生产出大批枪炮,为前线的将士们提供了源源不断的杀敌武器。据经济部调查,这40天里入川的兵工厂和民营企业的机器设备,每月可以造30万枚手榴弹、7万枚迫击炮弹、6 000枚飞机炸弹、20多万把十字镐。

宜昌撤退以后，有人开始怀疑卢作孚：他的民生公司几乎独揽了任务，这一个多月下来是不是赚了很多钱？

事实上在西撤期间，卢作孚的民生公司可以说损失惨重，当时外国轮船公司由鄂入川的费用每吨需要300~400元，维持这个收费标准，才能实现稳定的盈利；而且外国轮船公司为了保持中立，不敢运送中国物资，其他中国轮船公司运力太小，根本无法承担这样的任务，而且也无力担负高昂的运输成本。民生公司成了西撤的垄断者，完全可以以高价获利，然而民生公司非但没有借机涨价，运输价格反而比正常的价格还要低，一般货物每吨只收30~37元，最高只收每吨60~80元，这样的价格连公司的运营成本都不够。1939年，民生公司运输行业的损失高达400万元。整个抗战期间，民生公司运送出川的军队共计270.5万人，军用物资30多万吨，有9艘轮船被炸沉，6艘被炸坏，被政府征用用于阻塞吴淞水道自行凿沉的船只损失16艘，公司总计损失的轮船总计20 338吨，船员共牺牲117人，伤残76人。

1941年8月22日，民生公司从巴东运送伤兵途中遭遇七架敌机的轰炸，船只被炸沉，而民生员工在这次轰炸中的表现可歌可泣。有员工在机舱值班工作时被弹片穿破腹部流血不止，有人叫他赶快离去，他却回答"死就死"，毫不畏惧。当船将倾覆沉没时，水手长龙海云屹立船头，继续工作，努力挽救船舶，最后因腹部中弹牺牲；大副王炳荣坚守岗位不肯离去，随船沉没时仍将航行船舶证书及其他重要文件抱于怀中；报务员陈志昌在船被炸沉、不能再发电报时，仍保护着电报机，直至被炸死；护航组长沈志成，船员唐泽民、袁文斌等人，当敌机凌空扫射引发乘客骚乱时，却不顾个人安危维持秩序，均英勇牺牲；船沉没后，幸存水手谷化身不顾个人安危，在惊涛骇浪中救起生病船员和旅客数十人。

1939年元旦，国民政府授予卢作孚杰出服务勋章，以示表彰。1939年2月7日，国民政府军事委员会传令嘉奖参与宜昌大撤退的轮船。1948年出版的《当代中国实业人物志》记载道：没有卢作孚，就没有民生公司；没有民生公司，就没有他在抗日战争中的种种牺牲和创造。冯玉祥称：民生公司是爱国的公司……他们不是职业军人，这是一家民营轮船公司的员工，他们在面临国之大义时的慷慨从容，却一点也不让与浴血战场的将士。

宜昌大撤退的历史功绩是发扬卢作孚1933年正式提出的民生精神的最好

注脚。在民生公司成立10周年时,卢作孚对此解释道:"我所见着的还在这些事业的背后,在撑持这些事业的险阻艰难者,为了事业忘却了自己,为了增加事业的成功,忍受个人的困苦。如果整个公司的人有这一种精神,就可以建设一桩强固的事业;如果整个民族有这一种精神,就可建设一个强固的国家。"

第2章
管理对象

一、教学目标、理论概要、思考与讨论

(一) 教学目标

1. 增强认识管理对象的重要性，对管理企业即将面临的复杂性挑战乃至挫折做好思想准备。

2. 对新进入管理者队伍或新晋高级管理职务的人员提供认识企业的系统化思路和知识，促进不同部门和层级员工之间的相互理解和支持。

3. 理解管理要面对复杂性与不确定性的基本策略。

(二) 理论概要

整个人类社会是各种组织的集合体。企业是一类特殊的社会组织，专指从事生产、流通等经济活动且具有独立法人地位的营利性机构。企业是现代社会的支柱，不仅为现代社会提供绝大部分生产资料和生活资料，是国家财政收入的主要来源，而且也是解决劳动者就业的主要场所，是国家主要的创新平台。企业种类繁多，不同类型的企业对管理有不同的要求。

企业是一个复杂系统，不仅具有一般系统的特征，而且具有受控复杂系统的特征。企业的复杂性表现在其系统结构的复杂性、价值生产运行过程的复杂性两大方面。企业系统由经济分系统、技术分系统、社会分系统、生态分系统和治理分系统构成，每个分系统又包括大量相互联系的要素 (见图2-1)。企业价值生产运营的各个基本环节，如市场研究和产品开发、资源筹集和配置、加工装配、销售和售后服务、资金流、管理，都面临复杂性与不确定性的挑战 (见表2-1)。

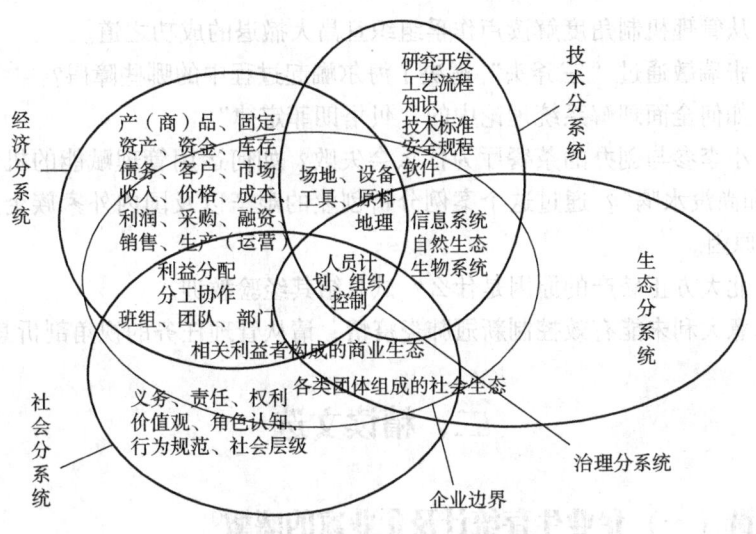

图 2-1 企业的复杂结构系统

表 2-1 企业价值生产运营的复杂性与不确定性

企业运行过程	复杂性及不确定性
市场研究和产品开发	市场需求在不断变化，不同地区的市场差异甚大；技术进步在加快，产品生命周期在缩短；关键技术能否实现突破，不确定性很大
资源筹集	许多要素是稀缺的，有时难以获得；如何决定稀缺资源的库存；价格波动是常态，库存过多或不足均将遭受损失；信息不对称导致资源品质难以把控
加工装配	自产还是外包需要权衡利弊；需完成从样品到量产的质量和成本跨越；产销品种的精准衔接；安全风险管控
销售和客户服务	品类、价格、渠道、促销、社交策略的选择与匹配；服务网点和内容优选与成本控制；线上线下的配合
资金流	不断上涨的成本，不断被挤压的价格空间，投资者们紧盯着财务报表；投资风险加大；现金流紧张；税收复杂
管理	管理层意见不统一；管理者与被管理者存在认知差异；利益分配公平的尺度不好掌握

（三）思考与讨论

1. 为什么全球百年老店数量不多？有成就的企业家为什么总是忧心忡忡？

2. 从管理机制角度解读卢作孚组织宜昌大撤退的成功之道。
3. 张瑞敏通过"三斧头"解决了海尔崛起过程中的哪些障碍？
4. 如何全面理解系统理论中的"贝塔朗菲定律"？
5. 小李参与创办的茶餐厅为什么会失败？如何运用管理赋能的机制破解"三个和尚没水喝"？通过这个案例分析创业的艰辛以及国内外家族企业普遍存在的原因。
6. 北大方正破产的原因是什么？试总结其经验教训。
7. 意大利未能有效控制新冠肺炎疫情，请从管理任务的视角剖析其原因。

二、精读文选

文选（一） 企业生存统计及企业家的感慨[①]

许多人都有通过创办企业、干事业或者当老板、发大财的梦想和尝试，但成功者寡，失败者众。正如长寿是每个人的愿望，企业持续经营也是大多数人的愿望。不仅投资者、企业主希望持续经营，在正常的市场经济中，持续经营也是社会福利最大化的选择。员工、合作者、社会也希望企业能够持续经营。持续经营有利于资产的积累，包括技术、经验、声誉、社会关系、文化的积累；相反，企业倒闭会带来一系列损失。例如，江苏铁本公司因为违反国家产业政策，于2004年受到政府查处而被迫下马，导致几十亿元的银行贷款成为坏账，超过400公顷耕地不能复耕，承建工程的十九冶、一冶、二冶等一批企业遭受巨大损失[②]。再如，2008年震惊全国的乳业"三聚氰胺事件"，导致三鹿集团倒闭，蒙牛、伊利、雅士利、圣元、施恩等22个厂家69批次产品中检出三聚氰胺，中国乳业协会出面协调，有关责任企业出资总计11.1亿元作为婴幼儿奶粉事件赔偿金，中国整个奶业信誉受到沉重打击，国外奶粉趁机占领中国市场，中国育儿家庭不得不千方百计从海外购买进口奶粉。受害者不仅仅是相关企业和员工，据统计，由于长期食用添加三聚氰胺的奶粉受到不同程度健康损害的中国儿童达30万之多，这些孩子由于摄入蛋白质不足而导致营养不良，还会造成结石等泌尿系统疾病，其后果将是长

[①] 根据各种文献资料编写。
[②] 公司造假丑闻使美国经济至少损失370亿美元［EB/OL］.（2002-07-26）[2020-09-10]. https://business.sohu.com/15/89/article 202328915.shtml.

期而严重的①。

企业失败、夭折往往伴随资源的损失浪费以及员工的失业、关联企业的破产。美国布鲁金斯学会公布的一项研究报告显示，安然公司和世界通信公司的造假丑闻使 2002 年美国经济损失 370 亿至 420 亿美元。报告认为，大部分损失来自因投资者信心受到重挫而导致的股票价格下跌，它减少了所谓的"财富效应"，并最终影响到国内生产总值。报告还认为，安然公司和世界通信公司的丑闻还以其他方式危害了美国经济，其中包括对失业、通货膨胀和外国投资的影响。

尽管社会各方面希望企业能够持续经营，然而企业寿命的统计让人黯然。美国《财富》杂志的一份研究报道被广泛引用。据统计，美国大约 62% 的企业寿命不超过 5 年，高新科技企业只有 10% 活过 5 年；大企业寿命平均不足 40 年，世界 500 强企业平均寿命为 40~42 年，世界 1 000 强企业平均寿命为 30 年。1997 年美国经济增长率曾上升到 9 年内最高水平的 3.9%，但仍倒闭了 83 300 多家企业。在 2018 年 6 月 14 日举行的第十届陆家嘴金融论坛上，央行行长易纲称，美国中小企业的平均寿命为 8 年左右，日本中小企业的平均寿命为 12 年，我国中小企业的平均寿命只有 3 年左右，这就意味着，注册 3 年后的小微企业还正常经营的概率只有三分之一。他举例称，2018 年 3 月末，小微企业贷款不良率是 2.75%，比大中型企业高 1.2 个百分点。但是小微企业在各国经济发展过程中起着非常重要的作用。在美国、德国、日本等国家，中小企业对经济发展的贡献在 50% 左右，对就业的贡献是 60%~70%。我国改革开放以来，尤其是最近几年，中小微企业的发展非常迅速，我们有 2 000 多万个小微企业法人，此外还有 6 000 多万家个体工商户。它们占市场主体总数的 90% 以上，贡献了全国 80% 的就业、70% 左右的专利发明权、60% 以上的国内生产总值（GDP）和 50% 以上的税收。

因此，政府要从金融的角度考虑支持小微企业的发展。金融机构要考虑覆盖小微企业生命周期的各个阶段。小微企业不同成长阶段的融资方式是不同的。一般来说，小微企业遵循内源融资、股权融资、债券融资的先后顺序，在早期大多靠自己的钱或者亲戚朋友的钱，很难从银行贷到款；发展到一定程度以后，有些创投资金对它们感兴趣；再发展一定时间以后，有了信用记录，这时候银行和发债融资就成为可能。这些年来，我国私募市场发展非常

---

① 三聚氰胺 10 年，奶业洗牌和艰难的信心重建 [EB/OL]. (2018-05-21) [2020-10-11]. https://www.sohu.com/a/232343728_3278898.

快，2017年私募基金达到了200多亿元，是10年前的70倍。私募基金在支持小微企业度过发展初期困难方面起到了很大的作用。正规金融机构应当给小微企业提供更多的融资。我国小微企业在正规金融和民间金融之间融资的比例大约是6∶4。金融机构给小微企业的平均贷款利率在6%左右，网络借贷利率在13%左右。温州民间借贷登记利率则达到15%以上①。

面对充满风险的管理环境和肩负的责任，企业家们感慨万千。海尔总裁张瑞敏多次面对媒体记者表达自己的思想状态："永远战战兢兢，永远如履薄冰。"联想集团董事长柳传志说："我们一直在设立一个机制，好让我们的经营者不打盹，你一打盹，对手的机会就来了。"华为公司创始人任正非不断告诫自己的员工："华为总会有冬天，准备好棉衣，比不准备好。我们该如何应对华为的冬天？"微软创始人比尔·盖茨的警句是："我们离破产永远只有十八个月。"戴尔电脑总裁迈克尔·戴尔曾说过："我有的时候半夜会醒，一想起事情就害怕。但如果不这样的话，那么你很快就会被别人干掉。"

文选（二）首钢国际化战略首战失利②

20世纪90年代初，当秘鲁藤森政府决定把长期亏损的国营企业秘鲁铁矿（以下也称马科纳铁矿、秘铁）私有化时，其出售意愿正好与首钢开拓海外市场的目标不谋而合。马科纳矿是一个优质铁矿，已探明的铁矿储备约14亿吨。矿石品位高，含铁量在50%以上，且大部分为可见矿脉，可露天开采。在马科纳矿区还发现铜矿资源，尤其是北部地区的铜矿边界品位达1%~4%，个别地方达到15%，极富开采价值。该铁矿床1870年由意大利地质学家发现，1953年成立了美国马科纳矿业公司，建成港口和选矿厂，1975年被秘鲁军政府收为国有；由于管理不善，铁矿近乎瘫痪，1993年首钢秘铁公司开始运作时，公司的基础设施基本处于瘫痪状态，8条矿粉生产线只有1条能进行正常作业，其他的电铲、钻机、破碎机等设备都完全不能运作或处于极差状态。

首钢在决定竞标秘铁时，中国的钢铁工业正处于快速发展中，首钢提出

---

① 易纲．中国中小企业平均寿命为3年，日本为12年［EB/OL］．（2018-06-14）［2020-10-21］．https：//finance.qq.com/a/20180614/015258.htm.

② 参见：朱晓雪，王嘉徽．首钢与秘鲁的血色黄昏［EB/OL］．（2016-11-26）［2020-10-22］．http：//finance.sina.com.cn；范剑青．首钢在秘鲁风雨十二年［EB/OL］．https：//www.douban.com/group/topic/93624764；走进首钢秘鲁铁矿公司在秘鲁走过坎坷15年［EB/OL］．（2008-07-11）［2020-10-22］．http：//news.sohu.com/20080711/n258089869.shtml.

了年产1 000万吨钢的目标，铁矿资源不足成为首钢和整个中国钢铁业发展的瓶颈。时任首钢总经理的周北方制定了"一体两翼"的海外战略布局——以首钢在香港的"首长系"上市公司为"一体"；以秘铁为一翼，向南北美洲发展；以在津巴布韦的代表处为另一翼，向非洲地区发展。因此，首钢对秘鲁铁矿几乎抱着志在必得的期望。

在秘鲁铁矿的国际招标中，由于对秘鲁政府意向调研不足，对参与投标的其他几个竞争对手也不了解，首钢在投标中一下子就开出了1.2亿美元的高价，收购了秘鲁铁矿公司98.4%的股价，获得马科纳矿区670.7平方公里内所有矿产资源的无限期开发和利用权。事后他们才知道，这个价格远远高出秘鲁政府的标底（4 000万美元），也大大高出其他对手的出价。

投标出价过高带来的债务负担长期困扰秘铁，这笔投资的本息需要用秘铁每年卖铁矿石的收入来偿还。以后很多年中，首钢秘铁长期存在贷款规模过大、偿付能力偏低、每年支付银行的财务费用过高等问题。尽管公司大部分年份都有盈余，但扣除需付银行债务的本息后，始终难以摆脱亏损困境，直到2002年，其银行贷款余额才压缩到1 000万美元以下。

首钢秘铁在管理上也出现了问题，最初的设想是全面接管秘铁。1993年，首钢向秘铁派出了人数众多的一支队伍，在每个经理部门都安排了中方经理，各个生产班组都配备中国班组长带班，并把秘铁模式扩大到其他准备收购的海外新矿点。由于派往秘铁的首钢员工一天只有一美元的补贴，许多管理素质较好的干部就不愿意前往。一些原来首钢的普通员工被提升到秘铁担任管理职位。首钢为此举办了一个200人的西班牙语班，同时派了一些人去大专院校紧急学习相关管理知识；但是，当180多名首钢人被派到秘铁，由于语言不精通，大部分班组长难以开展工作。根据秘鲁法律规定，企业开业3年后聘用秘鲁职工的人数要达到全体职工数的80%，以后要逐渐提高到90%。全面接管的想法显然不能实现。管理人员素质的欠缺，使中方很难接管已经按部就班的秘铁管理工作，实际发挥作用的仍是秘鲁原来的人员。在首钢矿区工作的高层人员每月总收入达5 000美元，企业中层收入在2 000美元左右，这在秘鲁算比较高的了，首钢还免费为职工提供住房、水、电、交通、医疗等待遇。

中国国有企业的不良问题也被首钢带到了秘铁。1993年，秘铁的领导班子同中国国内一样，既有董事长，又有总经理，还有党委书记。这些首钢干部虽然职务不同，但却没有明确的职能分工，难免带来人事上的相互牵扯，把一些国内的矛盾也带到了海外。

但是，首钢秘铁面临的最大问题是如何解决劳资纠纷。首钢在中国企业中是实行民主管理的典范，也以为可以将其经验推广到秘鲁铁矿。收购秘铁后的第一年（1993年），为了搞好与工会的关系，首钢邀请部分工会领导人到中国参观访问，"了解中国工人如何当家作主"。结果这些工会领导人一返回秘鲁，就要求按照中国国有企业的模式处理劳资问题，一口气提出35项福利条款，当时效益良好的首钢慷慨地满足了他们。秘铁工人不仅享受了首钢员工享有的社会主义福利，连首钢人没有享受的——70岁退休，男子的情人或员工同居者经中介组织证明也可以享受首钢补贴，形成了具有秘鲁特色的首钢福利体系。在最初的两年里，首钢还主动给秘铁工人涨了好几次工资，秘铁工人的工资水平在当时秘鲁所有矿业企业中排名第一。首钢得到了秘铁工人的绝对拥护，这一时期被称为劳资双方的"蜜月期"。

然而，首钢领导层错误估计了当地工会的认知及动员能力。自1957年美资进入秘鲁组建马科纳矿业公司开始，那里的秘鲁工人就组建了马科纳矿工工会。该工会曾产生过数名全国性工会领袖，有的还参加过议员选举。该矿在美资时期工潮不断，在国营时期又冗员充斥，劳工费用占全部生产成本的35%，濒临破产。首钢秘铁工会"全盛时期"曾拥有会员900多人，两个工会共有41名脱产人员，他们享受原工作岗位待遇，公司还需为其支付出差费和交通费。中方在劳资谈判中的每一次让步，都使得工人进一步支持其工会领导人。一些工会领导为了参与全国性政治活动，大肆宣传其与中方的"斗争经验"。当地工会并不像中国企业工会那样教育工人争做企业的主人翁，与管理层同心同德搞好生产经营，而是从骨子里坚持认为只有通过阶级斗争才能保障和增进工人的利益。首钢进入秘铁时，仿效国内模式建立职工代表大会，但工人并不领情。首钢一位宣传人员称：当地工人不关心企业的经营决策，也不懂得和企业共渡难关，他们唯一关心的就是工资。

1995年首钢高层震荡，经营危机全面爆发。1996年，秘铁产品积压，财务发生困难，某些设备未按计划实现更新，秘铁工会此时发动了长达42天的大罢工，直到被伊卡省劳工局判为非法后才算罢休。由于秘铁工人没有储蓄的习惯，罢工后期他们甚至连吃饭都难以为继，于是1997年的罢工只是匆匆走了个形式。首钢管理层自此得出结论——资方对待工人不能太心软。一次罢工后，秘铁开除了带头闹事的工会主席坎查理，这对于其后几届工会领导人产生了震慑作用：坎查理之后的工会领导一边组织罢工，一边私下向中方官员打听他会不会被开除。

2004年6月1日，首钢秘铁矿工工会781名工人因为加薪问题开始无限期罢工；紧接着，180名以劳务中介形式雇用的合作社工人因要求同工同酬也开始罢工，他们封锁泛美公路通往矿区的唯一公路，以暴力手段阻止矿工上班和车辆通行，并打出了"中国人滚出去"的口号。首钢秘铁的中国经理们对此已经司空见惯。所有的罢工都源于加薪的要求。此轮罢工风潮率先发难者实际是矿员工会，他们希望矿工工会接受与职员工会相同的补偿条件，即每人日增基本工资2.9索尔（3.45索尔合1美元），并得到一次性补贴570索尔，结果遭到拒绝；7月25日，秘铁宣布停产，在秘鲁伊卡省劳动局和秘鲁内政部干预下，8月3日恢复生产。据估计，这次大罢工给秘铁造成直接经济损失达500多万美元，秘铁法务部门已准备起诉制造暴力事件的罢工带头人。

连续数年的问题使得首钢秘铁痛思应对之法。他们专门组织力量研究当地法律、法规，以其为武器与对方据理力争，并拒绝了工会提出的一些无理要求，修改了以前一些不合理的劳资协议，抑制了工会势力的过分膨胀。首钢秘铁在10年多的经营中中方领导班子换了6拨，短暂的秘鲁之行更像是一次镀金之旅。1998年秘铁上报利润1 400万美元，1999年却濒临倒闭。根据一份当年的首钢秘铁报告，1998年秘铁利润是虚高的。为了压低成本，秘铁砍掉设备检修项目、缩减研发投入，这使得生产消耗逐年增加，1998年生产消耗比1997年增多了275万美元。实际上由于外部原因，当年大宗材料（含水、电）价格降低，反而减少了841万美元的成本。另外一个外部原因是1998年索尔大幅贬值，工人实际工资降低。秘铁曾经请研究院对其氧化矿的处理问题进行取样研究，但是直到研究快结束才发现取样标本没有代表性；在涉及缓解资源紧张的选铜改造项目上，主体工程快完成了，最基本的工艺设计却还没有进行……失误导致事故频出，成本不合理增加，但是有关人员却没有受到责任追究，交接班前焚毁文字资料、删除计算机资料等行为在秘铁见怪不怪。对于秘铁前景极其失望的秘方核心技术人员开始流向那些2 000美元月薪的美国矿业公司，但一些工作并不负责的秘方高级员工却因为不得而知的原因拿着上万索尔月薪。

2007年，首钢的外派人员缩减到30多人，基本沿用20世纪60年代美国人管理秘铁的方式，由秘鲁人管秘鲁人。尽管首钢后来调高了秘铁中方管理人员的工资，但是他们感到秘铁缺乏前景，也缺乏工作热情。首钢秘铁员工在当地的生活条件其实非常不错，他们使用的是美国人留下的生活设施；而在秘鲁首都利马，秘铁还有高大的写字楼，写字楼后面的高档别墅是首钢秘铁员工到利马的休闲之地。

经过12年的经营和战略调整，首钢秘铁年产量已从当年收购时的280万吨提高到 500 多万吨。通过调整销售机构，形成了"供销合一、产销分离、相互监督"的营销格局，销售人员主动出击，在全球市场上拓展客户，逐步形成面向世界三大洲的销售网络，矿产品销售从以首钢为主转为行销美国、日本、韩国、墨西哥等 10 多个国家和地区，产销率达到 100%，其中每年只有 30% 的铁矿卖到中国，且只有其中一部分提供给首钢。首钢秘铁在增加产量的同时，对环保也非常重视，投资 500 万美元的尾矿库已经于 2001 年投入使用；投资 340 万美元的污水处理厂也在 2006 年底投入使用，可以对首钢秘铁生活区的污水进行 100% 处理。为降低人工成本和简化管理，首钢秘铁将企业的一些工程及在法律允许范围内的部分辅助业务实行外包，找一家有信誉、资质好的企业实行第三方服务，首钢秘铁正式员工总数已由开始时的 2 900 多人精简到 1 400 多人。2003 年首钢秘铁已经成为秘鲁的纳税大户，在 1993 年至 2003 年的 10 年间，首钢秘铁共向当地政府上缴各种税费 1.26 亿美元。

文选（三）任正非在人民大会堂向国家领导人及两院院士的汇报[①]

2016 年 5 月 30 日，华为总裁任正非在人民大会堂举行的全国科技创新大会上，向国家领导人及两院院士做了如下汇报。

从科技的角度来看，未来二三十年人类社会将演变成一个智能社会，其深度和广度我们还想象不到。越是前途不确定，越需要创造，这也给千百万家企业公司提供了千载难逢的机会。我们公司努力前进，面对困难重重，机会危险也重重，不进则退，如果不能扛起重大的社会责任，坚持创新，迟早会被颠覆。

1. 大机会时代，一定要有战略耐性

人类社会的发展，都是走在基础科学进步的大道上的。而且基础科学的发展，是要耐得住寂寞的，板凳不仅仅要坐十年冷，有些人，一生寂寞。华为有八万多研发人员，每年研发经费中，20%~30% 用于研究和创新，70% 用于产品开发。很早以前我们就将销售收入的 10% 以上用于研发经费。未来几年，每年的研发经费会逐步提升到 100 亿~200 亿美元。

华为这些年逐步将能力中心建立到战略资源的聚集地区去。现在华为在世界建立了 26 个能力中心，逐年在增多，聚集了一批世界级的优秀科学家，

---

① 参见：任正非在全国科创大会发言实录：华为已经攻入科技无人区 [EB/OL]. (2016-06-03) [2020-11-12]. http://www.cfen.com.cn/zyxw/yw/yw_7289/201606/t20160603_2311907.html.

他们全流程地引导着公司。这些能力中心自身也在不断地发展中。

华为现在的水平尚停留在工程数学、物理算法等工程科学的创新层面，尚未真正进入基础理论研究。随着逐步逼近香农定律、摩尔定律的极限，面对大流量、低延时的理论还未创造出来，华为已感到前途茫茫，找不到方向，华为已前进在迷航中。重大创新是无人区的生存法则，没有理论突破，没有技术突破，没有大量的技术累积，是不可能产生爆发性创新的。

华为正在本行业逐步攻入无人区，处在无人领航、无既定规则、无人跟随的困境。华为跟着人跑的"机会主义"高速度，会逐步慢下来，创立引导理论的责任已经到来。

华为过去是一个封闭的人才金字塔结构，我们已炸开金字塔尖，开放地吸取"宇宙"能量，加强与全世界科学家的对话与合作，支持同方向科学家的研究，积极地参加各种国际产业与标准组织，各种学术讨论，多与能人喝喝咖啡，从思想的火花中，感知发展方向，有了巨大势能的积累、释放，才有厚积薄发。

内部对不确定性的研究、验证，正实行多路径、多梯级的进攻，密集弹药，饱和攻击。蓝军也要实体化。并且，不以成败论英雄。从失败中提取成功的因子，总结，肯定，表扬，使探索持续不断。对未来的探索本来就没有"失败"这个名词，不完美的英雄，也是英雄。鼓舞人们不断地献身科学，不断地探索，使"失败"的人才、经验继续留在我们的队伍里，我们会更成熟。我们要理解歪瓜裂枣，允许黑天鹅在我们的咖啡杯中飞起来。创新本来就有可能成功，也有可能失败。我们也要敢于拥抱颠覆。蛋从外向内打破是煎蛋，从里面打破飞出来的是孔雀。现在的时代，科技进步太快，不确定性越来越多，我们也会从沉浸在产品开发的确定性工作中，加大对不确定性研究的投入，追赶时代的脚步。我们鼓励我们几十个能力中心的科学家、数万专家与工程师加强交流，思想碰撞，一杯咖啡吸收别人的火花与能量，把战略技术研讨会变成一个"罗马广场"，一个开放的科技讨论平台，让思想的火花燃成熊熊大火。公司要具有理想，就要具有在局部范围内抛弃利益计算的精神。重大创新是很难规划出来的。固守成规是最容易的选择，但也会失去大的机会。

我们不仅仅是以内生为主，外引也要更强。我们的俄罗斯数学家，他们更乐意做更长期、挑战很大的项目，与我们勤奋的中国人结合起来；日本科学家的精细，法国数学家的浪漫，意大利科学家的忘我工作，英国、比利时科学家领导世界的能力……会使我们胸有成竹地在2020年销售收入超过1 500亿美元。

2. 用最优秀的人去培养更优秀的人

用什么样的价值观就能塑造什么样的一代青年。蓬生麻中，不扶自直。奋斗、创造价值是一代青年的责任与义务。

我们处在互联网时代，青年的思想比较开放、活跃、自由。我们要引导和教育，也要允许一部分人快乐地度过平凡一生。

现在华为奋斗在一线的骨干，都是80后、90后，特别是在非洲、中东、疫情、战乱地区，阿富汗、也门、叙利亚……80后、90后是有希望的一代。近期我们在美国招聘优秀中国留学生（财务），全部都要求去非洲，去艰苦地区。华为的口号是"先学会管理世界，再学会管理公司"。

我们国家百年振兴中国梦的基础在教育，教育的基础在老师。教育要瞄准未来。未来社会是一个智能社会，不是以一般劳动力为中心的社会，没有文化不能驾驭。若这个时期同时发生资本大规模雇佣"智能机器人"，两极分化会更严重。这时，有可能西方制造业重回低成本，产业将转移回西方，我们将空心化。即使我们实现生产、服务过程智能化，需要的也是高级技师、专家、现代农民……因此，我们要争夺这个机会，就要大规模地培养人。

今天的孩子，就是二三十年后冲锋的博士、硕士、专家、技师、技工、现代农民……代表社会为人类去做出贡献。因此，发展科技的唯一出路在教育，也只有教育。我们要更多关心农村老师与孩子。让教师成为最光荣的职业，成为优秀青年的向往，用最优秀的人去培养更优秀的人。

这次能够在大会上发言，对华为也是一次鼓励和鞭策。我们将认真领会习近平总书记、李克强总理重要讲话和这次大会的精神，进一步加强创新，提升核心竞争力，为祖国百年科技振兴而不懈奋斗。

文选（四）格罗斯对200多家公司的成败因素分析[①]

比尔·格罗斯（Bill Gross）是美国一位具有传奇色彩的商界精英，毕业于加利福尼亚大学，是世界上最大的债券公司太平洋投资管理公司创始人，有"债券之王"之称。比尔·格罗斯在1972年开启主动式债券交易风格，他曾成功预测美国经济危机，多次入选《福布斯》全球亿万富豪榜。业内认为他是历史上最成功的企业家之一。本文选自比尔·格罗斯在TED演讲中的精

[①] 参见：他统计完200多家公司的成败，发现惊人成功要素［EB/OL］.（2016-08-16）[2020-11-21]. http://mt.sohu.com/20160816/n464404076.shtml.

彩分享：

我从12岁就开始创业，那时我在初中校园里的公交站牌下卖糖果。进入高中，我开始制作太阳能装置。来到大学，我开始制作扬声器。大学毕业后，我创立了软件公司。而20年前，我创立了Idealab，在过去的20年间，我们创立了100余家公司，分布在各行各业，成功颇多，惨败不少。

如果你在创业时，利用适当的股权激励，带领并管理一批人，你就能用一种前所未有的方式激发他们的潜能，带领他们取得超乎想象的成就。但如果创业组织真那么厉害，为什么这么多的创业失败了呢？

从那些失败中我们收获良多，于是我试着去总结，究竟是哪些因素决定了企业的成败。我总结出了五个关键因素：创意（Ideas）、团队合作/执行（Team/Execution）、商业模式（Business Model）、资金（Funding）、时机（Timing）。

第一，创意。有段时间，我认为创意是一切的基石，我将公司命名为Idealab，因为我十分喜欢那个当你灵光乍现时，不觉"啊哈"出声的时刻。

第二，团队合作/执行。但随着时间的流逝，我开始觉得也许团队合作/执行能力、适应能力比创意更为重要。拳击手迈克·泰森曾说过："挨打之前，人们都会有自己的计划。"我认为这句话在商业领域同样适用。一个团队的执行能力在很大程度上体现为其在遭到顾客打击时的适应能力。顾客是实实在在的。这就是为什么我开始觉得团队合作才是最重要的因素。

第三，商业模式。随后我开始关注商业模式。在探讨企业成功的最关键因素时，企业的营利途径是否明晰成了我关注的重点问题。

第四，资金。然后我还关注了资金。有时企业会得到巨额资金，或许那是最关键的因素呢？

第五，时机。当然还有时机的选择。这样的创意理念是不是太超前了？这个世界有没有准备好接受它？是不是还为时尚早？我是说因为你很超前，所以还得先教育大众。时机是否恰当呢？还是为时已晚，已经有了太多竞争者？

我总共研究了Idealab的100家公司（其中Citysearch、CarsDirect、Overture、Netzero、Tickets等10家成功企业价值均已超过几十亿美元）和Idealab之外的100家公司。我想试着研究出一些科学的结论。

统计结果如下图（图2-2）所示。

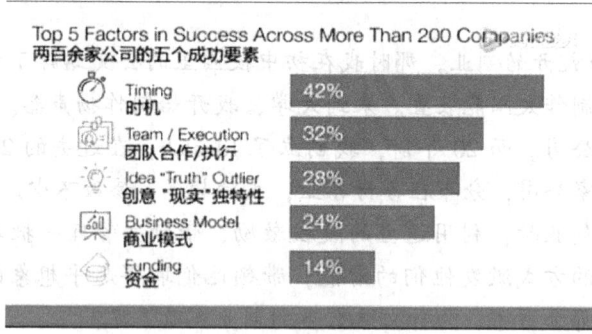

图 2-2 企业成功因素占比

由此我得出这样的结论：首要因素竟然是时机，成功企业和失败企业存在的差异中，时机所占比例为 42%；团队合作与执行力是第二要素（占比 32%）；然后才是创意，占比 28%；排在最后的两个因素是商业模式（占比 24%）和资金（占比 14%）。其实作为排名第三的因素，我们不能认为创意不重要，但创意竟然不是决定成败的最关键因素，这一点着实让我很吃惊，当时机合适时，创意会产生更大的效用。商业模式排在那么靠后我完全能理解，我觉得原因在于，即使没有商业模式你也可以创业，等产品赢得客源的时候再设立商业模式也不迟。

三、管理案例

案例（一）西方这 10 家著名公司岌岌可危[①]

2017 年，从优步到福克斯新闻、皇家邮政、联合航空等公司，很多都遭遇了滑铁卢，有的熬不过去就直接倒闭或者破产了。下面是本次浪潮中搁浅的西方 10 家著名公司的概况。

玩具反斗城——成立于 1948 年的 Toys "R" Us 在世界范围内曾拥有多达 1 600 家店铺和 6.5 万名员工，是北美也是世界上最大的玩具商店连锁店。由于来自网络零售商的激烈竞争，该品牌实体店销售下滑，并于 2016 年出现了 50 亿美元的债务，无奈于 2017 年 9 月 17 日申请了破产。

---

① 参见：这 11 家著名公司摊上了灾难性大事，熬不过去就得破产或倒闭 [EB/OL]．(2017-10-18) [2020-12-20]. http://www.mycaijing.com.cn/news/2017/10/18/155344.html.

JC Penney——公司创立于1902年,其鼎盛时期在全美设有约1 200家服饰及家居用品大型连锁商场,1998年营业额达380亿美元。由于在线购物的影响,2017年公司第二季度净亏损6 200万美元。这家挣扎中的公司关闭了其在美国的138家门店,以减少其零售业务并大幅降低成本,但最终实在撑不下去,只能于2020年5月15日正式申请破产保护。

西尔斯控股——公司拥有132年历史,在20世纪中叶的一段时期,其营业额一度达到美国全国GDP的1%,每两个美国家庭中就有一家使用该公司的产品。这个品牌塑造了一个国家,说它是零售业的"祖师爷"一点也不为过。但从2010年开始,西尔斯就一直处于亏损状态,至2017年已累计亏损100亿美元,同时还负债40亿美元,市场估值也从300亿美元缩水至1亿美元,拥有Sears和Kmart连锁店的Sears Holdings也遇到了类似的问题。截至2017年,该公司已经关闭了180个商店,并计划在美国关停另外178家店。2018年10月15日,西尔斯正式申请破产保护,8万人面临失业。

梅西百货——公司创立于1858年,1994年及2005年的两次大型并购实现了公司规模的迅速扩张。2008年,公司提出的MOM战略使得公司2010—2012年收入复合增速达60%。然而在以后几年中,梅西百货一直面临网上零售商的强劲竞争,其利润一直被压缩,连续数个季度销售显著下滑。2016年该公司的净利润同比下降42%,营收相比上年下降13亿美元,每股收益由2015年的3.22美元降至1.99美元。为此,梅西百货公司不得不关闭数百家门店,超过1万个工作岗位受到损失,引发拿大哈德逊湾公司在2017年2月发布对其进行要约收购。

尼曼·马库斯公司——有着112年历史的美国高端零售百货公司尼曼·马库斯由于未能适应新零售的变革,到2017年已经连续7个季度出现销售下滑,不得不关闭其38家门店中的10家,但转型计划赶不上变化,2019财年公司债务总额已达50亿美元,再加上疫情的打击,2020年5月7日,尼曼·马库斯申请破产保护。

美国联合航空(美联航)公司——2017年4月,这家曾经在世界民航业界独领风骚的著名航空公司发生了强制将乘客从超量预订航班中撤下的丑闻事件,该公司的初步回应令丑闻加剧,进一步导致股价下跌,公司股票价值损失达到惊人的10亿美元。有专家认为,造成这次公关危机的主要原因是该公司55%的股权掌握在普通员工的手中,董事会往往不是从维护消费者利益和企业的发展战略考虑，而是从讨好、迁就普通员工的角度作出各项决议①。在疫情影响下，美国多家航空公司陷入困境。达美航空公司表示，计划2020年秋天让近2 000名飞行员休假。西南航空和捷蓝航空也都有类似计划。为了避免裁员，许多航空公司的高管都表示支持延长联邦救助法案。美联航称正与工会合作，向政府施压，希望能尽快延长对航空公司员工的工资支持。然而，该法案仍陷于美国的党派斗争中，没有进展；美联航宣称将在2020年10月1日对16 370名员工进行停薪处理，其中有2 850名飞行员和6 920名空乘人员。此前已有约7 400名员工自愿参加了提前退休计划。美联航的前途不妙！

瑞安航空——1985年成立，是总部位于爱尔兰的欧洲最大的廉价航空公司。在欧洲廉价航空市场发展初期，瑞安航空就成为这个市场的领导者。多年以来，瑞安航空公司逐步发展成世界上最赚钱的航空公司。2001年"9·11"恐怖袭击事件后，航空业普遍陷入困境，瑞安航空却保持连续12年盈利。2017年，由于飞行员不满自己的待遇罢工，导致该公司在9月到10月的6个星期时间内，每天不得不取消40到50次航班。同时，因为挪威等竞争对手争抢飞行员，公司市值已经下降了3 000万美元。2020年航空业遭遇疫情重创，截至6月30日的第一财季，瑞安航空营收下降95%至1.25亿欧元，税后亏损1.85亿欧元，是公司史上首次在第一财季出现亏损。

优步——成立于2009年，是美国硅谷的一家科技公司，在全球首创共享出行轿车模式，以开发移动应用程序联结乘客和司机提供载客车辆租赁及实时共乘的分享型经济服务，2011年开始走向国际。但公司在开展业务方面不断受到政府、出租车行业的各项指控，在有些国家（包括意大利、丹麦和英国）被明令禁止。2017年，优步遭遇了一系列非常糟糕的事情，包括性骚扰指控以及使用其阴暗的Greyball软件欺骗监管机构等事件。当年6月21日，优步创始人卡兰尼克（Travis Kalanick）正式辞去了首席执行官职务，公司其他高管也相继离职。

信贷巨头Equifax——在美国，一种叫做信用报告的东西发挥着重要的作用。大到作为制定商业决策的重要依据（抵押贷款、信用贷款、信用卡及私人学生贷款，都需要信用报告作为贷款发放的决策依据），小到作为国民日常生活的必备文件（房东会依此决定要不要租房给租户，保险公司会以此决定车辆保险和房屋保险的利率）。这样的一个高频应用场景无疑是一块巨大的蛋

---

① 参见：郭凡生. 美联航的困境表明员工持股是一把双刃剑 [EB/OL]. (2017-04-28) [2020-11-21]. https://www.sohu.com/a/136975637_622953.

糕，再加上以商业征信公司为基础的社会信用管理方式被社会广泛认可，于是信用在美国就形成了一条"完美"的产业链。在美国，无论是公司或者个人，都有一份自己的信用报告。信用报告在商业决策中使用越频繁，报告的准确性就显得越重要。美国有三家征信服务公司（Equifax、TransUnion、Experian）的报告质量最被广大用户认可。美国征信行业伴随消费借贷产业的发展而不断成熟。以个人征信机构上述三大巨头为例，其营收均在10亿美元级别，营业净利润率在15%左右，业务年增长率在16%~21%。

2017年7月29日该公司发现，公司在当年5月中旬至7月期间遭到黑客攻击，导致1.43亿用户的个人信息（美国总人口为3.2亿）遭到泄露，信息包括姓名、社安号（美国身份证号）、地址、驾照号、社保账号等；此外，还包括20.9万人的信用卡号码，18.2万人的个人税收信用文件。事故渐渐引发民怨，政府也介入调查，导致这家信贷公司股价下跌以及来自全球监管机构的大量诉讼。目前坊间传闻，有集体诉讼要求Equifax向全国受害者提出共计700亿美元的赔偿金，这个金额就算把Equifax卖几次都不够！

Snapchat公司——Snapchat是由斯坦福大学两位学生开发的一款"阅后即焚"照片分享应用，用户可以拍照、录制视频、添加文字和图画，并将他们发送到自己在该应用上的好友列表。Snapchat以其产品私密性、即时通信性吸引了大量年轻的消费者。2015年11月，Snapchat视频日浏览量突破60亿条，直追脸书（Facebook）；2016年3月，Snapchat估值达到160亿美元；2016年7月8日，Snapchat因为通过Discover功能展示露骨的两性广告和内容而遭到起诉；2016年10月，公司开始为2017年3月的IPO做准备，公司预期的市值为250亿美元。投资者希望这家Facebook风格的公司股价上涨，但第二季度收入低于预期，加上市场竞争加剧，主要对冲基金纷纷倾销股票，因此该公司自3月以后市值下跌幅度达到近50%。

案例（二） 网约出租车的前途如何[①]

2009年，美国优步首创网约车这种共享模式。2012年，程维创办滴滴打

[①] 参见"前瞻产业研究院"等：2020年中国网约车行业市场现状及发展趋势分析 创新技术推动行业合规化发展提速 [EB/OL]．(2020-10-16) [2021-06-21]．https://bg.qianzhan.com/report/detail/300/201016-aad8b35f.html．韦婷．我国网约车行业市场现状与竞争格局分析——市场竞争加剧 [EB/OL]．(2020-06-16) [2021-08-21]．https://www.qianzhan.com/analyst/detail/220/200616-8a21c418.html；部分城市网约车已饱和仍在烧钱的出行企业怎么办？[EB/OL]．(2020-09-14) [2021-06-21]．https://www.sohu.com/a/418256628_120368407．

车，获得A轮创投融资300万美元，2013年获得腾讯B轮投资1 500万美元，2014年先后获得国内外C轮和D轮1亿美元和7亿美元融资。2015年滴滴、快的两公司以100%换股的方式正式合并，"滴滴打车"正式更名为"滴滴出行"；当年年底，滴滴平台注册司机人数为500万，全平台（出租车、专车、快车、顺风车、代驾、巴士、试驾、企业版）订单总量达到14.3亿，超过优步成立6年累计的10亿订单数。2016年注册司机超过1 000万，此外还接入了100万辆出租车。2017年12月，滴滴出行完成新一轮超40亿美元的股权融资。

由于资本市场的大力扶持，公司不断扩大共享出行业务，改善平台服务系统，网约车大受出行者欢迎，他们可以方便约车，不必在马路边上等待。此外，由于平台对网约车有监督评价，拒载现象也少有发生，价格又比出租车便宜，还能得到平台奖励，注册用户迅速增长，到2016年年中已超过3亿（见图2-3）。

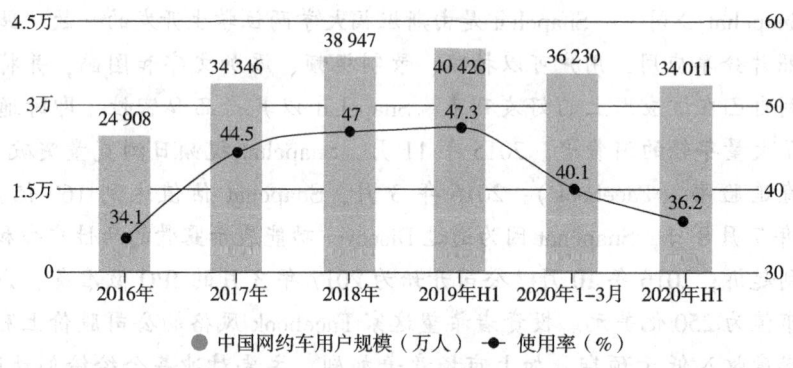

图2-3　2016—2020年中国网约车用户规模及使用率变化情况

资料来源：CNNC、前瞻产业研究院整理。

平台网约车在受到出行者以及灵活就业者欢迎的同时，受到了出租车行业及交管部门的压力。出租车司机抱怨网约车抢了他们的生意，出租车公司对政府施压。同时，网约车长期没有得到合法性的承认，在首都机场、北京火车站网约车接送客人被明令禁止。但由于网约车提供了超过1 300万个灵活就业机会，并使北京居民出行难的问题得到了某种程度的缓解，政府处于两难之中。2016年7月28日，交通运输部等7部委发布全球范围内第一部国家级的网约车法规——《网络预约出租汽车经营服务管理暂行办法》，宣布网约车合法，为滴滴出行打开了发展的绿灯；2016年8月1日，滴滴出行宣布与优步全球达成战略协议，收购优步中国的品牌、业务、数据等全部资产①。为了在人工智能、大数据领域能够和全球竞争，公司在硅谷建立了硅谷研发中心，公司总裁柳青表示，滴滴将整合超过1 500万司机和3亿注册用户，共同搭建将人、车、交通和生活方式互联互通、开放共享的生态圈。

不久，因为发生了网约车司机杀害乘客事件，一些城市开始从严整顿网约车。北京市限定只有本市居民持本市牌照及够一定档次的轿车，才能注册成为网约车。2017年4月1日起，滴滴出行宣布停止向全北京地区非京牌网约车进行派单。北京成为继上海之后，又一座被滴滴出行全面清退外牌车的城市。随着市场垄断地位初步形成，滴滴出行开始下调对加盟车主的补贴，兼职车主开始撤离平台；乘客的红包补贴逐步减少，象征性的奖励对乘客没有多大吸引力，北京重现打车难的现象。

因近年来滴滴出行司机补贴支出超百亿元，对外扩展投资累计超过200亿元，公司2018年出现高达109亿元的巨额亏损，程维宣布公司裁员15%②。有媒体认为，滴滴希望通过对其亏损的描述弱化其垄断受益者形象，软化司机群体对其的压力。但实际上，滴滴拥有良好的现金流，并没有因为亏损影响其战略性扩张。

总体而言，在市场规模方面，受宏观经济下行、行业规范整治等因素的影响，近年来我国网约车行业的市场规模增速放缓。2019年，我国网约车行业的市场规模为3 044.1亿元，同比增长3.42%。

2020年，突如其来的新冠肺炎疫情给出行安全赋予了新定义。受新冠肺炎疫情影响，市民出行需求大大降低，很多城市原本拥堵的早晚高峰交通变得格外畅通。随着疫情得到有效控制，网约车市场需求逐渐回暖，据《经济参考报》记者观察，网约车市场中不同线级城市在用户规模恢复方面呈现出明显差异，一、二线城市展现出较强恢复能力。这一现象背后的主要原因是，一、二线城市人口密度较高、出行半径较大，在限购等政策影响下，部分市民愿意选择网约车来替代私家车和公共出行工具。对于现在的年轻人而言，传统制造业不再是他们的首选，大量年轻人选择了自由度更高、收入更高的服务行业就业。

---

① 滴滴出行宣布收购优步中国 [N]. 证券时报，2016-08-02.
② 滴滴的战略悬崖 [EB/OL]. （2019-02-19）[2020-12-20]. www.ftchinese.com.

目前，我国网约车市场基本处于存量博弈阶段，网约车平台合规化进程加速，竞争加剧。除了传统的互联网企业入局网约车外，各大传统车企也开始跃跃欲试，其中规模最大的就是由一汽、长安、东风组成的被称为网约车"国家队"的T3出行。可以预见的是，随着入局者越来越多，网约车行业的竞争将会越来越激烈。我国网约车市场主要活跃品牌包括滴滴出行、神州专车、首汽约车和曹操专车等。其中，2019年12月滴滴出行活跃用户规模约9 253万人，第二名嘀嗒出行为1 190万人，两者相差约7.8倍。

据交通运输部新闻发言人孙文剑介绍，截至2020年9月24日，已有191家平台公司获得了经营许可，各地共发放网约车驾驶员证250多万张，车辆运输证约104万张，日订单量约2 100余万单。近年来，为了规范网约车运营，相关政策频繁出台，通过设置司机门槛、车辆门槛等确保司机信息以及车辆信息等手段，确保乘客权益得到有效保障。根据应急管理部信息研究院2019年11月发布的《中国网约车安全发展研究报告》，国内每三个打车人中，至少有一人使用网约车，在36个中心城市中，已有18个城市的合规网约车数量超过了出租车。

2020年9月，滴滴携旗下快的新出租、特惠快车、花小猪打车、青桔单车等多品牌参加"消费促进月"活动，向全国用户发放多种个性化的出行优惠券；同年10月，滴滴又投入101亿元补贴，发放全平台、多品类出行消费券。

受访专家认为，安全性依然是网约车行业的核心竞争力，特别是随着无人驾驶等新技术的使用，安全性考虑还应从个体层面上升到系统层面。对企业而言，将安全作为首要考量因素必然会带来大量成本投入，除了要追踪监测乘客的人身安全状态，还要警惕不法分子借由联网车辆对系统发动网络攻击。同时，无人驾驶车辆在发生道路安全事故时，责任如何划分也需要留足顶层设计的空间。除对乘客安全提出更高要求外，加强对网约车驾驶员安全保障的呼声也越来越高。

更大的问题是网约车的可持续发展问题。网约车的领军企业滴滴自2012年成立到2019年都没有盈利。在这6年时间中，滴滴累计亏损高达390亿元。

案例（三）意大利为什么未能吸取历史经验及时控制新冠肺炎疫情[①]

1347年9月，带有鼠疫病菌的商船驶入意大利热那亚港，也使"黑死病"抵达欧洲的第一站——意大利，并继而通过陆路、水路，逐渐蔓延到整个欧洲。

意大利是当时"黑死病"的重灾区之一。瘟疫亲历者作家乔万尼·薄伽丘在《十日谈》中描述道：佛罗伦萨突然成了人间地狱，行人在街上突然倒地而亡；待在家里的人孤独地死去，每天出现大批尸体……受当时科学认知、医疗水平的限制，人们对鼠疫这种烈性传染病毫无招架之力。这次瘟疫持续了六年，吞噬了欧洲约1/3的人口（约2 500万人）的性命！港口城市威尼斯商业繁荣，有大量来往船只，这为"黑死病"的迅速传播提供了适宜的环境。"黑死病"来袭不到一年，就夺走了威尼斯一半人口（约5万人）的性命，其中包括总督乔瓦尼·莫塞尼格和一批名门望族。欧洲人曾怀疑是犹太人到处流动传播疫病，于是数以万计的犹太人被抓住处死；许多人投身于教会，捐钱给教廷，寄希望于教会挽救这场上帝降下的灾难。然而，这些怀疑和信仰并未解决问题，"黑死病"继续在肆虐。

威尼斯人被迫放弃幻想，他们一边寻找疫病的来源，一边观察病症特点，进而开始推行多种应对措施，包括：及时发现并在荒岛上集中掩埋死尸以隔离传染源；专门在老拉撒路岛上新建医院，集中隔离威尼斯有疑似症状的居民至少40天，症状消失才可以离岛；到港船上人员必须待在船上或专设的隔离岛至少40天，确认无症状方可准许上岸；医生在和"黑死病"患者接触时，身穿泡过蜡的亚麻或帆布衫，戴上白手套持木棍用来掀开病患的被单或衣物。意大利人还发明了一种"鸟嘴式"防疫面具，该面具眼睛部位安装有透明玻璃，"鸟嘴"部分塞入防病的草药，以过滤空气，然后用帽子兜住头发和脸庞。疫灾使人们意识到空气传播病菌的风险性，开始注意个人卫生，在客观上减少疫病的传播。一系列举措下，威尼斯这个"黑死病"重灾区终于遏制并减少了疫病造成的损害，并在病灾后逐渐恢复了活力和繁荣。

意大利人在十四世纪中期发明的黑死病的很多防疫措施，至今仍在世

[①] 参见：发明了很多疫病防治措施的意大利，为何现在疫情很严重？[EB/OL]．(2020-03-10) [2020-09-21]．https：//www.sohu.com/a/448440797_120784798，2021-02-03；医疗条件优良应对迅速，意大利何以被疫情肆虐至此？[EB/OL]．(2020-03-10) [2020-08-20]．https：//news.ifeng.com/c/7uj6XIs3JA0，2020-03-10．

界上沿用。然而，意大利没有经受住暴发于2019年底、2020年初的新冠肺炎疫情的考验。2020年2月21日前，意大利只有3例确诊病例。到2020年3月8日时，意大利已累计确诊7 375例，死亡366人。总理孔特紧急签署法令，封锁意大利北部的伦巴第大区和其他大区的11个省，涉及至少1 600万人。封锁期间，这些地区所有学校停课，公共场所关闭，体育赛事空场进行，持续至4月3日，违者将被处以罚款或监禁，如有必要，意政府将出动军队。

其实，意大利是最早采取防控措施的国家之一。2020年1月30日，意大利成为欧洲第一个停飞往来中国航班的国家；2020年1月31日，意大利进入6个月的紧急状态，也是欧盟第一个作出这一决定的国家。但由于文化传统、生活习惯、国家体制、民众性格、医疗体系等多重因素，导致近40天的防控黄金期被白白浪费。

意大利疫情为何暴发？

有专家认为，意大利的疫情暴发与其文化传统、生活习惯有关。意大利人很重视亲情和友情，亲人和朋友见面不仅会拥抱、施贴面礼，还有亲吻面颊的习惯。广场文化是意大利一个非常重要的民俗习惯。意大利人十分健谈，而且特别喜欢到广场上围在一起聊天，一聊就是一两个小时甚至更长时间。这给新冠肺炎快速传播创造了条件。意大利人文化生活非常丰富，博物馆参观、体育赛事、展会等让人们在广场文化外还多了很多聚集的机会。意大利也是个非常开放的国家，旅游业非常发达。这样就既有了输入病例的条件，也有了本地传播的条件。

疫情蔓延还涉及意大利特殊的国家体制。意大利是一个统一而不可分割的共和国，但同时实行最广泛的行政上的地方分权，所有的组织和管理机制都依赖于地方。这就使得中央、地方在防控执行上的协调难以统一，中央政府的有些措施、政令不能很快并有效贯彻到地方。意大利议会曾为是否需要动员民众戴口罩争论不休，而大部分议员认为没有发病症状的人不需要戴口罩。

意大利人重视争取自己的自由，一些小城镇为了防控较早采取"封城"举措，但在老百姓反对的情况下就会有一些松动。意大利人认为，除了医护人员，只有生病的人才需要戴口罩，没病就不用戴口罩，继续聚会、吃饭、聊天。这就忽视了新冠肺炎的潜伏期，带来了严重的后果。一些意大利民众甚至对政府采取严格的防控举措进行抗议。意大利虽然封城了，但不会像中国这样严格管理。人们喜欢在城里自由活动，不愿受限。

此外,意大利的医疗体系因受经济衰退拖累严重。意大利是老龄化很严重的国家,老龄化程度仅次于日本,居全球第二。自2008年以来,意大利先后遭到国际金融危机、欧洲主权债务危机和经济危机的沉重打击,经济下滑严重。政府为了降低国债在经济中的比率,不得不削减财政预算,公共医疗卫生系统预算受到很大影响。最近5年,意大利有758家医疗机构关门;2009年至今,医生缺口是5.6万人,护士缺口是5万人。在这种情况下,西方多国疫情的暴发(见表2-2),凸显的不是医疗水平的问题,而是医疗服务体系存在能力不足的问题。2020年3月5日,意大利总理孔特表示,医疗系统在超负荷运转,正重新启用退休医护人员。

表2-2 截至到2021年2月5日媒体公布的若干国家新冠肺炎疫情统计

国家	总人口(2019)	确诊病例	死亡病例	每万人确诊	每万人死亡
美国	328 239 523	27 407 324	470 705	834.97	14.34
印度	1 366 417 754	10 814 304	154 918	79.14	1.13
意大利	60 297 396	2 611 659	90 618	433.13	15.03
日本	126 264 931	406 815	6 278	32.22	0.49
中国	1 397 715 000	101 242	4 831	0.72	0.03

第3章

管理者

一、教学目标、理论概要、思考与讨论

(一) 教学目标

1. 理解管理者的角色、责任和风险。
2. 掌握组建管理队伍的步骤和基本环节。
3. 增强管理者自我管理的意识,掌握自我管理的基本方法。

(二) 理论概要

管理者就是承担管理职责的人。管理者是一个庞大的社会阶层。在企业中管理者按其扮演的角色有经营者及行政主管、管理参谋、中层经理、基层班组长、民主管理参与者和外部监管者之分。

管理者在企业中承担决策和组织实施的责任,通过计划、组织、激励、协调、控制和领导手段完成资源的筹集和配置,集体活动秩序的建立维护和变革,组织文化氛围的营造与变革等三项基本任务,以便实现经营绩效目标(见图3-1)。

管理者承担的职责以及面临的风险,决定了对他们的素质(包括品德、知识、能力和身心素质)有特殊的要求,因而管理者的选拔、培养、使用成为决定管理有效性的关键因素。有效的管理固然要依靠制度,管理者的自我管理不但重要,而且更加不容易。

(三) 思考与讨论

参照以下问题预习本教材及其配套教材,准备课堂或课后讨论:

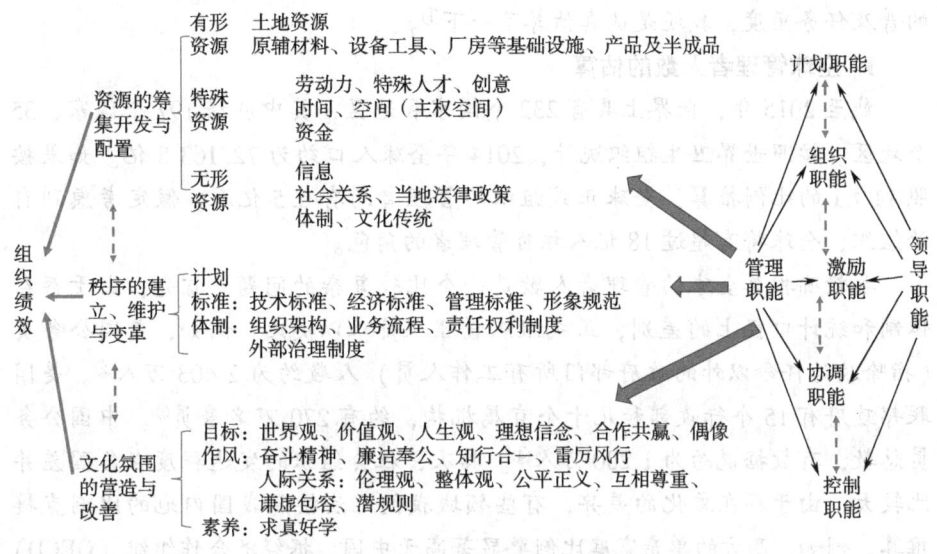

图 3-1 企业管理者的职责与任务

1. 谁是管理者？你自己是管理者吗？你承担着哪些管理责任，主要扮演何种角色？

2. 你能够区分创业者、管理者、领导者、职业经理人、经营者、企业家等相关概念吗？能否画出其框图模型？

3. 从李女士创办茶餐厅受挫、刘强东创业成功、北大方正从辉煌走向失败这三个案例中，总结对于创业者、经营者和领导者有哪些素质要求。

4. 王石、刘强东、柳传志在创业和发展企业过程中先后迈过了哪些"坎"？当前万科、京东和联想又面临哪些挑战？

5. 怎样建设能够支持企业或者其他组织基业长青的管理队伍？

6. 为什么说管理自己不是一件容易的事？请用自己的经验和典型案例解释其中的困难和挑战，并交流管理自己的经验。

二、精读文选

文选（一）全球有多少个管理者和有志于管理事业的人

在一次学术讨论会上，有人问我：全球有多少管理者？这个问题，有点像问"你知不知道一个人长多少根头发？"不过，从管理学的角度，从管理学的普及任务角度，我还是认真估算了一下①。

1. 全球管理者人数的估算

截至 2015 年，世界上共有 232 个国家和地区，其中包括 197 个国家、35 个地区。按照世界卫生组织统计，2014 年全球人口约为 72.163 8 亿。如果按照 11∶1 的比例推算，全球正式组织的管理者约有 6.5 亿人。假定考虑到自治组织，全球将有超过 18 亿人担负管理者的角色。

要精确推算全球的管理者人数是一个比较复杂的问题。首先，由于存在体制和统计口径上的差别，正式组织管理人员难以类比。例如，美国公务员（指除政治任命以外的政府部门所有工作人员）人数约为 2 403 万人②。美国联邦政府有 15 个行政部和几十个直属机构，约有 270 万名雇员③。中国公务员总数，有数据说约为 1 200 万人④。其次，社会组织的发达程度在各国差异比较大。由于存在文化的差异，有些领域我们无法按照我国内地的比例直接推算。例如，西方的单亲家庭比例要显著高于中国。据经济合作组织（OECD）发布的报告，25.8% 的美国孩子由单亲父母抚养，而其他工业化国家单亲抚养孩子的比率平均为 14.9%。希腊、西班牙、意大利和卢森堡单亲抚养孩子的家庭比例最低⑤。

2. 有志于管理事业的人数

管理是一项具有很大吸引力的事业，更是社会地位较高的职业，因而争取进入管理领域是许多人的愿望。

以近 10 年来中国公职竞聘为例，各级公务员招录报名人数都在 130 万以上，2021 年计划招录 25 726 人，报考过审人数为 140.3 万人，竞争比达到 54∶1，2022 年更是高达 60∶1。根据 2021 年国考报名系统显示的数据，中央层级及副省级及以上职位的竞争力度最大，高达 140∶1；报名县级基层职位的竞争力度也不低，达到 53∶1 以上（见图 3-2）。

---

① 转引自：黄津孚. 全球有多少个管理者？[J]. 当代经理人，2016（1）.
② 中国和美国公务员数量比较 [EB/OL].（2018-11-20）[2020-12-21]. http：//tieba. baidu. com/p/1966459776.
③ 互联网时代 [M]. 北京：北京联合出版公司，2015：94.
④ 中国现有公务员数量是多少 [EB/OL].（2019-11-22）[2020-12-21]. http：//zhidao. baidu. com/link？url＝xPqg3dpuy53w_B6LCfLOYK6VcSSmPa3JMApgO4ZcSvwIF6y3NARUG19J_4pJJRqDl6yM38OwaCnVcJtY8ajz4a.
⑤ 美国四分之一孩子生长于单亲家庭 [EB/OL].（2011-04-28）[2020-12-21]. http：//www. chinanews. com/gj/2011/04-28/3003285. shtml.

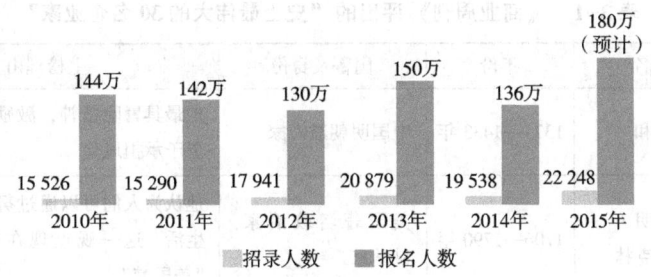

图3-2 中国内地公务员招录与报名人数

文选（二）彪炳世界的企业家

谁是历史上最伟大的企业家呢？这是一个仁者见仁、智者见智的问题。为了避免过于主观，《商业周刊》征询了很多专家、教授、作家和公司员工的意见，制定了统一的标准。如果一名企业家创建了一个新市场，或者让一个每况愈下的市场复兴，或者改变了人们生活的方式，他就有资格成为史上最伟大企业家的候选人。

按照这个标准，美国《商业周刊》评出了"史上最伟大的30名企业家"，上榜者既包括早期殖民贸易商和19世纪的企业家，也有今天的科技巨头（见表3-1）。基于这一原因，中国大航海家郑和和微软创始人比尔·盖茨同时出现在榜单上也就不足为奇。然而，近20年来全球特别是中国等新兴经济体涌现了许多为人类做出巨大贡献的企业家，他们未能入选实在是令人遗憾的事情。

美国《商业周刊》指出，很多企业家上榜并非因为他们的公司大获成功，而是因为他们处理财富的方式令人钦佩。例如，由企业家成功转型为慈善家是安德鲁·卡内基和比尔·盖茨上榜的原因。还有一些人上榜是因为他们帮助他人开创了自己的企业，eBay创始人皮埃尔·奥米达亚就是其中的一员。最重要的是，几乎所有的上榜企业家都改变了自己的时代。例如，郑和创造了一个庞大的贸易帝国；亨利·福特将汽车带入大众市场；盖茨、史蒂夫·乔布斯和安迪·葛洛夫推动了信息时代的发展。

表 3-1 《商业周刊》评出的"史上最伟大的 30 名企业家"

名次	姓名	年份	国籍及身份	上榜理由
1	郑和	1371—1433 年	中国明朝航海家	他最具冒险精神,激励后代企业家勇于承担风险
2	本杰明·富兰克林	1706—1790 年	美国著名政治家、科学家	他认为人们可以通过努力工作改善生活,这一观点现在仍在激励着"美国梦"
3	梅耶·阿姆斯切尔-罗斯柴尔德	1744—1812 年	英国银行家	他创建了全球第一家跨国公司
4	约翰·雅各布-阿斯特	1763—1848 年	美国房地产巨头(也是中美贸易的开拓者之一)	打造了一家成功的美国企业,并通过投资所得利润打造了又一家成功企业,成为当时美国首富
5	安德鲁·卡内基	1835—1919 年	美国钢铁巨头	他认识到创新是打败竞争对手和企业之间的最大区别
6	约翰·洛克菲勒	1839—1937 年	美国石油巨头	他利用经济规模和垂直整合使美国石油行业走上现代化
7	托马斯·爱迪生	1847—1931 年	美国发明家	他认识到创新固然重要,但新发明并不能让一家企业获得成功;新发明需要同产品结合在一起,并由用户进行评估
8	米尔顿·赫尔希	1857—1945 年	美国巧克力巨头	他使销售"低价奢侈品"成为一种可支撑的商业模式
9	W. K. 凯洛格	1860—1951 年	美国食品行业巨头	他的一个偶然发现改变了美国人吃早餐的习惯
10	约瑟夫·霍恩和弗兰克·哈达特	1861—1941 年 1850—1918 年	美国速食食品巨头	他们发明了速食食品,从一定程度上改变了人们的工作和生活方式
11	亨利·福特	1863—1947 年	美国汽车巨头	通过改变生产流程,他将汽车带入寻常百姓家
12	雷·克罗克	1902—1984 年	美国麦当劳创始人	放弃短期利益,着眼于公司的长期增长
13	C. J. 沃尔克夫人	1867—1919 年	美国美容美发行业先驱	摒弃种族主义,拓展黑人市场,并从中获利

续表

名次	姓名	年份	国籍及身份	上榜理由
14	埃斯蒂·劳德尔	1907—2004 年	美国雅诗兰黛创始人	通过确保产品质量在美容行业脱颖而出
15	恩斯特·加洛	1909—2007 年	美国葡萄酒行业先驱	他将一个独家产品带入大众市场
16	汤玛斯·沃特森父子	1874—1956 年 1914—1993 年	美国 IBM 创始人	老沃特森从无到有打造了一家全球公司，小沃特森将这家公司带到一个新的层次
17	萨姆·沃尔顿	1918—1992 年	沃尔玛创始人	他认为低价产品最终将会获胜，这一理念从未动摇
18	伊尔·格拉维斯	1935 年至今	美国出版商	他一直为实现"人人平等"而战斗
19	安迪·葛洛夫	1936 年至今	英特尔公司创始人	创新、适应性及所处的时代使葛洛夫和英特尔改变了信息传输的方式
20	拉尔夫·劳伦	1939 年至今	美国服装品牌创始人	他认识到男人的时尚市场并不比女人的小
21	穆罕默德·约纳斯	1940 年至今	孟加拉国 2006 年诺贝尔和平奖获得者	通过小额信贷（普惠金融）帮助穷人摆脱贫困
22	玛莎·斯图瓦特	1941 年至今	美国家居品牌创始人	将自己的名字变为了一个知名的时尚品牌
23	阿奇姆·普莱姆基	1945 年至今	印度软件巨头	在印度打造了一家全球领先的科技公司
24	理查德·布兰森	1950 年至今	英国维珍品牌的创始人	不断地将自己的公司推向新的行业
25	奥普拉·温弗瑞	1954 年至今	美国著名主持人	她将超凡魅力和商业洞察力完美地结合在一起
26	史蒂夫·乔布斯	1955—2011 年	美国苹果创始人	他认识到，对于特定用户群体来说，时尚和易用性与实用同样重要
27	比尔·盖茨	1955 年至今	美国微软创始人	他改变了整个科技行业
28	杰夫·贝佐斯	1964 年至今	美国亚马逊公司创始人	他认识到互联网将改变传统的商业模式

续表

名次	姓名	年份	国籍及身份	上榜理由
29	迈克尔·戴尔	1965年至今	美国戴尔公司创始人	他开创了直销模式
30	皮埃尔·奥米达亚	1967年至今	美国eBay公司创始人	他为个人电子商业创建了基础设施

文选（三）北大方正竟然破产了①

2019年2月下旬，春寒料峭。中国企业界突然传出北大方正被破产重整的消息。人们想知道，是什么摧毁了这个曾经叱咤风云的"高科技"企业？

北大方正集团是北京大学于1986年投资创办的大型国有控股企业集团，北京大学持股70%，管理层持股30%。王选院士是方正集团初创期的技术决策者、奠基人，其发明的"汉字信息处理与激光照排系统"奠定了方正集团的起家之业。一开始，北大方正集团围绕"服务教学科研"的发展宗旨，矢志不渝地践行"产学研深度融合"发展模式，积极探索校办企业特色发展之路。1990年底，北大汉字激光照排占领国内报刊出版业90%以上的市场，海外中文排版系统80%的市场。

变化从北大方正创始人王选于2002年在公司内斗的余波中退出开始，当时留给方正两块核心资产：激光照排和电脑业务。但当年魏新出任方正集团董事长时立即宣布实施"多元化战略"，企业发展方向和战略也随之改变；魏新变革的理由如下："激光照排一年才几个亿的销售收入。""我们的电脑销售收入比较大，一年有几十亿元，但那是高新技术企业吗？""我从来不认为电脑公司是高新技术企业，因为核心技术都不掌握在我们手里。"魏新推崇通用电气的多元化，蔑视微软和IBM的专业化。一开始魏新确定的还是"有限多元化"的原则，他常常把这句话挂在嘴边："我们是北京大学的企业，不做民工，也不做违反我们价值观的事。"但魏新从2001年引入"凯地系"的灵魂人物李友和张海以后，魏新和企业的经营价值观一直在向"资本运作"方向

---

① 参见：是什么摧毁了北大方正和海航集团？[EB/OL]. (2019-06-25) [2020-12-21]. https://www.sohu.com/a/377749022_99920981；北大起诉魏新等人称方正集团股改无效，讨要对应总资产1 081亿元的股权 [EB/OL]. (2019-06-25) [2020-12-21]. https://www.163.com/dy/article/EIG5CV6054555JCG.html.

转变。"凯地系"是中国改革开放后早期的"资本大鳄"之一。正所谓近朱者赤，近墨者黑。魏新受到李友和张海的感染，感觉方正再依靠潜心基础研究的发展模式太苦太慢了！于是只要有利可图，方正就不管与主业是否相关，什么产业都做，在资本和产业市场上横冲直撞。高尔夫球场、矿山、建筑、证券公司、银行、钢铁公司以及医疗健康和智慧交通等企业，只要想买就毫无顾忌。经过3年的转型，方正已经从一个高科技公司变成一个全新的金融控股财团，先后形成了科技、医疗医药、房地产、金融、大宗商品贸易、职业教育六大产业板块。2009年魏新毅然决然地砍掉了方正集团的个人电脑业务，彼时方正电脑年销量达500万台，属于全球的前十名。今天再登录方正集团官网，核心业务板块变成了五个：信息技术、健康医疗、金融服务、品质地产、职业教育。其中房地产不叫房地产，而称作品质地产，正如联想将其称为智慧地产一样。此种思路和操作完全改变了北大创立方正的初衷，也改变了中国大学校办企业的定位和使命：科研成果转化。方正，从此走上了为钱而钱、为资本而资本、为扩张而扩张的不归路。

2009年前后，方正的利润占中国整体校办产业利润总和的60%~70%，左邻右舍皆望其项背。截至2018年底，北大方正集团旗下员工约3.5万名，年收入1 333亿元，总资产3 606亿元，净资产655亿元。在"2018中国企业500强"中，方正集团排名第160名。2019年，方正在中国企业500强中列第138位，中国电子信息百强企业中排名第5。

然而，2019年前三季度方正集团亏损高达24.69亿元，归母公司净利润亏损31.9亿元。截至第三季度末，总负债为3 029.51亿元，资产负债率达82.84%。2020年2月18日，方正集团发布公告：由于未能清偿到期债务且明显不具备清偿能力，2月14日北京银行向法院申请对方破产重整，7天后，北京一中院裁定受理申请，并指定方正集团清算组担任管理人。

自此，一个始于科技创新，历经34年风雨的企业即将划上一个时代的句号。

2019年6月，北大资产经营有限公司（以下简称"北大资产"）请求人民法院判定关于转让北大方正集团权益的《权益转让协议》无效；请求判令魏新、李友、余丽及北京招润投资管理有限公司（"北京招润"）返还北大方正集团30%股权，配合办理将北京招润名下北大方正集团30%股权变更至北大资产名下的工商登记手续。上述诉讼可能使公司实际控制人北京大学对北大方正集团的持股比例从70%，提高到100%。

据了解，北大方正集团持有北大医疗产业集团有限公司85.60%股权，北大医疗产业集团有限公司持有北大医药控股股东西南合成医药集团有限公司100%股权,西南合成医药集团有限公司持有北大医药28.58%股份,北大医疗产业集团有限公司还直接持有北大医药11.80%股份(见图3-3)。据经济观察网2019年6月15日报道,北大资产起诉的主要理由为:

(1)方正集团改制所依据的财务文件存在造假。2001年至2004年,时任方正集团董事长魏新、时任执行总裁李友、时任副总裁余丽在方正集团的改制过程中,将方正集团2002年12月31日的净资产审计值由20.69亿元人民币降至只有8 029万元人民币。

(2)相关交易方在股权受让主体上,弄虚作假,欺上瞒下。成都华鼎、深圳康隆,并非所谓"业界知名"的社会股东,而是李友、余丽等人控制的个人公司;北京招润也并非"实现员工激励、体现人才为本的平台",而是用来骗取方正集团35%股权的持股工具。

(3)相关交易方拿方正集团自己的钱,买方正集团自己的资产。魏新、李友、余丽,"利用职务之便……,非法获取方正集团巨额资金,用于支付他们非法获取方正集团权益的转让款"。

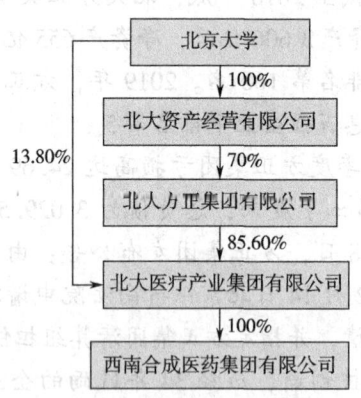

图3-3 北大方正的股权结构

北大资产称,2015年初魏新、李友、余丽被调查后,北大资产立即调整了方正集团管理层,然后逐渐发现了此三人之前的上述行为。据悉,李友在2016年11月因犯内幕交易罪、妨害公务罪和隐匿会计凭证、会计账簿、财务会计报告罪,数罪并罚,被大连市中院判处有期徒刑4年半,并处罚款7.5亿元人民币;余丽,则被大连市中院判决犯隐匿会计凭证、会计账簿、财务会计报告罪,仅处以财产刑——罚款人民币15万元。她在2016年11月左右获得了自由。

公开资料显示，北大方正集团新任董事长黄桂田先后担任过北大经济学院副院长、北大校长助理、校产办主任等职，其从事经济学研究多年，论著颇丰。"但新领导还保持着老派的习惯，比如收邮件他会觉得看不清，必须按三号字大小打印出来才行。"一位方正内部人士说。

三、管理案例

案例（一）李女士参与创办茶餐厅的辛酸经历[①]

2005年7月，三个各有所长的人合伙创业开办一家茶餐厅。

三个创业者，一个是商界人脉较广的商贸企业小老板赵某，40岁左右；一个是多年在雅宝路从事餐饮行业、经验丰富的厨师范某，50岁左右；一个是具有广告设计和会计经历，充满创业激情的女孩子李某，30岁左右。他们商定的股权结构为：赵某55%，李某25%，均以现金入股，范某20%以炊具和部分酒饮料折价入股。根据分工，赵某主要负责招揽客户和外部协调；范某负责采购和大厨；李某负责日常营业和内部管理，包括店面设计装修、招聘培训员工、服务监督和收支账目。三人商定都不拿工资，年底统一按照股份分红。

茶餐厅起源于香港的快餐业态，提供盖浇饭、面条、咖啡、红酒、西点和饮料，中西结合，宽松快捷，很受青年人的欢迎。三位创业者将餐厅先址于北京中央商务区的一个大型社区，租用临街的商住两用楼房，底层和二楼营业总面积260多平方米，附有一个30平方米的小院。附近有一所大学和许多写字楼及中高档公寓，仅留学生就有500多人。白领青年有用餐和扩大社交的需要，潜在的客户群体不小。随着未来北京奥运会的举办，周边物业的成熟，将形成长期稳定的经营环境，三个人对未来充满信心。

经李某精心设计，茶餐厅室内外布置成温馨浪漫的酒吧格调，既可以在此享受快餐，又可以在此喝茶聊天，或召开小型会议和周末晚会，为此专门配置了音响和投影设备。

茶餐厅开始还比较红火。经小李统计，正式营业3个月下来，每月日常费用大体为：房租2.2万元，煤气水电等约3 000元，一般食材采购9 000元左右，酒水与杂费每月不等，服务人员工资1.3万元，员工宿舍租金2 000

[①] 该案例系本书作者黄津孚根据实例编写，案例人物姓名为假名。

元，如果不计折旧，盈亏平衡点在5.5万元左右；当时，账面营业收入已超过盈亏平衡点，略有盈余。

但好景不长。随着周边快餐厅纷纷开张，竞争日益激烈，开始互相打价格战；街道、消防、卫生检疫、环保等部门也开始上门"找问题"。街道干部说楼上居民反映晚间音乐声影响他们休息；消防部门指出在居民区内用高压液化气烹调有安全隐患；卫生检疫工作人员发现有个别服务员没有办理健康证……谁也惹不起！只好"照规矩"摆平！

餐厅的现金流日益紧张起来。赵某为了自己商贸公司的业务经常在这里请客用餐，却很少支付现金，不是签单免费就是打白条；范某似乎将这家餐厅当成了自己的家，老婆及儿子吃住都在这里，有时还直接从营业收入中借钱买烟抽，采购支出大部分是手写字据，很少有正规发票。小李开始派领班跟着范某去采购，却被范某轰了回来。小李曾与赵某商量驱逐范某，但眼下北京大厨紧俏，一时还离不开他。眼看房租交不起，赵某威胁要将餐厅盘出去，小李将餐厅看成是自己的事业，只好向自己家里求助，父母先后借给餐厅数万元支付房租。服务员要求提高待遇，可餐厅账面上尽是应收款，无法满足她们的要求，有的服务员就辞职不干了，小李只好自己顶岗上班，当一个不拿工资的服务员。2年后，赵某、范某先后低价将股权转让给别人，拿现金走人。茶餐厅换了股东，小李从未拿到分红，背了一身债务，已经心力交瘁，自动放弃股权带着遗憾离开了茶餐厅。

案例（二）王石坚持不向"潜规则"屈服[①]

2008年，为了纪念中国改革开放30年，中国主流媒体选出了8个人作为标杆人物，王石作为企业家标杆入选主要根据三条：著名企业家、成功登山家、坚持经商不行贿。评委会问王石这三个标准他最喜欢哪个，王石回答说最喜欢自己不行贿。2009年2月，在东京一次面向无印良品总部的演讲会上，王石对此解释说：如果我们说在日本一个企业家因为不行贿就出名了那就很滑稽，因为不行贿是一个社会底线。有没有行贿的？我想是有的，但是一定是不光彩的，一定是在社会上见不得人，而且会被处罚的。但是另一个社会存在一个潜规则，好像你不行贿，怎么做生意呢？尤其作为一个房地产开发商，你不行贿，你怎么拿到土地呢？你不行贿，怎么得到批准呢？在城市中

---

① 参见：王石演讲我们从来不行贿 万科学习日本建筑［EB/OL］.（2014-02-10）［2020-12-20］. http://money.163.com/14/0210/09/9KNBOI6R00252FE1.html.

心区难以拿到优质土地的情况下，万科只有到郊区、偏远地方开发，所以万科有一个名称叫做郊区开发商，尽管我们是城市开发商，但是我们只能在郊区拿到土地。

1992年，万科进入上海，上海主管部门给了机场附近的招拍挂没人要的一块农地，就在航线上。王石在这个稻田上足足站了两个小时，不好下决心啊！看着上面的飞机一架一架飞过，算了一下平均7分钟一架飞机，最密集的时候3分钟一架。在这里盖住房，有人买吗？如果你不要这块地，还打算进入上海这个大市场吗？

最后王石还是决定拿这个地。虽然缺点非常非常明显，房子在飞机航线下，明显不适合人居住，但优点也很明显，因为这块地中间是稻田，不涉及拆迁，只要决定盖，可以很快盖起来，而其他开发商没有那么快。其他项目最快也得在万科推出楼盘三个月之后，这三个月的时间差有人买房子，万科就成功了。怎样让飞机航线下的项目受消费者欢迎？万科必须提供让消费者满意的条件，弥补对飞机场噪声的不满，于是万科在社区开放、服务周到等各个方面下功夫。

结果，楼盘销售的时候火爆到难以想象，万科的销售大厅玻璃门被挤碎了两次。10年之后，万科对业主进行满意度调查，发现73%的居民认为噪声是有困扰，但是有84%的受访者表示仍然愿意住在里，只有2%的居民表示希望要搬走。又过了10年，2012年之后，这个小区居住了来自20多个国家的2.7万居民，入住率95%，而飞机航线下的项目现在仍然是周边社区的中心。正是这个"郊区开发商"从1993年十个城市发展到2013年的60个城市，为40万个家庭住户提供着住宅，居住区人口超过100万。

万科是国内第一家聘请第三方机构每年进行全方位客户满意度调查的住宅企业。2007年，公司在行业内首先推出"冷静期"概念，实行"三天无理由退订"。2001年起，万科每年委托第三方顾问公司对全体职员进行员工满意度调查。2008年1月，万科荣膺第三届"CCTV年度雇主调查"评选"最具领袖气质的年度最佳雇主"称号。2011年，在青岛举行的中国绿色公司年会上发布中国绿色公司百强榜，万科成功入选；同年，万科入选财富中文网"2011年最具创新力的中国公司"排行榜，排名第三。

2009年5月，王石在重庆做了题为"冬天的生存法则"的主题演讲，台下有听众提问："万科是如何面对房地产行业潜规则的？"王石回答说，万科的底线就是不行贿。为了说明在这个行业行贿是强大的潜规则，他举了一个例子，有一次他参加一个企业家活动，问在座的企业家有多少人没有行过贿，结果举手的只有很小一部分①。

案例（三） 刘强东创建京东公司的发展回忆②

刘强东用了 20 年时间，从 3 平方米的光盘代销店起家，创建京东公司，公司实现了从零到万亿级的资本积累，成为国内外驰名的电商平台，旗下设有京东商城、京东金融、拍拍网、京东智能、O2O 及海外事业部等，经营多达 4 020 万种商品，覆盖全球消费者达 7.5 亿。2014 年 5 月，京东在美国纳斯达克证券交易所正式挂牌上市，其市值一度高达 460 亿美元。2019 年，京东位列《财富》世界 500 强第 139 位。

1. 多流一滴汗就比别人多一分机会

刘强东在接受某杂志采访时，被记者问到：这辈子得到的最好的建议是什么？他的回答是：从小我的父母就一直跟我说，多流一滴汗就比别人多一分机会。还在上初中的时候，他就发誓"上大学我只会带一笔学费，一定要自己养活自己，绝对不再跟父母要钱"。"我父母、爷爷他们都是抱着这条信念去做事情的。从太爷爷那一代，家里开始驶船，世代经营航运，我们整个家族一直都坚信，只要我的汗比你多流了一滴，就意味着我多了一次机会。"

1992 年，刘强东被中国人民大学社会学系高分录取。"我的事业起点应该是从我背着蚊帐、被子、脸盆到人大上大学的时候就开始了。我一个人坐上火车，把所有的东西都背到了学校，当时身上还有家里所有的亲戚朋友凑的 500 元钱，以及 76 个熟鸡蛋就进京了，同学说一星期没见刘强东进食堂。"

这四年他时刻要面对的问题就是：下一顿饭钱去哪里挣？除了刚进校父母给的 500 元钱生活费，刘强东打算：我要挣钱养活自己，拼一把，不向父母要一分钱试试！

2. 每天抄 2 000 个信封，1 个给 3 分钱

大学四年，进了学校的刘强东就没闲着，除了要上课，课余时间抓住所有机会挣钱，大一的时候是给别人抄信封，一封信 3 分钱。为了多挣点钱，他每天要抄 2 000 个信封，晚上十点钟关灯，别人都睡了，他却搬个小板凳或箱子坐在地上抄，一万个信封就是 600 元钱，大一的生活费就是这么抄信封扛过来的。

---

① 张彬. 王石谈行业潜规则：不行贿是万科底线 [N]. 重庆晚报，2009-05-25.
② 主编根据媒体公开资料《京东刘强东的发展历程》《刘强东自述创业史和创业传记》《刘强东牛津演讲：可以帮助更多人是我创造很多商业模式的动力》等整理。

3. 扫遍北京写字楼,靠卖书挣钱

大二开始,每年暑假他哪都不去,利用同学们都放假的时间去"扫楼"卖书。每天一大早骑个二八自行车挨家挨户敲门问人家要不要书,抱着二十多本样书跑上跑下,拿着书单让别人挑。他的暑假从来没有什么旅行,更没有宅在家里靠着沙发啃水果看电视,暑假的日子里透着汗水的咸味,同学们一开学,就发现刘强东又黑又瘦。

4. 熬夜自学计算机,靠编代码赚钱

后来,偶然听同学说自己的专业不好走仕途,也不好找对象,大三的刘强东于是另想门道,他开始利用晚上课余时间自学计算机编程!别说当时是高科技,就是现在很多人也读不懂。他抱着书在图书馆自学,95%的时间都花在了编程上。他靠着"多流一滴汗"精神,学会了这门技术,开始接活儿赚钱,价钱是别人的十分之一,所以生意特别好,以至于他需要天天熬夜写程序。他还参与了三个大程序编程,赚了20万元!到了大三下学期,他花了2.6万多元买了部"大哥大"。

5. 开饭店1年巨亏20万元,通宵打工2年还清

大四的时候,因为课程很少,刘强东开始尝试自己创业,他看中了大学附近的一家餐厅。之前的老板经营时,餐厅的生意非常好,天天晚上排队。刘强东拿出自己的全部积蓄24万元把这家餐厅盘了下来,给员工提高了工资待遇,每个人还送一块手表,并改善了他们的伙食和住宿条件,让他们从地下室搬到专租的院子里,心想对员工这么好,他们一定会尽心尽力地把餐厅做得更好。因为自己要上课和写论文,没有太多时间管理,刘强东只是每周去一次餐厅看看。两个月之后,情况越来越不对头,大厨和收银员谈恋爱,把许多财务凭证撕了;前台、买菜的都变着法儿贪钱,进货价格豆芽从8角变成2元,牛肉从8元涨到17元;工作餐净挑好的吃……餐厅变成了一个只进不出的无底洞,前后竟亏了近20万元,要知道当时的20万元可是相当于现在的200多万元!餐厅没办法开下去了,刘强东只能向小姨借了两三万元钱和他父母攒了一辈子的钱还债。毕业后,他二话没说就去了一家高薪日企打工,白天上班,晚上干老本行继续写代码,就这样没日没夜拼命干了两年,省吃俭用才还清了所有的欠款!从此他再也没回那个餐厅,这次挫折让他开始对人性产生了怀疑。他想不通为什么对员工这么好,他们也是从农村出来的,为什么要骗自己的钱呢?

6. 折腾创业,什么苦都能吃

刘强东在日本企业打工很有收获。在这家企业他陆续做过信息、库房、

销售岗位，特别是管理公司的信息系统感触最大。日本人那一套管理系统非常清晰，怎么前后一一对应，怎么保证数量精准，都给了自己很大的触动。在日本人眼里，正确就是正确，错误就是错误，没有所谓的误差一说，误差就是错误。第一次创业失败的原因他也找到了，其实全是自己的错。因为自己没有对员工进行任何管理和培训，没有系统流程去防范漏洞。

  刘强东决心再去创业，建立自己的公司，要证明自己有能力做成一番事业，不能抱着遗憾老去；日企老板竭力挽留，他说"自己创业当过一次老板后，就再也不想给别人打工了"。1998年6月18日，刘强东骑着二八自行车，揣着12 000元钱到遍地都是机会的中关村租下3.3平方米的一个商铺，开始创业之旅，取名京东公司，定位为传统渠道商，从代理销售光磁产品起步。

  初生牛犊不怕虎，刘强东身上有一股"匪气"和一种异于常人的拼劲。他可以在中关村大街上一溜达就是两个月，就为了寻找商机；也会站在自己租的柜台的楼下，印上一万张传单见人就发，一发就是三个月。

  刘强东坚持一个信念：一定要做合法经营的企业。1998年他创业专卖光盘和刻录机，那时中关村假货横行，但刘强东从没有随波逐流。虽然卖假的光盘、碟片有可能赚10倍的利润，但他坚持不卖假货，明码标价，而且可以开正规发票，服务又很热心，很快在业内建立起京东多媒体的商誉，在短短两年内成为全国最具影响力的光磁产品代理商。到2001年，其刻录机的代理业务营业额已经达到6 000万元人民币，在全国算是数一数二的代理商了。刘强东想到要复制国美、苏宁的商业模式加快发展，于是开始经营连锁店，经过6年的努力，2003年京东连锁门店扩张到12家。

7. 在危机中寻找出路

  2003年北京暴发"非典"疫情，人们都"猫"在家里不敢出门，好不容易扩张到12家连锁门店的多媒体生意瞬间冷了下来，刘强东只能陆续把门店关了；如果"非典"持续半年，刘强东就又得破产。六七个坚持上班的员工急得像热锅上的蚂蚁一样。后来有个员工建议可否试试在网上销售，但那时候没有货到付款这一说，客户都是通过邮局汇款，所以很多人并不放心这种交易方式。但刘强东觉得这可能是未来商业的一条路，就下决心试试。

  刘强东他们扛着压力每天就往各大网站和论坛发帖，不分白天黑夜地和客户沟通，开始没有人理睬，因为看不到前途，刘强东的女朋友也告吹了。后来在一家专业测评网站上发帖时，总版主回帖说，京东多媒体是我三年来认识的中关村唯一一家不卖假碟片的公司，值得信赖。因为有这样有影响力的网站鼎力相助，京东终于开始打开销路，这也是他们过去5年诚信积累的结果。2003年底一结算，刘强东发现线上销售比连锁店成本居然低了50%，不过连锁店销售收入和利润还是占公司的大头。那年年底，刘强东召集38个创业兄弟开会商量发展方向，整整吵了一天，大部分人坚持发展线下连锁业务，刘强东坚持做电商，结果有十几个兄弟不干了，觉得没有前途辞职了。

2004年1月，刘强东带领公司开始进入了电子商务领域，正式创办了"京东多媒体网"，继而发展为京东商城。2005年，刘强东最终下定决心关闭零售店面，转型为一家专业的电子商务公司，正是这个决定成就了如今的京东商城。2007年，京东又面临一次大的选择。刘强东主张从专业的数码垂直商务平台转向全品类商务平台，遭到了投资人的反对。当年年底，刘强东又决定自己搞物流，以解决高价值商品被偷窃调包的风险，以解决70%的顾客投诉问题，这是中国快递物流行业的一个短板，这正是一个人们不愿意触碰的商业机会，因为需要巨额投资，存在很大的不确定性，这个决策几乎遭到所有投资人的反对。刘强东承诺：如果亏了就以自己的股份赔偿，如果赚了就大家分享，结果取得很大的成功。57%的客户订单24小时送达，一般传统零售企业、连锁店平均库存周转60~70元，京东只有34天，用户体验、成本和效率大大改善。2010年京东销售额已突破百亿元。2014年5月22日，京东商城在美国纳斯达克上市。按照19美元发行价进行计算，刘强东持有京东18.8%的股份，身家约为300亿元人民币。

事后回想创业前三年所受的苦时，刘强东说："不是站在马路边上发宣传单遭白眼，不是挨冷受累，而是感觉世界上没有一个人理解我……哪怕第一年就赚了三十多万，我在他们眼里依然是下三滥。"

8. 融资困难，每天见四五十个投资人

2008年金融危机时，许多公司都倒闭了，但是刘强东活了下来，因为他就没服过输。

那时候刘强东就开始坚持自建仓储物流，刚花完第一轮融来的钱，可谁知道，金融危机来了。华尔街不行了，恐惧蔓延整个创投界，谁也不愿意在这个时候投资了，何况还是一个还没找到盈利模式的京东！一夜之间京东的估值从2亿元降到了3000万元！

恐惧之下，他开始打起精神每天见投资人找融资，一天最少4~5个，一个星期能见42个，但几乎把中国创投圈里人都见一遍了，还是没人愿意投京东。34岁的刘强东，额头上方生了一撮白发。

那段时间，面对员工时，刘强东总是热血沸腾地说："钱马上要来了！"但在大家看不到的地方，总是一个人躲在咖啡店里解压，第二天继续找钱。最后

还是投资人徐新帮忙找到了一个香港的投资人，巧妙安排了一次偶遇；当时还有苏宁等竞争对手在场，但是最后还是被刘强东给"拿下了"。

就这样，京东终于完成第二轮 2 100 万美元的融资，其中雄牛资本领投 1 200 万美元，今日资本跟投 800 万美元，梁伯韬以个人名义投了 100 万美元。这笔钱被刘强东有条不紊地用在京东的物流平台、服务技术等方面。

9. 创业 14 年，每天 8 点 30 分开晨会！

只要没出差，刘强东每天都会在 8 点 30 分准时到公司，和大家一起开早会。在一个周五的例行早会上，京东第四届管理培训生正在公司接受培训，按照制度他们需要轮流来早会旁听。

在一拨人结束旁听，而另一拨人正要进入早会的时候，刘强东对管培生们说："也许你们会觉得高兴，因为终于可以在早上晚起半个小时了，甚至你们还会觉得自己很了不起，你们坚持了足足 6 个月的时间，但你们能想象有个人坚持了 13 年吗？这个人就是我。"

刘强东在自己的自传中也提到："这些年来，不管晚上工作到多晚，哪怕两三点钟，第二天一早 8 点半钟的时候也会准时坐到会议室里面去，除了外出和出差这两种情况不能参加除外。"

回忆起创业前十年，刘强东说："我们过去第一个十年做了很多傻活、笨活、累活、难活、重活，受到无数人的耻笑，别人都看不到，别人不愿意做。当他们有一天明白过来时再想来做，根本达不到我们的高度，我为我们而骄傲！"

案例（四）联想 35 年的艰苦探索[①]

1. 创业路线的抉择

1984 年 11 月 1 日，柳传志、李勤、王树和、张祖祥等 11 个"完全不懂得市场、不懂经营管理的科技人员认识到个人电脑（PC）必将改变人们的工作和生活，响应中科院科技体制改革的号召，靠中科院计算所 20 万元投资起家，在一间传达室里，成立了中国科学院计算所新技术发展公司，不久就改名为"联想"（legend，英文含义为传奇）公司。

刚刚步入市场大潮中的知识分子们，面对激烈的市场竞争，一时不知所措。20 万元的资金对于开办高技术产品公司只是杯水车薪。1985 年，公司组织全体职工，包括科技人员和总经理在内，全部投入低档次的技术劳务——为社会上其他公司验收、维修、培训，通过苦干一年积累了 70 万元。面对当

---

① 主要内容引自黄津孚. 现代企业管理原理 [M]. 北京：清华大学出版社, 2017：350-354.

时每月仅200~300元的工资,这也可以算一笔"巨额"财富了。

联想面临的第一个选择是,把利润大部分分掉让创业者当"万元户",还是把资金投向当初的理想事业——发展民族计算机工业。经过讨论,创业者们一致同意选择后者。

接着,又面临第二个选择:在当时的大环境下,公司有三条路可以走。一是像当时中关村大多数公司那样做贸易,挣钱比较容易;二是通过研发走自制产品之路,但风险较大;三是办纯粹的技术服务公司,摸着石头过河。创业者们选择了第二条路,提出了"科技成果商品化"的口号。要实施这个战略,当时公司缺少一个技术带头人和一个拳头产品,于是他们邀请计算机软件专家倪光南加盟担任总工程师。在倪光南的带领下,1987年公司开发出将英文操作系统翻译成中文的具有市场价值的联想汉卡,经过不断开发、完善,逐步形成了广泛应用于六大领域的联想汉卡系统,1988年获得了国家科技进步一等奖。从此,联想确立了在民族计算机产业领域的领先地位。倪光南在企业也获得了无可比拟的尊重。

1992年联想内部出现了关于发展战略的重大分歧,公司又面临第三次选择。总工程师倪光南主张贯彻中央"科技兴国"战略,坚持"技工贸"路线,大量投资搞技术开发,但由于他不懂经营管理,忽视商品转化的艰难,一度导致公司巨额损失;以柳传志、李勤为首的大部分高管主张联想应根据中国国情,走"贸工技"路线,以市场带动生产和开发,建立自己的品牌。

2. 企业文化的转型

公司初创时期,联想组织架构比较简单,仅有经理室、技术开发部、工程部、办公室、财务部和业务部,所有的部门都由总经理直接指挥,权力高度集中,没有层级,人员和部门一专多能。这种管理模式高效灵活,有利于资金批量投放和快速回笼,被后人称为"平底快船"模式。

通过几年的发展,企业规模不断扩大。1988年,联想在各地成立了分公司,并开始实行分权体制,合资公司香港联想也在同年成立。1989年联想更名为联想集团,实施"开发、生产、销售、服务一条龙"的"技工贸"路线。柳传志开始谋划联想的未来,在管理层提出要大量招聘和大胆提拔年轻人。1990年,联想涌现了以杨元庆、郭为和孙宏斌为代表的一批"娃娃官"。

此时,公司又面临新的矛盾。当时任联想集团企业发展部经理的孙宏斌主管全国各地18家分公司,因为有能力、有魄力,分公司的头头脑脑基本上都由他任命,在分公司拥有很高的威信,逐渐产生个人野心。总裁柳传志为了挽救这个年轻人,决定将孙宏斌从业务发展部调任业务部任总经理,不料遭到孙宏斌下属的抵制。最后柳传志决定亲自担任业务发展部经理，孙宏斌因挪用公款被捕入狱。

通过总结经验教训，柳传志提出要在联想发扬共存共荣的"大船文化"，要求联想各级管理人员一定要局部服从全局，个人服从整体。在管理体制上，高层实行集体领导，董事会下设总经理室，实行海内外统一指挥。围绕公司开发、生产、经营三大主体，设置了一个决策系统、一个供货系统、一个财务部门，实行人员、资金统一调动管理，逐步实现制度化管理，包括实施"入模子"文化培训。不但新员工入职必须学习联想的历史、战略、纪律与文化等，管理人员和骨干每年也要进行"入模子"教育。大船管理体制和文化帮助联想开发出了一系列高技术前沿产品，增强了开拓市场的能力及抗风险能力，在社会上产生了良好的影响和声誉。

3. 面对国际化竞争的变革

1993年，国外品牌大量抢占中国市场份额，外部环境变得异常严峻，联想"大船结构"的弊端日益显现。为了适应新的形势，柳传志提出联想以市场为导向进行文化与体制转型的战略，着手建立"舰队文化"和集分权相结合的事业部体制。1994年，联想原有的经营部门按产品分为14个事业部，在公司总体战略部署和统一经营计划下，事业部对产、供、销实施统一管理，享有经营决策权、财务支配权和人事管理权。各个事业部自己制定经营计划，自己负责生产、科研，自己制定产品价格，自己建立销售渠道和服务网络，年底根据销售业绩，自己制定奖金分配方案等。同年3月19日，29岁的杨元庆临危受命担任微机事业部总经理，统一管理联想电脑的研发、采购、生产、销售、服务。在柳传志的支持下，杨元庆以市场为导向，改变管理体制，精减人员，改直销为分销，一举扭转了联想微机的颓势，连续4年销量和利润保持100%以上增长。

1995—1996年，联想先后推出自主品牌的服务器和笔记本电脑。

1996年，国际市场主流机型已经转向"奔腾"，而国外厂商继续在中国市场倾销库存的旧机型，且价格相对较贵。杨元庆为实现"让中国人用得起先进的国产电脑"，发动"万元奔腾"大战，第一个将1.5万元以上的奔腾电脑标价9 999元，并在一年内连续4次把更高档的奔腾电脑定位在用户可接受的价位上，一举改变了国内计算机市场的格局。1997年3月5日，联想电脑以10%的市场占有率居国内市场首位。1998年，联想开始建立起庞大的专卖店体系。1999年11月，联想在北京推出天禧家用电脑，捆绑了FM365信息服务并重塑了电脑的概念，方便中国普通用户接入互联网，把电脑从"个人电脑"升华为"门户电脑",这在全世界都是一个创举。当年联想电脑以8.5%的市场占有率,荣登亚太地区电脑市场销量榜首。2000年,联想电脑累计销售1 000万台,股价急剧上涨。

2001年4月,在新世纪联想第一次誓师大会上,集团公司总裁杨元庆宣布,今后联想将以互联网为核心,以全面客户导向为原则,以满足消费类客户和商用类客户的需求为目标,从产品和服务两个维度构筑多元化业务。为配合这一战略,联想改革和调整了组织架构,在原有以产品线划分的事业部体制之上,联想划分出了六大业务群组,以满足不同客户的需求,提出要在十年内把联想建成全球领先的高科技公司,2010年进入全球500强。当年6月,神州数码控股在香港成功上市。

2003年,中国成为仅次于美国的全球第二大计算机市场。联想当时的主营收入主要来自国内,3%的国际业务主要面向东南亚地区。国内市场份额正逐渐被国际厂商所蚕食,戴尔提出:"为了中国85%还没有电脑的家庭"降低产品在中国市场的售价。华尔街分析家认为[1],联想在成本控制上比不上直销起家的戴尔,在技术创新上又远不如以标新立异著称的苹果电脑。

2004年初,联想决定重大业务重组,放弃多元化经营战略,集中全力发展核心业务;开始面向收入较低的中国农村地区销售采用AMD处理器的低价电脑,向四、五级城市推出2 999元的圆梦电脑;借鉴戴尔经验,面向大客户开始应用直销的商业模式;并决定赴海外市场寻找新的经济增长点。当年12月,联想集团在北京宣布耗资大约17亿美元正式收购IBM全球个人电脑业务。IBM在过去3年半个人电脑业务共亏损近10亿美元,未经审计的账面净资产为负6.8亿美元。2005年3月,美国外国投资委员会(CFIUS)完成对联想收购IBM个人电脑业务的审查。5月1日,联想宣布并购交易正式完成;90天后,IBM在65个国家的电脑业务被彻底分离;IBM个人系统集团高级副总裁兼总经理沃德担任新联想的首席执行官,杨元庆担任董事长。

并购IBM的个人电脑业务后,联想一举成为仅次于戴尔和惠普的全球第三大个人电脑厂商。IBM通过全球约3万名专业的销售人员及IBM网站为联想的产品提供销售支持和服务。同时,联想将向IBM提供售后服务、采购、程序编写、市场推广及共享客户等服务。

---

① 华尔街日报:联想为何收购IBM PC业务[EB/OL].(2004-12-06)[2020-12-12].http://www.sina.com.cn.

越来越"散"的联想在金融危机的冲击之下终于爆发危机，2008财年集团出现2.26亿美元的巨额亏损。要解决联想的问题，柳传志认为只有换人一条路了。2009年2月，柳传志回任董事长，杨元庆也回到了首席执行官的位置。不久，联想的管理层做了重大调整，将原来20多人俱乐部式的高层缩减成了8人的联想执行委员会（LEC），包括4位中国人，4位外国人。LEC的8位成员每两个星期都要聚在一起，集中一到两天的时间讨论所有的重要问题，包括具体怎么执行，用什么样的组织架构，怎样检查执行进度。事情定下来之后，有关的负责人还要不断地观察调整以适应形势的变化。外方高管非常适应而且欢迎这种集体决策和授权执行的方式，他们工作的积极性得到了很大的提高。

在战略上，联想针对不同的市场，以"左拳"主守，保住在中国的领导地位，保住关系型业务的盈利能力；"右拳"主攻，大力开拓新兴市场和交易型业务，复制在中国成功的"双模式"，并调整了组织构架。2009财年联想实现扭亏为盈。

4. 新一轮考验

联想集团的企业定位是：从事开发、制造及销售最可靠的、安全易用的技术产品。它们的核心价值观是"成就客户——致力于客户的满意与成功；创业创新——追求速度和效率，专注于对客户和公司有影响的创新；精准求实——基于事实的决策与业务管理；诚信正直——建立信任与负责任的人际关系"。进入新世纪，联想将自身的使命概括为"四为"：为客户——联想将提供信息技术、工具和服务，使人们的生活和工作更加简便、高效、丰富多彩；为员工——创造发展空间，提升员工价值，提高工作生活质量；为股东——回报股东长远利益；为社会——服务社会文明进步。未来的联想将是"高科技的联想、服务好的联想、国际化的联想"。

联想2002年宣布进军手机业务领域。2007年开始进军农业，先后并购了中国最大的蓝莓全产业链企业——青岛沃林蓝莓果业有限公司，和拥有独立知识产权猕猴桃品种的四川中新农业科技有限公司。2011年，联想收购德国Medion公司，一跃成为欧洲最大个人电脑市场德国市场的第三大厂商；同年还与NEC公司宣布成立合资公司，形成战略合作，共同组建日本市场上最大的个人电脑集团。2011年联想出货量超越戴尔，成为全球第二大个人电脑厂商。至此，联想已发展成为信息产业内多元化大型企业集团，其主要业务包括生产台式电脑、服务器、笔记本电脑、打印机、掌上电脑、主板、手机、一体机电脑等商品，提供数据中心智能互联服务。其中，联想电脑销量居世界第一，智能手机销量全球位居前五。2013年联想销售收入340亿美元，居世界500强第329位。

2014年，联想收购IBM低端服务器业务，成为全球市值超过421亿美元的服务器市场中的第三大供货商。为开辟北美和拉丁美洲的市场，实施"PC+"的战略，2014年联想还以29亿美元收购谷歌的摩托罗拉移动智能手机业务，从而掌控摩托罗拉旗下的3 500名员工、2 000项专利以及摩托罗拉移动品牌和商标组合。

联想在全球布局供应链，在每年出货3 000多万台个人电脑中，本部主要生产台式电脑，多功能一体电脑、笔记本电脑外包给英冠达控股、纬创、仁宝、广达电脑和富士康。

联想全球行政总部位于中国北京，全球研发架构以中国北京、日本东京和美国罗利三大研发基地为支点，在美国罗利、北京、新加坡建有运营中心。在北京、上海和广东惠阳各建有一个现代化的电脑生产基地，在厦门设有大规模的手机生产基地。2013年员工人数4.2万人，其中国际员工7 000人。国外在美国、英国、荷兰、法国、德国、西班牙、奥地利设有七家子公司，除北京平台外，在上海、香港、澳门、深圳、惠阳、沈阳、武汉、西安、成都设有区域平台，在哈尔滨等14个省会城市设有办事处。

也有专家分析认为，电脑的需求增长空间有限，联想移动终端竞争力不足，业务方向分散。联想集团2015—2016财年第一季度未经审计的财报中营收为107亿美元，同比上涨3%；归属股东的净利润1.05亿美元，同比下降51%。财报显示，受全球个人电脑市场环境影响，联想集团个人、商用个人电脑销量均大幅下降，但好于市场平均水平，市场份额创新高。面对市场下滑，联想集团必须继续提升效能和削减开支，以确保所有业务维持稳健和盈利能力。为此联想将在全球范围内减少约3 200名非生产制造员工，占公司非生产制造类员工的约10%，占全球整体6万名员工的约5%。

第2篇 经营之道

第4章 创造价值

一、教学目标、理论概要、思考与讨论

（一）教学目标

1. 牢固树立价值创造是企业的使命和有效管理第一标志的理念。
2. 掌握全面衡量企业创造价值的指标，提升企业创造价值总量的基本途径。
3. 掌握精益经营管理的策略。
4. 理解完善公司治理与平衡企业创造价值相关方利益分配的关系。

（二）理论概要

作为商品生产者和社会公民的企业，应该是价值（效用减除成本的剩余）的创造者。

企业创造的价值包括三个基本部分：为客户创造的价值、为生产要素提供者创造的价值、为自然生态与社会生态创造的价值。

如何衡量企业是否创造了价值？其答案应该是相关主体所得利益超过其所付出的成本。但在现实社会中，许多企业依然坚持"利润至上"的价值观，出现了大量违背为顾客、为生产要素提供者、为自然生态和社会生态创造价值的原则（见表4-1）。

表 4-1　企业创造价值的衡量及常见的问题

社会主体	所得利益	所付成本	常见问题
顾客	合格功效及其持续期；购物及使用体验；收藏价值	购物付款及时间成本；维保费用；使用危害风险损失	假冒伪劣、缺斤短两、虚假宣传、质价不符、维保困难、服务态度恶劣
生产要素提供者及企业	出资人：资本收益；员工：工资、福利、利润分享；企业：实现利润；供应商：合理利润；合作机构：合理收益；政府：税收、劳动者就业	延迟消费、风险成本；前期投资、体力脑力、自由时间；各种成本费用；备货成本、服务成本；合作成本、合作风险；基础设施投入、教育医疗投入、国防、公共服务支出	盲目投资、挥霍浪费、超低分红、本金亏损；血汗工厂、拖欠工资、降低保障；利润至上或利润太少，企业不可持续发展；霸王条款、价格压榨、延迟回款；无偿占有、价格压榨、延迟支付；偷税漏税、贿赂官员
自然及社会生态系统	环保及生态投入得到增加而改善；教育、科技等基金支持其发展；助残、救灾等慈善事业投入；产业溢出正效应	环境治理投入、生态维保投入；资源消耗、土地占用	环境污染、生态失衡、气候变暖；单靠政府投入不足，社会不平等；中间截留或分配不当影响救助效果；资源价格大涨、大城市病

（三）思考与讨论

1. 如何全面衡量一个企业为社会创造的价值？企业为什么必须承担社会责任？企业应承担哪些社会责任？如何承担社会责任？你同意以下哪种说法："对于企业而言，赚钱是硬道理"，"企业应该以股东价值最大化为目标"，"企业必须给投资者回报，这也是社会责任"[1]，"企业应该赚取阳光下的利润"。

---

[1] 参见：朱海就. 真正的剥削来自滥用权力，而非资本［EB/OL］.（2019-09-03）[2020-08-07]. https：//www.sohu.com/a/338461730_163497；安德鲁·希尔. 追逐利润的局限性［EB/OL］.（2019-09-30）[2020-08-07]. http：//www.ftchinese.com/m/corp/copyright.html；哈佛大学法学院戴恩法律教授杰西·弗里德："股东至上"原则没有错［EB/OL］.（2019-10-11）[2020-08-07]. http：//www.ftchinese.com/m/corp/copyright.html.

2. 从创造价值的角度,你是否认同华为是世界公认的令人尊敬的企业这种看法?

3. 如何评价马云与阿里巴巴以及蚂蚁金服上市?从魏则西事件重创百度得到哪些经营管理方面的启示?如何全面评价百度?对腾讯从网游《王者荣耀》赚取丰厚利润你如何看?

4. 你从德国"茅厕大王"汉斯·瓦尔价值创造的实例得到什么启示?顾客、企业、社会利益能否实现统一?

5. 中国的 P2P 为什么基本失败?主要教训是什么?今后的前途如何?

6. 精益经营的内涵包括哪些内容?请针对你自己熟悉的企业阐述精益经营的现实意义。

二、精读文选

文选(一) 华为为什么得到全世界的尊重①

华为创立于 1987 年,是全球领先的信息与通信(ICT)基础设施和智能终端提供商。以把数字世界带入每个人、每个家庭、每个组织,构建万物互联的智能世界为使命。目前华为约有 19.4 万名员工,业务遍及 170 多个国家和地区,服务 30 多亿人口。

2019 年,华为实现销售收入 8 588 亿元人民币,同比增长 19.1%,实现净利润 627 亿元人民币,经营性现金流 914 亿元人民币,公司整体经营稳健。近 5 年华为的经营业绩见表 4-2。

表 4-2 华为 2015—2019 年的经营业绩

项目	2019 年	2018 年	2017 年	2016 年	2015 年
	(美元,百万元)	(人民币,百万元)	(人民币,百万元)	(人民币,百万元)	(人民币,百万元)	(人民币,百万元)
销售收入	122 972	858 833	721 202	603 621	521 574	395 009
营业利润	11 145	77 835	73 287	56 384	47 515	45 786
营业利润率	9.1%	9.1%	10.2%	9.3%	9.1%	11.6%

---

① 黄津孚根据华为官网和华为投资控股有限公司 2019 年年度报告提供的资料编写。

续表

项目	2019年（美元，百万元）	2019年（人民币，百万元）	2018年（人民币，百万元）	2017年（人民币，百万元）	2016年（人民币，百万元）	2015年（人民币，百万元）
净利润	8 971	62 656	59 345	47 455	37 052	36 910
经营活动现金流	13 085	91 384	74 659	96 336	49 218	52 300
现金与短期投资	53 127	371 040	265 857	199 943	145 653	125 208
运营资本	36 890	257 638	170 864	118 503	116 231	89 019
总资产	122 947	858 661	665 792	505 225	443 634	372 155
总借款	16 060	112 162	69 941	39 925	44 799	28 986
所有者权益	42 316	295 537	233 065	175 616	140 133	119 069
资产负债率	65.6%	65.6%	65.0%	65.2%	68.4%	68.0%

1. 坚持以客户为中心，通过创新的产品为客户创造价值

华为携手合作伙伴，为电信运营商提供创新领先、极简智能和安全可信的网络产品与解决方案；为政企行业客户提供开放、智能和安全可信的ICT基础设施产品与服务。华为智能终端正在帮助人们享受高品质的数字工作、生活、出行和娱乐体验。保障网络安全稳定运行。华为把网络安全和隐私保护作为公司最高纲领，秉持开放透明，提升软件工程能力，建立业务连续性管理体系，增强网络韧性理念。30多年来，华为和运营商一起建设了1 500多张网络，帮助世界超过30亿人口实现连接，保持了良好的安全记录。

2019年，华为发布了智简全光网战略，使华为光纤网络不仅为千家万户提供极致体验，同时为千行百业提供更可靠、更大带宽的联结服务，携手5G助力全行业数字化转型。为了满足智能世界对计算多样性的需求，华为首次发布了"鲲鹏+昇腾"的计算战略，整合了存储、计算及云服务相关的组织，成立了Cloud & AI BG，一方面持续致力于提供稳定可靠、安全可信、可持续发展的公有云服务和混合云解决方案，发挥云、AI和5G的协同优势，赋能应用、使能数据，做智能世界的"黑土地"，与伙伴一起赋能千行百业，实现数字化转型和智能化升级；另一方面在力求于推进异构、多样化计算演进的基础上，重点抓住AI技术变革，持续打造全栈全场景AI解决方案。他们发布了AI处理器昇腾910、推出全球最快AI训练集群Atlas 900、华为云昇腾集群服务，以及 MindSporeAI 计算框架等，从而完成全栈全场景 AI 解决方案的构建。为提升数据在全生命周期内的易用性和价值最大化，华为针对大数据、存储、数据库等产品领域进行了深度优化、创新和融合，推出新一代 OceanStor 全闪存产品和 OceanStor 分布式存储。发布了沃土计划 2.0，计划五年内与社区和高校共同培养 500 万开发者，并投入 15 亿美元推动计算产业发展。

面向未来万物互联的智能世界，华为致力于为消费者打造极致体验的全场景智慧生活。他们坚持以智能手机为中心的"1+8+N"的全场景战略，基于在全场景终端芯片和全场景操作系统等领域的创新，积极打造不同终端在智能家居、智慧办公等场景下的多屏协同能力。华为期望与全行业的软件、服务及硬件生态合作伙伴一起，围绕消费者进行系统的整合与创新，通过鸿蒙 OS、HMS（Huawei MobileServices）、智慧助手小艺、HiLink、AppGallery 等赋能生态，共同满足广大消费者的智能手机应用需求。开发者激励计划"耀星计划"升级，激励资源增至 10 亿美元，并全面推向全球。

随着汽车产业与 ICT 产业的深度融合，汽车正经历电动化、智能化、网联化、共享化的革命，汽车产业的关键技术正在从机械向 ICT 转变。华为将过去 30 年积累的 ICT 技术优势延伸到智能汽车产业，成为面向智能网联汽车的增量部件核心供应商，围绕智能驾驶、智能座舱、智能电动、智能网联和智能车云五个主要方面，帮助车企"造好"车、造"好车"。2019 年 5 月，华为成立了智能汽车解决方案 BU。

华为致力于"为客户提供高品质的一致性服务体验"，持续加大行业云使能、行业运维等服务解决方案和云化统一工具平台的开发投入，年投资增长约 30%。截至 2019 年底，华为联合 4 200 多家服务伙伴，为全球超过 5 万家客户提供服务；支撑全球超过 500 张重点生产网络安全稳定运行，成功完成重大事件保障超过 20 起。2019 年 9 月，华为面向全球发布企业服务战略 2.0，基于华为自身数字化运维实践，为客户提供统一运维服务解决方案，构筑行业运维体系与标准。

华为海外企业技术支持服务体系快速发展，欧洲中东非洲区域技术服务中心荣获权威技术服务行业协会 TSIA 颁发的"杰出"认证；网络咨询规划服务在 IDC 最新发布的 MarketScape 报告中，进入"领导者"象限。

2. 开放合作，推动产业良性发展

华为主张开放、合作、共赢，与客户、伙伴合作创新、扩大产业价值，形成健康良性的产业生态系统。华为加入 400 多个标准组织、产业联盟和开源社区，积极参与和支持主流标准的制定，推动产业良性发展。运营商业务引领全球 5G 商用进程，在欧洲与运营商一起设立了 5G 联合创新中心，持续推动和促进 5G 商用和应用创新。华为的 RuralStar 系列解决方案已累计为超过 50 个国家和地区的 4 000 多万偏远区域人口提供移动互联网服务。企业业务助力行业客户数字化转型，打造数字世界底座。全球已有 700 多个城市、世界 500 强企业中的 228 家，选择华为作为其数字化转型的伙伴。消费者业务保持稳健增长，智能手机发货量超过 2.4 亿台，平板、智能穿戴、智慧屏等以消费者为中心的全场景智慧生活战略布局进一步完善。

在企业业务领域，华为长期坚持"被集成"理念不动摇，坚定执行公平、公正、阳光、透明、简单的合作伙伴政策，与合作伙伴开放合作、共享利益。截至 2019 年底，华为企业业务合作伙伴数量超 2.8 万家，其中销售伙伴超 2.2 万家，解决方案伙伴超 1 200 家，服务伙伴超 4 200 家，人才联盟伙伴超 1 000 家，投融资伙伴超 80 家；华为云技术合作伙伴 2 000 多家，云市场上架伙伴应用数量 3 500 多个。其中包括 SAP、埃森哲、西门子、阿尔斯通、霍尼韦尔、伟仕佳杰、联强国际、ALSO、Redington、ARROW ECS、中建材信息、神州数码等众多业界领先企业。截至 2019 年底，华为已在全球构建了 13 个面向企业市场的 OpenLab，从联合解决方案、创新、营销、人才培养、财务、供应链、系统等方面给予合作伙伴大力支持，持续提升伙伴业务能力，助力伙伴转型，实现与华为的合作共赢，2019 年华为业务合作伙伴销售贡献占比持续提升到 86%。

3. 创建新型劳资关系，以奋斗者为本，让有贡献者得到合理回报，与员工共同发展

华为是一家 100% 由员工持股的民营企业。华为通过工会实行员工持股计划，参与人数为 104 572 人，参与人仅为公司员工，没有任何政府部门、机构持有华为股权。经审计，华为 2019 年、2018 年向员工发放的福利如表 4-3 所示。

表 4-3 华为 2018—2019 年的员工福利

单位：百万元人民币

	2019 年	2018 年
工资、薪金及其他福利	134 937	112 403
时间单位计划	14 048	16 906
离职后计划及其他		

续表

	2019年	2018年
设定受益计划	4 713	3 771
定额供款计划及其他	14 631	13 504
	19 344	17 275
合　计	168 329	146 584

注释：时间单位计划是华为实行的基于员工绩效的利润分享和奖金计划。根据该计划，华为授予员工时间激励单位，获得时间激励单位的员工（"被授予人"）自授予之日起五年内可享有以现金支付的收益权，包括年度收益及累计期末增值收益。年度收益金额及累计期末增值收益金额均是由华为厘定的。时间激励单位的有效存续期为授予之日起五年。被授予人将在下一财年基于已生效的时间激励单位数量收到年度收益金额的支付款项。累计期末增值收益将于时间激励单位五年期满时，或被授予人聘用关系解除或终止时，予以现金支付给被授予人。定额供款计划是华为为符合条件的员工制定的定额供款退休计划。这些计划由雇用员工所在国家的政府组织或独立的基金管理。退休计划的供款金额遵循相关法律法规的方法计算。

华为拥有完善的内部治理架构。持股员工选举产生115名持股员工代表，持股员工代表会选举产生董事长和16名董事，董事会选举产生4名副董事长和3名常务董事，轮值董事长由3名副董事长担任。轮值董事长以轮值方式主持公司董事会和常务董事会。董事会行使公司战略与经营管理决策权，是公司战略、经营管理和客户满意度的最高责任机构。董事长主持持股员工代表会。持股员工代表会是公司最高权力机构，对利润分配、增资和董事监事选举等重大事项进行决策。股东会是公司权力机构，由工会和任正非两名股东组成。任正非作为自然人股东持有公司股份，同时，任正非也参与了员工持股计划。截至2019年12月31日，任正非的总出资相当于公司总股本比例的约1.04%。

华为坚持以责任结果为导向，长期坚持在成功实践中选拔与发展干部。在关键战场上主动识别优秀高潜能人才并给予机会，大胆使用，促进人才辈出。扩大"蒙哥马利计划"机制试点，进一步推进高级干部"考军长"，加大干部不合格调整，实现干部能上能下。加强各层管理团队的运作改进，促使管理团队真正履责并提升运作质量。

围绕业务战略，华为以全球视野、用世界级课题持续吸纳"顶尖人才"和"天才少年"。建立内部员工有序流动和训战转换机制，使能员工技能转换。强化任职资格管理，加强专委会规范运作，推动专委会全面履责，牵引提升员工专业能力。优化个人绩效管理，导向从单一强调"个人有效产出"

优化为强调"个人有效产出、为客户创造价值、对他人产出的贡献、利用他人产出的贡献",鼓励员工相互协作、挑战和创新。持续推动"人才堤坝"变革,探索专业类人员差异化管理方案,夯实公司业务运营基座。高度重视本地人才队伍建设。

华为持续优化激励政策,逐步实现对多元化的业务及人群的"差异化激励"。始终践行以客户为中心、持续艰苦奋斗、坚持自我批判的作风,持续提升员工奋斗意志和作战能力。持续营造开放包容、鼓励试错、尊重专业的工作氛围,焕发基层员工的创造力。

4. 推动技术进步,引领数字化变革

华为致力于将多年来在ICT行业中积累的经验、技术、人才培养标准等贡献出来,联合教育主管部门、高等院校、教育机构和合作伙伴等各方生态角色,共同构建开放、合作与共赢的良性ICT人才生态。华为发布了沃土计划2.0,计划五年内与社区和高校共同培养500万开发者,并投入15亿美元推动产业发展。截至2020年3月,华为已经联合社区和高校累计培养160万华为云开发者,全球通过华为认证人数已超过26万,其中HCIE专家级认证1.1万多人,为行业数字化转型提供了优质的ICT人才资源。

创新是华为三十年来生存和发展的根,华为持续加大面向未来的前沿技术探索和基础研究投入,每年投入30亿至50亿美元。2019年,研发费用支出为1 317亿元,约占全年收入的15.3%;从事研究与开发的人员约9.6万名,约占公司总人数的49%。华为现有约1.5万人从事基础研究,其中包括700多位数学博士、200多位物理和化学博士、5 000多位工学博士;同时,华为与全球300多所高校、900多家研究机构和公司合作,充分利用全球创新资源,走开放式创新道路,吸纳世界范围内的专业人才共同开展研究工作,整合工业界的问题、学术界的思想、风险资本的信念,共同创新,让创新成果为全人类、全产业共享,照亮世界,也照亮华为。

华为是全球最大的专利持有企业之一,截至2019年底,全球共持有华为有效授权专利8.5万多件,90%以上专利为发明专利。其中中国有效授权专利3万多件,中国以外国家有效授权专利5万多件;欧美有效授权专利4万多件。

5. 积极承担社会责任,促进社会可持续发展

华为始终依法纳税,贡献社会。到2017年,华为总共向国家纳税超过了3 000亿元,是中国民营企业中纳税最多的企业。

华为对内依靠努力奋斗的员工,对外遵从业务所在国适用的法律法规,

为当地社会创造就业、带来税收贡献、使能数字化，并与政府、媒体等保持开放沟通。华为致力于消除数字鸿沟、促进数字包容，在珠峰、北极圈等偏远地区建设网络；在中国汶川大地震、日本海啸核泄漏、西非埃博拉疫区等重大灾难现场恢复通信；同时，积极推进绿色低碳和节能环保，帮助培养本地ICT人才，促进数字经济发展。华为致力于将可持续发展理念融入产品全生命周期，通过创新的技术和产品促进各行业的节能减排和循环经济发展，共建低碳社会。以华为PowerStar节能解决方案为例，在典型网络配置下，该方案实现降低基站能耗10%～15%，每千站一年减少2 000吨二氧化碳排放。目前，PowerStar解决方案已在中国、南非、摩洛哥等全球多个国家进行了验证和交付。

随着云计算、大数据、5G、物联网、AI等新技术的广泛应用，商业生态越来越开放，业务上线越来越快，解决方案也越来越多样化，改变了传统的网络边界，消除了数字世界与物理世界的界限，也带来了网络安全和隐私保护方面的新挑战。华为把网络安全和隐私保护作为公司的最高纲领，要求在每一个ICT基础设施产品和解决方案中都融入可信，构建高质量；通过科技创新、制定标准、管理改进等一系列方式应对网络安全与隐私保护的挑战，帮助客户建立网络韧性，消减风险。在智能终端领域，华为将隐私保护融入产品全流程中，确保消费者对自己的隐私可知可控。与此同时，华为持续加强与社会的沟通和交流，通过开放、坦诚的沟通，让外界了解和认识一个真实的华为。

文选（二）汉斯·瓦尔如何成为德国的"茅厕大王"[①]

德国的公共事业走的是市场化的路子，公厕事业实现市场化，不仅可以弥补政府资金的不足，加快城市建设速度，方便百姓，还可以促进公厕在节能、节水、环保等技术上的创新。在1990年柏林市公共厕所经营权拍卖会上，瓦尔公司向政府要求承包厕所建设和经营，并承诺免费提供服务。当时，竞争对手们初步估算，即使每次收费0.5欧元，光柏林一个城市每年就得赔100万欧元。瓦尔公司向市政府免费提供公厕设施建设以及运维费用，要求获得这些厕所外墙广告的经营权作为回报。他们把柏林的很多厕所外墙变成了广告墙，这里的墙体费用比一般广告公司低得多，香奈尔、苹果、诺基亚等公司都在这儿做过广告，样子还很好看。瓦尔公司还将内部的摆设和墙体也

[①] 转引自：黄津孚著：《现代企业管理原理》，清华大学出版社，2017：77-78。

作为广告载体。考虑到德国人上厕所时有阅读的习惯,他们甚至把文学作品与广告印在手纸上。来到柏林的各国游客几乎都要使用一下瓦尔公司的厕所。在柏林、法兰克福等5个城市,瓦尔公司获得了几千万欧元的广告收入。瓦尔公司也提供付费厕所,这些高档厕所提供诸如个人护理、婴儿尿布、擦拭皮鞋、后背按摩、听音乐、阅读文学作品等服务。虽然数量不如免费厕所多,但满足了部分人的特殊需要,提高了瓦尔的声誉。瓦尔公司在其厕所内安置了公用电话,可以向通信运营商获取一定的提成;国际运通卡组织也是他们的合作对象,持卡者可以用卡消费,这样瓦尔公司又有相应收入。现在瓦尔公司还跟很多商场周边的餐饮合作,厕所使用者能获赠餐券,餐厅会返利给瓦尔公司。

瓦尔公司自己成立清洁团队,派出管理车24小时巡查,管理员每天要对当地所有的公共厕所进行3次检查,无论城市哪个角落的公厕出了问题,都能及时处理。由于几乎所有的厕所都安装自动清洁装置,实际清洁工并不多。依靠精打细算,瓦尔公司很快就获得了成功。1988年,瓦尔公司在荷兰阿姆斯特丹设立分部,20世纪90年代进军美国,在纽约市政厅前盖起了残疾人专用厕所;20世纪90年代后期出现在莫斯科和伊斯坦布尔街头,之后还向巴黎、伦敦和罗马免费赠送1 000个男用小便屋,从而将广告覆盖面扩展到了欧洲大都市的上千万居民及游客。该公司在2003年战胜宝马和奔驰公司,当选德国最具创意企业。

文选(三) 精益生产与精益经营简介①

精益生产方式一般认为起源于日本丰田汽车,历经美国专家研究总结和发展,在世界各国推广应用和创新,进而形成精益经营体系。

20世纪初,从美国福特汽车公司创立第一条汽车生产流水线开始,工业生产大规模、标准化、专业化的生产方式取代了传统的单件小批量、全能型生产方式,高效率和低成本,加上其他经济措施一举把美国汽车从奢侈品变成了大众化的交通工具,美国汽车工业迅速成长为美国的一大支柱产业,并带动和促进了包括钢铁、玻璃、橡胶、机电以至交通服务业等在内的一大批产业的发展。

---

① 参见:精益生产方式的历史发展过程[EB/OL].(2019-06-26)[2020-11-15]. https://zhuanlan.zhihu.com/p/70808522;毛清华. 精益经营:走进智能互联时代[M]. 北京:机械工业出版社,2020.

第二次世界大战以后，工业社会进入了一个市场需求向多样化发展的新阶段，全球化浪潮加剧了企业之间的竞争，相应地要求工业生产方式做出改变。精益生产和精益经营模式应运而生，大体上经历了三个发展阶段。

1. 以提高效率和降低成本为重点的精益生产阶段

1950年，一个年轻的日本工程师丰田英二到美国汽车工业基地底特律对福特的鲁奇厂进行了3个月的深入考察，当时鲁奇厂是世界上最大而且效率最高的制造厂。丰田英二回到名古屋后，和生产制造方面富有才华的大野耐一一起进行了研究，认为福特汽车大量生产方式不适合于日本。一方面，当时日本国内市场狭小，所需汽车的品种又很多，并不适合大量生产；另一方面，战后的日本缺乏大量外汇，不能大量购买西方的技术和设备，难以简单仿效鲁奇厂的生产经验，由此他们决定探索适合日本需要的生产方式。大野耐一首先在自己负责的工厂实行一些现场管理方法，如目视管理法、一人多机、"U"形设备布置法等，取得初步成效后，在丰田公司更大的范围内得到应用。大野耐一周围聚集了一些人，共同研究推动革新，进一步完善方法体系，提出了诸如看板管理、5S管理、合理化建议、持续改进、五问法、供应商队伍重组及伙伴合作关系等管理方法与策略，建立起一套适合日本的丰田生产方式。

1973年秋，全球发生石油危机，日本经济下降到负增长的状态，但丰田公司逆势增长，不仅获得高于其他公司的盈利，而且与年俱增，拉大了同其他公司的距离。于是丰田生产方式开始受到重视，在日本得到了普及推广，并得到了学术界的认可，吸引了一些教授对其进行研究，完成了内容的体系化。

随着日本汽车制造商大规模海外设厂，丰田生产方式传播到了美国，并以其在成本、质量、产品多样性等方面产生的巨大效果得到了广泛的传播。同时，经受住了准时供应、文化冲突的考验，也验证了丰田生产方式的适宜性，证明了丰田生产方式不是只适合于日本的文化，是普遍适用于各种文化、各种行业的先进生产方式。

2. 以提高企业整体效益为目标的精益经营阶段

1985年，为了进一步揭开日本汽车工业成功之谜，美国麻省理工学院筹资500万美元开展了一个名为"国际汽车计划"（IMVP）的研究项目。在丹尼尔·鲁斯教授的领导下，组织了由53名专家、学者参加的研究团队，用了5年时间对14个国家的近90个汽车装配厂进行实地考察，查阅了几百份公开的简报和资料，并对西方的大量生产方式与日本的丰田生产方式进行对比分析，最后于1990年出版了《改变世界的机器》一书，第一次把丰田生产方式定名为精益生产方式（Lean Production），并把丰田公司有效的管理思想从生产制造领域扩展到产品开发、协作配套、销售服务、财务管理等企业生产经营活动的全过程，使其内涵更加全面、更加丰富、更具有针对性和可操作性。1996年，经过四年的"国际汽车计划"（IMVP）第二阶段研究，该团队又出版了《精益思想》一书，该书对原有的丰田生产方式进行了大量的补充，例如增加了很多工业工程技术、信息技术、文化差异处理等，充实了柔性生产、全生命周期管理、流程再造等新内容，归纳出学习丰田方法所必需的关键原则，并且通过实例讲述了各行各业均可遵从的行动步骤，进一步完善了精益生产的理论体系。很多美国大企业将精益生产方式与本公司实际相结合，创造出了适合本企业需要的管理体系。例如：通用汽车1998年的竞争制造系统（GM Competitive MFG System），1999年美国联合技术公司（UTC）的ACE管理（获取竞争性优势，Achieving Competitive Excellence），摩托罗拉及美国通用电气推行的精益六西格玛管理，波音的群策群力管理等。这些管理体系实质是应用精益生产的思想，并将其方法具体化，以指导公司内部各个工厂、子公司顺利地推行精益生产方式。该管理体系将每一工具实施过程分解为一系列的图表，员工只需要按照图表的要求一步步实施下去就可，并且每一工具对应有一套标准以评价实施情况，也可用于母公司对子公司的评估。

3. 以为顾客及企业创造价值为目标的智能互联阶段

20世纪末涌现的信息化和全球化浪潮，促进了从产业结构到企业管理的深刻变革，信息技术为精益经营插上了腾飞的翅膀，企业生产经营管理开始进入智能互联的新阶段。

以20世纪90年代企业资源计划（ERP）为代表的信息系统纷纷开展与精益生产方式相结合的探索和应用，在这个融合的过程中，信息系统向横向和纵向两个方向发展，催生了大量与企业管理融合的信息系统。横向以业务流程为主线，形成产品生命周期管理、供应链管理、制造执行系统、客户关系管理（CRM）等信息系统；纵向以自动化为中心，信息系统开始与物理世界集成，出现与制造现场的向下集成，形成一体化的计算机集成制造系统（CMS）、过程控制系统（PCS）等。

随着全球业务和网络的发展，由智能机器和人类专家共同组成的人机一体化系统开始逐步实现智能制造，并能更好地满足顾客的需要，加快生产要素的流动，提升企业效益；基于互联网的全球电子商务平台能够更好地匹配供需要求，更好地实现企业生态伙伴的资源共享及研发和生产运营协同，大数据和云技术的应用帮助企业实现高质量的决策、实施和客户服务。

在此阶段，精益思想突破了制造业的管理局限，作为一种普遍的管理哲理，在建筑设计和施工、服务行业、民航运输业、医疗保健领域、通信和邮政管理以及软件开发和编程等各个行业和领域得到了广泛传播和应用。

通过运用智能互联思维和技术，企业能够更加顺畅地应用精益经营方式，如平衡积分卡、KPI管理、精益六西格玛管理等。以六西格玛管理为例，它是基于零缺陷管理思维、数理统计方法和目标管理相结合的管理模式，是一种从全面质量管理方法（TQM）演变而来的高度有效的企业流程设计、改善和优化技术，并提供了一系列同等地适用于设计、生产和服务的新产品开发工具，重点是将所有的工作作为一种流程，采用量化的方法分析流程中影响质量的因素，找出最关键的因素加以改进，从而通过提高顾客满意度、降低成本、提高质量、加快流程速度和改善资本投入，有效提升企业价值。相比传统的管理，它需要采集大量数据和掌握比较复杂的分析技术，全面推广的难度较大，但是借助于智能互联的管理平台，该管理体系就易于被员工和管理人员理解和应用。

三、管理案例

案例（一）魏则西事件重挫百度商誉[①]

魏则西事件是指2016年4月至5月初在互联网引发网民关注的一起医疗相关事件。2016年4月12日，西安电子科技大学21岁学生魏则西因滑膜肉瘤病逝。他去世前在知乎网站撰写治疗经过时称，在百度上搜索出武警北京第二医院的生物免疫疗法，随后在该医院治疗后致病情耽误，此后了解到，该技术在美国已被淘汰。魏则西事件公之于众后，百度、武警北京第二医院以及莆田系医疗集团引起社会舆论公愤，魏则西父母将以上单位告上法庭。

2016年5月2日，国家网信办会同国家工商总局、国家卫生计生委成立联合调查组进驻百度公司，对此事件及互联网企业依法经营事项进行调查并

---

① 主编主要根据以下公开资料整理和改编：百度，一夜回到解放前！[EB/OL]. (2020-12-03) [2020-12-28]. https://mp.weixin.qq.com/s/V4kO8FW4sH5RDXywetKQGA；魏则西事件对百度影响出结果了：3个月损失20亿 [EB/OL]. (2016-06-16) [2020-12-28]. http://tech.sina.com.cn/i/2016-06-16/doc-ifxtfrrf0476634.shtml.

依法处理；5月9日，国家网信办宣布对百度搜索在魏则西事件中存在问题的调查结果，要求百度公司改变竞价排名机制，包括全面审查医疗类商业推广活动、改变过去以价格为主的排序机制、控制商业推广结果数量等。按照整改要求，2016年5月17日，百度推广标识更换为"商业推广"字样并设置浮标突出风险提醒；一周多的算法和方案测试后，自2016年5月23日起，百度搜索结果实现"每页面商业推广信息条数所占比例低于30%"。

"竞价排名本身是一个合理、合法，被广泛使用的商业模式。全世界所有的搜索、所有的广告都是竞价排名。"360公司董事长周鸿祎曾在接受《财经》记者采访时说。作为一个工具，搜索引擎本身没有原罪，百度的问题在于其实现此商业模式的路径和准则上。同样采用竞价排名的谷歌，在广告与正常搜索结果的混淆度上实行强标注，而百度则实行弱标注；在需要谨慎处理的医疗领域，百度也没能抵制住商业的诱惑。

《深网》第一时间探访武警北京第二医院生物诊疗中心时，询问了多名来诊疗的患者，绝大部分患者都表示通过百度查找得知，搜索引擎对患者信息判断的影响可见一斑。记者调查发现，通过百度推广的医院，其合作方多是由民营医院阵营中最活跃的莆田商人投资成立。从20世纪90年代，国家放开了公立医院科室承包，有部分莆田商人便捕捉到了这里面的商机，开始承包一些公立医院的科室，其中包括武警北京第二医院的生物诊疗中心。另外，据《中国企业家》报道，在中国1万多家民营医院中，莆田系民营医院占到了80%。莆田市市委前书记梁建勇曾公开表示，"百度2013年的广告总量是260亿元，莆田的民营医院在百度上就做了120亿元的广告"。记者注意到，百度2015年财报表明，其前三季度营收共476亿元，保守估算，莆田系医院对百度营收的贡献度在五分之一左右。

魏则西事件发酵后，百度的声誉一落千丈，几乎成为人人喊打的"过街老鼠"。路透社援引分析师预估，医疗广告占百度搜索业务收入的20%~30%，搜索则占到百度总营收的逾80%。花旗分析师为此将百度的目标股价从238美元大幅降至180美元，降幅达24%。在收入预警发布后，百度股价不断下挫，在以后3个月内共损失市值几十亿美元。

1991年，李彦宏毕业于北京大学信息管理专业，随后前往美国布法罗纽约州立大学完成计算机科学硕士学位，先后担任道·琼斯公司高级顾问、《华尔街日报》网络版实时金融信息系统设计者，以及国际知名互联网企业Infoseek公司资深工程师。李彦宏所持有的"超链分析"技术专利，是奠定整个现代搜索引擎发展趋势和方向的基础发明之一。1999年底，身在美国硅谷的李彦宏看到了中国互联网及中文搜索引擎服务的巨大发展潜力，抱着技术改变世界的梦想，辞掉硅谷的高薪工作，2000年1月1日在中关村创建了百度。2000年9月，在国际市场上已经成为主流搜索引擎的谷歌（Google）开通了中文版本，成为中国用户电脑中的第一款搜索引擎。

搜索引擎，曾经是互联网的唯一入口。当时，谷歌、百度、雅虎三雄分立，为了对抗谷歌，李彦宏发起了"闪电计划"，"要在9个月内让百度引擎在技术上全面与谷歌抗衡"。通过优化自身搜索技术，百度大大提升了用户的使用体验度。一战之后，百度基本建立起了数据网络效应。同时，百度还开凿出了一条内容护城河：通过高度运营的产品来巩固数据网络效应。从2002年开始，百度先后发布了一系列产品：百度MP3、百度贴吧、百度知道、百度百科、百度视频、百度地图等，2009年，百度的内容产品线达21条之多。2010年，因监管问题谷歌宣布退出中国大陆市场，百度再也没有了有力的竞争对手。

足够多的用户如何变现并形成一个健康的商业化循环呢？百度借鉴了Overture首创的竞价排名模式。2010年9月，竞价排名业务正式上线，在"数据网络效应"下，竞价排名模式像印钞机一样，源源不断地将流量变现。当年百度市值首次超过多年占据第一位的腾讯，成为中国互联网企业第一名，同年，李彦宏成为中国首富。2010—2015年，百度的收入以平均每年60%的增速高速增长，但这一切却因为魏则西事件戛然而止。

2019年2月22日，百度发布第五份企业社会责任报告。报告显示，百度在员工发展与关怀、数据隐私保护、有害信息管控、节能环保、社会公益、技术创新、赋能合作伙伴等方面取得了显著成绩。

作为全球最大的中文搜索引擎，百度每天响应来自百余个国家和地区的数十亿次搜索请求，承担着守护互联网关卡的重任。2018年全年，百度处置的淫秽色情、赌博等有害信息共达502.2亿余条。

搜索、Apollo、DuerOS、百度云和百度大脑持续进化。截至2018年11月，百度App日均活跃用户1.6亿；搭载DuerOS的智能设备激活数量已突破2亿台；百度云已发布超过100款产品和30多个解决方案。

通过百度AI寻人，5 249个失散家庭成功团聚；百度"文化遗产守护者计划"则帮助中国9省21项民族珍贵文化项目实现AR技术工艺复原、影像资料记录等。

作为国内首家双5A绿色数据中心，百度云计算（阳泉）中心于2018年9月全部四期投产，预计每年减少电能消耗2.2亿千瓦·时，减少CO_2排放20.3万吨。

案例（二）27家平台巨头被约谈与阿里巴巴的自我介绍①

1. 史上最惨的双十一

谁也没想到，原计划狂欢到底的2020年互联网盛宴，竟然会变成群体"黑天鹅"：阿里巴巴股价暴跌14%，市值蒸发7 300多亿港元；腾讯股价重挫11%，市值蒸发6 800多亿港元；美团股价狂泻19%，市值削掉3 700多亿港元；京东股价跟跌17%，1 500多亿港元说没就没了……仅是"ATMJ四巨头"，就有两万亿港元市值灰飞烟灭，打折变成了打脸（见表4-4）。为什么2020年的狂欢盛宴会变成一场"血光之灾"？

表4-4 平台企业市值损失

证券代码	证券简称	两日跌幅（%）	股价变动（港元）	市值蒸发（亿港元）
9988.HK	阿里巴巴-SW	-14.40	290.2~248.4	7 351
0700.HK	腾讯控股	-11.49	622.5~551	6 853
3690.HK	美团-W	-19.15	335.2~271	3 777
9618.HK	京东集团-SW	-17.17	362.2~300	1 553
合计	—	—	—	19 534

注：由于阿里、京东两地上市，此处分别计算港股和美股蒸发市值，然后加总。

资本的恐慌源于国家强有力的震慑。2020年11月10日那天，国家突然放了一个大招：国家市场监管总局发布《关于平台经济领域的反垄断指南》。

该指南直指电商平台、社交平台、金融平台、娱乐平台等平台型企业。《关于平台经济领域的反垄断指南》实质上就是一份反互联网巨头垄断的普法书。从1994年中国接入第一条64K网络专线开始，中国互联网已经狂奔了26年。国家反垄断的铁拳为什么在这个时候突然打下来？因为业界认为巨头们所作所为已经"无法无天"了！

第一，残酷的平台二选一。一个商家去了淘宝开店，就不能去京东和拼多多；一个商家去了美团开店，就不能去饿了么；一个平台用了支付宝，就不能支持微信支付……2019年，卖微波炉的格兰仕和拼多多眉来眼去，某宝一

---

① 27家巨头被约谈！叫停蚂蚁上市，果然只是开始［EB/OL］.（2020-11-15）［2020-12-20］. http://finance.ifeng.com/c/81Q4afEjd9y.

怒之下掐断了格兰仕的店铺流量，直接导致后者20万台存货积压在仓库里，损失1亿多元。现金流被断的格兰仕现在都没缓过气来（下滑数据见图4-1）。这就是巨头霸道的价值观，它垄断流量优势，掌握了对入驻企业的极大话语权。毫无疑问，互联网巨头高高在上，不管实体企业是死是活。

图4-1　天猫平台商铺销售下滑

第二，臭名昭著的大数据杀熟。同一件商品，平台根据顾客的画像和大数据，计算出哪部分顾客付款爽快、对价格不敏感，那么这部分顾客的价格就显示为更高。举个例子：天猫有个88VIP会员服务，每年交88元，买东西就有折扣。那么交了会费，就更便宜吗？一箱豆奶，普通用户62元，到了会员价就成了73块。差别待遇，专杀熟客，这就是巨头本色——淘宝、美团、携程……都这么干。

第三，没有底线的超前点播。你永远不知道巨头的底线在哪里。前段时间，某视频网站修改点播规则，要求付费用户再充一次会员，才能提前看大结局。按理说，这种手法只会让用户反感，而对它的竞争对手来说，可以趁机拉拢用户。但是在双巨头的天下，另一家视频网站竟然同样要求会员再充一次费；这就是恐怖的垄断效应，平台没有替代者，随便怎么"割韭菜"，市场地位都稳如泰山。到头来，消费者花了更多的钱，得到的却是不断缩水的服务。在不够健全的市场规则下，巨头们有恃无恐地滥用市场支配地位，低于成本销售打垮竞争者，搭售不合理交易条件……中国互联网被搅得乌烟瘴气。

除了这些用户体验，还有更可怕的，就是互联网赢者通吃的趋势越来越明显。原本我们以为新技术造就了新商业,规模效应会带来效率的提升,可事实却跑偏了。当这些巨头形成了规模、形成了一整套完整的商业逻辑后,他们就通过垄断地位获取超额利润。后果已经非常严重了。

首先,摧残商业体系。巨头是怎么产生的?他们先通过补贴把渠道占领,形成垄断优势后,就向上、中、下三游露出獠牙:对上游供应商,延长账期、增加扣点、增加隐性成本、流量费用越来越贵;对中游员工,层层算计的人工智能,越来越高的KPI,将骑手、快递员、网约车司机困在系统里;对下游用户,大数据杀熟,各种套路,各种霸王条款层出不穷。人们惊奇地发现所有人最后都是在给平台打工。而此时传统渠道已经不复存在,想回也回不去了。

其次,扼杀创新。大树底下不长草。不知大家发现没有,近年来,中国几乎没有再诞生创新型的企业。每当有一波新的创业机会出现时,垄断巨头都会要求站队,要么用资本打压新企业,要么彻底收购这些创业公司,最后"玩死"。看看那些年的共享单车和无人超市。360创始人周鸿祎是这么评价巨头的:大企业玩惯了这一套吸星大法,他们对付创业公司都叫卡位,趁你很小的时候做一个跟你一模一样的东西,然后通过自己更强有力的资源,更多的用户,通过交叉补贴,迅速把小公司摁死。投资人的钱打了水漂,就不会再投资创业公司,创业公司资金不够,就永远站不起来。毫无疑问,在巨头形成垄断后,中小企业创新空间被死死压制,很难有出头之日。而几千万中小企业,恰好就是稳定就业、创造社会财富的最大基地。

这些年,互联网创造了巨大的财富,在中国富豪榜里,科技新贵们早已将制造、地产等富豪甩在身后。然而,滚滚的财富背后却隐藏着寡头垄断、财富分化、"996"等太多讳莫如深的话题。在国家的约谈中,我们看到了27家巨头的名字:阿里巴巴、腾讯、京东、美团、58同城、百度、奇虎360、搜狗、字节跳动、快手、滴滴、微店、新浪微博、多点、贝壳找房、拼多多、国美在线、饿了么、小红书、携程、苏宁、同程、贝贝网、云集网、蘑菇街、兴盛优选、唯品会。这是前所未有的大变局!更多的创新,更多元化的互联网格局,已经曙光初现。我们不要忘了,因为微软一家独大,其他公司无从发展,1998年美国反垄断制裁微软。此后,谷歌、脸书等一大批巨头拔地而起。

2. 背景资料:阿里巴巴集团自我介绍[①]

阿里巴巴集团的使命是让天下没有难做的生意。

---

① 摘编自阿里巴巴集团官网。

第4章
创造价值

阿里巴巴集团由曾担任英语教师的马云与其他来自不同背景的伙伴共18人，于1999年在中国杭州创立。我们的创始人创办本公司是为了支持小企业发展，他们相信互联网能够创造公平的环境，让小企业通过创新与科技拓展业务，并更有效地参与中国及国际市场竞争。我们坚信专注于客户需求并为其提供解决方案（不论客户是消费者、商家或是企业），最终将引领我们的业务走向成功。

我们旨在助力企业，帮助其变革营销、销售和经营的方式，提升其效率。我们为商家、品牌及其他企业提供技术基础设施以及营销平台，帮助其借助新技术的力量与用户和客户进行互动，并更高效地进行经营。

我们的业务包括核心商业、云计算、数字媒体及娱乐以及创新业务。除此之外，我们的非并表关联方蚂蚁集团为我们平台上的消费者和商家提供支付服务和金融服务。围绕着我们的平台与业务，一个涵盖了消费者、商家、品牌、零售商、第三方服务提供商、战略合作伙伴及其他企业的数字经济体已经建立。阿里巴巴数字经济体的主要业务包括：淘宝、天猫、盒马、Aliexpress、Lazada、阿里巴巴国际站、饿了么、1688、优酷、钉钉、阿里妈妈、阿里云、菜鸟、蚂蚁集团。

2020年5月22日，阿里巴巴公布了截至2020年3月31日的季度（2020财年Q4）以及2020财年业绩。2020财年，阿里巴巴数字经济体内的商品交易额（GMV）已经达到7.053万亿元人民币，即1万亿美元的规模，其中中国零售市场为65 890亿元人民币，即9 450亿美元，圆满完成了集团5年前定下于2020财年GMV达到1万亿美元的目标。

尽管财年最后季度受到新冠肺炎疫情对经济的冲击，我们整体业务仍保持强劲增长，年度活跃消费者在全球范围内增至9.6亿。集团经调整EBITDA同比增长29%，反映了我们在关键战略增长领域有针对性地配置资源、优化成本及提高效率方面取得的成果。

我们的愿景：我们不追求大，不追求强；我们追求成为一家活102年的好公司。我们旨在构建未来的商业基础设施。我们的愿景是让客户相会工作和生活在阿里巴巴。

102年：阿里巴巴集团创立于1999年，持续发展102年就意味着我们将跨越三个世纪，取得少有企业能实现的成就。我们的文化、商业模式和系统的建立都要经得起时间考验，让我们得以长期可持续发展。阿里巴巴的终极目标，就是为社会创造价值，更好地解决社会问题，变阿里巴巴的能力为中小企业发展的能力，为整个社会进步的动力。

相会在阿里巴巴：我们助力数以亿计的用户之间、消费者与商家之间、各企业之间的日常商业和社交互动。

工作在阿里巴巴：我们向客户提供商业基础设施和新技术，让他们建立业务、创造价值，并与我们数字经济体的参与者共享收益。

生活在阿里巴巴：我们致力于拓展产品和服务范畴，让阿里巴巴成为我们客户日常生活的重要部分。

新零售方面：盒马鲜生持续实现强劲的同店销售增长、扩展网络、优化门店及引入新举措，以提升消费者体验。2020财年内，盒马加强对农产品的直接采购，建立覆盖全中国的冷链物流网络以支持其快速增长。截至2020年3月31日，我们在中国有207间自营的盒马门店，主要位于一、二线城市。淘鲜达是集团线上线下整合零售服务的提供商，将实体门店运营的各个元素进行全方位数字化。通过数字化高鑫零售的大卖场，淘鲜达助力带动高鑫零售线上业务的收入增长。截至2020年3月31日，共12个月，以淘鲜达为主的阿里巴巴商业平台，为高鑫零售带来的收入约占其总收入的10%。

本地生活服务方面：2020财年收入同比增长41%至254.40亿元，主要由于送达订单量及单均价值上升。本地生活服务正与阿里巴巴数字经济体的资源及技术产生生态协同，进一步触达中国全新的目标消费市场。截至2020年3月31日止财年及季度，其食品外卖的新增消费者中有40%来自支付宝移动应用。

菜鸟网络：2020财年的收入同比增长49%至222.33亿元，主要由于集团快速发展的跨境及全球零售商业业务已履约的订单量增加。在速卖通及天猫国际等高速增长的跨境业务中，商家采用菜鸟履约服务的比率有所提升。

菜鸟网络已经为天猫国际打造了强大的进口履约解决方案，结合了中国的保税仓及海外多国的直运。于2020财年，菜鸟网络通过运用数据洞察及提升效率，为天猫超市等正在扩大物流规模的业务降低单均履约成本。

跨境及全球零售商业方面：本财年收入同比增长24%至243.23亿元，主要动力来自Lazada和Trendyol及速卖通的收入增长；Lazada于2020财年的订单量更录得同比增长超过100%，体现出强劲的用户增长，以及随着Lazada不断扩大产品种类而提高的购买转化率。

截至2020年3月31日，共12个月，Lazada、速卖通及其他国际零售业务拥有超过1.8亿的年度活跃消费者。

云计算方面：云计算业务于本财年收入同比增长62%至400.16亿元，主要由于来自公共云与混合云业务的收入贡献均实现增长。阿里云通过研发技术和商业解决方案，推动公共及私营领域各行各业的数字化转型，继续保持其在亚太区云计算市场的领先地位。

根据 Gartner（2020 年 4 月）发布的信息，按 IaaS（基建即服务）及 IUS（基建公用服务）的市场份额计算，阿里云为亚太区最大的云计算服务商。

数字媒体及娱乐方面：本财年收入同比增长 12%至 269.48 亿元。

优酷持续聚焦于提供优越的用户体验及增加付费用户数目，其日均付费用户规模正持续健康增长，截至 2020 年 3 月季度同比分别增长超过 50%及 60%。付费用户增长受益于优酷的原创及独家内容，有效触达新用户，以及集团中国零售市场 88VIP 会员计划的更多贡献。

此外，创新业务及其他的本财年收入同比增长 42%至 66.43 亿元。

案例（三）普惠金融与中国的 P2P[①]

从全球视角看，普惠金融（Inclusive Finance）的发展已历经 40 多年时间。它始于 20 世纪 70 年代，早期的普惠金融主要采用小额贷款的"微型金融"模式，亚洲的印度尼西亚、孟加拉国与南美洲的巴西等国家，都出现以非营利组织模式进行的微型金融探索。例如，孟加拉国格莱珉乡村银行利用社会压力和连带责任建立起了成功的微型金融模式。进入 20 世纪 90 年代，陆续出现比较成功的微型金融机构进入资本市场融资并上市，比如墨西哥的康帕图银行。2005 年，英国诞生了一家互联网平台，名叫 ZOPA，主要业务是通过网络撮合资金出借方与资金需求方。它的出现，将 P2P 一词引入了金融行业，在金融领域，P2P 被约定俗成为"网络借贷"，这就是 P2P 一词的起源。

1. P2P 的初衷

几乎每一位 P2P 行业的布道者都会反复提到一个人的名字，他正是"小额信贷之父"、诺贝尔和平奖获得者尤努斯。作为格莱珉银行的创始人，他开创和发展了"微额贷款"的服务，专门提供给因贫穷而无法获得传统银行贷款的老百姓。

早年，尤努斯任职于孟加拉国吉大港大学经济系主任，是一位经济学家。1976 年，一次很偶然的机会，他在村里搞经济调查中看到一群村民，他们手

---

① 参见：彭骖骖. 孟加拉 BRAC：世界上最大 NGO 的多层次普惠金融 [EB/OL]. (2017-08-15) [2020-10-30]. http：//www.chinadevelopmentbrief.org.cn/news-19959.html；耿强. 回顾 P2P 兴衰史缘何金融普惠成普骗？ [EB/OL]. (2020-11-29) [2020-12-30]. https：//www.sohu.com/a/435076417_465219；回顾 P2P 作死之路：连续爆雷五年只留下一地鸡毛 [EB/OL]. (2020-07-19) [2020-12-23]. https：//new.qq.com/omn/20200719/20200719A08PQ700.html.

艺很好，便借了27美元给42位贫困村民，支持他们编竹凳来卖钱，利率当然比高利贷低。正所谓无心插柳柳成荫，之前借出去的钱连本带息顺利拿回，尤努斯心想这事能不能做大呢？于是趁热打铁，最终于1979年先成立了挂靠在国有银行体系下的格莱珉分行，并于1983年正式宣告独立运营。格莱珉的意思是乡村，它的定位聚焦于银行覆盖不到的困难群众，其实就是做小额、分散的次级贷，也可以理解为普惠金融。

根据世界银行在2016年出版的一本介绍孟加拉国小额贷款发展的书，过去20年来，孟加拉的小贷行业帮助该国的贫困率降低了约10%。

2. 中国互联网金融泡沫

我国最早的P2P网贷平台成立于2006年，2012年进入爆发期，2013年甚至被很多媒体定义为互联网金融元年。P2P之所以能爆发，关键在于它看起来能够解决国内金融行业的一大痛点：银行业嫌贫爱富，不愿意给真正需要资金的贫困人群贷款，而对于国家和社会来说，困难群众的生计又十分重要，如果能有机构愿意给点钱，让他们开个理发铺、搞个馒头店，做点小买卖，就业问题就解决了，国家也不用花那么多钱转移支付，皆大欢喜。2012年前后，伴随着国内互联网金融的喧嚣，P2P成为一种时尚，广告铺天盖地，门店四处可见，传统金融机构甚至被压得喘不过气来，银行成了21世纪的"恐龙"（见图4-2）。

图4-2　2013—2020年中国互联网金融用户规模及增长情况

然而，理想很丰满，现实很骨感。2014年以后，中国P2P平台"爆雷"事件不断发生，而且愈演愈烈，直至整个行业中上千家平台爆雷。例如"爱钱进"爆雷，受害人达37万，被骗的金额达到了230亿元；杭州第一大P2P微贷网继"爱钱进"后被宣布立案侦查，微贷网累计借贷金额接近3 000亿元。违约引发了全国性出借人的维权行动,由国际关系学院发起组织的"2019 年中国国家安全十大事件"投票调查,在 55 项备选事件中,"大量 P2P 平台爆雷引发出借人维权"选择比例高达 98.7%,居调查数据之首。P2P 爆雷潮是中华人民共和国成立以来祸及人员最多、恶劣影响最深、延续时间最长的金融风险,涉及 3.2 亿多人,有不少家庭的经济一夜就回到了"解放前"。相比于年轻人没钱嫁娶,孤寡老人们的情况更糟糕。

2020 年 11 月 27 日,银保监会首席律师刘福寿在"《财经》年会 2021:预测与战略"上透露,互联网金融风险大幅压降,全国实际运营的 P2P 网贷机构由高峰时期的约 5 000 家逐渐压降,到 2021 年 11 月中旬完全归零。

3. 重新认识 P2P

如果说尤努斯的格莱珉银行探索了一种新模式,那么,资本关心的就是能不能快速复制、变现。P2P 能够在短时间遍地开花,与资本加持高度相关。特别是 Lending Club 于 2014 年在纽交所挂牌上市,成为当年最大的科技股 IPO,彻底引爆了资本热情。

P2P 的两大缺陷在引入国内的过程中被忽视了。一方面是抗风险能力弱。以格莱珉银行为例,1998 年,受孟加拉国洪灾影响,格莱珉银行几乎倒闭。它的商业模式注定了其根基脆弱不堪。那些拿到小额贷款的作坊主,受洪灾影响要么编织的手工品卖不出去,要么家庭被洪水毁于一旦。这些借款人并非故意不还,而是天灾作孽。鉴于洪灾影响席卷孟加拉国,它的客户几乎难逃例外,如此多的逾期借款很容易拖垮金融机构。当尤努斯着手改造,用第二代格莱珉银行取代经典的格莱珉银行之时,普惠金融的内核事实上已经不存在了。然而,这段历史却被不少热衷 P2P 的朋友们忽视。

另一方面是逆向选择,指市场的某一方能够利用多于另一方的信息使自己受益而使另一方受损。

银行的业务虽然"嫌贫爱富",但是有钱的客户能够采集到的信息也更为全面,没钱的人往往数据样本也少,这是一大挑战。Lending Club 依托美国非常完整的信用评级体系,采用最大的信用评级公司 FICO 的数据,涵盖了信用卡、收入,甚至社交偏好等数据。遗憾的是,国内信用体系搭建更加不完善,无论是提高抗风险能力,还是避免逆向选择,都不容易做。P2P 行业连脚下的地基都站不稳,单纯依靠借款人网上自述的信息和简单的证照,无异于掩耳盗铃,碰上来骗钱的更是难解。

尽管有不少 P2P 行业的从业者脱胎于传统金融机构,但是,他们并未将关注点放在如何解决行业瓶颈,而是将不规范营销"发扬光大"。一是采用人海战术。很多 P2P 平台不满足于线上，而是积极拓展线下门店，实现线上线下相结合的 O2O 模式，涉及人数更多。不仅是街边的门面，高档写字楼也吸引了众多 P2P 公司入驻。作为老百姓，身边能够接触到的 P2P 理财顾问越来越多，有刚入行的新人，也有传统金融机构跳槽的"老人"，有的 P2P 公司将招聘要求直接提高到海归背景，英美留学优先录取，薪资水平大幅超越同行。从业群体急剧膨胀，员工自己成了 P2P 公司最优质的客户。二是广告轰炸。在心理学中，有一个"戈培尔效应"，即重复是一种力量，谎言重复一百次就会成为真理。P2P 作为新鲜事物，其是不是靠谱很多人都犯嘀咕，而依靠猛烈的广告轰炸来消除疑虑成为惯用手法。晕轮效应是心理学的另一经典名词，常表现在一个人对另一个人（或事物）的最初印象决定了他的总体看法，形成一种好的或坏的"成见"。借助名人来推广产品，成为各家 P2P 公司的选择，刘国梁、汪涵、黄晓明、胡军、杨迪等多名艺人纷纷卷入，这些明星背后的粉丝损失惨重。三是以信用中介名义。P2P 公司最初始的形态其实是信息中介，就是在自己的网站或门店披露借款人的信息，大家看了各自评估，谁愿意给钱谁就给，万一借款人还不上了别来找 P2P 公司，毕竟 P2P 公司收的只是信息披露的服务费。然而定位于信息中介，P2P 业务的扩张比较慢，投资人犹犹豫豫不敢给钱，借款人的信息公布了一个月还没拿到钱，大概率也会离开，这样 P2P 公司忙活半天也挣不到钱。为实现高速扩张，必须从信息中介变成信用中介。于是由 P2P 公司出面兜底，借款人要不还钱，P2P 公司替借款人还。投资人看了也觉得合理，毕竟借款人是 P2P 公司找的，自己哪知道是否靠谱，有了兜底才敢投。如此这般，雪球越滚越大。

第5章 科学经营

一、教学目标、理论概要、思考与讨论

（一）教学目标

1. 牢固树立科学经营是有效管理不可动摇的理念。增强对科学技术规律的敬畏感。
2. 建立科学经营的战略思维，掌握科学经营的实践要点。
3. 重视信息和知识管理，掌握其管理框架体系。
4. 掌握企业经营管理常用的科学方法与技术手段，了解智能互联时代管理的新方法、新工具。

（二）理论概要

科学是人类关于自然和社会现象及其规律的认识，其着眼点在求得对事物客观性质和规律的"知"。这种"知"有一部分可用于改造自然和社会的实践，例如可用来开发、利用自然资源（材料）和自然力（能源），平衡投入与产出、改善人际关系。这些指导人们行动和操作的方法和诀窍，被通称为"技术"（见图5-1）。

企业经营管理者必须建立科技主导社会发展的信念、依靠科技解决人类面临难题的信念、科学技术决定国家及企业竞争力的信念。

（三）思考与讨论

1. 如何理解和弘扬科学精神？坚持科学经营理念在当下中国有何现实意义？

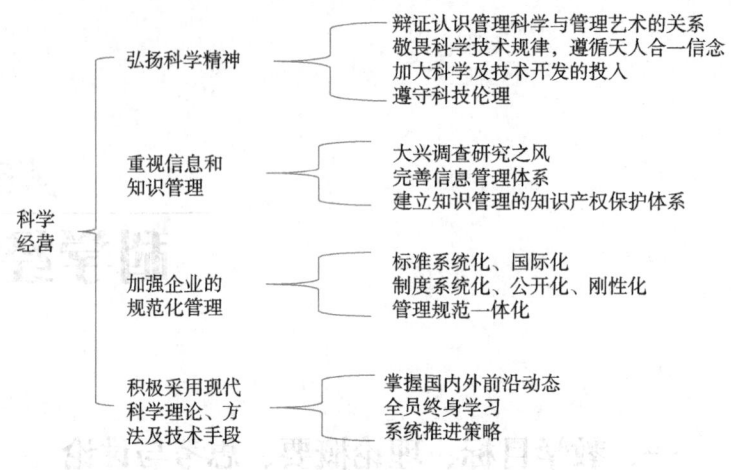

图 5-1 科学经营的知和行

2. 你如何理解管理是一门科学？践行科学经营需要处理好哪些关系？

3. 如何建立知识管理体系？通过调查研究对本企业知识管理提出改进建议。

4. 有人主张网络化、个性化时代就不需要标准化、规范化管理了[1]。你认同这个观点吗？通过长安汽车完善标准化管理、特斯拉近年来屡屡发生事故等案例说明你的理由。

5. 通过新春油田等管理案例阐述智能互联时代科学技术如何改变经营管理模式？尝试梳理近年来已经取得的成果。

6. 如何认识"天人合一"的科学技术伦理？当今世界面临哪些科技伦理危机？如何解决？

二、精读文选

文选（一）泰勒的科学管理思想和调查研究[2]

泰勒 1878—1897 年在美国米德瓦尔钢铁厂工作期间，感到当时的企业管理当局不懂用科学方法来进行管理，不懂工作程序、劳动节奏和疲劳因素对

---

[1] 蒋伟良.规范精细化管理，是企业死亡的开始 [J].企业管理，2016 (3).
[2] 参见：黄津孚.现代科学管理原理 [M].北京：清华大学出版社，2017：12-13.

劳动生产率的影响。而工人则缺少训练，没有正确的操作方法和适用工具，这都大大影响了劳动生产率的提高。

为了改进管理，他在米德瓦尔钢铁厂进行了各种实验。1881年他进行了二项"金属切削试验"，试验结果发现了能大大提高金属切削机工产量的高速工具钢，并取得了各种机床适当的转速和进刀量，以及切削用量标准等资料，研究出每个金属切削工人工作日的合适工作量，并给工人制定了一套工作量标准。1898年，泰勒受雇于伯利恒钢铁公司期间，进行了著名的"搬运生铁块试验"和"铁锹实验"。搬运生铁块试验是在这家公司的5座高炉产品搬运班组（大约75名工人）中进行的。由于这一研究改进了操作方法，训练了工人，其结果使生铁块的搬运量提高了3倍。铁锹试验首先系统地研究了铲口的负载问题，其次研究各种材料能够达到标准负载时铁锹的形状、规格问题，与此同时还研究了各种原料装锹的最好方法问题，并对每一套动作的精确时间做了研究，从而提出了一个"一流工人"每天应该完成的工作量。这一研究的结果非常出色。堆料场的劳动力从400~600人减少为140人。平均每人每天的操作量从16吨提高到59吨，每个工人的日工资从1.15美元提高到1.88美元。综上所述，这些试验集中于"动作"、"工时"研究以及工具、材料和工作环境等标准化研究，并根据这些成果制定了每日比较科学的工作定额和为完成这些定额的标准化工具。

泰勒在《科学管理原理》一书中指出："资方和工人的紧密、组织和个人之间的合作，是现代科学或责任管理的精髓。"他认为，没有劳资双方的密切合作，任何科学管理的制度和方法都难以实施，难以发挥作用。如何实现劳资双方的密切合作呢？必须使劳资双方实行"一次完全的思想革命"和"观念上的伟大转变"。泰勒在美国国会的证词中指出："科学管理不是任何一种效率措施，不是一种取得效率的措施；也不是一批或一组取得效率的措施；它不是一种新的成本核算制度；它不是一种新的工资制度；它不是一种计件工资制度；它不是一种分红制度；它不是一种奖金制度；它不是一种报酬职工的方式；它不是时间研究；它不是动作研究……我相信它们，但我强调指出这些措施都不是科学管理，它们是科学管理的有用附件，因而也是其他管理的有用附件。"

泰勒进一步宣称，"科学管理在实质上包含着要求在任何一个具体机构或工业中工作的工人进行一场全面心理革命——要求他们在对待工作、同伴和雇主的义务上进行一种全面的心理革命。此外，科学管理也要求管理部门的人——工长、监工、企业所有人，董事会——进行一场全面的心理革命，要求他们在对管理部门的同事、对他们的工人和所有日常问题的责任上进行一场全面的心理革命。没有双方的这种全面的心理革命，科学管理就不能存在"，"在科学管理中，劳资双方在思想上要发生的大革命就是：双方不再把注意力放在盈余分配上，不再把盈余分配看做是最重要的事情。他们将注意力转向增加盈余的数量上，使盈余增加到使如何分配盈余的争论成为不必要。他们将会明白，当他们停止互相对抗，转为向一个方面并肩前进时，他们的共同努力所创造出来的盈利会大得惊人。他们会懂得，当他们用友谊合作、互相帮助来代替敌对情绪时，通过共同努力，就能创造出比过去大得多的盈余"。劳动生产率提高了，不仅工人可以多拿工资，而且资本家也可以多拿利润，从而可以实现双方"最大程度的富裕"。

文选（二）长安汽车的标准化管理体系[①]

1. 企业简介

重庆长安汽车股份有限公司（以下简称"长安汽车"），始建于1962年，隶属中国兵器装备集团公司。自1984年生产第一辆微型汽车以来，通过自我积累、滚动发展，并与铃木、福特、马自达、标致雪铁龙等国际知名汽车企业成为战略合作伙伴，已形成完整的产业布局。2010年，长安汽车自主品牌产量排名中国第1位，世界第13位。2012年，品牌价值达到346.3亿元。2013年，长安汽车拥有15个整车和发动机工厂，形成轿车、微车、客车、卡车、SUV、MPV等低中高档、宽系列、多品种的产品谱系，拥有排量从0.8L到2.5L的发动机平台，具备年产汽车200万辆、发动机200万台的能力，在新能源汽车的研发、产业化、示范运行方面，也走在全国前列。

2. 标准化管理体系建设的背景

作为一个历史悠久的国企，长安汽车虽然一直重视管理标准的建设工作，但由于缺乏总体统筹和管理，公司各部门、各分子公司在建章建制方面各自为政，公司记录在册的各类管理办法、制度、手册、细则等文件多达3 500个，不仅重叠交叉、逻辑混乱、版本不清，且文件间出现了较多矛盾冲突，导致了管理运行过程中的大量问题。例如，为了ISO/TS16949（质量管理体

[①] 黄津孚摘编自：重庆长安汽车股份有限公司：提升整体效能的汽车企业标准化管理体系建设//.2013年国家级管理创新成果集[M]．北京：企业管理出版社，2013.

系：汽车行业生产件与相关服务件的组织实施ISO9001：2000的特殊要求)、ISO14000（环境管理体系）系列标准、ISO18000（职业健康安全管理体系）系列的贯标，每次都要按要求重新编制（修订）各自独立的体系文件以满足认证要求，多头管理现象严重，员工疲于应付多套文件的编写、消化和执行，有些班组长甚至每天要填写上交40多个纷繁复杂的表单。再如，随着不断的兼并重组，产销规模不断扩大，形成"多品牌、多产业、多品种、多基地"的格局，各成员企业利益目标、业务模式、组织文化、绩效评价不统一，企业总体战略目标难以有效贯彻落实的问题也比较突出；此外，新上任的领导干部往往倾向"推倒重来"，不习惯在前任基础上继承和发扬，组织知识始终得不到有效沉淀，由于缺乏稳定的管理体系，难以适应日益激烈的国际化竞争。

3. 长安汽车标准化体系的建设

自2010年起，长安汽车以业务流程为主线，通过将ISO/TS16949、ISO14000、ISO18000、CPS（长安精益生产体系）等多个内外部管理体系进行有机融合，将分散在各业务领域的管理标准进行系统性串联和全面整合，建立起包含业务评估标准、业务操作规范、表单和精益管理工具等在内的标准化管理体系。以此为基础，长安汽车在企业内外部全面实施应用标准化管理体系，并通过管理审计、种子工程等手段持续提升标准化管理体系的质量，为企业良性发展奠定了坚实的管理基础，有效地支撑了企业一体化运作，提升了企业运营效率。

（1）明确标准化管理体系的建设原则和架构。长安汽车以统一为核心，贯彻简明、有效、合规的原则。"简明"要求管理标准结构清晰、职责明确、文字简约；"有效"要求管理标准清晰定义工作步骤、标准、质量并形成PDCA（戴明环）；"合规"要求管理标准必须符合国家法律法规和行业标准要求。

针对层级不同、范围各异的特点，长安汽车借鉴TS16949、福特汽车等的管理体系结构，以应用为导向、以"自我修复"为目标，对管理标准的文件体系实施再造，确定包括业务评估标准、业务操作规范、表单与工具在内的三层标准化管理体系架构（见图5-2）。

长安汽车打破原有以职能职责为核心的思维方式，以流程视角重新对企业运行逻辑进行了全面审视。共搜集、整理和分析近2 800份各类现行管理规章制度，从汽车行业价值链出发，分战略、运营、支持三个层面，遵循MECE（相互独立、完全穷尽）原则将公司各项业务进行重新分类，形成了长安汽车业务流程总图（见图5-3）。并在此基础之上深入分析各业务运行逻辑，结合标杆企业实践进行逐层分解，将每个业务领域内的子流程重新进行归纳整理，运用流程清单（以物流领域为例，见表5-1）进行统一展现，最终形成了一套完整的以流程为主线的业务管理框架，共计25个业务领域、599个子流程。

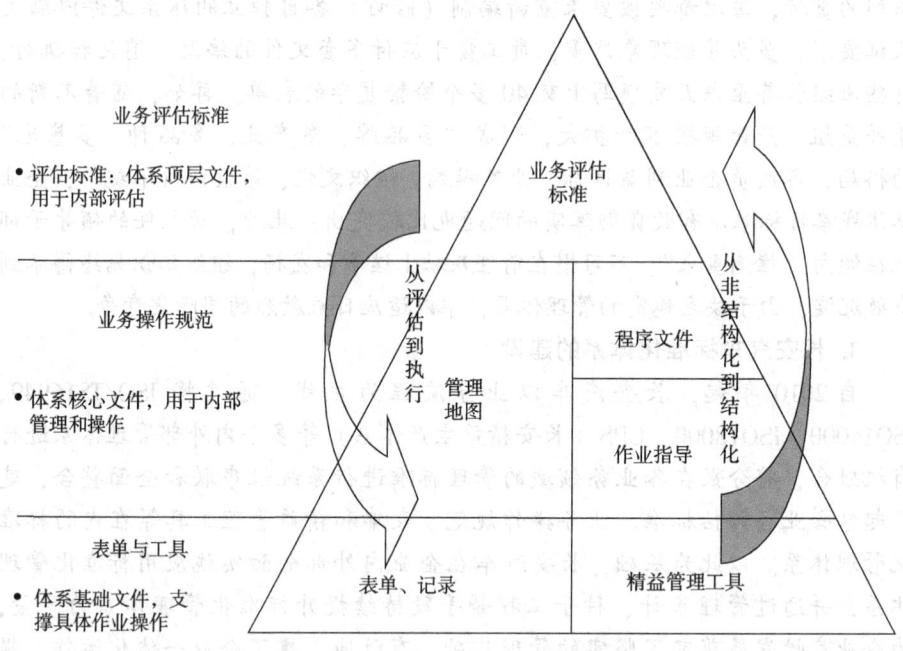

图 5-2 长安汽车标准化管理体系架构

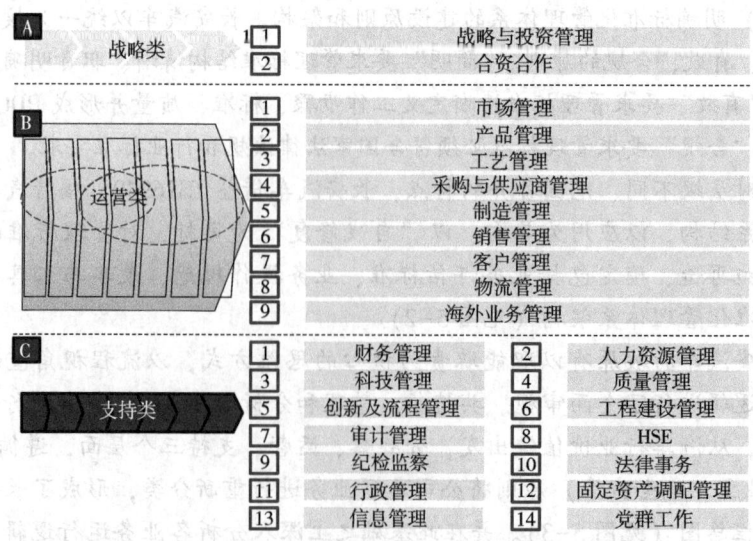

图 5-3 长安汽车业务流程总图

表 5-1 物流管理业务领域流程清单示例

一级流程	二级流程	流程编码（三级流程）	流程名称（三级流程）
物流管理	物流规划	Q/JD WL-01-2010	物流目标和方案管理流程
		Q/JD WL-32-2011	物流战略规划制定流程
		Q/JD WL-02-2010	物流成本管理流程
	第三方物流管理	Q/JD G-WL037-2011	第三方物流过程监测与检查管理流程
	供应物流	Q/JD WL-13-2010	入厂零部件配送管理流程
		Q/JD WL-17-2010	外供零部件配送管理流程
		Q/JD WL-16-2010	零部件库存管理流程
	生产物流	Q/JD WL-28-2010	新品月度生产计划管理流程
		Q/JD WL-28-2011	商品生产计划管理流程
		Q/JD WL-14-2010	不合格品处置管理流程
	销售物流	Q/JD WL-19-2010	商品车入库管理流程
		Q/JD WL-20-2010	商品车库存管理流程
		Q/JD WL-31-2011	中转站商品车库存管理流程
		……	……

（2）拆解和串联各体系管理要素。详细分解原有各体系，如质量管理领域的 TS16949、CPS-QOS、3C、卓越绩效体系等对同一项工作的管理要素，按照业务流程清单，全面、有机地融合到统一的业务管理框架中，从而实现以一套标准体系应对所有体系的认证（见表5-2）。

表 5-2 质量管理领域体系管理要素分解

现有体系文件	一级分类	二级分类	三级分类	整合后的要素
CPS 工作指导手册	8.5.1 持续改进	2.1 FTT 提升		10. 改进
CPS 工作指导手册	7.5.1 生产和服务提供的控制	2.2 标准化作业管理		7. 生产和服务提供
CPS 工作指导手册	8.5.3 预防措施	2.3 防呆纠错铸精品活动		10. 改进

续表

现有体系文件	一级分类	二级分类	三级分类	整合后的要素
PS 体系	8.5.1 持续改进	2.2.4 配套件 PPM 降低	2.2.4.1 指标监控	10. 改进
PS 体系	7.4.3 采购产品的验证	2.2.4 配套件 PPM 降低	2.2.4.2 过程审核 2.2.4.3 业绩量化	6. 采购
PS 体系	5.4.2 质量管理体系策划	2.3.1 质量控制地图	质量控制地图策划	2. 质量策划
PS 体系	8.5.1 持续改进	2.3.1 质量控制地图	质量控制地图使用	10. 改进
PS 体系	8.2.3 过程的监视和测量	2.3.2 分层自主管理		8. 监视和测量
TS 质量手册	5.5.1 职责与权限	4.3 公司组织机构及职责分配	4.3.1 组织机构	5. 保障体系建设
TS 质量手册	5.4.1 质量目标	4 战略规划与经营计划管理	4.1 战略规划管理	2. 质量策划
TS 质量手册	5.1 管理承诺	年度质量工作计划		2. 质量策划
TS 质量手册	5.1 管理承诺	C5.1 人力资源需求识别		十七待定
TS 质量手册	5.1 管理承诺	C5.2 人力资源的配置		十七待定
人力资源管理程序文件	6.3.1 工厂、设施和设备策划	6.2 项目实施	6.2.5 建安工程施工招标	6. 采购
人力资源管理程序文件	6.3.1 工厂、设施和设备策划	6.4 投产准备	6.4.1 人员准备	5. 保障体系建设
设备管理控制程序文件	6.4.1 为达到产品要求符合性的人员安全	C12.1 项目申报	C12.1.3 技安环保节能项目申报	5. 保障体系建设

续表

现有体系文件	一级分类	二级分类	三级分类	整合后的要素
设备管理控制程序文件	6.4.1 为达到产品要求符合性的人员安全	C12.1 项目申报	C12.1.4 生活福利项目申报	5.保障体系建设
设备管理控制程序文件	6.3 基础设施建设	C12.1 项目申报	C12.1.5 单项IT项目申报	5.保障体系建设
战略管理程序文件	7.1 产品实现策划	C15.1 例行检验工作	C15.1.1 编制检查例行项目表	3.产品实现策划
战略管理程序文件	8.2.4 产品的监视和测量	C15.1 例行检验工作	C15.1.2 总装下线检查	8.监视和测量

(3)建立业务评估标准和业务操作规范。长安汽车通过对标福特汽车评估体系，全面分析总结各业务领域近5年的成长历程，结合公司战略发展的要求，将各业务领域的管理能力按其业务特性划分为10个等级，再将前期梳理的管理要素按此分级标准进行梳理和提炼，编制成具体业务评估条款（见图5-4），建立起基于全价值链的可以量化的管理能力评估模型。

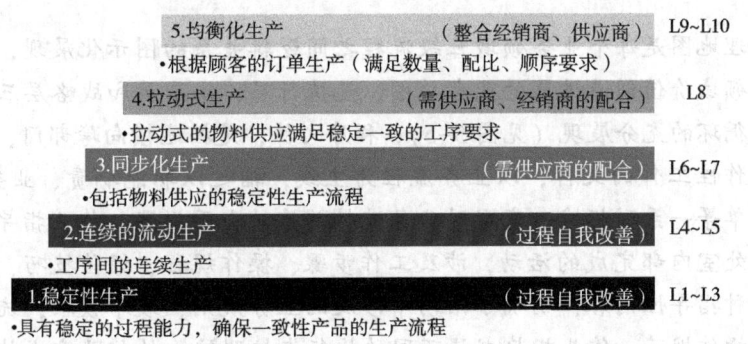

图5-4 制造领域分级策略

业务操作规范是长安汽车标准化管理体系的核心部分，主要由管理地图、程序文件和作业指导书三个部分构成，分别将各领域管理要素通过业务领域不同层级使流程落地执行（见表5-3）。

表 5-3　业务操作规范各类文件应用对照表

文件类型	简介	对应业务流程层级	使用者	应用场景	要点
管理地图	应用图示展现各业务领域子流程之间的逻辑关系，使业务模式及架构显性化	二级流程	各业务领域管理者、规划人员	从结构上审视和优化该业务领域运行模式和业务逻辑	管理地图中每个子流程都有具体的程序文件支撑
程序文件	将所有管理要求通过目标、范围、职责及业务规则以流程为主线详细呈现	三级流程（集团本部）四级流程（分子公司）	所有与该业务领域相关的管理人员和执行人员	主要用于指导跨部门或者部门内跨处级单位的业务协同	流程中的每个关键活动都有作业指导书支撑，每个关键审核点/审批点都有具体业务规则支撑
作业指导书	将具体工作步骤进行分解，并将每一个环节的知识要点和操作要点具体呈现	四级流程（集团本部）五级及以下流程（分子公司）	具体工作的执行人员	用于指导处（室）内具体工作的执行和知识的沉淀	需要长期的积累，逐步将非结构化的工作结构化，将隐性知识显性化

管理地图是每个业务领域三级流程之间逻辑关系的图示化展现，是体现该业务领域价值创造过程的业务总图，是执行层、体系层和战略层三层次自我修复循环的充分展现（见图5-5）；程序文件，是描述横向跨部门、纵向跨层级协作性工作的文件，以业务流程为主线，辅之以职能职责、业务规则、记录表单等一系列标准，实现对业务流转关系的全面描述；作业指导书，是描述在处室内部完成的活动，涉及工作步骤、操作规程、经验技巧、动作要领等各种指导性内容，明确了活动中涉及的业务规则、表单模板，统一处室内部的操作规范。作业指导书让不同的执行者按照统一的作业方式执行，能够对各项业务工作进行有效指导。

（4）建立标准化表单和精益管理工具。长安汽车将附录在程序文件和作业指导书中的表单进行集中清理，合并同类别表单，精简不必要表单，统一表单格式、表单编码，并按25个业务领域建立起标准化表单库。通过对标和整合各种先进管理工具和方法，提炼整理出标杆管理、时间管理、碎石法等16个通用管理工具，以及 APQP、FMEA、德尔菲法等 45 个专用管理工具，用于指导各业务领域日常工作。同时，将精益管理工具掌握和应用情况纳入员工职位资格认证，不断提升员工运用框架模型发现和分析问题的能力，不断促进员工将隐性知识转化为显性知识，不断激励员工将非结构化的工作推向结构化。

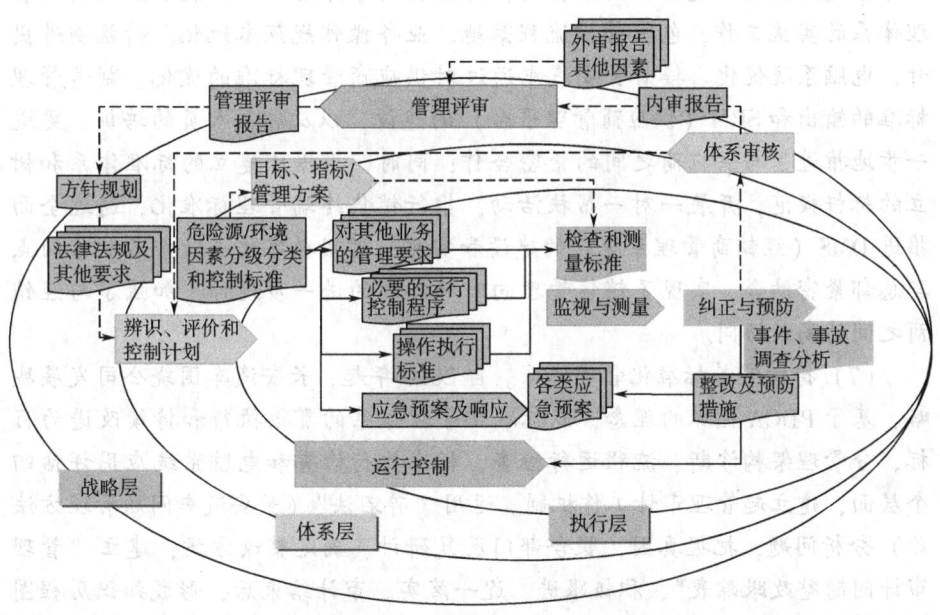

图 5-5　安全管理领域管理地图

（5）实行管理标准文件化、电子化。为保证文件编制质量，长安汽车分五个步骤开展文件的编写和评审。第一步，成立公司标准化管理体系文件项目指导小组和各业务编写小组。第二步，文件编写培训。第三步，文件编写进度控制。第四步，文件查漏补缺。为确保编写的管理文件能够覆盖长安汽车的所有业务和所有原标准，通过《文件覆盖分析表》和《职能覆盖分析表》与原管理文件进行一一对比分析，与职能职责进行一一对比分析，确保体系建设的完全覆盖性。第五步，文件评审。长安汽车要求文件涉及的所有部门领导，必须参加评审并对文件内容达成一致，并邀请来自其合资企业长安福特、长安铃木的专家参与评审，引入和借鉴合资方的先进做法。

为确保标准化管理体系中的相关管理标准有效落地和贯彻实施，长安汽车大力推进各业务领域核心管理流程电子化工作，将各业务领域管理流程逐步固化到协同管理平台中。将具体执行明确到个人，并对输入、输出加以明确,将分散在各部门的岗位动作,以电子化流程的形式串成"一条流",并对每个流程环节时间加以标准化,通过系统自动提醒,辅以人工定期通报,以鞭策后进、鼓励先进的方式,在内部形成流程执行氛围。

(6) 全面推进标准化管理体系的实施。2011年,长安汽车基于本地工厂的体系建设成果,先后在南京长安、河北长安等异地工厂开展了企业内部管理体系的实施工作,包括管控流程落地、业务操作规范本地化、精益制造提升、电脑系统优化。接着长安汽车通过对供应商管理标准的优化、制造管理标准的输出和SRM(供应商管理平台)的建设,以及相关人员的培训,更进一步地推进了与供应商之间的紧密合作;同时,根据已建立的标准体系和树立的标杆模范,开展一对一帮扶活动,推行销售终端管理标准化,通过全面推进DMS(经销商管理系统)的建设和实施,运用数字化手段将各销售网点与总部紧密结合,实现了销售管理向市场终端的进一步延伸,加强了与经销商之间的高效协同。

(7) 持续完善标准化管理体系。自2010年起,长安汽车围绕公司发展战略,基于PDCA循环的理念,以标准化管理体系的贯彻执行和持续改进为目标,分管理架构诊断、流程运行检查、标准执行检查和电脑系统应用评估四个层面,建立起管理审计工作机制。运用"碎石法"(长安汽车问题管理方法论)分析问题,把握真因,联合部门反复研讨、确定整改方案;建立"管理审计问题整改跟踪表",积极跟进、逐一落实。审计结束后,形成知识历程图和作业指导书,将工具和方法及时沉淀。在近两年时间内,共开展工艺、工程、人力资源、销售、质量等13个领域业务操作规范审计,4次公司级项目后评估及2次系统流程审计,对标准执行、流程运行以及应用系统的运行情况进行诊断评估,累计发现问题134项,通过整改通知和问题状态跟踪等手段确保问题得到彻底解决。

自2011年起,长安汽车在全公司范围内涉及市场、研发、采购、营销等16个业务领域推进种子工程40项,即通过培育、固化和推广各业务领域的最佳实践,以点带面提升各项业务能力,新增和优化各类管理标准400多个,切实有效地提升了各项业务能力。例如,汽研总院通过种子工程推进,完成并固化汽车新品开发里程碑内控评审清单,细化建立一级指标99项,二级指标219项,新增122个交付物模板。

(8) 建立标准化管理体系的保障机制。为确保标准化管理体系的正常运转,长安汽车建立了由企业层面的标准化管理体系委员会,各业务部门体系管理领导,和OTD、MES、BOM、一体化管理体系实施等专职的管理提升团队，以及兼职体系管理员组成的标准化体系管理网络，以持续推进流程优化和标准建设。公司将管理标准建设纳入领导干部和部门的年度绩效考核，并制定《标准化管理体系建设考核办法》。将建标准的能力作为高层级员工的必备能力，纳入员工的任职资格认证。2011年，借助于建标准工作职位职级得以升迁的员工达756人，占到升迁人数的37%。长安汽车通过"五点培训工程""优秀管理提升案例发布""全员精益改善提案活动"等方式，营造"全员建标准用标准"的企业文化氛围。每个部门每周至少一天用下午五点至七点的时间，开展知识技能培训，其中标准化管理体系作为核心的培训内容。每一季度长安汽车都举办高层团队人员参加的优秀管理提升案例发布，使建标准用标准深入人心，培育标准化管理文化。

长安汽车分三期完成了标准化管理体系建设工作，各部门投入骨干人力累计510人，形成25项业务评估标准，25份业务领域管理地图，599份程序文件，672份作业指导书以及61个精益管理工具，实现了从总部到分子公司管理体系的统一，使企业具备了快速复制、远程投放的核心能力，提升了各成员企业的管理水平，破解了企业快速发展过程中面临的管理、运营及重组融合等难题，提升了工作效率和客户满意度。采购流程效率平均提升28%，订单到交付流程平均时间从39天降到33天，信息化实施效率提升37%，产品质量的客户满意度从69.4%提升到75.3%。标准化管理体系的建设与实施，提高了企业自主创新的能力和水平。2012年北京车展期间，长安汽车一举推出五款最新车型，获得国内外媒体的一致好评。2011年与2009年相比，长安汽车销售收入从808.39亿元提高到1054.79亿元，利润总额从26亿元提高到49亿元，真正实现了又好又快发展。

文选（三）新春油田智能互联科技应用取得实效[①]

中石化新疆新春石油开发有限责任公司（以下简称"新春公司"）的前身是胜利油田塔里木和田勘探项目经理部，成立于1996年4月；2011年11月，勘探和开发业务分离，成立新春采油厂。2015年4月，新春采油厂与新疆国有企业开展股权合作，在乌苏注册成立由中国石化控股的合资公司——中石化新疆新春石油开发有限责任公司，主要负责新疆探区准噶尔、吐哈等2个盆地15个区块的滚动勘探、油气开发及原油生产销售任务，探区面积5.1万

---

① 该实例系本书作者黄津孚根据中石化新疆新春石油开发有限责任公司申报2019年国家级管理创新成果的材料整理改编而成。

平方公里，是中石化首批智能油田试点企业。

作为一家新建油气开发企业，新春公司面临巨大压力。一方面，我国油气资源严重供不应求，2018年我国石油对外依存度已经达到70%，从能源安全战略考虑，中央要求相关企业加大油气资源的勘探力度和提升开采能力，并努力降低综采成本，提升在国际市场的竞争力；另一方面，新春公司所属油田主要储量为浅薄层超稠油，地质条件十分恶劣，油藏埋深200~600米，储层厚度仅2~6米，储量丰度低，每平方公里仅100万吨左右，地层温度下原油黏度5万~9万毫帕秒，应用已有热力采油技术周期产量只有80吨左右；淡水层深度100米左右，储层胶结疏松，实现油气资源经济有效开发需要克服四大技术难题，实现高质高效经济开发是世界级难题。然而我国有丰富的稠油资源。稠油是非常宝贵的石油化工原料，其经济价值也非常可观，它不仅可以提炼出适用于在高寒地区汽车及一些柴油动力设备的低凝柴油，还可以炼制性能良好用于飞机、坦克、舰艇以及各类动力机械的润滑油。除此之外，新疆的稠油还具有低硫、低凝、高密度、酸值大的特点，可以生产出很好的电气绝缘油，诸如变压器油、开关用油、电容器油、电缆油等。

新春公司决定抓住时代机遇，以智能互联思路破解恶劣地质条件下的价值创造难题。

1. 对标世界一流石油公司，确定以智能互联思路创造价值的总体思路

众所周知，石油产业是资金密集型、退出壁垒较高的周期性产业，桶油完全成本费用很大程度上决定了油田企业的核心竞争力。而我国油田企业和国际一流石油公司尚存在较大差距。在技术和管理方面，国外先进石油公司正在积极通过智能化和网络化的相互融合，提高决策科学性、精准性，优化资源有效配置，以自动化提高工作效率；我国多数石油企业主要通过大规模产能建设和油水井投入来提高油气产量，由于处在油田开发中后期，开发运营成本越来越高，加上投融资渠道主要依靠银行贷款，吨油完全成本明显高于国际先进石油公司水平，盈利水平不高又进而影响研发费用的投入，制约了油田企业的发展。

新春公司领导班子认识到，要克服两大困难，实现中石化建设世界一流石油公司的战略目标，必须抓住时代机遇，转变发展思路，整合好企业内外资源，建设智能油田，通过智能互联的转型升级解决技术和管理两大难题。

公司通过调查研究，对标壳牌、埃克森美孚、BP等世界一流石油公司的经营管理水平，制定了本公司创建世界一流石油公司的具体技术经济指标：通过油田生产经营管理的"六化"，即生产数据共享化、科研开发协同化、生产管理自动化、系统应用一体化、生产指挥可视化以及分析决策科学化，将单位成本控制在每桶30美元左右（美国石油公司单位成本为每桶35~45美元）；油田生产现场全部实现无人值守，用工控制在300人以内，劳动生产率超过3 000吨/(人·年)（埃克森美孚等石油公司的水平为1 600吨/(人·年)）；依托智能互联平台，生产管理远程自动控制，采油时率等生产指标超过90%；研发费用占销售收入的比例超过5%（欧美石油公司的平均水平为2%），提高科技成果转化能力。

2. 整合企业内外智能，解决复杂地质条件下的油田开发难题

由于浅薄层超稠油的开发涉及勘测描述、设施系统布局、钻井完井、工艺设计、运营调控、设备运维等多专业高难度的技术项目，单靠本公司的技术力量难以胜任，新春公司采用智能互联思维，整合本公司、母公司和社会智力资源，实行协同攻关（见图5-6）。一是依托相关高校开展理论研究。公司与国内诸多高等石油院校合作，开展对公司油区烃岩源发育、构造运动、沉积相开展系统的研究，为后续开展精细研究提供理论支撑。二是依托母公司院所开展生产应用分类攻关。为解决复杂地质条件下的油田效益开发面临的关键难题，公司依托胜利油田物探院、钻井院、勘探开发研究院、工程院、设计院等科研单位，对储层预测、开发技术、钻采工艺、地面建设等方面进行合作研究。例如，围绕提高地震资料品质、储层预测精度、圈闭描述可靠性、储层含油性预测等课题，与胜利油田物探院、勘探开发研究院合作，形成浅薄储层精细预测技术、隐蔽油藏"类亮点"找油技术，实现公司持续增储；以提高储量动用率和采收率实现开发效益为目标，与勘探开发研究院合作，创新形成高效热力复合采油技术、水平井蒸汽技术；在采油工程和工艺方面，与胜利油田钻井工艺研究院、石油工程技术研究院、设计院从方案论证、新工艺研发和引进等进行全面合作，形成浅薄储层钻井特色技术、超深层优快钻井技术、注汽采油一体化技术、循环流化床高干度注汽技术等一系列支撑公司高效绿色发展的技术。三是依托公司内部高科技人才成立技术攻关项目组，直面生产现场油田勘探开采过程中遇到的技术难题，进行调研、分析和攻关。仅2018年公司就成立了由首席专家带队，整合科研及现场管理人员智能的阿拉德油田试采技术攻关、高含水区块提高采收率、永进油田钻井、采油技术攻关、48吨燃煤锅炉烟气治理、征沙村注水和董701试采等6个项目组，集中力量解决相关

技术难题。

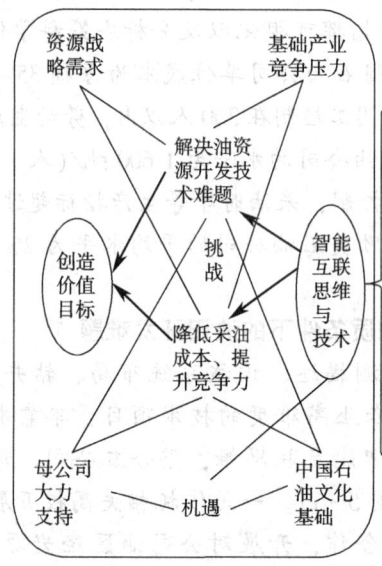

图 5-6　新春公司通过智能互联创造价值的系统解决方案

为支持科技攻关创新，公司在年度预算中逐年增加研发费用，2018 年研发费达到 15 245 万元，占总营业收入的 5.26%，已达到许多国际一流石油公司的水平。

为激励人才，加快科技攻关项目进度，提高科研成果转化率，公司制定了一系列科技创新创效激励政策，设立了科学技术奖和技术攻关奖，对完成后的攻关项目进行生产技术、安全环保、质量等多方面考核，分等级进行奖励。经济技术指标经专家委员会评定达到预期效果，奖励 10 万~20 万元。

3. 积极推进信息化、数字化、智能化升级

信息化升级的前提是全面完成数据采集任务，为大数据应用、云计算和智能决策提供数据基础。油田企业以往在信息化、数字化方面已经具备了一定基础，但是尚存在信息采集盲区和孤岛现象，数字化、智能化功能不强。新春公司以打造国际一流的智能油田为目标，以搭建对井场、增压站、联合站、注汽站实时视频监控、参数采集模块、应用远程采集控制终端（RTU）等为主要建设内容，通过各个传感器和现场测控仪表进行压力、温度、液位、电参等工况数据的自动采集，通过通信线路传递到 RTU，实现油井数据自动

传输和远程控制；每个通讯箱内安装用于汇聚摄像头、RTU 等设备的网络信号的工业交换机，通过使用 ADSS 光缆、无线网桥进行网络连接，传递给生产指挥智能互联平台，为智能互联平台的搭建奠定大数据基础。

基于监测数据，进行油藏开发生产模型的搭建，包括油藏地质模型、油藏动态模型、井筒模型、经济评价模型等。油田传统的开发项目前期缺乏精准的地质开采方案，主要是通过密集打井实现产量提高，这就加大了投资风险，增加了油田开发成本。新春公司推进油藏建模数模一体化技术应用，根据实时采集的数据，对油藏进行数值模拟、动态分析，精细油藏描述，强化动态监测，优化地质开发方案，变传统的密集打井为智能化精准打井，实现油藏的高效开发。

开发产能效益大数据评价模型，实施单井智能化配产。油田传统的配产主要是依据往年的产量和生产技术人员的经验判断，配产误差率高。新春公司通过大数据收集和分析，绘制以日油水平为横坐标、油汽比为纵坐标的单井产能效益协同图。按照日油水平高低将油井分为高产、中产、低产三类；按周期油汽比高低将油井分为高效、中效、低效三类；两者组合将油井细分为高产高效、高产低效等 9 类；通过这 9 类油井分类实行单井效益配产，实现产量与效益间的平衡。高产低效井延长生产周期，控制周转节奏提效；低产高效井加快周转，增加产能。促使各类油井向协同基线靠拢，深挖潜力，使油井按照低产低效向中产中效、中产中效向高产高效的梯队发展，最终实现油藏开发最优化。

整体规划网络架构，打造智能网络（见图 5-7）。在经过自动化数据采集、形成统一数据库的基础上，对数据进行分析和应用。充分发挥信息化平台的推动作用。针对实时自动采集的海量数据，做进一步发掘分析、找出规律。借助智能化系统，精准掌握地面情况和地下情况，及时指导现场。通过大数据探索预警预测、趋势分析功能，主动发现潜在问题、预防安全隐患，主动优化生产，实现生产运行和管控的最优化，进一步提升精细管理水平。

新春公司建设智能互联平台，通过智能高速球机、智能控制柜、智能电表、智能仪表、智能传感器等硬件设备以及综合"区域生产指挥中心"网站、SCADA 系统、视频监控等信息系统的应用，对油田所有井站和联合站实现数据自动采集和处理、生产现场视频监控、设备远程操控、异常自动报警、趋势分析预警、生产数据动态分析、生产调度信息化运行。对采集到的数据进行信息挖掘，发挥大数据优势，为油田各业务决策提供智能互联手段。生产指挥智能互联平台是日常运行与管理的中枢，数据监控、视频监控、电子巡

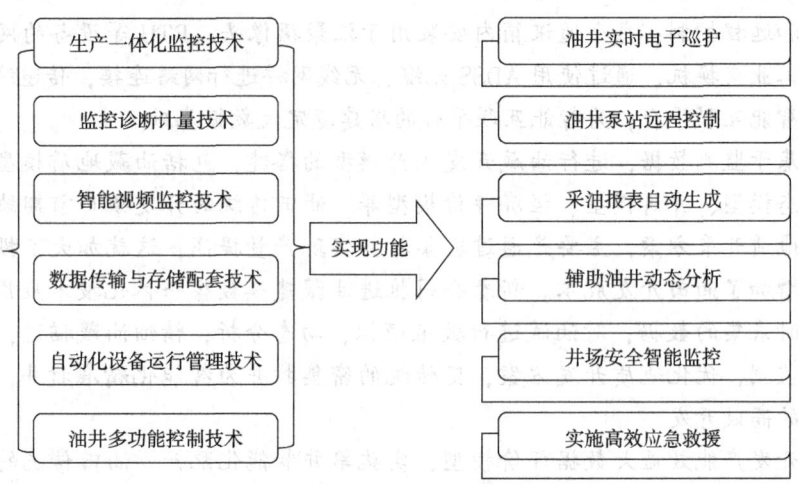

图 5-7 新春公司生产技术智能网络

井，抽油井调参、启停井、泵调频全部在智能互联平台进行。依托生产指挥平台，实现生产监控、报警预警、生产动态、调度运行、生产管理、应急处置六大主要功能（见图 5-8），满足管理区开发生产、技术分析、经营管理、量化考核等业务管理需求；同时，智能互联平台软硬件的设置为智能互联平台的建设提供了强力技术支撑。

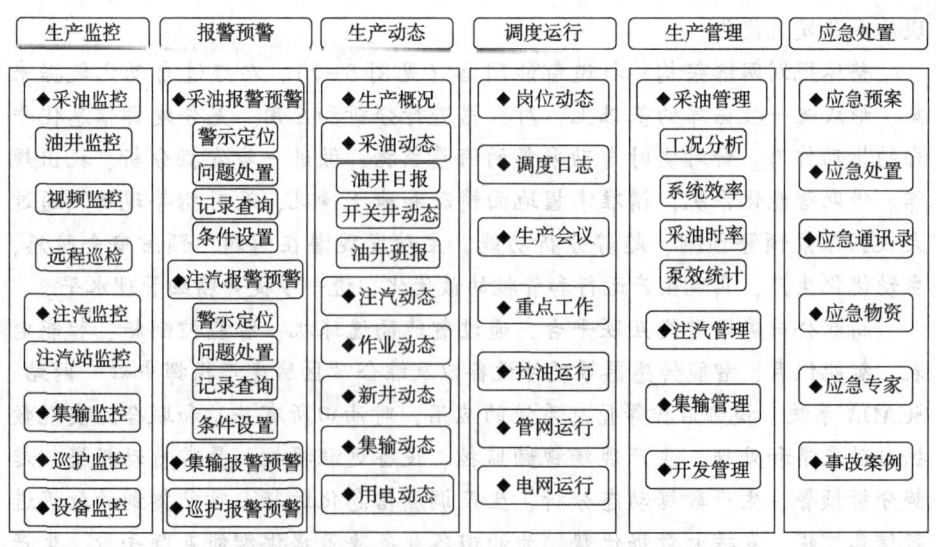

图 5-8 新春公司生产指挥智能互联平台功能

传统的油田企业是劳动密集型企业,百万吨原油生产规模的企业用工在5 000到6 000人,劳动强度大,人工成本高,人均劳动效率低。新春公司以提升石油公司人均劳动效率为目标,依托智能互联平台,推进岗位业务信息化,形成全油田统一数据库;突出价值引领,进行岗位价值评估,建立全新归级体系;建立岗位胜任力评估模型,综合评价人才、识别培养人才,实现人力资源管理由行政配置转向模型支撑的科学配置,绩效管理由"人为因素主导"到"数据支撑评定"的转变。

为实现勘探开发岗位业务信息化,整体提升公司信息化建设水平,新春公司按照层层分解、分类实施的原则,对各类业务岗位进行梳理。遵循"自上而下、自下而上、上下结合"的流程,通过工作写实、岗位分析等手段,配强高效岗,压减低效岗,确定新春公司管理、专业、技术岗位192个。根据各岗位不同的专业要求、工作难度与复杂性等特点,划分为不同层级,包括管理类岗位层级、专业类岗位层级和技术类岗位层级。在此基础上构建岗位业务平台,实现数据共享和业务协同,形成全油田统一的一套数据库,各类数据归一化、标准化管理。

新春公司突出价值引领,根据已建立的岗位业务数据库,科学运用人力资源管理工具,衡量管理、专业、技术岗位价值,确定岗位相对排序,形成公司岗位归级体系,突破传统职务职级排序,充分体现不同岗位的价值。

4. 以市场化机制发挥专业队伍作用

操作层业务全部实行专业化外包,实现轻资产状况下的市场化运行,为公司高质量发展提供支撑。为此公司严格预算管理、深化前期论证,提高投资项目决策的科学性,优化投资经济评价参数,实时监控项目实施过程,实行效益化考核,推动项目全生命周期管理,提高决策水平。

新春油田通过实施智能互联转型,取得了显著效果。

首先,为保障国家能源战略供给做出了重要贡献。公司先后发现了春风、春晖、阿拉德等三个油田,新增石油地质储量2.48亿吨,原油商品量跨越式递增,从5万吨增加到109万吨,累计销售原油647万吨。同时,为国内尚未动用的7亿吨同类型储量有效动用提供了可借鉴的经验。

其次,解决了浅薄层超稠油有效开发多项难题。其中,浅薄储层精细预测技术和高效热力复合采油技术达到国际领先水平,实现了不能动用的2~4米厚度储层有效动用,动用效益差的4~6米以上厚度储层高效开发;薄储层超稠油高效开发关键技术及应用获得2019年国家科技进步二等奖,春风油田浅薄层超稠油百万吨产能高速高效开发关键技术获得中国石化科技进步特等奖。研究成果已应用到国内同类新疆、河南、胜利东部等油田。

新春公司通过搭建智能互联平台，借助大数据和地质模型等技术手段，实现了复杂地质条件油田企业的转型升级。油田决策管理从经验决策型转向以大数据和生产模型支撑的智能辅助决策型；油田生产管理由行政指挥转向可视化、自动化运行；油田现场管理由劳动密集型转为智能控制型；油田风险管理由事后控制转向事前精准预测的预警管理。由此提升了企业创造价值能力，主要经济效益指标超过了欧美石油公司，达到了世界一流石油公司的先进水平。用工总数大幅度减少，公司人均劳动生产率为4 150吨/(人·年)，远远超过欧美石油公司人均劳动生产率水平（2018年壳牌公司为1 651吨/(人·年)，埃克森美孚公司为1 607吨/(人·年)，BP公司为1 528吨/(人·年)），经济效益显著。2015年以来，经受住油价下跌带来的巨大影响，率先在油田开发单位实现大幅盈利，2018年盈利35 745万元，经营业绩连续在中国石化油田开发板块排名第一。新春公司完全成本由2010年的81.8美元/桶降低到2018年的34.2美元/桶，2018年盈亏平衡油价为37美元/桶左右；新春公司每桶油成本达到美国石油公司单位成本35~45美元/桶的一流管控水平，公司核心竞争力不断提高，在国际石油公司中处于领先地位。

新春公司油田智能化转型升级的主要做法，在2019年工信部和中国通信工业协会两化融合委员会举办的智慧油田高峰论坛上做了重点介绍，得到了与会专家和油田企业的高度肯定。

三、管理案例

案例（一）一个管理学的老命题——管理是一门科学吗[①]

管理是不是一门科学？这是经历了一个多世纪争论的老话题，大致可以分为三个方面、四个阶段。三个方面的争论是：管理是科学还是经验、技术、艺术的集合？管理是否存在社会制度和意识形态的约束条件？是否存在具有民族色彩的管理学（例如具有中国特色的管理学）？这些议题分四个阶段展开。

---

① 此案例由黄津孚编写。

1. 20 世纪初，科学管理运动的阻力

20 世纪初，泰勒在进行科学管理研究及推行他的科学管理体系的过程中遇到了巨大的阻力。阻力有来自工人阶层的，也有来自雇主们以及技术专家的。部分工人认为这是资本家新的剥削手段，从而予以抵制；一些雇主和工长对科学管理的方法嗤之以鼻，认为管理就是凭经验、靠手腕，不存在普遍适用的知识。社会上下巨大的质疑惊动了美国国会，为此专门组织了听证会，要求泰勒到场就实施科学管理提供证词。

后来的大量实践证明，泰勒的科学管理思想与多数科学管理方法具有普遍实用价值，成为管理学的重要构成部分。然而，即便是到了 20 世纪末，仍有人怀疑管理是一门科学，其主要依据是：许多成功的企业家并没有学过管理学；国内外成功的企业各有各的门道，很难辨别哪些代表真理。当然，也有人提供统计数据加以反驳。例如，有专家指出，在美国企业 500 强的高层管理人员中，受过管理教育的占有相当高的比例。

2002 年，在首都经济贸易大学召开的"第二届全国企业管理研究与学科建设论坛"上，原国家自然科学基金会管理学部主任成思危教授发表了以下看法："管理既是科学又是艺术。从管理的科学性来说，我们当然要重视管理的科学规律，考虑一些管理的定量方法、工具，比如说用计算机来推进管理。但是另一方面，我们也应该知道管理有它的艺术性，也就是说有运用之妙。只学管理理论而不（善于）运用不行，如同只有计算没有算计不行，要计算加算计。计算是科学，算计就是艺术。在运用中，科学上讲究要优化决策，艺术上就要考虑如何运用直觉和判断，很快地抓住问题的本质和核心做出决策。这些问题既有科学的一面又有艺术的一面。"该观点获得了与会专家学者们的普遍认同。

2. 20 世纪中叶，美国"管理理论丛林"中"经验学派"的观点影响深远

美国著名的管理学家哈罗德·孔茨（Harold Koontz）通过梳理 20 世纪上半叶西方（主要是美国）学术界有关管理学的研究思路和基本观点，发现学者们对管理性质的理解存在较大的差异，并形象地将当时学派林立的现象戏称为"管理理论的丛林"。1960 年，孔茨把管理学派归纳为 6 个，1980 年他在《再论管理理论的丛林》中进一步细分为 11 个。其中有一个学派主张把管理看做是经验性很强的实务，主张通过大量研究主管人员的成败案例获得管理知识，孔茨将其称为"经验学派"。有"管理学大师"之称的德鲁克堪称该学派的代表人物，他的一个著名观点是，管理是一种实践，其本质不在于"知"而在于"行"；其验证不在于逻辑，而在于成果；其唯一权威就是成就。学者欧贝斯特·戴尔则直截了当地认为,从管理方法的原理中"找不到多少有实用价值的东西",他所写的管理学著作中,案例及实例占主要篇幅。同样获得管理大师美誉的加拿大麦吉尔大学教授明茨伯格在其代表作《经理工作的性质》一书中这样写道:"经理的工作中没有科学,经理们基本上像他们过去那样工作着——使用口头信息以及直觉的处理方法。管理学专家迄今对经理的工作方式几乎没有造成任何影响。"在21世纪初,明茨伯格猛烈抨击MBA(工商管理硕士)教育:"MBA是把错误的内容教给错误的人";他认为,管理不是科学也不是专业。因为凡是科学,要通过研究来发展系统性知识,但管理并非如此,它更多地依托于眼光、远见、直觉。将管理定义为某种科学,一方面会导致过度分析,也就是生硬、牵强地列出本属于主观性的直觉、远见等因素的运行逻辑,希望得出可以复制的经验;另一方面,在使用过度分析仍无法有效解释、有效归纳经验的情况下,就会吹捧已经取得成功的企业家和公司,导致了管理学教条中的英雄主义①。

3. 20世纪90年代前后国内学界的共识

20世纪90年代以前中国出版的管理学教科书,以马克思的"管理二重性理论"作为认识管理科学性的主要依据,主张将西方的管理学一分为二,对其中具有生产力属性的"指挥劳动",其管理知识可以大胆借鉴应用;而对具有生产关系属性的"监督劳动"知识,则需要提高警惕。列宁曾批评泰勒制既是提高劳动生产率的先进方法,又是进一步压榨工人的手段。改革开放初期,中国学术界一度掀起了学习西方科学技术和管理理论的热潮,例如调动工人积极性的行为科学当时很受欢迎,但在1989年以后出现的"反对资产阶级自由化"风潮中受到了批判。直到中共中央确定将改革开放作为重大战略决策,中国企业管理协会首任会长袁宝华提出,中国企业管理要贯彻"以我为主、博采众长、融合提炼、自成一家"的十六字方针,逐步形成国内学界"不设篱笆、也不盲从"的新共识。

4. 21世纪初关于建立中国特色管理科学的讨论

随着改革开放的深入进行和中国经济的持续高速增长,国际上有一些学者和媒体认为中华民族的智慧优于西方的思维模式,宣称21世纪将是中国的世纪,从而极大地激发了中国各界包括管理学界的自尊心和雄心,对全盘从

---

① 参见:郑渝川.MBA一开始就是错的?亨利·明茨伯格的反思[EB/OL].(2020-07-21)[2021-11-30].https://www.sohu.com/a/408895421_788170.

西方特别是从美国引进管理学理论进行了反思,认为是总结中国企业管理的实践经验,创建具有中国特色的管理学体系的时候了。

2005年,由国务院研究发展中心、中国企业联合会、清华大学经管学院联合发起,组织全国几十所高校及科研机构,历经5年,开展了"中国式企业管理科学基础研究"的课题研究,通过实地调查和同业对比的方法,研究了国内30余家成功企业的共同经验,概括为:中的精神:实用理性的辩证智慧;变的战略:高度权变的调适思维;强的领袖:企业家的德、魅与愿;家的组织:中国色彩的组织控制;融的文化:个人价值与时代共鸣;和的环境:政治分寸与关系和谐;集的创新:标杆管理与整合再造;搏的营销:从草根到极致的战争;敏的运营:恰当高效的基础管理①。

对于建立中国特色的管理学是真命题还是假命题,国内学者至今尚未取得共识。有些学者坚持认为,有必要也有可能建立具有中国特色的管理学。例如,复旦大学一批学者主张创建"东方管理学"。青年学者谭力文等(2015)认为中国管理学界应重视管理学理论本土化工作,注重历史传承。对传统文化的利用与驾驭(如阴阳哲学),其思想将改变现有西方实证色彩,有助于形成东方特色的管理思维。李平(2010)认为,中国的阴阳认知系统在解释多样性和统一性、全球化和区域化、变化性和稳定性方面具有重大学术价值,是研究复杂动态问题的最佳认知系统②。有些学者则认为,如果管理学存在美国的管理学、中国的管理学、日本的管理学……那就说明管理学不是一个普遍适用的知识体系,那就不是真正的科学。谭力文(2009)认为在社会科学领域存在着可视为普适性的管理理论。

更多的学者主张辩证认识管理知识的普适性与场景性。例如,国际著名管理学者徐淑英教授认为,现有的管理学理论并非都具有普遍适用性(2010),即便是普遍适用的一些思想、方法,也需要结合具体情境加以恰当的运用,赞同用中国的文化理解本土的管理实践(2015);席酉民教授(2006)认为真正的管理应涉及哲学(智慧)、知识(科学)、艺术(技巧)和经验(实务)四个方面;陈春花(2014)认为应透过本土管理现象,注重探索存在的一般规律,关注具有普世价值的一般管理理论的创新。

5. 管理是否属于科学的检验标准

关于科学的检验标准,本书作者通过检索得到以下两个存在差别的定义。

---

① 参见:黄津孚. 现代企业管理原理 [M]. 北京:清华大学出版社,2017:21.
② 转引自:包国宪等. 全球视野下的中国管理本土研究新进展——中国管理国际学术论坛观点综述 [J]. 中国工业经济,2010(7).

百度百科认为：科学是一个建立在可检验的解释和对客观事物的形式、组织等进行预测的有序的知识系统，是已系统化和公式化了的知识。其对象是客观现象，内容是形式化的科学理论，形式是语言（包括自然语言与数学语言）。根据这些（科学）系统知识所要反映对象的领域，主要可分为自然科学、社会科学、思维科学、形式科学和交叉学科。维基百科认为，科学（英语：Science；希腊语：Επιστημη）是通过经验实证方法，对现象（原来指自然现象，现泛指包括社会现象在内的一切现象）进行归因的学科。科学活动所得的知识是条件明确（不能模棱两可或随意解读）、能经得起检验，而且不能与任何适用范围内的已知事实产生矛盾。可以看出，前者的定义是刚性的，后一个定义是有一定弹性的，读者可以自行选择。

英国科学哲学家查尔默斯（A. F. Chalmers）在《科学究竟是什么》一书中，通过归纳主义科学观、否证主义科学观、结构主义科学观和贝叶斯主义科学观四种科学思想向我们展示了什么是科学的本质。不同的科学思想中对科学的定义不同，对科学本质的描述也各有侧重。在归纳主义科学观看来，科学是对事实进行归纳推理之后所得到的结论；在否证主义科学观看来，可以被检验的理论才能叫做科学；在结构主义科学观看来，一门科学是遵循同一范式的多个理论的集合；在贝叶斯主义科学观看来，科学理论的对错未必是绝对的，而是一个概率问题①。

案例（二）个性化定制将取代标准化生产方式吗②

有学者认为，个性化定制将取代标准化生产方式，既是消费者的需求向往，也是技术发展创造的一种可能。

20世纪末，个性化消费呈日益增长之势。除了延续传统的私人定制服装、首饰，私人定制家具、房屋装修、旅游产品也成为时尚；全球著名家居供应商宜家鼓励消费者通过向基础沙发组增加扶手、边桌等配件的方式，根据家中成员的实际需求和习惯，打造极具个性化的家居产品。据相关统计，目前定制橱柜占整个家具市场的份额在20%左右。由《华丽志》发布的《2017年度中国时尚消费调查报告》显示，近95%的受访者对个性化定制感兴趣。香水和美妆定制占比分别达到18%和7%。

---

① [英] 查尔默斯. 科学究竟是什么 [M]. 鲁旭东译. 北京：商务印书馆，2007.
② 参见：黄津孚. "互联网思维"的"神话"之个性化与标准化问题 [J]. 当代经理人，2017(4).

人们欢迎个性化，是因为人们有不同的需求。个性化是尽可能满足个体不同需求的生产与服务模式。过去受制于生产工艺和成本的制约，大部分消费品还是通过标准化方式生产和销售的。进入 21 世纪，随着建立在信息化技术基础上的柔性生产线，以及建立在增量制造原理基础上的 3D 打印技术的出现，个性化制造触发了满足个性化需求的无限想象。目前 3D 打印技术已经成功应用于建筑模型、牙医、人工关节等领域。宝马集团旗下的 MINI 品牌推出了新型 3D 打印和激光切割服务，产品几乎"全部可以定制化"，车主可根据自己的需求改变组件的颜色、尺寸和光滑度，搭配最流行的装饰，对汽车的名称、标识或图案进行个性化定制。

1. 个性化将取代标准化的舆论导向

人们欢呼"生活需要个性化"，媒体以"个性化定制有望取代批量生产"为标题报道："BHC 金融资本总裁许浩认为，未来社会经济生产将会按照需求来进行生产和分配。企业将不再批量生产，而是以客户需求为中心来定制产品。"上海市政协副主席、上海市工商业联合会会长王新奎在"中国经济50人论坛（上海）研讨会"上提出类似观点：当前转型发展与现代服务业的趋势是，"第一：智慧密集化，第二：数字服务，第三：以终端平台上的服务制造融合。具体的发展路径首先提及的就是人工智能，也就是说制造过程的智能化，服务过程的数字化，诱发终端使用者创新，分散的小规模生产代替集中大规模生产"①。

2. 3D 打印技术应用提供的无限憧憬

增材制造（3D 打印）不同于传统减材制造对原材料进行去除、切削的方式，增材制造是将特定材料通过层层叠加的方式来构造物体，在生物医药、航空航天、建筑等多个领域都已经大显身手。有人认为，如果拥有一台 3D 打印机，将来小到精密的零件、饼干、模具、衣服，大到医疗器械、工业装备甚至汽车、火箭、建筑……都可以制造出来。难怪有人会说，在未来，一台 3D 打印机几乎可以创造一个世界②。

用钢铁、石膏等材质制造模具时，产品在大规模生产前还要多次打样和修改。而 3D 打印机直接从计算机图形数据中生成任何形状的零件，能较

---

① 制造业和服务业已是相互依存的关系 [EB/OL].（2012-03-24）[2020-12-20]. http://www.sina.com.cn.
② 3D 打印会有多少可能 [EB/OL].（2020-12-07）[2020-12-22]. https://news.sina.com.cn/c/2020-12-07/doc-iiznctke5154628.shtml.

精准地塑造复杂精细的造型；医疗器械、器官模型、可植入人体的仿生组织……3D打印擅长塑造各种细节的优势刚好满足了医学领域对各类模具的高标准需求；国内首家建筑3D打印展馆已在广东正式启用。从外观上看，这栋双层建筑和普通的房子并无不同，但实际上，整栋楼没用一砖一瓦，全是用可黏合混合材料打印而成。"3D打印可使建筑一次成型，节约建筑材料60%，同时建造过程中的工艺损耗也减少了。"中国建筑技术中心材料工程研究所所长助理霍亮表示，由于打印使用的是机械自动化操作，还能节省近一半的人力。

随着金属材质打印技术的突破，航空航天也成为3D打印最具前景的应用领域之一。不管是制造快速成型、单件定制的航天设备零部件，还是复杂结构件和大型异构件，3D打印都是理想的技术手段。在芯片这样高精尖设备的打印制造上，新材料的突破也会带来更多的打印成果。2020年11月，西湖大学的周南嘉团队成功设计出全新的3D打印功能材料，以新材料为突破，实现了微米级别的电子3D打印。这是目前国内最高精度的电子3D打印技术。

3D打印也很适合应用在文物复制和修护上。不久前，位于山西大同的云冈石窟被"搬"到了千里之外的浙江杭州。在浙江大学艺术与考古博物馆，全球首个可移动3D打印石窟——云冈石窟"音乐窟"原样再现了原洞窟的风采以及千余年来风化留下的细微痕迹。借助数字化采集，制造者对原洞窟进行了1∶1复制，用轻型材料打印出110块模型，再像搭积木一样组装成现在的复制石窟。

位于宁夏银川的世界首个万吨级铸造3D打印智能工厂的车间内，数台5米多高的白色铸造用砂芯3D打印机在智能流水线上有序工作。与传统的铸造车间相比，在这里无吊车、无模型、无重体力、无温差、无废砂及粉尘排放，铸件生产变得快速而简单——过去需要几个月才能制成的砂模，现在只需几个小时。

过去十年间，宝马通过3D打印工艺技术生产了100万个零部件。2018年一年，宝马集团3D打印生产中心的产量超过20万件，同比提升42%[①]。

与此同时，2018年有媒体报道，包括产品质量分级标准在内的4项增材制造的国家标准已经公布，最为急迫的设备标准正在制定中，未来几

[①] 过去十年间，宝马通过3D打印工艺技术生产了100万个零部件[EB/OL].（2020-12-13）[2020-12-20]. https://www.jiemian.com/article/5389580.html.

年我国3D打印行业将有更多标准陆续发布，已列入制定计划的就有300多项①。

案例（三）科技应用的伦理和政策问题

管理者需要拥抱先进科技，否则就不足以成就大事业。然而科学技术历来是一把双刃剑，它既可以帮助人类提高生产力，改善生产关系，增进企业和社会效益；也可以破坏生产力，导致或加剧社会矛盾，甚至毁坏人类的安全秩序和可持续发展的前途；例如，核能开发利用的巨大潜能与危害极大的核安全风险、自然资源开发利用的同时诱发生态破坏与气候变暖灾难、化学添加剂与药物的巨大价值与过度使用、信息技术的许可应用与个人隐私被商家滥用，都是矛盾的两个方面。此外，应用软件开发商以允许下载为交换条件，强行要求消费者提供"全部权限"，包括消费者位置、通讯录，读取乃至修改SIM卡的内容，让消费者缺乏安全感；有些商家甚至未经消费者允许，转让消费者隐私信息以获取不正当利益。

2019年1月3日消息，美国福布斯网站连续第七年发布新年应当关注的10项科学技术②，希望对非专家人士提供一个了解世界各地实验室的窗口。该网站特别提醒公众，这些科学技术目标涉及一些伦理和政策问题。科学技术自身并不具备"警察执法"职能，最新技术需要我们予以积极关注，同时当人们受到伤害时要承担责任。

2019年，新年十大科学技术列表包括一些你可能听说过的技术，例如5G，还有一些技术会让你大吃一惊。

第一，宠物克隆。费用为2.5万~5万美元，你可以选择克隆你的宠物狗或者宠物猫。然而，这并不能保证你能再次拥有一模一样的宠物。同时，动物爱好者们需要注意，孕育克隆体的宿主动物过着难以煎熬的生活。有人会对这项技术提出质疑：许多流浪狗、流浪猫无家可归，花费数万美元克隆宠物是否有必要？

第二，DIY神经黑客。家庭使用的神经刺激设备现已投入销售市场，目前DIY类型的神经刺激装置计划在互联网上随处可见。消费者希望采用微弱

---

① 300多项3D打印标准已列入制定计划［EB/OL］.（2018-05-10）［2020-12-20］. http：//www.xinhuanet.com/info/2018-05/10/c_137168699.htm.

② 2019年十大伦理道德科学技术：宠物克隆和自杀机器［EB/OL］.（2019-01-03）［2020-11-20］. https：//tech.sina.cn/d/bk/2019-01-03/detail-ihqhqcis2614544.d.html?from=wap.

电流刺激自己的大脑，从而有助于改善记忆力和注意力，但是我们还不知道神经刺激产生的长期效果。额外刺激的目的是对大脑提供超级动力，然而如果使用不当，这将是一个潜在的"灾难配方"。我们是否应该采取某种监管措施，或者我们应该随意放任，让人们随心所欲地做自己想做的事情？那么，为了提高孩子学习成绩而采用这种设备的父母呢？

第三，行为生物识别。忘记传统的 PINs 码和密码，更多的研究机构目前开始使用手眼协调装置，你使用该设备的角度、手指压力、颤抖、导航模式以及其他手部动作，均可作为你是否真实登录某个 App 应用程序的"密码"。我们希望不被黑客攻击，但是我们也要考虑这些信息如何被收集、存储和使用，我们是否有权知道我们的行为特征是什么样的？我们是否必须起诉才能获得这些信息呢？

第四，5G 技术。5G 技术正在研发之中，但是还没有真正到来，尽管 AT&T 等公司做出了错误承诺，5G 技术的最高速度可达每秒 1 千兆比特，它的通信方式将改变我们的世界。但是，5G 技术也是一项庞大、费用高昂的基础设施工程，需要新的监管框架体系。为了利用新的网络，相关通信设备必须被替换，这将增加我们产生电子垃圾的数量。随着数字通信设备的差异加大，一些偏远农村地区使用的较慢 Wi-Fi 已远远落后于当前通信技术，更重要的是，它需要大量的能源运营，远远超过我们通过可再生能源生产能源的能力。如果无法阻止 5G 技术的到来，我们应该做些什么准备工作呢？

第五，儿童数据信息。在父母面前孩子的个人数据没有任何隐私可言，这就是为什么父母是孩子隐私最大侵犯者的原因，目前专家对该现象十分担忧。脸书上的胎儿超声波照片和产房直播照片，意味着在孩子们出生时就产生了数字痕迹。由于任何数据信息都有可能被黑客恶意窃取，一些不法分子会利用孩子和家人的照片向其亲属勒索钱财。美国联邦调查局近期甚至警告，黑客已经从数千所学校窃取学术和行为数据，孩子们在学校存在着危险。这些数据信息对于他们未来的成长意味着什么呢？

第六，"昆虫联盟计划"。美国国防部高级研究计划署（DARPA）的军事研究总能让人们感到恐慌，该机构进行着世界上最奇怪、最尖端的科学研究，虽然它是为国家安全而设计的，但是经常会引发很多伦理道理问题。DARPA 的"昆虫联盟计划"已经存在了一段时间，但是近期获得了更多的关注。他们的目标是培育出能够将病毒传播给植物的转基因昆虫，这些病毒将新的基因传递给植物，使它们对气候变化和人类活动影响具有很强的抵抗力。但是该计划具有很大的副作用，容易毁灭庄稼，破坏数百万人赖以生存的粮食生产。这是一种生化武器吗？它会激励其他国家发展国防技术吗？

第七，"人行道实验室"。如果你真想知道公众如何评论创新技术，那么你可以看一看加拿大多伦多市，这座城市的市民正在期待着一个新项目，在叫做"码头区"（quayside）的一处未开发土地上建立一座超级高效城市。"人行道实验室"公司是科技巨头 Alphabet 的子公司，而 Alphabet 是谷歌公司的母公司，这家公司希望通过网络互联的传感器监控城市交通、行人、天气、污染、建筑占用率和污水处理。但是这些传感器将跟踪人们及其他们所做的一切，努力创建尽可能智能的城市，如果没有需要访问这些数据的第三方实体的帮助，这是不可能实现的。如果"人行道实验室"需要获得多伦多市民的支持，就必须回答一些问题，例如：数据去向，以及他们计划如何弥补这些数据对人类或者环境造成的损害。

第八，自动翻译。微软等公司当前正在试图开发能够实时翻译人类语言的人工智能翻译系统。事实上，语言是非常复杂的，人工智能翻译系统很难翻译不同语言里的俚语和习惯用语。但是自动翻译系统并非没有用，我们必须不断地完善此项技术。尽管当前自动翻译系统不断地升级发展，为人们的生活带来了便利，但是你是否愿意将自己的生活交给自动翻译语言的电脑？这一点值得我们深思。

第九，"播种实验"。当然，制药公司及其附属研究人员永远都不会承认自己参与了播种实验，它们已成为一种常见的营销策略，能够让医生熟悉新型药物和药物潜在的标签外用途。制药公司聘请医师对新型药物和医疗设备进行小范围研究，之后发布结果。当研究人员获得制药公司的酬金时，这已经形成一种利益冲突，毕竟这是一种小范围的实验。但是医生们仍坚持认为其研究是成功的，并鼓励其他医疗人员对患者进行临床试验，这将引发诸多问题。虽然该现象不是很好的科学技术，但却是一种很好的营销策略。

第十，"Sarco"自杀机器。我们不要将"Sarco"自杀机器与正在全球范围进行的"权利死亡运动"混淆在一起，因为"Sarco"自杀机器产生的问题具有一个全新高度。该机器是 2018 年澳大利亚安乐死倡导者菲利普·尼奇克（Philip Nitschke）发明并展示的，他计划 2019 年出售自杀机器的 3D 打印电路图，从而改变我们的死亡方式。虽然你可以自行下载打印，但你必须进行在线测试问答，从而确定你是否适合做出自杀决定。如果在线测试问答顺利通过，尼奇克将发送给你一个密码，让你在 24 小时之内激活自杀机器。一旦自杀机器被激活，氮气就会流入机器，你会晕过去之后毫无痛苦地窒息死亡。

整个过程是无痛的，自杀机器主要面向 50 岁以上人群，不管他们是否患病。尼奇克坚持认为，任何一个活了 50 多岁的人如果想要死亡，都应该自己做出决定。然而，一些人认为"Sarco"自杀机器是诱导健康人群选择自杀的骗人把戏。

虽然这些科学技术非常有趣，有时也令人感到不安，但是它们的目的是提出一个更重要的问题，即我们有权控制什么（也就是说，我们是否有能力去控制如此复杂的事情）。人们很容易被一些似乎已经失控的科学技术搞得疲惫不堪，但关键不是要压倒它们，而是更好地利用它们，赋予它们力量。如果我们能在事情偏离主题之前，花一些时间考虑一下道德伦理问题，我们距离控制自己的命运就更近一步了。

令人欣慰的是，许多科学家、企业家已经行动起来。例如，在全球药商都在为抢占抗病毒疫苗市场激烈竞争之际，2020 年 9 月初，美国 9 位重量级高管共同签署了在新冠疫苗研发中坚持以接种人的安全和健康为第一要务的历史性誓言①。

---

① 九位首席执行官签署在新冠疫苗研发中坚持以接种人的安全和健康为第一要务的历史性誓言[EB/OL]. (2020-09-08) [2020-12-20]. https://www.sohu.com/a/417129198_456042.

第6章 以人为本

一、教学目标、理论概要、思考与讨论

（一）教学目标

1. 牢固树立以人为本的经营理念，深刻理解以人为本的本质及管理要求。
2. 理解企业贯彻以人权为本的基本要求，了解当今企业管理中违背以人为本理念的常见问题及其后果。
3. 准确理解人才的概念，掌握以人才为本的管理要求。
4. 理解企业文化的形成机制，以及企业文化建设和变革的主要困难和基本策略。

（二）理论概要

以人为本是近现代提出来的管理理念，它是对以神为本、以君王为本、以物（钱）为本的扬弃，也是对古代"君，舟也；人，水也；水能载舟亦能覆舟"的治国理念，以及近现代行为科学强调要把调动人的积极性作为管理永恒课题的理论的必要补充。以人为本的完整理念包括：一切事业都要从满足贡献者合理需求、改善人类生存发展条件出发，一切事业都要依靠发挥人的积极性和创造性去实现。从管理实践角度，包含以人权为本[①]、以人才为本、以人文为本三方面内容（见表6-1）。

[①] 1948年12月10日在巴黎召开的联合国大会上（中国以常任理事国身份参加），颁布的《世界人权宣言》第一条宣告"人人生而自由，在尊严和权利上一律平等"。中华人民共和国1971年恢复联合国合法席位后，于1981年在联合国经社理事会组织会议上当选为人权委员会成员国。自1982年起中国正式担任人权委员会成员国并一直连选连任。

表 6-1　以人为本管理准则及常见的问题

准则	内容	常见问题
以人权为本	就业权利、自由择业、失业保障；合理报酬、公平待遇；安全及健康保障；人格尊重、隐私保护；依法监督与批评上级；组织维护合法权益	种族、性别、年龄、外貌、家庭及教育背景歧视；不合格、不安全的工作环境；超负荷的工作任务，超长时间加班，过低或者不能及时支付报酬及社会保障费用；对下属傲慢、性侵；侵犯隐私权、个人知识产权；对批评者打击报复
以人才为本	将人才开发列入投资项目，实施必要的培训及职业生涯规划，重视人才储备；建立人才发现机制，建立人才资产账目；尊重人才，合理安排、恰当授权；论功行赏，知识产权制度设计	将人才开发作为成本项目严格控制；过于频繁的人员流动；重视物质资产胜于人才资产；论资排辈，嫉贤妒能，压抑年轻人才；不是举贤任能，而是学历至上、论文至上，或者凭关系用人；干预过多，人才缺乏创新空间；利益分配上的平均主义
以人文为本	将企业文化建设列入企业发展战略；明确企业价值观，在招聘和用人方面体现文化认同；制定具体的行为守则，宣传教育和制度引导相结合，严格要求，贯彻始终；管理者身体力行，创造良好的文化熏陶环境	将企业文化建设仅仅归于宣传教育工作，口号胜于行动，缺乏具体的行为指导与制度约束，管理者自由放任，企业文化建设形式主义严重；下不为例，虎头蛇尾盛行，无法形成员工的文化自觉

（三）思考与讨论

1. 为什么在企业管理中也要强调"人权"？请比较我国倡导的社会主义核心价值观与联合国人权宣言的内容，找出共同点与差异点，掌握企业贯彻以人为本理念的基本要求。

2. 目前你们企业中有多少人才？谁是人才？"人才是指具有一定的专业知识或专门技能，进行创造性劳动并对社会做出贡献的人，是人力资源中能力和素质较高的劳动者。"① 你是否同意这种说法？这样的定义会给实践带来什么样的问题？

---

① 摘录自：国家中长期人才发展规划纲要（2010—2020 年）[EB/OL]．（2013-01-25）[2020-12-20]．http：//cpc.people.com.cn/n/2013/0625/c244802-20328041-2.html.

3. 海底捞的管理模式是否体现了以人为本的理念？海底捞的模式是否具有普遍的推广价值？为什么？

4. 你对一些企业对员工的"996"要求怎么看？它与以人为本的理念是否有冲突？

5. 根据本章提供的阅读资料及案例，理解企业文化的含义、功能以及建设途径。

6. 你觉得企业管理中最难管的对象是人吗？全球最大的代工企业富士康曾决定购置100万个机器人以解决用人的各种麻烦。在智能制造、机器人时代，是否还要以人为本？美国人力资源管理权威戴维·尤里奇在论述人才管理的新趋势时曾断言："人才管理不再只是以人为本，而是业务优先。"你同意这种说法吗？你认为富士康能不能回避人的管理？

二、精读文选

文选（一）世界人权宣言[①]

世界人权宣言

序言

鉴于对人类家庭所有成员的固有尊严及其平等的和不移的权利的承认，乃是世界自由、正义与和平的基础。

鉴于对人权的无视和侮蔑已发展为野蛮暴行，这些暴行玷污了人类的良心，而一个人人享有言论和信仰自由并免予恐惧和匮乏的世界的来临，已被宣布为普通公民的最高愿望，

鉴于为使人类不致迫不得已铤而走险对暴政和压迫进行反叛，有必要使人权受法治的保护，

鉴于有必要促进各国间友好关系的发展，

鉴于各联合国国家的人民已在联合国宪章中重申他们对基本人权、人格尊严和价值以及男女平等权利的信念，并决心促成较大自由中的社会进步和

[①] 1948年12月10日，在巴黎开会的联合国大会以第217A（Ⅲ）号决议通过了《世界人权宣言》。中华人民共和国1971年恢复联合国合法席位后，1981年在联合国经社理事会组织会议上当选为人权委员会成员国。自1982年起，中国正式担任人权委员会成员国并一直连选连任。该文转载搜狗百科：https://baike.sogou.com/v426103.htm? fromTitle=世界人权宣言．

生活水平的改善。

鉴于各会员国业已誓愿同联合国合作以促进对人权和基本自由的普遍尊重和遵行，

鉴于对这些权利和自由的普遍了解对于这个誓愿的充分实现具有很大的重要性，

因此现在，大会，发布这一世界人权宣言，作为所有人民和所有国家努力实现的共同标准，以期每一个人和社会机构经常铭念本宣言，努力通过教诲和教育促进对权利和自由的尊重，并通过国家的和国际的渐进措施，使这些权利和自由在各会员国本身人民及在其管辖下领土的人民中得到普遍和有效的承认和遵行；

第一条 人人生而自由，在尊严和权利上一律平等。他们富有理性和良心，并应以兄弟关系的精神相对待。

第二条 人人有资格享受本宣言所载的一切权利和自由，不分种族、肤色、性别、语言、宗教、政治或其他见解、国籍或社会出身、财产、出生或其他身份等任何区别。并且不得因一人所属的国家或领土的政治的、行政的或者国际的地位之不同而有所区别，无论该领土是独立领土、托管领土、非自治领土或者处于其他任何主权受限制的情况之下。

第三条 人人有权享有生命、自由和人身安全。

第四条 任何人不得使为奴隶或奴役；一切形式的奴隶制度和奴隶买卖，均应予以禁止。

第五条 任何人不得加以酷刑，或施以残忍的、不人道的或侮辱性的待遇或刑罚。

第六条 人人在任何地方有权被承认在法律前的人格。

第七条 法律之前人人平等，并有权享受法律的平等保护，不受任何歧视。人人有权享受平等保护，以免受违反本宣言的任何歧视行为以及煽动这种歧视的任何行为之害。

第八条 任何人当宪法或法律所赋予他的基本权利遭受侵害时，有权由合格的国家法庭对这种侵害行为作有效的补救。

第九条 任何人不得加以任意逮捕、拘禁或放逐。

第十条 人人完全平等地有权由一个独立而无偏倚的法庭进行公正的和公开的审讯，以确定他的权利和义务并判定对他提出的任何刑事指控。

第十一条 （一）凡受刑事控告者，在未经获得辩护上所需的一切保证的公开审判而依法证实有罪以前，有权被视为无罪。

(二) 任何人的任何行为或不行为，在其发生时依国家法或国际法均不构成刑事罪者，不得被判为犯有刑事罪。刑罚不得重于犯罪时适用的法律规定。

第十二条 任何人的私生活、家庭、住宅和通信不得任意干涉，他的荣誉和名誉不得加以攻击。人人有权享受法律保护，以免受这种干涉或攻击。

第十三条 (一) 人人在各国境内有权自由迁徙和居住。

(二) 人人有权离开任何国家，包括其本国在内，并有权返回他的国家。

第十四条 (一) 人人有权在其他国家寻求和享受庇护以避免迫害。

(二) 在真正由于非政治性的罪行或违背联合国的宗旨和原则的行为而被起诉的情况下，不得援用此种权利。

第十五条 (一) 人人有权享有国籍。

(二) 任何人的国籍不得任意剥夺，亦不得否认其改变国籍的权利。

第十六条 (一) 成年男女，不受种族、国籍或宗教的任何限制，有权婚嫁和成立家庭。他们在婚姻方面，在结婚期间和在解除婚约时，应有平等的权利。

(二) 只有经男女双方的自由和完全的同意，才能缔婚。

(三) 家庭是天然的和基本的社会单元，并应受社会和国家的保护。

第十七条 (一) 人人得有单独的财产所有权以及同他人合有的所有权。

(二) 任何人的财产不得任意剥夺。

第十八条 人人有思想、良心和宗教自由的权利；此项权利包括改变他的宗教或信仰的自由，以及单独或集体、公开或秘密地以教义、实践、礼拜和戒律表示他的宗教或信仰的自由。

第十九条 人人有权享有主张和发表意见的自由，此项权利包括持有主张而不受干涉的自由，和通过任何媒介和不论国界寻求、接受和传递消息和思想的自由。

第二十条 (一) 人人有权享有和平集会和结社的自由。

(二) 任何人不得迫使隶属于某一团体。

第二十一条 (一) 人人有直接或通过自由选择的代表参与治理本国的权利。

(二) 人人有平等机会参加本国公务的权利。

(三) 人民的意志是政府权力的基础；这一意志应以定期的和真正的选举予以表现，而选举应依据普遍和平等的投票权，并以不记名投票或相当的自由投票程序进行。

第二十二条 每个人，作为社会的一员，有权享受社会保障，并有权享受他的个人尊严和人格的自由发展所必需的经济、社会和文化方面各种权利的实现,这种实现是通过国家努力和国际合作并依照各国的组织和资源情况。

第二十三条 (一) 人人有权工作、自由选择职业、享受公正和合适的工作条件并享受免于失业的保障。

(二) 人人有同工同酬的权利,不受任何歧视。

(三) 每一个工作的人,有权享受公正和合适的报酬,保证使他本人和家属有一个符合人的尊严的生活条件,必要时并辅以其他方式的社会保障。

(四) 人人有为维护其利益而组织和参加工会的权利。

第二十四条 人人有享受休息和闲暇的权利,包括工作时间有合理限制和定期给薪休假的权利。

第二十五条 (一) 人人有权享受为维持他本人和家属的健康和福利所需的生活水准,包括食物、衣着、住房、医疗和必要的社会服务;在遭到失业、疾病、残废、守寡、衰老或在其他不能控制的情况下丧失谋生能力时,有权享受保障。

(二) 母亲和儿童有权享受特别照顾和协助。一切儿童,无论婚生或非婚生,都应享受同样的社会保护。

第二十六条 (一) 人人都有受教育的权利,教育应当免费,至少在初级和基本阶段应如此。初级教育应属义务性质。技术和职业教育应普遍设立。高等教育应根据成绩而对一切人平等开放。

(二) 教育的目的在于充分发展人的个性并加强对人权和基本自由的尊重。教育应促进各国、各种族或各宗教集团的了解、容忍和友谊,并应促进联合国维护和平的各项活动。

(三) 父母对其子女所应受的教育的种类,有优先选择的权利。

第二十七条 (一) 人人有权自由参加社会的文化生活,享受艺术,并分享科学进步及其产生的福利。

(二) 人人对由于他所创作的任何科学、文学或艺术作品而产生的精神的和物质的利益,有享受保护的权利。

第二十八条 人人有权要求一种社会的和国际的秩序,在这种秩序中,本宣言所载的权利和自由能获得充分实现。

第二十九条 (一) 人人对社会负有义务,因为只有在社会中他的个性才可能得到自由和充分的发展。

(二) 人人在行使他的权利和自由时,只受法律所确定的限制,确定此种限制的唯一目的在于保证对旁人的权利和自由给予应有的承认和尊重，并在一个民主的社会中适应道德、公共秩序和普遍福利的正当需要。

（三）这些权利和自由的行使，无论在任何情形下均不得违背联合国的宗旨和原则。

第三十条 本宣言的任何条文，不得解释为默许任何国家、集团或个人有权进行任何旨在破坏本宣言所载的任何权利和自由的活动或行为。

文选（二）楚汉之争项羽败于刘邦的用人之道[①]

中国历史上关于楚汉相争中，关于为什么出身低微、缺乏社会资本的刘邦战胜了家世显赫、武功盖世的项羽，有许多论述，其中项羽不善用人已形成共识。然而史料记载，"项王见人恭敬慈爱，言语呕呕，人有疾病，涕泣分食饮"。似乎项明在态度上对待部下还是不错的，按理说，作为部下必然会心悦诚服、随其征战，为何最终败于刘邦？有专家分析认为有以下原因。

1. 项羽疑心太重，容不下旁人

用人的一个要领是用人不疑、疑人不用，然而很多知名的帝王都是疑心病患者，其中包括楚霸王项羽。

史料记载，范增是项羽最得力的谋士，相当于参谋长，差一点要了刘邦命的"鸿门宴"就是范增设计的。公元前203年，刘邦被项羽困在荥阳，被逼得上天无路入地无门，如果围困时间拉长，刘邦的粮草供应不足，后果不堪设想。随即陈平给刘邦献计，剪除项羽的左膀右臂。陈平暗暗派人到楚军散布谣言，说范增有私心，打算背叛项羽。项羽开始尚半信半疑，为了查实，他派一名使者到汉军打探消息。使者到了刘邦大营，刘邦摆下酒宴，桌上大鱼大肉，准备盛情款待。使者刚拿起筷子，刘邦问道："亚父（项羽对范增的尊称）有什么吩咐？"使者一脸狐疑："我是项王派来的，不是亚父。"刘邦脸色一黑："我还以为是亚父派来的，原来不是啊！"随后刘邦命人撤掉大鱼大肉，换成了萝卜咸菜，使者愤愤回到楚营，将所见通通告诉了项羽，还添油加醋一番，项羽闻听此言，认定范增叛变了，从此开始疏远并防备范增。忠心耿耿辅佐项羽屡建奇功的范增非常失望，一怒之下打了辞职报告，要求退休回家，项羽不念旧情即刻批复同意。范增未料有此结果，因急火攻心在回家的路上犯了毒疮，不久撒手人寰。项羽从

[①] 参见：九鱼亭. 对人恭敬亲手给部下端饭，为何人才都跑到刘邦那里去了？[EB/OL]. (2020-11-03) [2020-12-05]. http://blog.sina.com.cn/s/blog_72ebcf920102zbbi.html.

此再无顶级智囊。

2. 项羽不愿放权，刘邦敢于放权

史料记载："至使人有功当封爵者，印刓敝，忍不能予，此所谓妇人之仁也。"在秦末乱世，想讨口饭吃，从军是个不错的选择，韩信为了心中的抱负，也为了能吃口饱饭，就投奔项梁，项梁死后，韩信就划归了项羽麾下。

韩信身负大才，在楚军大营，韩信曾多次向项羽出谋划策，但项羽根本不听，只是让韩信做了看门的杂役，其宏大抱负无法达成，于是去投奔刘邦。一开始韩信没有得到刘邦重用，心情不好，差一点因违反军纪被斩首，监斩汉将夏侯婴听韩信所说不凡、相貌威武而下令释放。后来，萧何与其多次讨论军国大事，发现韩为难得人才，于是竭力向刘邦举荐，在确认萧何的话之后，刘邦将韩信直接封为大将军，总揽兵权。韩信曾对刘邦感慨道，项羽这个人，对属下态度不错，但不喜封官许愿，刻好的大印，被项羽摸得棱角都没有了，也不想给旁人，可见项羽对权力吝啬到了什么程度。在得到了刘邦的重用之后，韩信充分发挥其军事才能，帮助刘邦东出汉中，平定中原。

3. 项羽吝啬封赏，刘邦大肆封赏

起初，项羽的声望远超刘邦，于是投奔项羽的人才很多，著名的谋略家陈平也是其中一个。公元前205年，项羽因某事不顺迁怒于陈平，才华横溢、本应封侯拜相的陈平，在项羽这里却成了受气包。因为害怕被杀，陈平就逃出了军营，投奔了刘邦。刚到刘邦军中，陈平就被任命为监护军队的都尉。刘邦军中有人不服，就说陈平盗嫂、受贿之类的坏话。面对刘邦的疑问，陈平坦诚相见："我之所以投奔大王，是听说大王重用人才，而项羽除了妻子兄弟根本不信任旁人。我空手而来，不收财物，那就没有开销。如果大王采用我的谋略，我就继续效力；如果大王不信任我，我可以退回金钱，请让我辞职回家。"刘邦听闻一席话，打消了疑虑，并向陈平道歉，封陈平为护军都尉，赏赐他大量财物。刘邦的大度和知人善任，与项羽的心胸狭隘、小肚鸡肠形成鲜明对比，可见刘邦取得天下，绝非偶然。

后人总结道，刘邦在谋略方面比不上张良、陈平；在打仗方面比不上韩信、彭越；在治理国家上不及萧何。然而，刘邦能够最大限度地使用人才，知道把手下的人才放在最合适的位置。刘邦的用人之道，其精妙之处包括：不拘一格、不计前嫌、知人善任、坦诚相待、用人不疑、论功行赏。

文选（三） 埃森哲研究指出企业创新活力来自人性而非狼性①

埃森哲 2019 年发表的一项调查研究显示，工作场所的平等和多元文化是创新和增长的核心动力。在平等文化中，支持创新思维的最强因素与赋予员工权力相关，如提供相关技能培训、灵活的工作安排以及尊重工作与生活的平衡。

埃森哲在其研究报告《走向平等 2019 年》中表示，对于拥有强大的平等文化的员工来说，创新力几乎要高出近五倍，员工个人发展也比缺乏平等文化的公司同行更好。埃森哲表示，员工是直接受益者；它预测，授权员工进行创新可以将全球国内生产总值（GDP）提高 8 万亿美元。

埃森哲北美首席执行官朱莉·斯威特在一份声明中表示，"在这个颠覆性的时代，企业需要通过持续创新来获得持续发展的动力，我们的研究提供了创建平等文化的路线图，这对于释放创新、竞争力和增长至关重要"。

根据这项研究，全球绝大多数高管达成共识：95%的人认为创新对竞争力至关重要。但是，组织必须缩小研究人员与其他员工之间的差距。

虽然 76%的全球高管表示他们授权员工进行创新，但只有 39%的美国员工认可这一点。

在激发员工创新的动力方面，高管们似乎高估了财务奖励，低估了目的和目标。

埃森哲的这项研究基于对 27 个国家 18 000 多名男性和女性的调查，其中包括 1 400 名美国员工；报告还对 8 个国家 150 多名 C 级别管理人员进行了调查。以埃森哲 2018 年的研究为基础，该研究确定了 40 个有助于实现平等文化的工作场所因素，将它们分为三个可操作的类别：大胆的领导力，全面的行动和赋权的环境。

研究表明，赋权的环境是推动创新思维的三种平等文化类别中最重要的一种，它包括六个要素：目的，自治，资源，灵感，协作和实验。越多人认为他们在有权力的环境中工作，他们的创新思维模式得分就越高。例如，在强大的平等文化中，美国员工表示没有任何东西可以阻止他们创新（44%对 6%）。

多样性是创新的关键组成部分；而平等文化则是帮助公司实现目标的必

---

① 为什么说 996 "反动"？埃森哲指出企业创新活力来自人性而非狼性 [EB/OL]. (2019-04-23) [2020-08-05]. https://www.ctocio.com/ccnews/28867.html.

要条件。该报告指出,虽然单独的多样性因素(例如,多元化的领导团队和性别平衡的劳动力)的影响是巨大的,但与平等文化相结合后威力更加惊人,例如,美国公司的创新思维能力是平均水准的8倍。

埃森哲的研究发现,创新的劳动力也意味着巨大的经济价值潜力。在快速增长的经济体和劳动生产率高的国家,创新思维更加强大。机会是巨大的:根据埃森哲的估计,如果所有国家的创新思维率提高10%,全球国内生产总值将在10年内增加8万亿美元。

埃森哲首席领导和人力资源官在一份声明中说:"加速工作场所的平等对于推动创新从未如此重要。……如果人们获得归属感,并且他们的雇主因其独特的贡献、观点和处境而受到重视,他们就更有可能进步并激发其创新能力。"

文选(四) 海底捞及其企业文化①

创办于1994年的海底捞,是一家以经营川味火锅为主、融汇各地火锅特色为一体的大型直营餐饮品牌,2018年9月27日在港交所上市;目前在国内已入驻180个城市,并进入新加坡、美国、加拿大、日本、韩国等国际市场。在北京、上海、西安、郑州设立大型物流配送基地,按"采购规模化,生产机械化,仓储标准化,配送现代化"要求建立集采购、加工、仓储、配送于一体的大型物流供应体系,生产基地坚持"绿色,无公害,一次性"的选料和底料熬制原则,严把原料关、配料关,其产品已通过HACCP认证、QS认证和ISO国际质量管理体系认证。2021年1月21日,胡润研究院发布2020胡润品牌榜,海底捞以585亿元人民币品牌价值排名第38位。

海底捞官网上宣称:海底捞始终秉承"服务至上、顾客至上"的理念,以创新为核心,改变传统的标准化、单一化的服务,提倡个性化的特色服务,将用心服务作为基本理念,致力于为顾客提供"贴心、温心、舒心"的服务;在管理上,倡导双手改变命运的价值观,为员工创建公平公正的工作环境,实施人性化和亲情化的管理模式,提升员工价值。

以下是食客体验及海底捞文化特色相关媒体报道:

被迎入暗色调的海底捞餐厅后,迎面而来的每一位服务员都会微笑着对你说"欢迎光临",并一再让你当心脚下的台阶。你一入座,就有人递上围裙并给椅背上搭的衣服罩上罩子,贴心地为戴眼镜的顾客递上擦镜布、为长头发的女性顾客递上扎头发的牛皮筋。如果不幸遇上了高峰期,一时没有空座

---

① 参见:黄津孚.现代企业管理原理[M].北京:清华大学出版社,2017:126-127.

位，免费的美甲、擦皮鞋、上网服务可以让你舒舒服服地打发等待时间。在洗手间，有两名服务员"伺候"客人洗手，为你递上热毛巾和护手霜。跟孕妇朋友去海底捞吃饭，刚坐下来，服务员就搬来舒服的沙发椅。有客人在海底捞吃完饭，要赶火车却打不到车；结果海底捞的店长把自己的车开出来送他上车站。在2003年"非典"期间，海底捞承诺提供火锅上门服务，于是订餐电话响个不停。为了送货方便，他们将传统的煤气罐更换为轻便的电磁炉。前一天送餐，第二天再去取回设备。

海底捞一家普通的门店，200个客人里据说有150个是回头客。2009年海底捞实现营业收入9亿多元。

海底捞的创业者及"当家人"张勇的经营理念是：只要顾客满意了，员工满意了，利润不是问题。因而海底捞对每个分店的考核指标只注重顾客满意度和员工满意度两项。张勇认为，在做到高顾客满意度和员工满意度的前提下，利润就只跟大环境的好坏、店址等因素相关，而这些因素，是店长没法控制或影响的，因而考核店长利润是不合理的。

为了使顾客和员工满意，海底捞公司实施了不同于传统的管理模式。

为了营造大家庭的氛围，海底捞几乎所有的员工都来自农村，并鼓励员工介绍自己的亲人、朋友到海底捞工作，但没有人是老板的亲戚，或者其他关系户。海底捞注意选拔培育有感恩之心的员工。每个新入职员工都会安排一个具有特别资质（比如年资长、表现佳、与企业文化协调性良好）的员工当"传帮带"的师傅，实现公司文化的传递。在提拔某个人到重要岗位时，张勇往往会亲自到员工家里做家访，以确定该员工是不是真的符合企业所需要的特质。

海底捞设置了管理、技术和后勤三个晋升体系，让员工有充分的发展空间。管理者和重要岗位人员坚持内部选拔，拒绝空降兵（财务和工程岗位除外），而且都必须从底层做起，从为客户直接服务做起。

海底捞对员工高度信任。区域经理有百万元以上的自主权。普通员工能够根据情况判断，自主决定是不是可以给客人免费送一些小菜，甚至于对不满意的客人免单，以避免因向上请示而耽误，引发顾客抱怨。

在麦当劳、肯德基，所有的工作流程都是有据可查的，他们认为只有这样才能为顾客提供保质的服务；海底捞的制度流程尽量不用文件传达，而是由带班班长或店长开会传达并展开讨论，对每项新制度、新措施的精神和理念剖析清楚，让底层员工明白新制度实施的原因和必要性。

海底捞的激励重在奖励和关怀。公司几乎每个月都要给员工发四五次奖，有时候是一顿免费火锅；有时候是一天假期；有时候则发放现金。为了激励这些来自农村员工的工作积极性，海底捞还有一个传统，将员工奖金中的部分直接寄给他们的父母亲人。虽然普通服务员每月只有400元到500元，店长800元，但这让员工的家人也分享到了这份荣耀。海底捞还给所有的员工租了员工宿舍，离店距离步行不会超过20分钟，而且聘请清洁工帮员工打扫宿舍卫生。

海底捞鼓励员工创新，提出改进建议。公司按惯例会定期总结、讨论近期内服务客户满意度情况，找出不足和差距，提出改进措施。有些改进措施好的，会在全公司推广，该推广的方法会以提出该建议的员工的名字来命名。

中国餐饮业的平均员工流动率为28.6%，但是海底捞的流动率仅在10%左右。

三、管理案例

案例（一）关于"996"的争论[①]

2016年10月，互联网公司58同城被曝出实行全员"996"工作制度，公司也因此受到员工声讨。所谓"996"工作制，是指工作时间从早9点到晚9点，一周上6天班，且没有补贴或者加班费，也不允许请假。此后，58同城回应称，所谓"996"只是常规性动员，并非强制性要求，其目的是应对9月、10月业务量较大的工作需求。

2019年1月下旬，一家名为"杭州有赞科技"的公司宣布将实行"996"工作制，即每天早9点半到岗，一直工作到晚上9点。遇到紧急项目时，每周工作6天，每天工作时间可能更久。除了要求员工每天工作10多个小时外，有参与年会者还爆料，该公司高管发言时曾提出如果无法将工作和家庭

[①] 主编主要根据以下公开资料摘编：996工作制 [EB/OL]. (2019-01-13) [2020-08-20]. https://baike.baidu.com/item/996%E5%B7%A5%E4%BD%9C%E5%88%B6/19940031；996 ICU 背后的古怪和老套 [EB/OL]. (2019-04-09) [2020-08-21]. www.ftchinese.com；纸盒小卡车，为什么"996加班"成为互联网企业的主流选择？[EB/OL]. (2019-04-03) [2020-08-21]. http://www.woshipm.com/chuangye/2171076.html；"过劳模"：中国式疲惫背后的掠夺性开采 [EB/OL]. (2007-04-03) [2020-08-21]. http://www.chinahrd.net/zhi_sk/jt_page.asp?articleid=125522；调查显示九成外企员工成过劳者 5%可能过劳死 [EB/OL]. (2007-05-08) [2020-08-21]. http://news.sohu.com/20070508/n249887767.shtml.

妥善平衡，可以选择离婚；在此之前，来自济南浪潮集团内部的"奋进者申请书"要求员工，必须每周自愿工作6天，每天工作12小时，自愿放弃所有带薪年假，自愿进行非指令性加班。不仅如此，"奋进者"还要在春节、国庆等节假日无条件加班，随叫随到。

2019年3月27日，一个名为"996ICU"的项目在GitHub上传开。程序员们揭露"996ICU"互联网公司，抵制互联网公司的"996"工作制度。"996ICU"的发起人呼吁程序员们揭露实行超长工作制度的公司，将它们写在"996公司名单"中。在一周之内，华为、阿里巴巴、蚂蚁金服、京东、58同城、苏宁、拼多多……一个个互联网头部公司先后上榜。这个名单还在不断加长，多益网络、马上金融、游族等中小公司的名字也陆续出现。2019年12月2日，国家语言资源监测与研究中心发布了"2019年度十大网络用语"，"996"位列其中。

2019年4月11日，人民日报针对"996工作制"发表评论员文章《强制加班不应成为企业文化》，正式代表官方表态。

关于"996"工作制度，一度引起了社会的热议。舆论主流是反对将加班加点制度化，认为它违背现行劳动法，可能影响员工健康，加剧劳动者的过劳疾病乃至死亡，是历史的倒退，也未必能够有效提高劳动生产率。泰勒在美国倡导科学管理的社会实践中已经证明了这一点；埃森哲不久前发表的研究报告指出，企业创新活力来自人性而非狼性。

有媒体爆料，日本最近开展了一项关于年轻员工心理疾病的调查，调查的目的是揭示患抑郁症等心理疾病的员工年龄结构及其原因。调查结果显示，20~30岁的年轻人心理疾病的比例在最近3年迅速升高，达到了27.9%，30~40岁占32.6%，40~50岁的人占35.8%。年轻人比例逼近乃至超过中年人，工作及学习压力大是主要原因[1]；虽然很多美国企业早就为员工提供了员工援助计划（EAP），作为员工医保的第一道防线，但是EAP的使用率普遍不足，美国人每年在治疗焦虑、抑郁和压力等心理疾病上的支出高达2 010亿美元，成了美国耗费最高的疾病之一[2]。"过劳"似乎也成为中国职场的常态。过度加班是导致过劳死的首要原因。有资料显示，巨大的工作压力导致

---

[1] 日本年轻心理疾病员工增多 工作压力大是主因 [EB/OL]. (2018-03-22) [2020-08-21]. https://news.99.com.cn/xinli/20180322/732778.htm.

[2] Suzanne F. Delbanco. 员工心理健康，企业不可不重视 [EB/OL]. (2018-04-12) [2020-08-20]. http://www.fortunechina.com/management/c/2018-04/12/content_305047.htm.

我国每年"过劳死"的人数达60万人,已超越日本成为"过劳死"第一大国①。

考察一下历史,工人阶级为了反抗资本家的超长时间劳动压榨而长期斗争,包括罢工和怠工。"8小时工作制"是由企业家亨利·福特在差不多100年前率先在全美主动实行的。当时为了打败竞争对手、满足流水线标准化生产的要求,在直接开出两倍薪水抢熟练工人的同时,福特为了劝说工人们不要加班换取加班费,经常在工人面前发表演讲,要求工人们"有时间多陪陪老婆孩子,做个称职的丈夫和父亲"。这些划时代的管理变革极大地提高了汽车工人的劳动生产率。

但是,有些业内人士表示,应该对"996"工作制予以宽容和理解。例如,有人提供了这么一个案例:一家号称"永不加班"的公司的倒闭。

很多年前,几位广告人有感于广告圈"恶性加班"的现状,合伙开了一家广告公司,号称"生活第一,永不加班"。这几个人在业内颇有影响,还带着一批不错的品牌客户,那段时间,广告界都非常关注这个话题,一时竟吸引了不少"热爱生活"的广告人加盟。可一年之后,客户和员工都走了一大半,公司的几位创始人也为要不要坚持这个理想发生分裂。

很多年后,这家公司还在,只是跟所有"加班到凌晨"的广告公司没什么区别,很少有人还能想起它十几年前高举的"不加班"大旗。其实,广告圈的加班程度一点不亚于程序员,现在几乎找不到一家"非996"的公司。

有人认为,在一个竞争日益激烈的市场经济生态中,那些尚未站稳脚跟或者力图领导行业的创新型企业,要求员工做出最大的贡献也在情理之中。

在现实生活中,"996"即使不是企业的制度性规定,也将是大量劳动者较长期的工作状态。

案例(二) 特斯拉的员工手册②

特斯拉是一家与众不同的高科技公司、汽车公司。他们的内部员工手册很有意思,被称为"反手册手册",在手册里,毫不掩饰公司对员工的最高期待和严格要求,行文语气缺少人情味,显得坦率且直接。

---

① 中国每年"过劳死"60万人我们如何走出过劳时代?[EB/OL]. (2016-12-11) [2020-08-20]. https: //news.qq.com/a/20161211/000940.htm.

② 参见:反员工手册—员工手册[EB/OL]. (2020-03-02) [2020-08-30]. https: //www.sohu.com/a/377073757_711529.

下面就是特斯拉的内部员工手册(《反手册手册》,*The Anti-Handbook Handbook*)。

1. 我们是特斯拉(We Are Tesla)

我们在改变世界。我们愿意反思一切。

我们是一家与众不同的高科技公司。我们也是一家与众不同的汽车公司。

我们与众不同,我们喜欢这样。与众不同让我们可以做别人没做的事;去做别人告诉我们不可能的事。

如果你想找的是一本填满了各种政策和规则的传统员工手册,你是找不到的。政策和规则告诉你底线是什么——它们会在你被解雇前告诉你,自己的表现可以有多差。那不是我们的方式。

我们更愿意设定极高的标准,并聘用那些喜欢每天都把自己推向最高水平的优秀人才。我们希望周围的人都被驱使着去做正确的事情,即使在没有人注意的情况下也要正直行事。

你是这样的人吗?如果是这样,我们很高兴你在这里,我们期待着一起做了不起的事。如果这不是你,你在其他地方会更成功。我们并不是有意要显得苛刻,这只是事实。

2. 我们的一些高标准(Our High Standard)

如果你正在阅读这部手册,你可能是刚来特斯拉的新人,对这里的一些基本情况有疑问。以下是我们认为你需要知道的事情。至于其他问题,例如我们的薪水策略、餐饮、午休和休假政策等等,可以前往内部网站检索或询问。

3. 信任(Trust)

我们给予每一个加入团队的新人以极大的信任和责任。我们假设每个人都能够做好分内的工作,包括你在内,公司在这个假设的基础上运营。事实上,会有人打破这份信任,也会有人疏忽自己的责任。我们不会为那些让我们失望的人改变自己的做法。取而代之的是,我们会让他们离开。

4. 沟通交流(Communication)

为了公司整体的利益,特斯拉的所有员工都可以也应该通过电子邮件或其他方式沟通工作,只要他们认为这是解决问题最快速的方式。你可以与主管交流,可以与主管的主管交流,可以直接和另一个部门里的副总裁交流,你甚至可以找埃隆·马斯克——不需要其他人的允许,你可以与任何人沟通。此外,你应该意识到,在问题解决之前,自己有义务这么做。

5. 工作职责（Job Duties）

了解公司对你的期待，这是你的责任。你的上司会向你解释你的职责以及对你的期待；然而，如果任何时候觉得不清楚，直接问。在这里，"没人跟我说过"这种借口永远说不过去。

你的第一职责——每个人的第一职责——是让这家公司成功。如果你看到能够改善我们工作方式的机会，大声说出来，就算它不属于你的工作职责领域。特斯拉的成功与你息息相关，所以，说出你的建议，分享你的主意。只有自己知道的好主意一文不值。

6. 目标与反馈（Goals and Feedback）

我们鼓励你和你的上级就你的工作表现和目标做非正式的日常讨论。如果你希望你的主管给你反馈或者任何形式的输出，积极主动询问。不要等到你的主管主动和你聊，或者公司例行的复盘过程才收到你为了获得更好的工作评定而做出的反馈。

7. 安全（Safety）

我们认为安全很重要。我们希望你每天安然无恙地回到家里。

我们认为，创造安全文化的最佳方式，是让那些在这里工作的真正聪明的人们运用一些良好的判断力和常识。这意味着：

- 时刻保持安全意识。
- 遵守所有安全政策和程序，包括穿戴必要的防护设备。（相信我们，如果我们建立了某条政策或规则，那仅仅是因为它是绝对必要的。我们没有随意的规则。）
- 切勿执行你认为不安全的工作。
- 保持工作区域清洁，人行道畅通无阻，尤其是在生产区域。
- 如果发现安全问题，请与他人交流。
- 向环境健康与安全部门报告不安全或危险情况。

8. 考勤（Attendance）

如果你是那种对自己要求最高的人，我们的出勤规定正是你所期望的那种：成为你的团队可以信赖的那种人。在该出现的时候出现。我们需要你。你不在的时候，我们无法完成工作。

如果你不能出勤，尽快通知你的上司，告诉他原因。你的上司也会很通情达理，并且尊重你。

如果你并不可靠，那么这个地方不适合你。你会被要求离开（可能没有选择）。

9. 拖延迟到（Tardiness）

"你迟到了"，这是学校里对孩子说的话。这里不是学校。按时到公司，准备好工作。交通问题难免会发生，我们理解，但不会足球赛季的每个周一都出问题。

10. 病假（Sick Days）

如果你生病了，在家待着。别让我们其他人生病。在你计划开工之前，尽快联系你的主管。如果你有带薪假（PTO），使用它，你会得到当天的薪水。

11. 假期（Vacations）

我们知道你需要休息，所以提前安排好时间，得到上司的批准，然后再休息。用上你的带薪假——这就是它的用途。

记住，不是每个假期的要求都能被满足。其他人可能已经请了同一时期的假，或者在关键项目的截止日前，都可能会被禁止休假。

12. 无故缺勤（No Call，No Show）

我们的假设是，如果你没有打电话通知公司就旷工，你就是个混蛋。你最好给出一个很好的理由，让我们知道你为什么不来，否则你就得离开这里。这种情况出现一次就够了。

13. 外部雇佣关系（Outside Employment）

只要你在这里的工作做得很好，并且不透露任何机密或私有的信息，你就可以同时持有一份其他公司的工作。

我们不会因为你还有一份工作就放松对你的要求。我们会以对其他人一样的标准来评价你。如果其他工作影响到了你的工作表现，除非你不想留在特斯拉，否则你可能会被要求终止该工作。

14. 愚蠢错误（Stupid Stuff）

如果你在公司犯了错误，根据情节轻重，你可能会受到批评教育并得到一次改正的机会，你也可能会被要求离开。公司需要处理诸多重要事宜，所以不会把时间浪费在处理愚蠢的错误上。

如果你需要的话，这里是一些愚蠢错误的范例：

- 盗窃或者故意损坏公司财产。
- 泄露公司机密信息。
- 骚扰或欺凌他人。
- 对他人造成身体伤害或威胁使用暴力。
- 持有非法药物。

- 持有易燃易爆物品、武器或枪支。

类似的例子不胜枚举。如果你认为你是那种可能会犯愚蠢错误的人，那就算帮我们所有人一个忙，立刻离开。

15. 乐趣（Fun）

确保你在工作时是有乐趣的——认识新的朋友，用全新的方式鞭策自己，尝试新的事物。一定程度上，如果你感受不到乐趣，你就会不快乐。我们不想要那样。我们希望你努力工作，爱你的工作，同时收获乐趣。

16. 以上指引的寓意（Moral of the Story）

以上这些规则的主题很简单：在职场上，成为你想与之共事的那种人。请将心比心、设身处地、善待他人。特斯拉必须成为一个大家每天都迎着朝阳、非常愿意去上班的地方。毕竟，我们的生命都太短暂了。

17. 解决顾虑（Resolving Concerns）

我们想要提供一个积极的工作环境，把员工当成独立的个体来对待。如果你有顾虑，请与任何你认为可以帮助评估和解决问题的人畅所欲言。如果你不确定该找谁谈，那就联系人力资源部。我们将竭尽所能提供一个健康、充实、高效、友善的工作环境。

案例（三）未来将有许多机器人上岗[①]

在智能互联时代人类会被机器人取代吗？BBC 基于剑桥大学研究者（Michael Osborne & Carl Frey）的数据体系分析了 365 种职业在未来的"被淘汰概率"。学者们在《人工智能时代的未来职业报告》中指出，技术革新的浪潮首先波及的将会是一批符合"五秒钟准则"的劳动者。"五秒钟准则"指的是，一项工作如果人可以在 5 秒钟以内完成思考和决策，那么这项工作就有非常大的可能被人工智能技术全部或部分取代。

如果你的工作符合以下特征，那么，你被机器人取代的可能性非常大：无须天赋，经由训练即可掌握的技能；大量的重复性劳动，每天上班无须过脑，但手熟尔；工作空间狭小，坐在格子间里，不闻天下事。

如果你的工作包含以下三类技能要求，那么，你被机器人取代的可能性非常小：社交能力、协商能力，以及人情练达的艺术；同情心，以及对他人真心实意的扶助和关切；创意和审美。

[①] 参见：ELLEMEN 睿士（ID：ellemen_china）. 你的职业会被机器替代吗？[EB/OL]. (2020-11-22)[2021-09-01]. https://mp.weixin.qq.com/s/NNpZifwpI-O-JwqToXClqQ.

以下则是部分具体职业的前景展望（如表6-2所示）。

表6-2 未来可能被机器人取代的职业及其概率

序号	职业	被取代率（%）
1	电话推销员	99.00
2	打字员	98.50
3	会计	97.60
4	保险业务员	97.00
5	银行职员	96.80
6	政府职员	96.80
7	接线员	96.50
8	前台	95.60
9	客服	91.00
10	人事	89.70
11	保安	89.30
12	房产经纪人	86.00
13	厨师	73.40
14	电脑工程师	58.30
15	图书管理员	51.90
16	摄影师	50.30
17	演员、艺人	37.40
18	化妆师	36.90
19	写手、翻译	32.70
20	运动员	28.30
21	警察	22.40
22	程序员	8.50
23	记者	8.40
24	保姆	8.00
25	健身教练	7.50
26	科学家	6.20
27	音乐家	4.50

续表

序号	职业	被取代率（%）
28	艺术家	3.80
29	律师、法官	3.50
30	牙医、理疗师	2.10
31	建筑师	1.80
32	公关	1.40
33	心理医生	0.70
34	教师、酒店管理者	0.40

电话推销员被取代概率高居所统计的三百多个职业的首位。即使没有机器人的出现，这样一个单调、重复、恼人，又毫无效率可言的工种也是迟早要消亡的。

打字员在电脑尚未普及的年代曾经是一份很有搞头的工作，而今，凭借"打字"这一技能尚能存活的唯一职业也就是速记员了，但是等到语音识别技术普及的那一天，速记员也没有存在的必要了。

会计至今在中国还是非常热门的职业，但是未来被取代概率高达97.6%，因为会计工作的本质是信息搜集和整理工作，内部存在着严格的逻辑要求，天生就要求100%准确。从结果上来看，银行职员曾经获得"金领"的美誉，但专家预测其被取代概率竟可达到96.8%。

前台服务岗位的前景也岌岌可危，机器人前台这两年已经多次登上了新闻标题。目前，日本以及欧美多国都已经有医院、银行、电器店之类的机构购买了机器人Pepper作为前台接待人员使用。客服被取代概率也很高。Siri诞生了这么多年，人工智能取代人工客服在技术上早已能够实现，剩下的就是普及化的问题。近两年，这类人工智能客服平台也逐渐成为互联网行业热门的创业项目，其中某些产品的回答准确率据说已经能达到97%。

现阶段，无论是房屋买卖还是租赁，都离不开房地产经纪人，然而不久的将来86%的房地产经纪人将被取代。美国的一些房地产机构近些年开始尝试使用机器人、大数据和人工智能算法完成交易，人们发现绕开中介可以省去大笔佣金，因而这一职业的前景便岌岌可危了。

绝大多数来自第一产业和第二产业的工作都被研究人员列为高危职业，瓦匠、园丁、清洁工、司机、木匠、水管工等被取代概率在60%~80%。这可能导致类似于第一次机器革命时期的社会动荡。几年前中国台湾地区曾爆发了一次现代版本的"卢德运动"。因为"高速公路局"计划使用ETC自动收费系统，全面取代近1 000名高速公路收费员的工作，激发了收费员群体的抗议。竹田收费站一位40岁的员工在自己的车中烧炭自杀。

政府职员主要是政府底层职能机构冗余且无能的职员，一贯是民众的吐槽对象和笑料。英国2017年年初的一项调查中，有1/4的受访者认为，相比人类，机器人有更好的从政能力；66%的人认为，至2037年，就会有机器人在政府任职；16%的人认为，在未来的一至两年中，就会出现机器人担任政府官员的现象。

通过机器学习、自然语言处理、聊天机器人等人工智能技术，人工智能能完成很多人力资源管理者所要求的基本技能。未来招募和解雇员工、培训、绩效考核及薪酬计算都有可能会被机器人取代。2018年3月，由北美著名猎头公司SourceCon举办的一年一度的行业竞赛中，一个名为"Brilent"的机器只用3.2秒便筛选出合适的候选人。

不要认为艺术领域是人类就业的安全港，摄影师这样一份依赖主观审美的工作竟然也被判定为有超过50%的可能被机器人取代。在专家的评估中，图像审美与其他艺术不同，是可以被量化、数据化的。而谷歌也的确开发出了一种试验性的深度学习系统，这个系统会模仿专业摄影师来展开工作，从谷歌街景中浏览景观图，分析出最佳的构图，然后进行各种后期处理，从而创造出一幅赏心悦目的图像。"演员"被判定为也可以被机器自动化取代的行业，但概率只有37.40%。

但涉及高度个性化及情感表达、人文关怀的职位，机器人目前还难以与人类竞争，由此，保姆被取代概率只有8.0%，健身教练被取代概率为7.5%，公关被取代概率为1.4%，心理医生被取代概率为0.7%。至于需要高度创造性的职位，如艺术家、音乐家、科学家、建筑师等，其安全边际都比较高。

关于教师职位，学术界意见分歧比较大。2017年10月初，国内一家教育机构举办了一场"教学人机大战"。他们招募了三名平均教龄17年的中高级老师进行真人授课，另一组学生完全使用教学机器人进行学习。在四天的对照学习后，真人教师组被判定落败。但是研究预测教师被取代概率只有0.4%，因为教师需要根据每个学生及不同场景通过语言、形象完成"解惑、传道、授业"的任务。

第7章 权变与创新

一、教学目标、理论概要、思考与讨论

（一）教学目标

1. 牢固树立权变与创新意识，理解权变与创新的关系。
2. 了解企业管理发展的大致轨迹，理解企业经营权变与创新的基本动因。
3. 掌握权变管理的时空访景及基本策略。
4. 理解创新的类型和国内外管理创新的趋势。
5. 掌握创新的机制，以及利用机制模型帮助企业创新诊断和策划的基本思路。

（二）理论概要

面对普遍存在的复杂性、不确定性、多目标和多策略选择等三大挑战，权变与创新是企业持续经营的必由之路。回顾过去，企业管理百年发展史就是一部活生生的权变创新史。展望未来，企业正处于智能互联科技与产业革命、人类社会处于大变革的严峻时期，权变与创新更是企业生存发展的不二选择。

权变与创新都在于"变"，其目的都是解决生存发展问题。权变强调因时、因地、因人制宜的管理或运行，实质是可行解决方案的"选择"；而创新是以非传统、非常规的方式先行性地、有成效地解决社会的技术经济问题，实质是在有意义的时空范围内实现"首创"。

权变与创新有其客观的运行机制（见图7-1），要取得权变、创新的良好绩效，应掌握其客观规律，完善其运行机制。

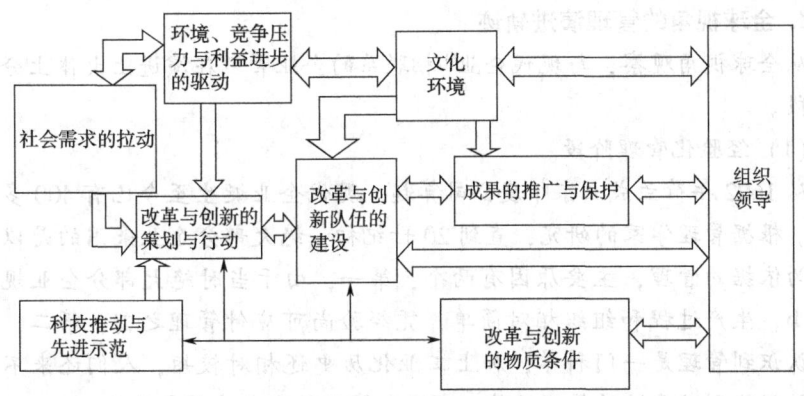

图 7-1　权变与创新规制模型

（三）思考与讨论

1. 为什么要了解历史？如何理解企业管理演变是一部科技和管理创新史？中国企业管理的发展过程是否有助于理解当前中国企业的管理现状及面临的挑战？

2. 什么是创新？权变与创新的区别在哪里？

3. 中国是科技创新大国还是科技创新强国？各有什么论据？如何从科技大国走向科技强国？

4. 你是否同意《从0到1》的作者关于人类社会进步、垄断与竞争以及后发优势的观点？请阐明你的观点及其论据。

5. 中国企业在实行深化改革三年行动计划与"双循环"时面临哪些机遇和挑战？如何应对？

6. 从贾跃亭的所谓创新应该吸取哪些教训？

二、精读文选

文选（一）变革与创新的历史轨迹①

整个企业管理的发展史，就是一部变革与创新的历史。

---

① 参见：黄津孚. 现代企业管理原理［M］. 北京：清华大学出版社，2017：159-168.

1. 全球视角的管理演进轨迹

从全球视角观察,与现代企业①相联系的企业管理在演进上大体上分为四个阶段。

(1) 经验化管理阶段。

从 1602 年荷兰成立东印度公司算起,现代企业诞生至今已有 400 多年的历史。根据管理学家的研究,直到 20 世纪初,绝大部分企业采用的是以个人经验为依据的管理,主要原因有两个:第一,由于当时绝大部分企业规模相对较小,生产过程和组织相对简单,凭经验尚可应付管理之需;第二,学界尚未认识到管理是一门科学,加上工业化历史还相对较短,人们还来不及通过总结经验形成系统的管理规范,商业和管理教育尚难形成体系。

传统管理的主要特点有三个:

第一,业主就是管理者,业主仅仅雇用若干工头帮助监督工人,基本没有职业经理人。

第二,依靠个人的经验进行生产和管理。工人凭自己的经验操作,没有统一的操作规程。管理人员凭自己的经验来管理,没有统一的管理办法。

第三,工人操作和管理技能的培养只能依靠师傅传授,没有统一的标准和要求。

(2) 科学化管理阶段。

这个阶段的企业管理起步于 19 世纪末 20 世纪初,是以基于实验科学、技术科学所形成的各种规范为主要依据的管理。推动科学化管理的主要背景是:

第一,生产方式落后,劳动生产率低下,消费品普遍短缺。劳资关系对立,矛盾日益加深,需要寻找出路。

第二,18 世纪 60 年代兴起的第一次工业革命推动了制造业、交通、通信业的发展以及城市化的进程,西方大型企业纷纷出现(例如 1891 年美国宾夕法尼亚铁路公司雇员已达到 11 万人),经验式管理难以应对。

第三,欧洲文艺复兴与宗教革命,促进了人类思想解放,推动了近代哲学社会科学的发展及其与自然科学、工程技术的融合,并进入了商业领域。

这个阶段企业管理的主要特点包括:

第一,运用科学方法研究和改进管理。企业家以及工程师们,通过试验和总结实践经验,寻找普遍适用、客观有效的管理规范和方法,最有代表性

---

① 这里引用了阿尔弗雷德·D. 小钱德勒等《管理学历史与现状》的观点,参见该书第 3-4 页。

的是泰勒开展的一系列动作—时间—方法研究与差别工资制，福特汽车建立在标准件和专业化分工基础上的流水线生产以及斯隆在大企业推广的集分权相结合的管理模式等。

第二，管理工作专业化。工程师、律师和各种专业人员进入企业管理队伍。他们各自发挥专业特长，优化生产管理和财务管理，例如建立生产标准和定额、完善会计核算、建立营销系统和人事管理系统、指导处理劳资关系等。

第三，重视商业教育和员工培训。当时，欧美不仅出现了技工学校，而且还出现了管理学院及合作研究机构，例如1905年哈佛工商管理研究院正式成立，1915年泰勒协会成立，1922年美国管理协会成立。大企业开始采用正规系统的培训方式传授生产技术及管理知识，其结果是大大加快了知识的传播速度。

科学化管理既为使用机器大规模、流水线生产创造了条件，也为大规模社会化协作创造了条件，从而大大提高了劳动生产率。

(3) 系统化管理阶段。

20世纪中叶，是科学化管理向系统化管理发展的转折点。这个阶段的管理以基于系统科学、系统工程的各种系统优化方法为主要手段，国内外许多教科书将其称为"现代管理阶段"。其主要历史背景为：

第一，新一轮全球化浪潮推动的经济繁荣。第二次世界大战结束后，以美国为首的西方国家建立了国际货币基金组织、国际复兴开发银行，战后又建立了关贸总协定，从体制机制方面推动了经济全球化，大大促进了国际贸易和国际资本的流动。全球化导致了跨国公司的发展和企业间竞争的加剧，从而对企业经营管理提出了新的要求。

第二，新一轮科技革命的机遇和挑战。战争推动了新科技的应用，第二次世界大战期间发展起来的应用数学、电子技术、核能技术、计算机技术等迅速进入各领域，形成新一轮科技革命浪潮，为企业提供了新的发展机遇和挑战。

第三，经济危机和社会主义运动的压力。自由市场的无序竞争导致经济大起大落，经济危机导致社会财富缩水、社会动荡。资本主义原始积累的残酷剥削导致了工人阶级的有组织斗争，马克思主义被越来越多的人所接受，包括中国、苏联在内的亚洲与东欧许多国家通过实行生产资料公有制和计划经济，在一个时期创造了经济高速增长的奇迹，对西方原来实行的制度构成了强大的威胁，迫使这些国家改变管理策略。

第四，科学哲学和教育的发展。20世纪中叶形成的以系统论、信息论、控制论为代表的科学哲学思潮，不但推动了科学技术的相互交叉渗透，而且在社会科学、经营管理中的应用价值也越来越为人们所认识。数学、心理学、社会学、教育学、美学等学科与管理学相互结合，扩展了管理者的视野，极大地丰富了管理学的知识宝库。教育事业的发展为现代企业管理准备了大量人才。从国会议员到企业经理，具有高等教育背景的知识阶层比例越来越高，他们对管理政策的影响力越来越大。

企业系统化管理的主要特征包括：

第一，重视经营战略，适应竞争需要。环境的理念、战略的理念越来越深入人心，企业普遍制定了指导全局和长远发展的战略性规划，管理者更加关注环境变化、行业发展和竞争态势，更加重视提升企业的适应性和竞争优势，企业的管理视野也从企业内部扩展到企业外部，关注消费者、供应商、分销商等合作伙伴。

第二，采用系统管理模式，追求整体最优。在这个阶段，各种系统管理模式在企业得到试验和推广应用，包括起源于美国的目标管理和项目管理、兴起于日本的全面质量管理、英国企业界率先实施的设备综合工程、中国大陆改革开放以后推行的"四全一制"管理等。这些管理模式的共同特点是强调管理优化的整体性、管理目标的系统性、管理过程的完整性、管理主体的全员性、管理职能的协同性、管理过程的闭环性。

第三，管理的重心由物转向人。"在决定企业效益的生产要素系统中，人是主导性、决定性的要素"的理念被企业广泛接受，管理的重心开始从厂房、设备、资金等物质资本转向人力资源和人力资本。西方企业掀起应用行为科学来调动员工积极性以及改善组织和领导的热潮（例如员工参与管理、授权、自主管理、职业生涯管理、员工持股等）。进入20世纪70年代，企业文化开始受到各国企业管理层的重视，日渐成为企业战略的重要组成部分。

第四，在管理中综合应用多学科方法与计算机手段。在这个阶段，管理层努力综合运用经济学、运筹学、数理统计、心理学、生理学、教育学、传播学等多学科方法，解决诸如工业工程、项目管理、品牌管理、质量管理、市场营销等管理问题；大量采用规划论、排队论、博弈论等数学方法建立数学模型，解决预测、决策和控制等管理问题。

第五，管理人员职业化，公司治理规范化。战后以美国为代表的各国管理教育发展迅速，职业经理人大量进入管理阶层，他们在企业中的权力越来越大，乃至有专家惊呼发生了"经理革命"。各国从法律层面到市场监管层面，推动企业建立规范的公司治理结构，形成出资人对经营者、各级经理的激励和约束机制。

(4) 智能互联化管理阶段。

20世纪末21世纪初，企业管理开始进入以信息科技、网络科技和人工智能为主要手段的人机协同的阶段。其主要背景是企业的整个生态系统发生了巨变：

第一，新一轮科技革命与工业革命，特别是互联网技术和计算科学的发展，导致创新集中爆发。

第二，冷战结束导致新一轮全球化浪潮，以中国为代表的新兴经济体崛起。

第三，自然生态、政治经济生态、商业生态恶化，人类面临气候变化、生态失衡、经济剧烈波动、恐怖暴力、网络安全等重大挑战。

第四，社会生态也发生了重大变化，公民需求多元化、高等教育平民化开始出现，千禧一代大量进入企业。

这个阶段的企业管理正在迅速进化，初步显现的特点包括：

第一，企业性质和任务目标再定位。企业是以盈利为目的的商业机构这一传统定位，正在被企业是投资者、员工、供应商、顾客乃至政府和社区共创价值的合作平台定位所代替。企业以盈利为中心的任务和目标，正在转向包括满足顾客需求、企业盈利和履行社会责任在内的多重任务和目标。

第二，企业经营管理重心从效率转向创新。企业大力开展技术创新、商业模式创新与管理创新。通过创新创业摆脱竞争"红海"，提升新创价值，拓展发展空间。

第三，企业经营管理边界从单个企业转向产业链。通过互联网与顾客、合作厂商共享信息、专利技术、资金、物资等资源，共同开发新产品、新市场，打通上下游企业价值创造链条。

第四，管理活动通过人机协同、社会协同完成。智能化工具代替管理人员完成部分管理工作，例如大量常规的作业计划以及统计分析、现场监控等由计算机完成。大量中小企业根据自己的实际需求，通过SaaS（软件即服务）和云计算的模式，通过互联网向厂商定购所需的应用软件服务，解决计划管理、会计、人力资源管理等问题。

第五，企业管理者与被管理者加强沟通与互动协同。通过互联网疏通信息渠道，建立各种社区，共商企业发展大计。

2. 中国企业管理的演进回顾①

中国工业化起步较晚，加上特殊的政治经济环境，企业管理的演进形成了不同于西方国家的历史轨迹。

（1）20世纪上半叶及以前的企业管理。

1949年中华人民共和国成立以前，中国的工商业形成三个分支，即从洋务运动开始的官僚资本企业、时断时续发展的民族工商企业、共产党领导下的根据地解放区企业，这些企业采取了不同的管理模式。

中国从19世纪中叶的晚清时期开始形成体现社会化大生产特点的企业，当时诸如江南制造总局、天津机器制造局、金陵制造局、福州船政局、基隆煤矿、汉阳铁厂、兰州织呢局、上海机器织布局等一批大企业相继成立。这些企业有的属于官办，有的属于官督商办、商官合办。20世纪上半叶的民国时期，官僚军阀控制着国民党统治区的经济命脉，据有关资料介绍，蒋、宋、孔、陈四大家族1947年所控制的工矿业资本，占全国工矿业资本总额的70%~80%，从而形成官僚资本企业的管理模式。其主要特点如下：政企不分，腐败丛生；存在超经济剥削和封建统治；对工人加以严密控制；向托拉斯和康采恩方向发展。

第一次世界大战期间，由于外国列强放松了对中国的控制，我国民族资本企业得到较快的发展，到1913年已增至516家，新设厂矿有的已达到相当规模。20世纪20年代以后，一些国营企业和民族资本企业开始陆续学习西方，实行一系列科学管理制度。例如，中国民族资本家穆藕初在上海创建德大纱厂，他翻译出版了泰勒的《科学管理原理》一书并在本厂实行，结果企业利润大增，上海一些资本家竞相邀请他合伙办厂。蔡上国先生于20世纪30年代担任平汉铁路效率管理室主任，在铁路运行方面运用科学管理原理解决了特别快车的准点问题，使经济效率大为提高。

20世纪30年代，中国共产党建立的革命根据地和解放区开始举办公营企业，如1935年川陕根据地公营企业遍及军工、纺织、钢铁、造纸等10个行业。1944年陕北及其他根据地企业共有五六百家。1949年仅东北解放区就有191家企业。根据地及解放区的公营企业规模一般都较小，开始由厂长、共产党支部书记和工会委员长组成的"三人团"负责管理，出现缺乏统一指挥的局面，后来通过总结经验，改由厂长担任行政领导，共产党支部与工会以保

---

① 参见：黄津孚. 现代企业管理原理（第六版）[M]. 北京：首都经济贸易大学出版社，2011：411-417.

证生产任务的完成为中心开展工作；工厂开始实行经济核算，建立了成本会计、产品检验、原料成品工具保管等制度；逐步克服分配中的平均主义，有的还实行分红制；发挥技术人员的作用，奖励创造发明。各工厂普遍建立工厂管理委员会，实行民主管理，广泛开展立功运动，调动职工的积极性。

(2) 计划经济时期的企业管理。

从1949年中华人民共和国成立到1978年中国共产党十一届三中全会召开，我国企业管理经历了曲折的30年。在这个时期，中国的企业管理尽管曲折反复，但总体处于计划经济的基础之上。

中华人民共和国刚成立时，处于经济恢复时期（1949—1952年），国民经济中私营经济占较大比例。1949年工业总产值中私营工业占三分之二，1950年社会商品零售额中私营商业占85%。在企业管理方面，开展了民主改革，给予工人群众参加管理和监督的权力；在恢复和发展生产的同时，建立了相应的管理制度。

1953年国家制定了社会和经济发展的第一个五年计划。由于缺乏社会主义建设经验，中共中央决定全面学习苏联：

第一，企业实行厂长负责制、职工代表大会制、车间主任和工长责任制、职能机构责任制等责任制度。党组织负责保证和监督实现国家计划，加强对经济工作的政治思想领导。工会在党的领导下，组织群众生产竞赛，进行群众教育，注意改善职工的劳动条件和物质、文化生活。

第二，建立独立的计划管理、技术管理、财务管理的各级主管、职能部门以及管理制度，建立统一的定期统计报表制度和统计分析工作，开展经济活动分析。

第三，国家有计划地推行公私合营，国家加大对私营企业的投资和经营活动的调节控制。1956年初，我国按照计划经济模式完成了对工商业的改组改造，形成国营企业、合作社、公私合营企业三种所有制形态。

第四，各企业为了适应大规模经济建设需要，加强了对干部、职工的培训，还大力开展以技术革新为主要内容的劳动竞赛和生产技术协作。

1957年全国开展的"整风反右"运动助长了"左"的思想倾向，形成了严重的浮夸风。1958年各行各业开始"大跃进"。在这期间，企业管理虽然进行了一些成功的探索，例如实行党委领导下的厂长负责制、开展技术革命和群众性技术革新运动、实行"两参一改三结合"（干部参加劳动，工人参加管理，改革不合理的规章制度，实行领导干部、技术人员和工人相结合现场解决问题）等，但总体上出现过分夸大主观意志的作用。在企业管理中否定适应现代化大生产所要求的科学管理制度和办法，扰乱了正常的生产秩序，在经济上造成了巨大损失。20 世纪 60 年代初中国出现了严重的经济困难。

1961 年中共中央提出经济工作贯彻"调整、巩固、充实、提高"八字方针，使我国企业管理重新进入健康发展的轨道：

第一，确立企业管理以提高经济效果为中心。强调企业经济活动应当取得利润，调动职工积极性也要运用物质鼓励手段。企业普遍加强了经济核算，恢复了奖金制度。

第二，制定与贯彻企业管理条例，恢复科学管理方式。

第三，开展工业学大庆运动，在生产建设实践中坚持科学态度，培养"三老四严""四个一样"作风，加强管理的基础工作和基层建设，苦练基本功，建立以岗位责任制为中心的各项管理制度，大力开展劳动竞赛和评比活动，坚持"两参一改三结合"，提倡领导机关面向基层，为生产第一线服务等经验。在全国掀起了振奋精神、扎实工作、比学赶帮的经济建设高潮。

第四，开展企业间、产学研的生产技术大协作，发挥公有制的优越性。

第五，在国家统一计划下，参照国外托拉斯模式，在烟草、医药、橡胶、汽车等行业，建立生产、销售、财务统一的专业公司。

第六，根据当时物质条件比较艰苦、国际政治环境比较严酷的形势，企业管理发扬老传统，通过开展忆苦思甜、谈心活动、学雷锋运动等继续加强思想政治工作。

(3) 改革开放时期的企业管理。①

中共十一届三中全会是中国企业管理发展的一个分水岭。党中央决定把工作重点从阶级斗争转到经济建设，号召全国人民解放思想，改革开放。经过深入广泛讨论和多轮思想交锋，中国政界、学术界、企业界达成了若干共识，高度集权统收统支与行业、地区条块分割相结合的计划经济管理模式不改革肯定不行，并由此开始了中国企业管理改革与发展的新历程。这一时期可分为三个阶段。

第一，放权让利与推行经济责任制阶段（1978—1983 年）。改革开放之初，我国政府借鉴东欧一些国家改革的经验，给予国有企业在生产计划、产品销售、资金使用、干部任免、职工奖惩等方面一定的经营自主权，实行利润留成制度以鼓励企业发展新产品、完成国家计划和增产增收。后来为了增加财政收入，减少赤字，落实财政上缴任务，国家开始对企业试行基本建设

---

① 参见：张迪诚. 中国国有企业改革编年史 [M]. 北京：中国工人出版社，2006.

投资"拨款改贷款",并征收所得税,在扩大经营自主权的同时对企业实行利润包干的经济责任制。针对"文化大革命"造成的管理混乱,在政府推动下企业再度开展工业学大庆运动,大规模整顿企业内部管理。一些企业通过横向联合组建了企业集团,部分企业开始引进外资以及先进的技术和管理,例如宝钢全面学习新日铁,中美两国在大连建立管理培训中心,系统引入西方管理理论和教育培训方法。中国行为科学研究会也在这一时期成立,学术界和企业界开始讨论中国企业管理现代化之路。

由于当时价格、税收、投资等体制未有大的改革,企业包干基数只能一对一地谈判决定。基数不合理,"鞭打快牛"现象在所难免,大多数企业经济效益并无明显提高,还引起了经济秩序混乱和物价上涨的严重情况。

第二,利改税与经营承包阶段(1983—1992年)。1983年,国务院规定国有大中型企业先按毛利的55%上缴所得税,再根据原留利水平征收调节税;对小型国营工业企业按8级超额累进税率征收所得税,以法律强制形式确定国家和企业的分配关系。与此同时,政府颁发了《关于进一步扩大国营工业企业自主权的暂行规定》,要求减少政府对企业的行政干预。但由于调节税是一户一率,"利改税"并未为企业创造平等竞争的外部环境;企业对政府的行政依赖和预算软约束问题仍然存在;国家拿走过多,企业普遍缺少增产增收的积极性,出现企业利税和政府财政收入同时严重滑坡的局面。1986年年底,政府开始推行包上缴利润和技改项目、工资总额同上缴利税挂钩、上缴利润递增包干等多种形式的经营承包责任制,要求按照包死基数、确保上缴、超收分成、欠收自补的原则,确定国家与企业之间的分配关系。但是此种改革并没有从根本上触动旧的体制,政府对企业的经营自主权仍然是收收放放,企业为了在承包期内增加工资总额,有严重的短期行为;由于承包合同是一对一的谈判,企业把很大精力放在争取政府照顾方面,而承包合同要求外部环境相对稳定,实际难以做到,因此企业往往"负盈不负亏"①。

在此期间,政府开展了国有企业经营管理评级活动,以推动企业改进管理。企业内部改革包括厂长(经理)负责制、资产经营责任制、劳动合同制、企业破产制、社会保障制度、股份制等,广泛开展试点;西方管理理论和方法包括市场导向、用户第一、营销理论、广告宣传、公关策划等理念全面引入。在此期间,企业管理改革曾有反复和争议,例如关于市场导向是否符合

---

① 刘世锦. 中国国有企业改革:构造新体制的微观基础[J]. 经济工作者学习资料,1995(61).

社会主义方向？行为科学、企业文化是否会冲击思想政治工作？如此等等。

第三，转换经营机制，建立现代企业制度阶段（1993年至今）。1992年邓小平同志发表南方谈话以后，中国明确了改革开放以建立社会主义市场经济体制为目标模式的方向。国务院发布了《全民所有制工业企业转换经营机制条例》，推动国有企业进入市场，使之成为真正的自主经营、自负盈亏、自我发展、自我约束的法人实体。1993年11月，中共中央要求将深化企业改革作为经济体制改革的中心环节，要求建立适应市场经济要求的，产权关系明确、经营责任和权益明确、政企关系明确、企业管理科学的现代企业制度；当年年底，八届人大常委会通过了《中华人民共和国公司法》，对现代企业制度的基本形态、组织和行为制定了明确的法律规范。自此，中国企业改革与发展进入了快车道：

其一，政企关系基本理顺。国有企业与政府关系逐步理顺，国家通过国有资产管理委员会，以及授权的集团公司、资产经营公司、投资公司行使出资人权利，除了管好国有资产、任免主要经营者、绩效考核与分配原则，不再干预企业日常经营活动。企业有权按照市场规律运作，逐步成为自主经营主体。对于中央直属企业，国资委分派监事以监管国有资产的保值增值。

其二，产业组织和产权结构更加合理。电信、石化、电力、民航等大的国有公司通过改组、分立，初步形成了市场竞争的局面。国家根据有所为有所不为、国有资本有进有退、合理流动的思路，重点加强国计民生、国家安全、高新技术、自然垄断等行业，在一般竞争性行业实行多种所有制并存的国策，发展股份经济、民营经济。加快国有大型企业股份制的改革，90%以上的国有和集体中小企业完成了改制。通过兼并、破产、资产置换等方式，建立起一大批以资产为主要纽带的企业集团，通过资源优化配置，增强了企业实力，培育起一批知名品牌。但民营企业与国有企业不平等竞争的问题尚未根本解决。

其三，企业行为逐步规范，但工业文明水平亟待提高。在《公司法》指导下，国有企业分期分批改制，积极探索建立规范的决策、激励和监督机制的法人治理结构，大企业建立集权与分权相结合的集团公司体制。1992年，财政部发布《企业财务通则》和《企业会计准则》，企业财务会计制度向国际规范靠拢。但是，当时许多企业的产权意识、法律意识、诚信意识、环保意识、敬业精神尚不够强，工业文明整体水平亟待提高。

其四，经营理念趋向理性、激励机制逐步完善。企业市场导向、资本经营、人才价值、品牌战略、创新理念深入人心。企业普遍进行了劳动、人事、分配三项制度改革，实行了劳动合同制、干部聘任制、岗位技能工资制。某些地区对经营者试行年薪制，部分企业施行股权激励制度。由企业包下来的社会福利制度正代之以国家、企业、个人分担的社会保障体系。但企业内分配不透明、收入差距过大的问题有待解决。

其五，现代管理模式、方法与手段得到广泛应用，企业管理得到加强，竞争力得到提升。企业普遍加强了战略规划和预算控制，加强新产品、新技术开发，调整组织结构，完善业务流程；实行招标采购、工程监理、质量认证、财务审计、总法律顾问制度等，供应链管理、客户关系管理、项目管理、绩效管理、学习型组织、精益生产、信息化手段等在企业得到广泛应用。企业管理总体水平明显提高，国际竞争力显著上升。根据国际著名咨询机构贝恩公司2005年的中期调查，中国企业采用现代化管理工具已经比较普遍，但是低于国际平均值（见表7-1）。例如，"中国公司试图建立全局观念，但同时又忙碌于众多事务。他们在供应链管理和全面质量管理这样的工具的使用率上高于其他国家和地区。但是，在着手这些具体的事务之前，它们却没有事先运用战略规划和基准管理这样的工具来设定战略，并建立一个解决具体问题的基础。在中国，对战略规划的满意度远远低于世界上的其他国家。"①

表7-1 中国企业采用现代化管理工具统计

工具使用情况和满意度	使用情况（%）	满意度
1. 战略规划	88*	3.93*
2. 客户关系管理	84*	3.87*
3. 顾客细分	82*	3.93*
4. 基准管理	81*	3.80
5. 使命书和愿景书	79*	3.78
6. 核心竞争力	79*	3.86*
7. 外包	77*	3.68**
8. 业务流程再造	69*	3.77
9. 情境假设和突发事件规划	69*	3.78

① 参见：达雷尔·里格比. 中国最流行的管理工具 [J]. 财富（中文版），2007 (6).

续表

工具使用情况和满意度	使用情况（%）	满意度
10. 知识管理	69*	3.59**
11. 战略联盟	68*	3.78
12. 平衡计分卡	66*	3.60**
13. 供应链管理	66*	3.77
14. 增长战略工具	65*	3.75
15. 全面质量管理	64*	3.80
16. 业务共享中心	55**	3.63*
17. 精益运营	54**	3.73
18. 联合创新	53**	3.72
19. 客户忠诚管理工具	51**	3.59**
20. 兼并收购	50**	3.88*
21. 六西格玛	40**	3.66
22. 离岸作业	37**	3.70
23. 消费种群法	35**	3.61**
24. 公司博客	30**	3.39**
25. 射频识别	23**	3.55**

注：*表示显著高于平均；**表示显著低于平均；使用情况平均值为60%；满意度平均值3.75。

文选（二）2021年度全球百强创新机构[①]

全球专业信息服务提供商科睿唯安（Clarivate）定期发布全球及中国科技创新的排行榜。根据其发布的《2021全球创新百强》报告，美国以42家机构占据榜首，日本以29家的数量紧随其后。中国（包括大陆和台湾地区）有9家，韩国有5家，法国、德国、瑞士各3家，荷兰2家，加拿大、芬兰、瑞典、英国各1家。入选全球百强创新机构的4家中国大陆企业分别是：华为、腾讯、小米和电信科学技术研究院。据了解，这是腾讯连续第二次、小米连

[①] 参见：蒲蒲. 2021年度全球百强创新机构［EB/OL］.（2021-03-01）［2021-08-07］. https://new.qq.com/omn/20210301/20210301A06U9B00.html.

续第三次、华为连续第六次入选年度全球百强创新机构榜单。全球百强创新机构中电子和半导体行业机构为数最多，分别有21家和12家。

评选上榜的机构必须符合以下条件：在过去五年获得授权的发明专利至少达到100件（且申请的总数不少于500件）。创新成果必须拥有足够的下游影响力，被其他机构频繁引用，同时还要具有全球化的专利运营。排名基于四大指标：申报的专利总数、专利质量、专利组合在全球的分布以及通过参考数量所得出的专利影响力。上榜机构在技术创新及专利保护方面成绩斐然，同时这些专利拥有广泛的市场覆盖面和众多的衍生发明机会，商业前景广阔。

同时，本次报告首次关注创新文化的隐性价值，并量化创新的经济价值。通过对连续十年入选百强的29家机构中的28家公开上市公司进行分析发现，它们的市值增长不仅在2014年至2020年的6年时间里跑赢了两大股指，与2013年至2014年跌出全球创新百强的机构相比，平均每家企业市值增长高达570亿美元。

完整榜单如表7-2所示。

表7-2 2021年度全球创新百强（按英文首字母排序）

创新机构	总部所在地	所属领域
3M	美国	化学和材料
ABB	瑞士	工业系统
雅培（Abbott）	美国	医药品
旭硝子（AGC）	日本	化学和材料
爱信（Aisin Seiki）	日本	汽车
亚马逊（Amazon）	美国	软件、媒体和金融科技
超微半导体（AMD）	美国	半导体
亚德诺半导体（Analog Devices）	美国	半导体
苹果（Apple）	美国	电子和计算设备
安谋（Arm）	英国	半导体
华硕（ASUS）	中国台湾	电子和计算设备
美国电话电报公司（AT&T）	美国	电信
巴斯夫（BASF）	德国	化学和材料

续表

创新机构	总部所在地	所属领域
拜耳（Bayer）	德国	医药品
BD	美国	医学和生物技术
黑莓（BlackBerry）	加拿大	电信
波音（Boeing）	美国	航空航天和防务
博格华纳（BorgWarner）	美国	汽车
Bose	美国	电子和计算设备
波士顿科学（Boston Scientific）	美国	医学和生物技术
百时美施贵宝（Bristol Myers Squibb）	美国	医药品
卡西欧（Casio Computer）	日本	电子和计算设备
电信科学技术研究院（China Academy of Telecommunications Technology）	中国	政府学术机构
思科（Cisco）	美国	电信
康宁（Corning）	美国	工业系统
大金工业（Daikin Industries）	日本	工业系统
杜比实验室（Dolby Laboratories）	美国	电子和计算设备
陶氏（Dow）	美国	化学和材料
艾默生（Emerson Electric）	美国	工业系统
爱立信（Ericsson）	瑞典	电信
脸书（Facebook）	美国	软件、媒体和金融科技
富士康（Foxconn）	中国台湾	电子和计算设备
弗劳恩霍夫光伏晶硅研究中心（Fraunhofer-Gesellschaft）	德国	政府学术机构
富士胶片（FujiFilm）	日本	电子和计算设备
富士通（Fujitsu）	日本	电子和计算设备
古河电工（Furukawa Electric）	日本	能源和电力
通用电气（GE）	美国	工业集团
谷歌（Google）	美国	软件、媒体和金融科技
日立（Hitachi）	日本	工业集团
本田（Honda）	日本	汽车

续表

创新机构	总部所在地	所属领域
霍尼韦尔（Honeywell）	美国	工业系统
惠普（HP）	美国	电子和计算设备
华为（Huawei）	中国	电信
Immersion	美国	电子和计算设备
英特尔（Intel）	美国	半导体
工业技术研究院（ITRI）	中国台湾	政府学术机构
强生（Johnson & Johnson）	美国	医药品
江森自控（Johnson Controls）	美国	工业系统
韩国科学技术院（KAIST）	韩国	政府学术机构
川崎重工（Kawasaki Heavy Industries）	日本	工业系统
金宝电子工业（Kinpo Electronics）	中国台湾	电子和计算设备
科磊（KLA Corporation）	美国	半导体
神户制钢（Kobe Steel）	日本	采矿和金属
小松（Komatsu）	日本	工业系统
LG 电子（LG Electronics）	韩国	电子和计算设备
LS 产电（LS Electric）	韩国	能源和电力
美敦力（Medtronic）	美国	医学和生物技术
微软（Microsoft）	美国	软件、媒体和金融科技
三菱电机（Mitsubishi Electric）	日本	能源和电力
三菱重工（Mitsubishi Heavy Industries）	日本	工业系统
日电（NEC）	日本	电子和计算设备
日亚化学（Nichia）	日本	化学和材料
耐克（Nike）	美国	消费品和食品
日本制铁（Nippon Steel）	日本	采矿和金属
日产（Nissan）	日本	汽车
诺基亚（Nokia）	芬兰	电信
诺顿（NortonLifeLock）	美国	软件、媒体和金融科技
诺华（Novartis）	瑞士	医药品

续表

创新机构	总部所在地	所属领域
日本电报电话公司（NTT）	日本	电信
恩智浦半导体（NXP Semiconductors）	荷兰	半导体
欧姆龙（Omron）	日本	半导体
甲骨文（Oracle）	美国	软件、媒体和金融科技
松下（Panasonic）	日本	电子和计算设备
飞利浦（Philips）	荷兰	医学和生物技术
Qorvo	美国	电信
高通（Qualcomm）	美国	电信
广达电脑（Quanta Computer）	中国台湾	电子和计算设备
雷神技术（Raytheon Technologies）	美国	航空航天和防务
瑞萨电子（Renesas Electronics）	日本	半导体
罗氏（Roche）	瑞士	医药品
圣戈班（Saint-Gobain）	法国	化学和材料
三星（Samsung）	韩国	电子和计算设备
施耐德电气（Schneider Electric）	法国	能源和电力
信越化学（Shin-Etsu Chemical）	日本	化学和材料
SK电信（SK Telecom）	韩国	电信
索尼（Sony）	日本	电子和计算设备
TDK	日本	电子和计算设备
泰科电子（TE Connectivity）	美国	电子和计算设备
腾讯（Tencent）	中国	软件、媒体和金融科技
德州仪器（Texas Instruments）	美国	半导体
泰雷兹（Thales）	法国	航空航天和防务
东芝（Toshiba）	日本	电子和计算设备
丰田（Toyota）	日本	汽车
加利福尼亚大学（University of California）	美国	政府和学术机构
施乐（Xerox）	美国	电子和计算设备

续表

创新机构	总部所在地	所属领域
小米（Xiaomi）	中国	电信
赛灵思（Xilinx）	美国	半导体
安川电机（YASKAWA Electric）	日本	工业系统
矢崎（Yazaki）	日本	汽车

文选（三）《从0到1》的创新①

1. 从0到1，进步的未来

我们期待的未来是进步的。进步可以成两种形式，第一，水平进步，也称广泛进步。意思是照搬已取得成就的经验，直接从1跨越到N。水平进步很容易想象，因为我们已经知道了它是什么样。第二，垂直进步，也称深入进步，意思是要探索新的道路，是从0到1的进步。垂直进步较难想象，人们需要尝试从未做过的事。如果你根据一台打字机制造出100台打字机，那就是水平进步。而如果你有一台打字机，又创造出了一台文字处理器，那你就取得了垂直进步。从宏观层次看，可用一个词代替水平进步，即全球化。把某地的有用之物推广到世界各地。中国是全球化的范例，其20年计划要成为今日的美国。中国已经直接复制了发达国家的有用之物。19世纪的铁路，20世纪的空调甚至整个城市，也许这种复制可以使中国在建设道路上少走几步，比如直接实现无线通信。但是这依然是在复制。垂直进步也可以用一个词来概括，即科技。近数十年，信息技术的迅猛发展已经给硅谷扣上了"科技之都"之名。但科技不仅限于计算机技术，任何新方法，任何可以使事物更易完成的方法都是科技。这才是对科技的正确理解。因为全球化和科技是不同方式的进步，它们可能同时存在，也可能存在其中之一或是都不存在。

大部分人认为世界的未来由全球化决定，但事实是科技更有影响力。没有科技创新，也许中国能源产量在未来20年会加倍，但造成的空气污染同样也会加倍。如果印度的亿万家庭也都像现在的美国家庭那样生活，结果也将对环境造成毁灭性的破坏。如果全世界都用同一种旧方法去创造财富，那么

---

① 摘引自：彼得·蒂尔，布莱克·马斯特斯. 从0到1：开启商业与未来的秘密[M]. 北京：中信出版社，2015.

创造的就不是财富,而是灾难。在资源稀缺的今天,丢掉科技创新的全球化不会长久。历史进程中从不会自然出现新科技,我们的祖先生活在一成不变的"联合社会"。在那个社会中,成功意味着从别人手中掠夺财物,占为己有。他们极少去创造新的财物来源,长远来说会导致物资匮乏,人们生活艰难。从原始农业生活开始到中世纪有了风车,16世纪发明了天体观测仪,人类社会上万年的时间仅有零星的进步。直到18世纪60年代,蒸汽机出现在一直到1970年左右,世界才经历了一连串的科技进步,最后的结果是我们的社会比之前任意一代所能想象到的都更富足。

2. 竞争意识

创造性垄断就是新产品,既让大众受益又可以给创造者带来长期利润,竞争意味着大家都没有利润,产品没有实质差异,而且还要挣扎求生。但是为什么人们相信竞争才是健康状态呢?答案是:竞争是一种观念。这种观念在整个社会中蔓延,扭曲了我们的思想,我们宣扬竞争,内化竞争的必要性,颁布竞争的法律,结果就是,尽管竞争越来越激烈,我们实际获得的却越来越少,我们把自己困在了竞争中,这是一个简单的事实。但是我们都学会了对它视而不见,我们的教育体系既促使我们去竞争,也反映了我们对竞争的痴迷。成绩本身就是对每个学生竞争力的精确测度,分数最高的学生既得到地位又得到证书。我们用同样的方法教授年轻人同样的内容,而不顾个人的天赋和爱好;无法安静地一直坐在书桌前学习的学生,在环境的影响下感觉自己好像低人一等,而在考试和作业上出类拔萃的孩子,最终都是在这个怪异的、与现实世界没有交集的学术界里找到个人定位。到高等教育阶段这种现象越严重,优秀的学生自信地往高处走,直到竞争激烈到把他们的梦想吞噬殆尽。高等教育是一场困局,在高中时对未来有宏伟规划的学生,最后却混同于与其智力程度不相上下的同侪。传统职场上的竞争,如企业管理咨询和投资银行业务,为了获得把自己转化成一个墨守成规之人的特权,学生或者家长要支付数十万美元,并且学费涨幅持续超过通货膨胀。为什么我们要对自己做这种事呢?

实际上,改变世界的更好策略是跳出竞争的"红海",发现蕴含无限机会的"蓝海"。成功的人总能在意想不到的地方发现价值。例如,有很长一段时间,微软的Windows系统与谷歌的Chrome OS不断竞争,微软的Explorer浏览器和谷歌的Chrome浏览器针锋相对,微软的Surface平板电脑和谷歌的平板电脑处处较劲,但让人意想不到的是,在微软和谷歌的竞争中苹果公司不断壮大,苹果以创新性的产品压倒了前者的竞争优势。2014年1月苹果的市值是 5 000 亿美元，谷歌和微软加起来是 4 670 亿美元，而在三年前，微软和谷歌都比苹果市值更高。竞争是一场高成本的买卖，竞争使我们过分重视过去的机会，一味重复过去的模式。

3. 后发优势

规避竞争会帮助你打造垄断企业，但是只有经受住未来考验的企业才是成功的企业。比较一下纽约时报公司和推特公司的价值，这两家公司都雇佣着几千名员工，都给数百万人提供了解时事的渠道，但是 2013 年，推特刚一上市，市值就达到 40 亿美元，是纽约时报市值的 12 倍还多。这之前的 2012 年，纽约时报刚赚了 1.3 亿美元，而推特则处于亏损状态。那么怎么解释推特公司的高溢价呢？答案是现金流。这听上去很奇怪，因为纽约时报是盈利的，而推特是亏损的。但是一个企业成功与否要看它在未来生成现金流的能力，投资者认为推特在之后的十年中可以获得垄断利润，而报纸的垄断时代却会结束。简单地说，一个企业今天的价值是它以后创造利润的总和，正确估价一家企业，还要把未来现金流折算成今天的价值。

在这方面，低增长的传统企业和高增长初创公司有着明显的区别。一家传统企业如果能维持目前的现金流五六年（如电力公司），就可以保持自己的价值。但如果企业间存在竞争，竞争会造成企业的利润流失。比如夜总会和餐馆就是典型的例子——成功者今天可能收入不菲，但因为顾客总会选择更新潮的地方去消费，导致企业的现金流可能会在几年之后不断减少。科技公司和传统公司不同，它们通常在开始的几年中亏损，因为创造有价值的东西需要耐心和不断投入，所以收益相对延迟。由此，一家科技公司的大部分价值都会在未来至少 10~15 年得到体现，表现出一种后发优势。领英公司（LinkedIn Corporation）是这方面的一个典型例子。该公司于 2002 年开始创立，是一个面向职场的社交平台，总部设于美国加利福尼亚州的森尼韦尔，后于 2011 年 5 月 20 日在纽约证券交易所上市。该平台的目的是让注册用户维护他们在商业交往中认识并信任的联系人，建立类似于大众所称的"人脉"关系。用户可以邀请他认识的人加入"关系圈"（Connections）。2014 年初，领英的市值达到 245 亿美元，这对于一个 2012 年收入还不到 10 亿美元，净收益只有 2 160 万美元的公司来说已经非常高了。看到这些数字，你可能觉得投资者都疯了，但是这个估值只有考虑到领英预测的未来现金流才有意义。截至 2020 年 5 月，领英的用户总量已经达到 6.9 亿以上，其中在中国拥有超过 5 000 万名用户。

三、管理案例

案例（一）富士康在美国投资的百亿工厂 2 年才盖起一栋房①

2008 年金融危机后，奥巴马上台，提出"再工业化"战略。特朗普则更加直白要求苹果、福特等美国企业回国。但事实证明：去工业化之后，要再度工业化是一件十分困难的事情。富士康在美国计划投资高达 100 亿美元的威斯康星州工厂就是其中一个例子。

1. 期待世界第八大奇迹出现

在特朗普宣誓就职后 3 个月左右，也就是 2017 年 4 月，富士康开始策划在美国投资建厂；当月底，郭台铭走进白宫。据说，当时有 6 位州长争相邀请富士康落户。当年 7 月 26 日，白宫、富士康共同宣布：富士康将投资 100 亿美元，在威斯康星州建立一座液晶面板生产工厂。据测算，富士康工厂最终将有望创造直接就业岗位 1.3 万个，间接和衍生就业岗位 2.2 万个以及建设就业岗位 1 万个。

100 亿美元投资、数万个就业岗位，连特朗普都不禁表示，"谢谢我的朋友——世界上最伟大的商人郭台铭"。2018 年 6 月的奠基仪式，特朗普亲自出席。他夸赞富士康新工厂，是"世界第八大奇迹"，这是"有史以来最伟大的交易之一"。

随后，嘉宾们用金灿灿的铲子扬起几铲泥土。特朗普总结道，"正如富士康所发现的，没有哪个地方比美国更适合建造、雇佣和发展"，"美国制造，一切正在发生"。

但事实是，到去年底，富士康在威斯康星州一共只雇用了 156 名员工。前几天有美国记者跑到项目工地去看，在事情敲定差不多 2 年后，这个预计投入 100 亿美元并且要在 2020 年底前投产的大项目，现在还只有一栋房。

2. 新官要算新账

富士康到美国的投资项目在一开始就不是一个简单的招商项目。

威斯康星州是美国去工业化之后留下的重要"铁锈地带"之一，长期是民主党人的票仓，但在 2016 年大选中，倒向共和党。对特朗普来说，这样一

---

① 艰难的再工业化，富士康在美国投资的百亿工厂 2 年才盖起一栋房 [EB/OL]. (2019-07-02) [2020-08-07]. https://www.shangyexinzhi.com/article/details/id-159500.

个巨型制造业工厂，无疑是他重视工业、向蓝领选民兑现承诺的重要样板。当时的威斯康星州州长斯科特·沃克（共和党）更把富士康工厂看作振兴经济、谋求连任的重要砝码，所以不惜代价吸引富士康落地：承诺给予富士康为期15年、高达30亿美元的财政补贴，包括就业所得税减免15亿美元、投资所得税减免13.5亿美元、美元采购建筑材料营业税减免等1.5亿美元。2019年有媒体报道说，威斯康星州对富士康建厂的项目各项补贴和基础设施支出补贴计划已提高到45亿美元。当时，五大湖区其他一些州给富士康也开出补贴条件，最高的是密歇根州23亿美元（五大湖区拥有富士康生产需要的水资源）。所以，威斯康星州豪掷巨资一开始就让富士康项目招来很多争议。沃克在2018年11月举行的州长大选中，以1.2个百分点的得票率差距败给民主党人托尼·埃弗斯。埃弗斯在选举中就一直抨击沃克给富士康的巨额补贴以牺牲本州居民福利、削减其他公共开支为代价，是挥霍纳税人的血汗钱。埃弗斯上台后立即宣称：希望和富士康重谈协议。尽管埃弗斯后来强调，自己从来没有不支持富士康的投资计划，但事实上他对此已经显得满不在乎："他们或许无法创造1.3万个（工作机会），可能比这少，也可能比这多，对我而言都无所谓。"

3. 拆迁费每亩8 300美元

实际上，富士康威斯康星工厂项目一直走得不顺利。项目周边的农民反对富士康征收土地建厂，还指责政府征收土地贱卖给海外工厂。他们在听证会上表示，政府在和富士康签署协议时，根本没有听取当地居民的意见，更没有征求当地居民的同意。为了征地，富士康花了很大的价钱，赔偿价格高达每亩地8 300美元，相当于市场价的7~10倍，连当地媒体都说是"做梦都想不到的"。有一户农民收到的赔偿款高达1 800万美元，但项目涉及的乐山村（相当于一个小镇）12名地产所有人仍然不愿意，嫌价格太低，把政府告上法庭。

富士康曾宣布捐赠1亿美元给威斯康星大学麦迪逊分校成立科技研究院，进行人工智能、医疗科技等研究，这也是威斯康星大学历史上获得的最大一笔捐款。但很多师生担心，富士康在今后会对学校走向产生过大的影响力，甚至怀疑富士康想霸占学术研究成果。

对富士康的其他指责源源不断。有媒体说，为富士康项目当地每户居民平均要支付1 800美元；富士康每创造一个新工作，将花费威斯康星州22万美元经费。佐治亚大学一个经济学教授表示："（给富士康工厂）每个工作岗位补贴10万美元的回报期不是20年，也不是42年，而是几百年，甚至永远也不会。"环保人士和组织也表示反对：富士康生产的液晶显示屏要使用苯、铬、镉、汞、锌和铜等原料，产生的排放将危害环境……

4. 广州富士康项目进展顺利

富士康威斯康星项目 2 年来推一步停两步。在奠基仪式将近 1 年后，项目终于动工了，建设内容据说包括一堵两层高的混凝土墙，长度大约为一个橄榄球场，工厂目标已从 10.5 代工厂降级为 6 代工厂，产品为 5 英尺×6 英尺的液晶面板，而不是原计划的 10 英尺×11 英尺。

相比之下，富士康在广州 10.5 代工厂项目完全可以用神速来形容。2016 年底，富士康宣布在广州设立 10.5 代面板线项目，在 2018 年 7 月就实现主要厂房主体结构封顶，2019 年 2 月第一台曝光机进驻，计划在 10 月份实现量产（见表 7-3）。

表 7-3 富士康广州 10.5 代工厂项目简介

富士康 10.5 代显示器全生态产业图概况	
项目	说明
背景	2016 年 12 月 30 日广州市政府与富士康科技集团子公司显示器制品株式会社（SDP）在广州签署合作框架协议，增城区人民政府与显示器制品株式会社签署投资合作协议
投资	首期投资人民币 610 亿，年产值约人民币 920 亿元
建设项目	第 10.5 代面板、基板玻璃及相关后段产品生产线，重点发展工业大数据应用、超高清 8K 电视、智慧家居、智慧办公、面板自动化（工业机械人）研发等，打造显示器、电子白板生产工厂，并从事高端显示技术产品研发等
建设规划	2017 年 3 月 1 日开工建设，2019 年目标量产

同样的项目，中美不同进展，除了上面说到的这些富士康在美国遇到的问题，其实关键还在于中美制造业基础已经大不相同。

举个简单的例子。富士康 10.5 代工厂需要大型玻璃面板。这些年，液晶面板生产基本上集中在中国、韩国和日本等地，玻璃面板生产也就配建在液晶面板工厂附近。因为大型玻璃面板没法长途运输，所以富士康曾经动员玻璃面板企业康宁公司在威斯康星富士康工厂附近建一座大型玻璃面板工厂。但在美国建厂成本高，所以康宁给出的条件是：威斯康星州给建厂成本 2/3 补贴。然而，刚补完富士康几十亿美元后，威斯康星再也拿不出钱来补贴康宁了。所以，富士康不得不对工厂降级。

作为比较，在广州，康宁10.5代玻璃落户，将和富士康10.5代同步投产。正因为富士康广州项目先投产一步，富士康担心产能增长过快，加剧竞争，所以也有意对美国工厂降级。当年，日本夏普就是因为在液晶面板领域盲目大举投资，最终陷入困境，被迫"卖身"富士康。富士康当然不想重蹈覆辙。试想下，如果是美国工厂先投产，那么降级的可能就是广州工厂了。

同时，由于长期产业流失，美国已经很难找到大量的熟练工人。所以，郭台铭在2019年2月的一次通话中，用奉承的话语给特朗普解释项目为什么迟迟不动："总统先生，威斯康星州的失业率，从你上任以来，已经从5%~6%，降到2.9%，也就是说，我现在根本找不到（工）人。"美国有财经媒体甚至曝出，富士康威斯康星州项目计划从中国引进工程师。到现在，富士康威斯康星州项目进退两难。进则成本巨大，而且还面临工人缺乏等潜在生产难题；退又不好收场。可见去工业化悄无声息，再工业化却难上加难。这种教训需要知之、鉴之。

案例（二）国有企业深化改革三年行动计划[①]

1. 三年行动计划

2021年是"十四五"开局之年。"十四五"深化国有企业改革的重要抓手是国企改革三年行动方案的实施。中国国有企业正通过"十四五"规划，在危机中育先机、于变局中开新局，酝酿下先手棋、抢抓改革机遇。有专家指出，国企改革将从九个方面着力。

第一，完善治理，打造真正的市场主体，打好公司制改革"收官"之战。央企的公司制改革已全面完成，超过96%的地方国资委出资企业完成改制，但是翻牌公司现象仍然存在。党委会、董事会、经理层与监事会等治理主体的权利、义务和责任，将会进一步清晰界定，推动章程和议事规则的个性化设计，建立有效制衡的公司治理机制，重点解决所有权与经营权分开，使企业成为独立的市场主体。

第二，加大授权放权力度，健全管资本为主的国有资产监管体制。提速构建国资监管"大格局"，深化国有资本投资、国有运营公司改革试点工作，有效发挥"两类公司"在国有资本布局上的调节作用。在重点领域制定科学、

[①] 参见：沈高明. RCEP与中国的机遇及挑战——兼议中国企业走出去风险 [EB/OL]. (2020-01-02) [2020-08-19]. https://www.sohu.com/a/441983699_284463.

可量化、可考核的国资系统智能化监管指标，动态监管国有资本，并形成风险预警机制。

第三，围绕主业进行结构调整，配强新的产业链条。围绕主业有效推进企业战略性重组和专业化整合，国企在重要行业和关键领域发挥保障作用，强化在维护国家安全和产业基础方面的支撑能力，提升国防军工、能源资源、粮食、战略性网络基础设施等领域的保障水平。同时，围绕"主业"，在产业链中高端上配置；强化保障公益民生和普遍服务能力，加大民生的基础设施投入力度，进入新型消费领域，做强做优做大国有企业。

第四，企业战略性重组和专业化整合，提高产业集中度。加大钢铁、煤炭、化工、交通运输行业重组，解决产能过剩问题；对民营企业、民营上市公司由于高杠杆和股权高比例质押出现的风险多采用并购方式解决。

第五，以国有大型龙头企业为主体重构产业链条，加强大中小企业协同创新。围绕重点产业链、重大投资项目，由国有企业领头，加大与民营企业、中小企业全方位合作，打通堵点、连接断点，形成上下游、产供销、大中小企业协同发展的局面，以加强要素保障，保证各类商场、市场和生活服务业正常供给，深化产权领域合作发展，打造具有战略性和全局性的完整的产业链，发挥"国家队"在实现产业基础高级化、产业链现代化中的作用，由二元经济结构向一体化协调发展转变。

第六，混改以深度转化经营机制为主线，分层分类推进。混改主题由混资本为主向混机制为主转变，着力引入高匹配度和协同性战略投资者，给予其董事会席位，提高参与权，充分发挥战略股东在业务合作、改革发展等重大事项决策中的积极作用，探索有别于国有独资公司的治理机制和监管模式。促进数字经济和实体经济深度融合，推动互联网公司进入国企，更好地发挥其技术和创新能力。推进能源、铁路、电信、公用事业等行业竞争性环节市场化改革与网运分离，完善支持非公有制经济进入电力、油气等领域的实施细则和具体办法，大幅放宽服务业领域市场准入，向社会资本释放更大发展空间。

第七，以"要素市场化"为着眼点，加快健全市场化经营机制。全面推行经理层任期制和契约化管理，全面推行市场化用工，用好国有企业激励"工具箱"中较为丰富的方式方法，统筹运用各类中长期激励政策，完善市场化薪酬激励机制。在企业科技创新中，进行大胆充分的激励，加强关键技术攻关能力，从创造适合科技创新的环境和动力机制着手，健全科技成果归属和利益分配机制，提高研发团队及重要贡献人员分享科技成果转化转让收益。

第八，在高水平对外开放中发挥市场主体优势，增强国企全球化资源配置能力。积极推进国企参与"一带一路"建设，对标世界一流企业，增强国有企业全球化资源配置能力，提升对全球产业链和价值链的控制力。以重大基础设施建设为骨架，以产业园区为平台，聚焦重点深耕细作，强化国内发展与"一带一路"建设的相互支撑，倡导和推动多边合作机制。海外企业通过并购获得了先进技术，在消化、吸收这些技术的基础上再进行大规模集成创新。

第九，总结推广"双百企业"等国企改革试点的经验，发挥引领示范带动作用。大力推进"双百行动""区域性综合改革试验""科改示范行动"等专项工程，开展专项或综合评估，重视集成改革效果，直面差距和不足，解决改革不平衡、不充分的问题，根据评估结果动态调整"双百企业"名单。力求改革在更大范围复制推广和应用，引领今后的国企改革更多地朝着综合集成的方向迈进。

2. 改革背景

2020年11月15日，在历经8年的31轮谈判后，《区域全面经济伙伴关系协定》（RCEP）正式签署。除去中途退出的印度外，共有包括中国、日本、韩国、澳大利亚、新加坡及东盟国家在内的15个成员国，涵盖约三分之一的世界人口，也占全球GDP、贸易和外商直接投资总额的近三分之一。RCEP正式生效后，预计全体成员国产品的关税消除率将达91%，被视为后疫情时代全球经济复苏的强大动力。RCEP的达成，清除了全体成员国之间的关税与非关税壁垒，在服务贸易、知识产权保护及贸易规则等广泛领域打通了整个大市场，使得区域内相互实施零关税产品数量占比超过九成。这些都将帮助全体成员国进一步解放生产力，有力促进区域内贸易发展。根据美国彼得森国际经济研究所的研究，在2030年时，RCEP将为全球实现收入效应提升达1 860亿美元。

RCEP将为中国的"双循环经济"提供支持，因而中国将是RCEP的最大受益者。RCEP有利于中国积极扩大进口，吸引外资，引进所需要的技术、资金和服务。同时，RCEP又有利于积极扩大产品和服务出口，扩大对外投资。此外，RCEP也清楚地规定了共同的原产地规则，使得在整个RCEP框架内的产品在不同成员国的不同阶段加工将获得统一承认，这也将进一步深化区域内产业价值链。由于中国拥有世界所有工业部门和全球最为完整的产业链，而相对于全球其他地区而言，RCEP成员国的产业链也较为完整，RCEP也将清除不同成员国之间货物、技术与服务流动的障碍，使得区域内贸易将蓬勃发展。最终，RCEP 将为中国带来有利的外部增长环境，提高外循环的质量。在这一基础上，中国可以集中力量发展高新技术并不断扩大国内消费市场，为内循环为主创造有利条件。

RCEP 能将之前区域内的点对点贸易协定变成网状，在各成员国间形成共同利益，能保证在最极端情形下，中国不会闭关自守与故步自封，遏制美国将中国排挤出国际经济体系的企图；由于印度退出了 RCEP，这将严重削弱印度在国际经贸体系中的分量，也将使得美国主导的"印太战略"因缺乏支撑点而在遏制中国的战略方面出现"跛脚效应"。

虽然 RCEP 将助推中国发展经济，为实现中华民族伟大复兴提供战略机遇，但是，在 RCEP 生效后，中国企业将面临新的挑战。

首先，中国产业将面临更为激烈的竞争。以往，中国在传统劳动密集型产业产品方面的出口大于进口，而在高端产业方面的进口则大于出口。RCEP 虽然会在短期内提振中国包括传统劳动密集型产业与高端产业产品的出口，但是从中长期来看，随着传统劳动密集型产业向东盟国家的加速转移，中国在这方面产品的竞争优势将被削弱；同时，中国的高端产业面临来自日本和韩国的竞争将增强。最终，中国国内产业面临的竞争将更为加剧。

其次，TPP 与 CPTPP 可能的冲击。RCEP 固然巩固了中国的对外贸易与投资的东亚太平洋板块与东南亚板块，增强了中国的贸易地位和贸易规则话语权，但必将引起美国与印度的不安。拜登政府可能会继承奥巴马的政治遗产，重新启动"跨太平洋伙伴关系协定"（TPP）；中国政府正积极争取加入日本主导的"全面与进步跨太平洋伙伴关系协定"（CPTPP），美国和日本有可能与 RCEP 中的其他成员国共同制定更高标准的新贸易协定，试图再次主导多边与区域贸易体制，削弱中国加入 RCEP 的经贸成果。与此同时，除了在区域贸易挤压中国外，美国利用贸易规则对中国进行打压的行为方式将集中体现在 WTO 改革议程的制定和标准上。可以肯定的是，中国将再次成为以美国为首的西方国家的攻击目标，使得国际多边贸易体制内的斗争更为尖锐。

最后，新冠肺炎疫情时代的国际政治压力。受新冠肺炎疫情影响，世界经济复苏步伐迟滞，各国经济实体为转嫁缓解国内矛盾，将涉华正常商贸行为政治化倾向越发明显。近年来，各国利用政策工具对中国企业制裁加剧泛化，各国通过强力部门对中国项目及人员的滋扰与合规审查力度不断升级，使得中国企业的境外项目与人员面临综合新型安全威胁。

案例（三）乐视与信维通信都搞创新殊途不同归[①]

2017年7月13日，媒体纷纷用醒目标题《乐视生态帝国正在分崩离析》进行报道：上周，贾跃亭辞去上市公司董事长职位，160亿元的股权被冻结，旗下业务一个个被变卖、清算，已经没有哪个"好同学"还能够将他拯救于水火之中了。2020年7月21日起乐视网终止上市交易，7月20日成乐视网最后一个交易日，最终股价收报0.18元，总市值7.18亿元，较高峰时的1 700亿元市值蒸发99%以上[②]。这家一度的明星企业乐视之败，败在哪？

乐视上市8年来，在一级市场、二级市场累计募集了上千亿元的资本，业务涉及电视、手机、汽车、影视、体育、电商、云计算，热门行业几乎无所不包，但没有一项业务是赚钱的，每天失血上亿元。然而还有很多人在为他叫屈，说要包容这样的创业者，为他的理想和抱负感动得热泪盈眶。

压垮乐视的最后一根稻草是股权质押。乐视年报数据显示，经过多轮股权质押之后，贾氏家族超过90%的股份都已质押。一旦股价跌至平仓线以下，所有的梦想都将灰飞烟灭。

实践证明，活下去的唯一办法就是好好做产品。这里用同期上市的另一家公司的案例做个比较。

2010年8月12日，乐视网上市，融资6.81亿元。3个月后，信维通信也在创业板上市了，融资4.89亿元。乐视网所在的互联网视频领域是投资者所追捧的风口，估值高高在上；而信维通信所做的手机天线却实在不起眼，就跟纽扣、打火机一样，极为普通。

在视频领域，乐视的对手有优酷、腾讯视频、爱奇艺；在手机天线领域，信维通信的对手也有Laird、Pulse、Amphenol、Molex等一众跨国公司，国内的硕贝德也比它积累更深厚。

乐视选择了扩张新业务。2011年，乐视影业成立，贾跃亭挖来光线影业的高管张昭，开拓线下；同年10月，网酒网成立，乐视进军酒类电商市场，将触角伸向了互联网巨头们的领地；2012年，乐视超级电视推出，以补贴烧

[①] 根据以下资料整理改编：乐视烧掉一千亿，大败局的血泪教训 [EB/OL]．（2017-07-13）[2020-08-22]．http：//blog.cnfol.com/fuguanglueji/article/1522471716-135728294.html．乐视网退市！半个娱乐圈和28万股民因贾跃亭梦想窒息 [EB/OL]．（2020-07-21）[2020-08-20]．https：//www.chinanews.com.cn/m/cj/2020/07-21/9243531.shtml．

[②] 乐视退市，半个娱乐圈都在大哭，多位明星和富豪亏惨 [EB/OL]．（2020-07-23）[2021-08-11]．http：//mp.cnfol.com/28606/article/1595505612-139317334.html．

钱的方式"入侵"硬件市场；电商、电影、电视，分属于线上、线下、零售、文化、硬件等不同领域，对竞争力的要求差异巨大，并且都在各自领域内存在着实力强大的对手，梦想家贾跃亭就这样毫无畏惧地出发了。

相比之下，信维通信的彭浩要谨慎得多，他手里的 4.89 亿元被分配到了三个去处：1.9 亿元改造终端天线技术；3 250 万元建设研发测试中心；1.98 亿元收购了一家叫北京莱尔德的公司。三个去处都为了一个目的：做强主业。莱尔德是一家出身自北欧瑞典的跨国公司，是业内排名第一的天线公司，跟随着瑞典爱立信和芬兰诺基亚成长起来，一度掌控了全球三分之一的份额。无奈因苹果的崛起、三星的超越，从诺基亚、爱立信，到摩托罗拉、LG，莱尔德的所有客户都在撤离手机业，莱尔德危机四伏，摇摇欲坠地支撑了几年之后，最终绝望地选择了放弃。信维通信得知这个消息后，立即就做出收购的决定。这是一笔蛇吞象的收购案，2010 年，北京莱尔德的营收为 10.7 亿元，信维通信却只有 1.4 亿元，两者有近乎 8 倍的差距。这是一次充满荆棘的冒险，2011 年，北京莱尔德营收下滑 30%，亏损 3 900 万元，而信维通信的利润也只有不过 5 300 万元。

那时候的信维，客户主要依赖东莞的手机三剑客——OPPO、VIVO、金立，日子虽然过得不错，但技术上离业界龙头还有一段距离，并想打入苹果产业链。2010 年，苹果 iPhone 4 代出世，革命性的产品令苹果风靡全球，但是没多久，天线门事件就爆发了，成为苹果进军智能手机以来最大的危机。

所谓天线门，指的是 iPhone 4 的一个缺陷，用户只要一握紧手机，信号就会迅速衰减，几乎接收不到通信信号。这个致命的问题，让苹果收到了大量的投诉。信维深知其中的问题所在。

智能手机时代，功能越来越强大，屏幕也越来越大，这样必然导致一个结果，就是耗电量越来越大，但是，手机的一个基本设计方向又是越来越薄。这就产生了一个结果，细小的手机内部空间，每一寸每一毫米都必须为电池提供栖息之地，以提供更长久的续航时间，而其他的所有功能零件都成了被升级或者被革命的对象，传统的金属天线也不例外，于是 LDS 天线技术就应运而生了。

LDS 天线技术，也就是激光直接成型技术（laser-direct-structuring），利用计算机按照导电图的轨迹控制激光的运动，并将激光投照到模塑成型的三维塑料器件上，在几秒钟的时间内活化出电路图案。通俗地说，就是激光 3D 打印，直接将天线打印到手机外壳上。这毫无疑问是手机天线技术的一次革命性进化，科技含金量大大提升，再也不是谁都能够涉足的生意了。

苹果当时应用的就是 LDS 技术，但是当时的设计显然还不太过关，以至于当人手握住手机的时候，与天线接触产生了短路，形成了始料不及的"天线门"事件。

这真是一个千载难逢的机会。信维上市之后，就将一半的融资金额投入了这项技术的研发之中。2012 年，信维通信以 1.98 亿元吃下北京莱尔德。这是其跃进高端天线市场的关键一步，当时恰逢全球金融危机之后的资产贬值潮，抄底欧美技术公司机遇难得。就像吉利收购沃尔沃，均胜电子收购德国普瑞，巨星科技收购美国 Oldblatt。这些公司通过这些收购，经一番消化吸收之后，在业内奠定了强者地位。

然而，乐视的四处征伐和信维的孤注一掷，在资本市场获得了完全相反的结果。

2013 年，乐视影业先后拉来张艺谋、郭敬明、孙俪、黄晓明等 19 位明星股东，将半个影视圈纳入麾下，这些动作帮他 A 轮融资 2 亿元，B 轮融资 3.4 亿元，估值也水涨船高。贾跃亭很快就摸透了 A 股资本市场的脾气，知道散户喜欢听故事、炒概念，于是什么风口吸引眼光就往什么风口赶。明星吸引目光，那么我就拉拢明星，即使再贵我也不在乎。2014 年，乐视体育成立，再将刘涛、孙红雷、周迅、王宝强等 11 位明星拉为股东，另外半个娱乐圈也尽入瓮中。在强大明星效应的背书下，乐视体育获得了 A 轮 8 亿元、B 轮 80 亿元的融资，估值迅速攀升至 215 亿元。如此高的估值下，乐视体育有什么出色的产品吗？答案是：乐视以业界最贵价格买回来的一大堆独家版权，包括 F1 赛车、英超、意甲、亚冠联赛、ATP 网球巡回赛、中超等，其中中超版权，乐视给出的报价竟达 27 亿元。

乐视手机推出后，为了尽快获得市场份额，乐视手机以低于成本价发售。为了尽快获得供应链和渠道，乐视以 21.8 亿元买下了酷派，准备大展拳脚。可是当时手机行业从苹果、三星、华为，到深圳本地手机，全球超过一万个品牌，竞争之残酷，淘汰之激烈，各行业无出其右；并且这个行业的淘汰赛已经开始，早期的联想、中兴、酷派都已日落西山，没有独门技术，连西北风都喝不到。

四处出击，让乐视的营收规模节节攀升，不断放大的融资杠杆，又让乐视足以将"兵力"投入到更广阔的战场，无孔不入地蔓延至各个领域。很少有人留意到，乐视进入的每一个领域都是广受关注的热门行业。从理论上来说，这些行业的竞争者巨头众多，通常是最难以获得成功的创业死地。贾跃亭很清楚，只有热门的行业，PPT 才有人看，估值才可能获得溢价，才能融到更多的资金,支撑他的梦想不断延展。镁光灯下,贾跃亭振臂一呼,狂热的粉丝簇拥在周围,让他的形象如英雄般伟岸。

与此形成对比的是,细小而不受关注的手机天线,注定是一个乏人问津的冷门行业。即使是收购了业内龙头,信维在媒体那里听到最多的通常也是冷嘲热讽的质疑。2013年的信维,营收仅3.52亿元,亏损6 820万元。更可怕的是,莱尔德的第一大客户,贡献营收70%的诺基亚正式选择卖身微软,第二大客户摩托罗拉和第三大客户爱立信几乎销声匿迹。屋漏偏逢连夜雨,公司发生了人事大"地震",中高层大换血,且技术人员也流失了一大部分。估计没有任何一个投资者看了这段描述还能镇定地等下去。

然而,很少有投资者留意到以下这些事实:2013年,信维通信投入研发资金4 745万元,占当年营收的13.47%。这个比例在A股公司中凤毛麟角,足见其对产品和技术的信仰。另外,信维通信全力攻坚LDS技术,设立了瑞典斯德哥尔摩、美国圣何塞、韩国水源、中国台北、北京、深圳、上海七个研发中心。借助莱尔德的技术团队和质量控制经验,信维很快就搭上了苹果、三星、索尼等大客户。

乐视帝国仍在扩张,形势却正悄悄逆转。2015年,乐视以18.75亿元入股TCL电视,以7亿美元收购易到70%股权,收购美国法拉第汽车并投资10亿美元建厂……2016年,乐视以9亿元收购酷派余下股份,以21亿元入股北京国安俱乐部,宣布以20亿美元收购美国VIZIO电视……不仅是电视、手机、汽车、电商、足球、影视、体育版权,乐视还开始"入侵"地产业。据统计,乐视在重庆拿下了56万平方米的土地,耗资34亿元;北京三里屯的土地耗资29亿元;雅虎在美国的19.7万平方米土地,耗资16.44亿元;浙江莫干山的数千亩土地,耗资4.2亿元。还有传闻中和天津蓟县合作的乐视超级生态城,预计投资400亿元。

贾跃亭沉浸在他的帝国宏伟梦想中。贾跃亭认为只要资金足够多,他的帝国可以囊括所有的行业,然后实现生态的化学反应。通过直接融资、股权质押融资、发债融资、股权风险融资等各种手段,他已经融了上千亿元。

而信维通信默默钻研技术和产品,终于拿到了苹果供应商的入场券,业绩开始反转,利润跳涨。有了苹果的背书,切入三星、华为等大客户轻松实现。2014年信维通信实现利润6 000万元,2015年2.2亿元,2016年5.3亿元。小小的一支天线,做出了400亿元的市值,并且随着技术的升级,还延伸出更多充满想象力的商业空间。以前一支金属天线,只能卖出1元的价格;现在一支LDS天线,可以卖到5~6元;而未来,随着5G通信时代和自动驾驶时代的到来，技术门槛越来越高。信维目前已经做出了无线充电和 NFC 移动支付二合一的磁性天线技术，在三星 Galaxy S7 手机中占据最大份额，超过所有竞争对手。这种天线的单价超过了 30 元，比某些触摸屏、摄像头等零件的价格更高。据业界估计，一辆无人车的天线价格有可能要几百美元。信维通信的市场越来越大，路越走越宽。曾经不相伯仲的本土同行已被远远抛离，行业内再无对手。

贾跃亭尽管是一个讲故事的天才，用乐视生态帝国吸引了无数投资者，但其最后被新能源汽车这根稻草压垮了。2018 年 6 月 25 日，恒大健康发布公告，称投资 8 亿美元成为贾跃亭控制的法拉第未来大股东。几个月后 8 亿美元就被耗尽，贾跃亭要求恒大再提前支付 7 亿美元，遭恒大拒绝并且对簿公堂。最后，贾跃亭带着未完成的新能源汽车逃到了美国，继续通过讲故事希望东山再起。而其留下来的烂摊子，给投资者带来了巨大的失望，特别是中国的娱乐界、体育界、产业界的明星们。例如，2016 年 4 月，在乐视体育 B 轮融资中，刘涛、孙红雷、贾乃亮、周迅、王宝强、陈坤等 11 位明星投资金额总计近 2 亿元。损失最惨重的刘涛，不仅在乐视体育中投资 5 000 万元，还在乐视影业投资 1 000 万元，总共 6 000 万元均化为泡影。2017 年 1 月，乐视资金链出现问题后，同为山西老乡的融创中国老板孙宏斌出手相救，投资 150 亿元。孙宏斌接手之后，才知道乐视债务有多烫手。融创 2017 年年报显示，这场豪赌输掉了 165 亿元。

第8章 系统优化

一、教学目标、理论概要、思考与讨论

(一) 教学目标

1. 树立系统优化的管理理念，掌握系统优化的基本思路。
2. 掌握企业价值的系统评价方法，指导投资、择业、管理等社会实践。
3. 掌握企业内部系统优化的思路。
4. 掌握企业生态系统优化的基本思路。

(二) 理论概要

企业能够持续经营，肯定有独到的优势，然而没有企业是完美无缺的，只有从整体上检查没有致命的"疾病"，或者曾经有过重大缺陷但已经及时克服了，才能保持商业生态系统的整体优势（见图8-1）。整体优化应该成为企业经营管理的基本理念和行动指南。

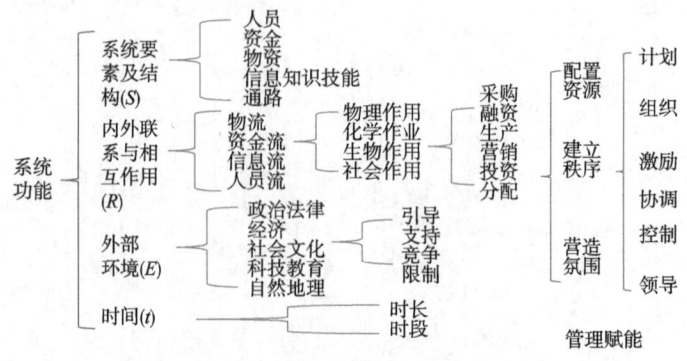

图8-1 系统整体竞争力的来源

（三）思考与讨论

1. 为什么管理者要学习系统哲学？现代系统思维在哪些方面超越了朴素系统论？
2. 尝试评估企业管理原理金字塔的理论解释价值与实践指导价值。
3. 收集沈阳机床集团从困境到突围，再到破产的资料，总结其成败的原因。由此延伸到整个中国机床行业、汽车行业、半导体行业的困境分析，讨论其出路。
4. 假如你是案例企业董事会的成员，在究竟选择杭萧钢构还是鸿路钢构作为战略投资对象时，你准备如何表态呢？请说明理由。
5. 国内外 21 家国际著名企业沉浮录能给你哪些启示？它们是否有助于增强系统优化的经营理念？
6. 如何破解中国物业管理难题？

二、精读文选

文选（一）现代系统思维概要[①]

1944 年，爱因斯坦在写给一位科学哲学专业博士并在一所大学讲授物理学课程的青年学者的回信中讲道："我完全同意你有关科学方法论的意义和教育价值不亚于科学史和科学哲学的观点。如今许多人——甚至专业的科学家——在我看来是只见树木而不见森林。历史和哲学背景方面的知识可以赋予人一种独立性，使其脱离同时代人的偏见，而这是大多数科学家难以摆脱的。这种由哲学洞见所造就的独立性——在我看来——乃是区分单纯的工匠或专家与真正的真理追寻者的标志。"[②]

现代社会管理人士应该不会再质疑系统理论的价值。但是，系统管理思想的传播任务依然艰巨。这是因为许多管理者的管理哲学依然停留在朴素的唯物辩证法阶段，未能与时俱进地掌握现代系统哲学，或者未能从朴素系统哲学的认识论上升到现代系统哲学的实践论。

[①] 选自：黄津孚. 现代企业管理原理 [M]. 北京：清华大学出版社，2017：186-189.
[②] 转引自：朱菁. 哲学能够成为科技创新的"助产士"吗？[J]. 中国科学院院刊，2021（1）.

1. 从两元论到多元论

朴素系统论曾经指导人类社会实践长达千年。中国古代哲学中的太极图是朴素系统论的代表性模型（见图8-2）。该模型表达的内容包括：万事万物均是阴阳两元的对立统一，阴阳互相包容和支撑，可以相互转化主次关系，实现从量变到质变。朴素系统论的历史性贡献至高至伟。

图8-2　传统太极图

朴素系统论的局限性在于它把世界看成是相互对立的统一体，认为事物性质是确定的、互斥的，不是黑就是白，粒子就是粒子，波就是波；不是好人就是坏人，不是朋友就是敌人，似乎不存在中间状态、过渡状态、混合状态。因而人们常被战略决定成败还是细节决定成败、企业是大一些好还是小一些好、解决经济失衡是依靠市场还是依靠政府干预等问题所困扰。

现代系统论认为多元化和连续性是客观世界的普遍现象。从微观世界的物质结构到宏观世界的人类文明，都呈现以下规律：在极端状态之间存在许多过渡态，在黑与白之间存在灰色地带，善与恶可以共存一体，方程（问题）可以存在多维解……

例如，在宏观管理方面，我们可以将社会主义制度与市场经济结合起来，可以将普世价值观与传统文化相互融合。习近平总书记认为："人类文明因平等才有交流互鉴的前提。各种人类文明在价值上是平等的，都各有千秋，也各有不足。世界上不存在十全十美的文明，也不存在一无是处的文明，文明没有高低、优劣之分。"① 在企业管理方面，中国企业联合会首任会长袁宝华先生主张摒弃意识形态障碍，努力学习借鉴国外先进管理经验，实行"以我

---

① 陶文昭.学习习近平关于吸收借鉴人类优秀文明成果讲话中的哲学思想［N］.北京日报，2014-06-16.

为主、博采众长、融合提炼、自成一家"的十六字方针。

2. 从机械思维到有机思维

朴素系统论承认事物和性质可组装、可分解、可还原。按照这种思维，在系统内一定能找到一个决定性的因素、一把能解开矛盾的钥匙。只要抓住主要矛盾，一切问题就可以迎刃而解；在理论上主张生产力决定生产关系、经济基础决定上层建筑、发展经济必须重工业优先、以钢为纲以粮为纲，如此等等。我们不妨把这种思维方式称为机械思维。

机械思维经常遇到困境，例如氢和氧结合成为水，用机械思维无法解释水的特性与氢、氧的特性有何关联。机械思维也无法解释音乐中的和弦、父母的遗传、社会的矛盾运动；无法解释"以钢为纲、以粮为纲"为什么会导致国民经济的严重失衡。

现代系统论认为万事万物是互动的，系统内要素间存在复杂的相互作用网络，有时是难以分解、不可还原的，系统功能取决于系统平衡状态的水平。我们不妨将这种关注系统内部的联系、互动、融合与均衡的思维方式称为有机思维。

例如，企业利益分配是经济学和管理学始终绕不开的问题。参与物质生产的社会成员包括提供生产资料的资本家、地主和提供劳动力的工人。经济学必须回答是谁创造了社会财富，是谁创造了剩余价值？这是决定公平分配的前提。西方早期古典经济学认为，商品价值是土地（自然资源）、资本、劳动共同创造的，各方都应得到报偿。地主获得地租、工人获得工资、资本获得剩余价值即利润，天经地义。社会主义国家的政治经济学在很长一段时期内，坚持认为商品价值由过去劳动和活劳动创造，但资本家提供的生产资料，包括地主提供的土地，属于过去劳动和不变资本，它不会增值；只有资本家雇佣的劳动力价值会增值，剩余价值产生于工人的实际劳动时间超过其工资所对应的必要劳动时间。也就是说，剩余价值是劳动者创造的，但是被资本家剥夺了，因而应当通过革命，推翻资本统治，才能消除剥削和压迫[①]。

从有机思维的视角，商品价值是各种生产要素的共同产物，要想从物理上找哪一部分是资本创造的，哪一部分是劳动创造的，等同于要区分一个孩子哪一部分是父亲给予的，哪一部分是母亲给予的，根本没有解。从商品生产的过程看，生产资料与劳动者谁也离不开谁；从价值生产的贡献看，离开

---

① 裴小革. 论剩余价值论的现实意义 [J]. 经济思想史评论, 2006 (1).

对方就没有现实的劳动生产率,随着科学技术的发展和自动化水平的提高,资本的贡献会越来越大。资本家及其代理人要决定生产什么、生产多少、如何销售,还要承受技术和市场的风险,并不是完全坐享其成,因而有权获得回报。从经济学角度,为了实现社会再生产的持续和发展,资本和劳动都应该得到报酬;从管理学角度,资本提供者和劳动力提供者都需要激励,否则谁还愿意格外勤奋和节俭以积累财富?谁还愿意牺牲当前享受、甘冒风险去投资?关键在于需要找到一个合理恰当的分配比例或者叫做"度"。因而,中国提出了"多种生产要素参与分配"的理论,它有效地调动了多方面积极性,实现了中国经济的持续快速增长。

3. 从替代论到进化论

朴素的系统论重视系统的变化,从机械思维出发。例如,人类社会从奴隶制社会到封建制社会,再到资本主义社会,是整个社会结构即阶级关系的替代;火车动力机械从蒸汽机到内燃机,再到电动机;影像技术从胶片到数码……基本上也是新旧替代的概念。在管理界,替代论的影响不可忽视。例如,有人认为,以后企业发展不是取决于How,而是取决于Who、Where,只要能够整合就行了;在互联网时代,实体经济没有前途了;商业模式决定一切;赶上风口,猪也能上天;智能互联时代,商品的个性化将取代标准化;如此等等。以替代论指导实践必将导致顾此失彼。

现代系统论受达尔文的生物进化论影响,更加重视系统的进化。人们注意到高级生物与低级生物之间仍存在基因的联系;人类胚胎发育过程可以看到其他动物的影子;美国的社会制度与德国的不同,是因为美国深深打上了后发展的移民国家的烙印。智能互联时代的社会和企业经营管理将继承许多工业化时代的基因。

文选(二) 有关企业可持续竞争优势的系统思考[①]

企业是人类经济生态系统的一部分,生态系统通过新陈代谢、优胜劣汰的内部竞争实现持续生存和发展,这是一个不可抗拒的客观规律。因而,在一个健全的经济生态系统中,企业的生存状态和寿命取决于其是否具备持续的竞争优势。

---

① 本资料为黄津孚主持的工业和信息化部工业化与信息化两化融合项目《新型工业化背景下企业的可持续竞争优势研究》报告的一部分。

1. 经济学的研究视角

从 20 世纪 70 年代开始,学术界有关竞争优势的研究成为热点。学者们先后从产业环境、竞争策略、核心竞争力、宏观环境、动态复杂环境下企业适应性等不同视角进行了长达几十年的讨论。

迈克尔·波特(1980)提出的五力模型是最具代表性的战略分析思路。波特认为产业结构中的五种力量及其竞争强度决定了行业吸引力(实际是盈利机会)的大小,这五种力量包括:购买者、供应方讨价还价的压力,替代品和潜在进入者的压力以及行业中竞争者的竞争压力。其中,同行的竞争应该是最重要的改变市场格局的力量:"在与五种竞争作用力抗争中,有三种提供成功机会的战略方法,可能使公司成为同行中的佼佼者:总成本领先战略、标新立异战略、目标集聚战略。"①

企业可以通过规模经济、纵向一体化、管理控制等措施实现总成本在行业中的领先地位,在竞争中处于有利地位——在相同价格下可以获得较高利润;在争夺市场份额时具有价格的较大调节空间;在行业不景气时,可以获得较大生存机会。例如在电脑行业,成立于 1987 年的戴尔通过有效的供应链管理、网络直销,大大降低了成本,缩短了供货周期,实现了十多年的快速发展,在 1993 年成为全球五大计算机系统制造商之一,2001 年成为全球市场占有率最高的计算机厂商;2008 年,其收入规模位居世界第一,年收入超过 611 亿美元,位列世界 500 强第 34 位。

企业也可以以高质量、多品种、可靠性、优质的服务、吸引人的款式、技术领先或高性价比等差异化建立起品牌优势,赢得大批忠诚客户,形成阻止竞争的壁垒,获得较大的定价权,或降低价格敏感度,从而获得较高的利润,其典型企业或品牌包括卡特彼勒、强生、香奈儿、劳力士、奔驰、宝马以及亚马逊。

另外一个途径是将资源集中于一个狭窄的利基市场,通过比竞争对手更好地满足该市场中购买者的特殊需求和口味来获得竞争优势。例如在印度,塔塔化工公司为遭受甲状腺肿大困扰的普通人群引进了加碘食盐,并取得了巨大的成功;其后,塔塔几乎垄断了品牌盐市场,其产品市场占有率达到 65%。

后来,迈克尔·波特主张从国家和区域管理的角度塑造和加强企业的竞争优势:"国家的竞争力在于其产业创新与升级的能力。企业要能与世界最强

---

① 迈克尔·波特. 竞争战略 [M]. 北京:华夏出版社,1997:33.

的竞争者展开竞争,并获得竞争优势,关键在于国内的压力和挑战。强悍的国内竞争对手、积极行动的本国供应商、挑剔的本国客户,锤炼出这些企业过人的筋骨。"①

20世纪90年代以来,核心竞争力成为研究竞争战略和竞争优势的主流视角。许多战略管理学家从企业内部出发探讨企业长期利润或持续竞争优势的来源,提出企业内部资源基础的特异性(Barney,1991)和核心能力(Prahalad and Hamel,1990)是企业持续竞争优势的真正基础。企业通过核心知识、能力的积累以及相应的竞争行为或战略获得持续的竞争优势(或超额利润)(杨瑞龙、刘刚,2002)。《资源竞争:90年代的战略》一文中提出了价值资源的概念,认为企业是各种资源的集合体,企业竞争优势归功于拥有价值资源的状况。而资源的价值取决于需求、稀缺性和独占性;资源可分为有形的物质资源,诸如品牌信誉或专有技术,以及体现在企业日常业务、工作流程和企业文化中的组织能力等无形资源。检验价值资源的5条标准是:难以模仿;所带来的竞争优势较为持久;所带来的收益为组织而非个人所独占;难以被替代;相对竞争对手而言的价值。

发展专门技术和资源力量所带来的公司竞争能力,是竞争对手无法轻易模仿或超越的。联邦快递拥有快递小型包裹的卓越能力;IBM在支持大型企业需要的信息系统和信息技术方面拥有广泛的能力。

许多公司认识到,相比其拥有优质产品而言,要想获得优于竞争对手的持久的竞争优势,更多的是依靠构筑有竞争价值的专门技术和能力,因为竞争对手几乎总是能够模仿一项流行或创新的产品,但是对那些经验相当的竞争对手来说,一个公司长期发展并日益完善的技术秘诀和专有的竞争能力在短时间内是很难被模仿复制的。例如凯马特、西尔斯和其他折扣零售店以及超级市场连锁店已经发现,尽管已经尝试了很多年,要想同沃尔玛复杂的分销系统和受过良好训练的销售规划专门技术相抗衡简直是不可能的。公司积极地构筑竞争对手不具备而且不容易抗衡的能力,这种主动性涉及以下内容:比竞争对手更快地将改革的新产品推向市场(3M公司);更好地掌握一项复杂的技术程序(例如制作子午轮胎的米其林);在无缺陷制造方面的专门技术(例如丰田和本田);专门的营销和广告推销秘诀(例如可口可乐)……②

---

① 迈克尔·波特. 竞争论 [M]. 北京:中信出版社,2003:149.
② 小阿瑟·汤普森,斯特里克兰三世,约翰·甘布尔. 战略管理:获取竞争优势 [M]. 北京:机械工业出版社,2011:2-3.

2. 企业管理的实证研究

20世纪70年代以后，管理学界出现了一大批有分量的管理学实证研究成果，其共同的目标是探求企业从成功到卓越以及持续生存发展的秘籍。例如，20世纪80年代初，美国斯坦福大学两位著名教授兼管理咨询专家汤姆·彼得斯和小罗伯特·沃特曼在其出版的《成功之路》一书中总结出美国成功企业的八个品质：贵在行动、紧靠顾客、自主创业、以人促产、培育价值观、不离本行、精兵简政、松紧结合以及7S管理模型（见图8-3）。

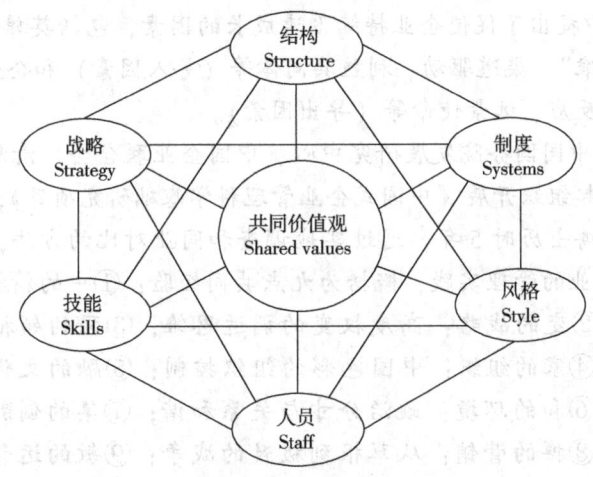

图8-3 7S管理模型

1990年，美国马萨诸塞州研究人员詹姆斯·沃麦克通过对汽车行业长达5年时间、涉及14个国家的全面系统研究，出版了《丰田精益生产方式》一书。该书揭示了丰田公司保持长盛不衰的秘密，详尽描述了产品设计、供应链协调、用户关系、订单发货管理、企业精益管理等精益生产方式的五大要素，并将其推广到生产之外从卫生保健到零售业等所有价值创造活动之中，在社会上产生了很大影响。

1994年，美国斯坦福大学的詹姆斯·柯林斯、杰里·波拉斯在其研究成果《基业长青——企业永续经营的准则》中提出，能够实现基业长青的企业具有以下共同特点：造钟（建立制度和机制）而不是报时；利润之上的追求；保存核心（理念），刺激进步；胆大包天的目标；教派般的文化；择强汰弱的进化；自家成长的经理人；永远不够好（永不满足）；起点的终点（一贯到底）。

2001年,詹姆斯·柯林斯又通过长达五年的研究,在进入财富500强的企业中搜索1965—1995年实现跨越式发展的11个案例,与各自行业、资源相似的企业(共17家)进行对比,总结和挖掘它们与众不同的经验,在《从优秀到卓越》中提出了包括"第5级经理人"、先人后事、直面残酷的现实、"刺猬理念"、训练有素的文化和"技术加速器"六个要素在内的"飞轮模型"。

2004年,中国学者陈春花、赵曙明、赵海然等通过对改革开放以来的六家"行业先锋"(宝钢、海尔、联想、TCL、华为)的深入研究,在其合著的《领先之道》中提出了促使企业持续飞速成长的因素,包括英雄领袖、"中国理念,西方标准"、渠道驱动、利益共同体等(导入因素)和企业文化、核心竞争力、快速反应、远景使命等(导出因素)。

2005年,中国国务院发展研究中心、中国企业联合会、清华大学经济管理学院联合发起组织开展《中国式企业管理科学基础研究项目》,国内上百位管理学教授、博士历时5年,通过实地调查和同业对比的方法,研究了国内30余家成功企业的管理实践,概括为九点共同经验:①中的精神:实用理性的辩证智慧;②变的战略:高度权变的调适思维;③强的领袖:企业家的德、魅与愿;④家的组织:中国色彩的组织控制;⑤融的文化:个人价值与时代共鸣;⑥和的环境:政治分寸与关系和谐;⑦集的创新:标杆管理与整合再造;⑧搏的营销:从草根到极致的战争;⑨敏的运营:恰当高效的基础管理。

3. 系统思考的结果

企业就像一个人,天有不测风云,人有旦夕祸福。人的寿命长短既受生存环境的影响(例如在非洲和中东有些地区,或者极度贫穷,或者连年战乱,千百万人未能达到平均寿命就离开人世了),也受自身总体素质决定(包括遗传因素及由心态、营养和生活习惯决定的免疫能力),因而在类似的环境下,个体的寿命有长有短。企业的兴衰存亡同样是由其外部因素与内部因素共同决定的,那些能够持续经营的企业,除了有良好的生态环境,自身肯定有独到的优势。

企业是一个具有高度复杂性的系统结构,其生存发展状况是由内外环境的复杂性与不确定性决定的,要素层面取决于管理者、被管理者及互动的经营管理活动状况,机制层面取决于由企业资源、秩序和文化氛围构成的商业生态。追根溯源,企业可持续发展的前景取决于企业经营之道的把控,以及管理职能和业务运作策略的运用。企业管理原理金字塔可以作为企业可持续竞争优势的诊断工具和战略指南。

（1）经营环境与企业可持续经营。企业经济生态环境决定市场和资源。在经济景气时期，即便是科技和管理落后的企业也能找到生存空间，常常鱼龙混杂，难分良莠；一旦经济衰退，就能比较出企业生命力的强弱。例如半个世纪以来发生过几次能源危机，大量石化企业倒闭，而台塑集团因为扎实的成本控制而安然无恙。

政治法律环境对企业生存发展空间的影响最为显著。进入政局不稳定、法制不健全的地区，企业的经营风险比较大。例如，中石油、中石化、中海油在近10年向非洲投资开发油气资源、建设输油及炼化设施，总计投资数百亿美元，但由于南苏丹的内战、乍得的巨额罚金、加蓬的油田被收回等不测事件，都先后遭受了巨额损失。

科技环境对企业可持续经营的影响力越来越大。第二和第三次科技革命造就了诸如福特、美孚石油、波音、IBM、罗尔斯·罗伊斯、西门子、道达尔、家乐福、丰田、松下、索尼等一大批纵横半个世纪的长寿企业，淘汰了更多的手工作坊式的中小企业；当下正进行的第四次科技革命正在全球重新洗牌，中国的华为、京东方、国家电网、中铁集团、航天科技，美国的苹果、谷歌、亚马逊、微软等一批新兴企业崛起，每年还有成批独角兽企业登场；同时，又有大量著名企业，诸如柯达、摩托罗拉、诺基亚、三洋被踢出道琼斯指数行列，正为生存而苦苦挣扎[1]。

社会文化环境对企业的可持续经营也不可小觑。例如，汽车制造企业进入韩国要小心，那里的居民爱国主义情绪极其强烈，上汽并购韩国双龙遭遇失败就是一个教训。

自然生态环境对企业可持续经营的影响最容易理解。2019年末在全球流行的新冠肺炎导致数以百万计的企业破产，特别是航空、旅游、商业餐饮等消费者密集接触的行业，但是它也让医药、网购、快递、视频会议和线上教育企业得到了更大的生存发展空间。

（2）经营之道决定企业发展前景。按照唯物辩证法，外部因素是事物发展变化的条件，内部因素是事物发展变化的根本原因。营商环境主要影响企业外部的存量市场和存量资源，但在动态的充满竞争的全球化生态环境下，决定一个企业生命力的是这个组织所奉行的经营之道，包括企业能否持续地

---

[1] 徐嘉庆．全球最知名的企业，现如今已经沦落到垃圾边缘，淘汰速度惊人［EB/OL］．（2018-12-04）［2020-08-21］．https：//www.sohu.com/a/279489655_100234130.

创造价值,能否遵循科学经营原则,能否坚持以人为本和权变创新,能否不断扬长补短实现整体优化,形成系统竞争优势。

第一,能否持续为社会创造更多价值。作为市场经济体制下的微观组织,企业的生存发展状况其实是由三股力量"投票"决定的,即顾客、生产要素提供者、政府及其他社会相关主体。企业首要的经营之道就是要明确自身的使命——为顾客,生产要素的提供者(出资人、经营管理者、员工、供应商、分销商、其他合作方)以及政府和社会相关主体(如社区、媒体、同行等)创造价值。

那些能够在创造价值方面辛勤耕耘的企业,受人尊敬,广受支持,生命力大都旺盛。20世纪90年代末,互联网开始提出信息检索需求,DEC最早开发出的搜索引擎AltaVista解决了查全率(覆盖率)问题,但没有解决查准率问题,很多内容与查询相关性很差。斯坦福大学的博士生拉里·佩奇和谢尔盖·布林发明了PageRank算法,开发了Google搜索引擎(Google一词源于一个非常大的数字Googol,即10的100次方),满足了消费者需求,不仅成为公司的创业起点,并且奇迹般地度过了2000年的互联网泡沫灾难。IBM公司是全球计算机业务的开拓者,虽然面临越来越多的强劲对手,但是公司利用设备的高可靠性,从硬件到软件到服务的一体化服务,始终牢牢控制着美国政府部门、军队、大公司和银行业务。美国主要银行对计算机系统要求一年宕机时间不能超过5分钟,一般计算机厂商难以满足这样的要求。

第二,是否遵循科学经营的原则。科学技术不但越来越成为企业竞争力的来源,而且成为决定企业生死的"法官"。企业之间的竞争某种程度上是学习与适应能力的竞争。华为从生产低端电话交换机起步,通过艰苦奋斗,逐步积累和创新,掌握了无线通信技术,成长为一家具有科技实力的国际化企业。从1997年起,华为开始系统地引入世界级管理咨询公司,建立与国际接轨的管理体系。在集成产品开发(IPD)、集成供应链(ISC)、人力资源管理、财务管理、质量控制等诸多方面,华为与Hay Group、PWC、FhG等公司展开了深入合作。经过多年的管理改进与变革,华为具备了符合客户利益的差异化竞争优势,进一步巩固了在业界的核心竞争力。微软公司原来是一个小公司,只能为IBM及苹果打打下手。但比尔·盖茨特别擅长于学习,通过为苹果公司开发应用软件,了解、学习和掌握了其带有图形界面和鼠标的操作系统,以便自己开发视窗系统;通过与IBM公司合作开发操作系统,学习IBM公司的研究开发经验。与此同时,组织公司内外力量秘密开发视窗系统,后来成为计算机操作系统的标配,为此后几十年的发展提供了强劲的动力。

第三，是否坚持了以人为本的宗旨。企业创造价值要依靠发挥人的积极性和创造性，因而，企业之间的较量是人才的较量、人心的较量。企业要想基业长青，必须通过号召力将优秀人才吸引过来，将全体员工动员起来。华为在以美国为首的西方势力打压下，之所以能够呈现强大的生命力，就是因为华为有强大无比的人才队伍，坚忍不拔的奋斗精神。谷歌之所以能够与雅虎、微软、苹果公司抗衡，发展成为互联网领军企业，不仅得益于创始人的雄才大略，还得益于其吸纳的大批精英，形成技术、营销和管理强大的业务团队。

第四，应变力与创新力决定企业的可持续经营前景。近二三十年来，电子邮件淘汰了传统的信件相关行业，电子音乐、数码影像让传统的唱片、相机、胶卷行业从大众化的广阔市场龟缩到非常狭小的发烧友空间，电子书强烈冲击了传统的出版社、印刷业、书店，电商模式更让成千上万的零售企业感受到寒冬的凛冽，支付宝和微信支付极大地削弱了信用卡业务，电子银行及各种线上金融服务迫使银行、水电、通信、旅行等企业要么转变传统的服务方式，要么退出市场；周鸿祎创办的奇虎360公司颠覆了传统的商业模式，直接向网络用户免费提供杀毒软件，击败了竞争对手金山毒霸，超越了原来业内第一的瑞星公司。

第五，系统优化的战略思维。我国著名企业家宋志平认为，环境变了，企业的成长方式也必须改变。按照经典的企业成长理论，企业的成长往往是内生式成长，关注的是如何让企业内部资源得到最大限度的发挥；如何依靠现有资产和业务，实现销售收入和利润增长。而在经济日益全球化、经济发展方式加速转变的今天，企业除了关注内部，也要关注系统资源的集成能力、优化能力，关注存量整合而形成的资源集聚效应和综合价值提升。现任中国与全球化智库主席的龙永图认为，今天的社会竞争，不在于你拥有多少资源，而在于你整合资源的能力。中国建材、国药集团能够在不太长的时间内进入世界500强，就是宋志平运用系统优化战略的成果。甲骨文的成功依靠的是多次成功的战略并购，包括2005年以103亿美元收购仁科公司，接着并购Siebel（2006）、Hyperion（2007）、BEA（2008）等规模较大的数据库二次开发软件与服务公司，并成功消化整合，从而获得全球超过一半的数据库系统的市场份额。

（3）经营管理技能与策略的运用。企业兴衰在管理层面首先取决于战略的取舍。一个典型案例和教训是眼前利益蒙住了战略视野的惠普公司。2001年时，该公司主要业务包括科学仪器、医疗仪器、计算机及外设。虽然惠普在科学仪器领域具有技术优势，但市场规模不大，发展速度缓慢；医疗仪器市场规模大，发展速度不慢，但是竞争不过通用电气；计算机及外设市场规模和发展速度有吸引力，但进入门槛不高，竞争激烈。惠普采用的策略是将科学仪器和医疗仪器分拆上市，成立安捷伦公司，拿到一笔可观的现金后发展计算机和打印机产业。当时，菲奥莉娜看中了占微机市场份额第二的康柏公司，设想惠普加上康柏，市场份额可以达到37%，一举超过戴尔的31%，于是在2001年以250亿美元的巨资收购了康柏。实际上惠普当时存在的问题在于内部管理，其资金周转速度只有戴尔的一半，而康柏本来就问题成堆，严重亏损，两家体弱的企业加在一起，只能是雪上加霜。打印机业务又受到日本佳能、爱普生的挤压，导致新惠普经营状况每况愈下，从一家高科技公司滑落为低利润的电气公司。

(4) 领导力与竞争优势。管理层特别是企业当家人的思想境界、洞察力、号召力构成的领导力，是企业长期竞争优势的主要来源。比尔·盖茨之所以能够成为信息时代的英雄，首先因为他早在开发出主要的盈利产品之前，就树立了一个理想：要帮助世界上的每个人（无论男女老少学历高低）使用计算机。为此，要让计算机价格降下来，要让计算机容易使用。比尔·盖茨领导的微软做到了这一点。

1993年，京东方电子集团股份有限公司创立。通常创业是从零开始，但京东方的创业则是从负数起步：企业亏损、欠债多，要养活上万员工。成立后，首先要解决生存问题。当时京东方没有什么产品，就先一点一点给射线显示器（CRT）做配套的零部件，没有技术就先与外商合资，盘活存量，从干中学。耗时5年，企业从亏损逐步到实现盈利，并于1997年在B股上市筹资3亿多港元。当时有人劝企业搞房地产：中国正在城市化，房地产可以赚大钱。彼时北京市刚开始规划望京新城，有很好的投资机会。京东方内部也分成两派：有的说搞地产好，做工业多难啊；有人说还是应该坚持搞工业。此时的王东升认为，如果连我们这些人都不想搞工业了，那么谁还去搞工业？经过三天三夜激烈的讨论，最后大家跟着王东升下定决心做工业。

京东方创立初期主要从事电子元器件的生产，其中有很大一部分是给CRT配套，因此一直关注显示产业的发展方向。那时平板显示技术已开始崭露头角，但在CRT发展如日中天的20世纪90年代，多数企业还没有意识到平板显示技术对CRT的替代危机。早在创立之初，京东方就成立了平板显示技术的预研小组，经过对技术的跟踪和研究，王东升判断基于半导体技术基础的液晶显示必将有更长远的发展潜力。1998年，京东方明确提出"进军液晶显示领域"的战略抉择,并开始战略布局与技术积累。按王东升的说法,"别人从容易赚钱的事开始,我们是刚扭亏为盈就搞世界前沿科技,迎难而上,要做就做世界第一"。2003年1月,京东方收购了韩国现代电子的液晶显示业务,正式进入液晶显示领域;同年,自主建设国内首条液晶显示生产线——北京第5代TFT-LCD生产线,结束了中国大陆"无自主液晶显示屏时代"。由此开始,京东方心无旁骛、专心专注在显示事业。王东升的理念是:要么不做,要做就做到最好。时至今日,京东方已拥有14条半导体显示生产线,包括中国大陆第一条第5代TFT-LCD生产线、第一条第6代TFT-LCD生产线、第一条第8.5代TFT-LCD生产线,以及全球首条第10.5代TFT-LCD生产线和全球领先的第6代柔性AMOLED生产线[1]。

文选(三) 如何破解中国机床行业的困境[2]

工业化离不开机器设备,机器设备的制造离不开机床。在中国崛起的伟大事业中,机床是先进制造技术的载体和装备工业的基本生产手段,汽车、军工、农机、工程机械、电力设备、铁路机车、船舶等行业的现代化,都离不开先进的机床行业的支持。虽然我国已连续几年成为世界最大的机床消费国和机床进口国,是世界第三大机床生产国,但是面临着低端混战、中端争夺、高端失守的困境,中国机床业依旧在夹缝中生存,其现状令人唏嘘!

1. 从第一到破产

2013年,一部名为《大国重器》的央视纪录片风靡一时。片中一家中国装备制造巨头,已然跻身全球机床产业的顶级俱乐部,它的名字叫沈阳机床。

2001年,中国加入世界贸易组织(WTO),制造业井喷,机床需求暴涨。作为中国机床业"领头羊"的沈阳机床赶上前所未有的好时代,一路高歌猛进:2004年基本垄断车床、镗铣床市场;2005年,并购德国希斯,力图掌握数控机床高端技术。快速的扩张,使沈阳机床实现了跨越式发展。在2012年的全球机床排行榜上,沈机以180亿元的销售额,问鼎世界第一。但这样的日子很快被证明是昙花一现。

---

[1] 摘自:王东升"创业、授权、交班":企业家精神的另一种诠释[EB/OL]. (2019-05-27) [2020-07-21]. https://www.sohu.com/a/316751550_120102935.

[2] 转引自:熊剑辉. 18家大国企几乎全军覆没,这个"国之重器"怎么惨到这一步?[EB/OL]. (2020-12-10) [2021-01-15]. https://www.sohu.com/a/437460146_259945.

2018年,负债202亿元、负债率达99.26%的沈机病入膏肓;2019年,再度巨亏50亿元的沈阳机床,不得不接受破产重整。

沈阳机床跌宕的命运,只是中国机床业浮沉的缩影。中国拥有全世界最完整的工业体系,但在号称"工业母机"的机床产业,却依然难言自主。

中华人民共和国成立时,中国工业基础极其薄弱。"一五"期间,由一机部二局(机床局)直辖统御,中国构建起由18家重点国企("十八罗汉")、8家科研院所("七院一所")组成的机床工业体系。"十八罗汉"一度代表着中国机床行业技术和规模的最高水平(见表8-1)。新中国第一台车床(沈一机)、第一台卧式铣镗床(沈二机)、第一台数控龙门铣(齐二机)、第一台三坐标数控龙门移动式铣床(北一机)……全都是"十八罗汉"的杰作。

表8-1 机床"十八罗汉"现状一览表

序号	公司名称	主营业务	企业现状
1	齐齐哈尔第一机床厂	立式车床	政策性破产后,改制为齐重数控
2	齐齐哈尔第二机床厂	铣床	改制后,并入央企通用技术
3	沈阳第一机床厂	卧式车床、专用车床	并入沈机集团,破产后并入央企通用技术
4	沈阳第二机床厂	钻床、镗床	并入沈机集团,破产后并入央企通用技术
5	沈阳第三机床厂	六角车床、自动车床	并入沈机集团,破产后并入央企通用技术
6	大连机床厂	卧式车床、组合机床	破产后,并入央企通用技术
7	北京第一机床厂	铣床	改制后,组成北一机床
8	北京第二机床厂	牛头车床	合并为北一机床
9	天津第一机床厂	插齿机	改组为天津第一机床有限公司
10	济南第一机床厂	卧式车床	重组后,被山东威达集团收购
11	济南第二机床厂	龙门车床、机械压力机	未改制、未破产的国企,世界三大冲压装备制造商之一
12	重庆机床厂	滚齿机	改制重组为重庆机床有限责任公司
13	南京机床厂	六角车床、自动车床	重组为南京数控有限责任公司
14	无锡机床厂	内圆磨床、无心磨床	改制后并入新苏集团
15	武汉重型机床厂	工具磨床	重组并入兵器工业集团
16	长沙机床厂	牛头车床、拉床	破产后,并入友阿股份
17	上海机床厂	外圆磨床、平面磨床	改制,并入上海电气集团
18	昆明机床厂	镗床、铣床	并入沈机集团,后破产退市

改革开放后，国门大开，中国开始大量引进日、德、美的数控技术，以缩小与发达国家的差距。学习国外先进技术，让"十八罗汉"一度功力暴增，但这种学习和进步却没能持续。20 世纪 90 年代，中国大幅降低关税，进口机床纷纷涌入国内，远远落后于世界先进水平的"十八罗汉"经不起市场冲击，不是改革转制，就是破产重组；"七院一所"也转型为企业，各谋生路。

2001 年以后，机床业迎来"黄金十年"，行业总产值暴涨 10 倍，但大部分"十八罗汉"已毫无存在感，只有沈阳机床（沈机）、大机（大连机床）、济二机（济南第二机床厂）等几家企业抓住机遇，走上新一轮快速发展的道路。

2008 年，沈机、大机在世界机床企业产值排名中分别位列第 8、第 10。济二机成了"世界三大数控冲压装备制造商"之一；中国大型汽车冲压生产线闯入了美国福特、日产北美、法国标致雪铁龙的制造车间。

但当中国市场告别井喷式增长，重新回到增量有限且全球企业激烈竞争的常态时，中国机床业的各种短板再度暴露无遗，曾经快速发展的几家领军企业，转眼成为衰落最快的反面典型，并在最近两年集体进入"告别演出"时代。

数据显示，2019 年，中国规模以上机床企业 15.1% 亏损；2020 年上半年，这个数字进一步扩大到 24.1%。中国机床业曾经的"四大天王"，老大（沈机）、老二（大机）破产重整，老三（秦川机床）连年亏损。

在最新的全球机床企业排行榜上，山崎马扎克（日）、通快（德）、德玛吉森精机（德日合资）等老牌企业重新回到前列；在全球前十中，日、德各占据 4 席、美国占据 2 席，中国无一上榜（见表 8-2）。

表 8-2 最新全球机床企业排行榜

排名	企业名称	国家	营收（亿美元）
1	山崎马扎克公司	日本	52.8
2	通快公司	德国	42.4
3	德玛吉森精机公司	德国、日本	38.2
4	马格公司	美国	32.6
5	天田公司	日本	32.1
6	大隈公司	日本	19.4
7	牧野公司	日本	18.8

续表

排名	企业名称	国家	营收（亿美元）
8	格劳博公司	德国	16.8
9	哈斯公司	美国	10.8
10	埃玛克公司	德国	8.7

资料来源：赛迪顾问。

与之对应的是，中国高档数控机床的国产化率不到10%，90%以上靠进口。

2. 艰难的自主创新

作为全球机床第一大生产国、第一大消费国，中国机床业怎么落到这般田地？

首先是技术的落后。技术落后很大程度上是因为技术研发路线的摇摆，以及国外企业对技术的长期封锁与压制。和汽车等行业一样，中国机床也曾试图走出一条市场换技术的研发之路，并且有过内外合作的甜蜜期，但最终，都失败于国外的技术封锁。而当中国机床业决心自主研发时，却为时已晚，因为总是落后于人，处处挨打。这样的例子比比皆是。

1996年，沈机耗资上亿元，引入美国桥堡的数控技术，但外方只发来一个源代码数据包，却不告知核心技术原理及使用原理，由此开发的数控机床成了废品。1999年，大连光洋进口日本机床时，日方强加了一串"霸王条款"：装机地点、用途要限定；擅自挪动机床，会被自动锁死，机床直接变废铁。2005年，沈机买下德国希斯，以为技术到手。没想到，德国法律规定，"本土知识不得外移"；五轴以上机床技术更对中国禁运。2007年，沈机打算用6 000万欧元买下一套数控系统源代码，但专家一论证，解读要5年，产业化又要5年，到那时该技术都过时了。

技术引进与合作走不通，摆在中国企业面前的，只剩下自主研发一条路。然而，这条路也不顺畅：凡是中国不能自主制造的，国外品牌便高价出售或禁售；凡是中国实现自主突破的，国外企业立刻低价倾销，让中国企业巨额的研发费用打水漂。

由此，中国机床业掉入"中低端陷阱"。一方面，大量中小民营机床企业聚集在山东滕州（中国中小机床之都）、浙江玉环（中国经济型数控车床之都）等地，陷入低端混战。另一方面，企图打破国外垄断的大型企业，投入巨资研发成功后，产生不了利润，陷入越创新、越破产的困局。

比如，在沈阳机床快速发展的几年，销量大增的背后利润却没多少。数据显示，沈机一台卖35万元的机床，仅是购买德国西门子、日本发那科的数控系统就要花28万元，如果再加上后续的系统维护、升级费用，沈阳机床基本无利可图。

核心技术缺失、国外企业打压是外因，"十八罗汉"失败的另一个重要原因是自身发展战略、经营管理、经营体制未能匹配市场竞争的要求，甚至与产业规律背道而驰。这也进一步令其研发与经营状况雪上加霜。

机床制造的技术门槛较高，强调专业分工，而且需要长期积累。日本发那科、德国西门子等企业都是长期集中力量，聚焦做单一领域的冠军。而中国机床企业，但凡有了一定的成绩，往往走上贪大求快的道路，沈机、大机都是因此陷入艰难困境。

比如，沈阳机床曾砸出10多亿元打造出世界上第一款智能化、互联化数控系统i5，并在i5问世后推出i5数控机床。时任沈阳机床集团董事长关锡友甚至提出要把i5锻造成机床业的"苹果"，颠覆机床业商业模式，但最终却被证明步子迈得太大：到2016年初，i5已获得1万台订单，但当年沈阳机床却巨亏14亿元。导致巨亏的原因主要有两个：第一，为了快速占领市场，沈机定下以租代售的策略，结果导致入不敷出；第二，长期以来，沈机通过短债长投（将短期借款用于长期投资）来搞研发与扩张。2017年，沈机实施了92.51亿元债转股，但依然难解现金流枯竭和债务"爆雷"。

而完成了混合所有制改革的大连机床，打着"像造汽车一样造机床"的口号骗贷融资，最终捅出数百亿元的债务窟窿。

3. 中国机床路在何方

2013年，在国家科学大会上，兵器工业旗下的武重集团，凭借七轴五联动重型机床斩获国家科技进步二等奖。这部最大加工直径8.5米、承重160吨、定位精度0.025毫米的国之重器，历时10年打造，能将巨型螺旋桨的声响控制得与安静大洋的背景噪声不相上下。这一重大破局，归功于武重不计成本的投入以及华中数控、大连光洋等校企、民企的创新。

华中数控1994年一成立就发誓要攻克当时最先进的五轴联动数控系统。如今，华中数控不但激活了武重的战略重器，更在军工、航天、汽车、造船等高端制造领域大显身手，还打造出全球第一款人工智能数控系统。

大连光洋，则是民企中的大国重器。20多年来，通过"破产式"研发，从软件干到硬件，钻透了数控系统、关键零件、机床整机的全产业链，核心技术自主率达到不可思议的95%，让很多业内人士都感叹不已。

但即便是这些优秀的企业依然存在很多棘手的问题。2012—2019年，华中数控扣除非经常性损益后的净利润是负数，净利润靠政府补贴，股民还曾因此要求前董事长陈吉红下台。大连光洋还未上市，但从其旗下拟登陆科创板的科德数控可知，其经营现金流三年为负，存货、应收账款高企，资金压力巨大。

有人因此大声疾呼，国家应该赶紧救救机床业，毕竟，这是一个制造大国输不起的领域。

实际上，政府也接连不断地出台扶持政策。1999年，国家对数控机床增值税实施先征后返，历时10年之久；2009年，科技部、工信部启动"高档数控机床与基础制造装备"重大专项；2019年11月18日，具有财政部背景、注册资本1 472亿元的国家制造业转型升级基金成立。这个"制造业大基金"，将以更市场化的强力方式，助力制造业关键突破，并立即调研了华中数控、敏嘉制造等机床企业。

相比政策，业内人士最期盼的是给中国机床企业更多的市场机会。也就是说，除了资金扶持的输血，更要给中国机床业加速造血的机会和环境。

中国高端数控机床在重点领域大都已能自主，但长期沉淀的品牌形象和观念，依然让中国自主高端数控机床被排除在某些市场之外，包括本土企业，也都更倾向购买外资产品。武重、华数这样的企业都坦言，"给钱不如给市场"，呼吁能多给中国机床企业"上牌桌"的机会，因为如果产品做出来却没有市场，很快便不会再有产品出来了。

总的来说，业内普遍的共识是，中国机床业已经到了"最危险的时候"，必须"拯救"。

三、管理案例

案例（一）选择向哪家公司做战略投资[①]

某钢铁企业为响应国家供给侧改革的战略，考虑向下游钢材应用市场——装配式建筑钢结构拓展业务。装配式建筑钢结构是采用工厂化生产部件并在工地装配而成的建筑，代表新一轮建筑业科技革命和产业变革方向，既是传

---

① 此案例由龙成凤、黄津孚根据公开资料整理撰写。

统建筑业转型与建造方式的重大变革，也是推进供给侧结构性改革的重要举措，更是新型城镇化建设的有力支撑。

国家政策鼓励发展钢结构工程，习近平主席多次强调："建设生态文明是中华民族永续发展的千年大计，必须树立和践行绿水青山就是金山银山的理念。"2019年3月，住房和城乡建设部发布的《住房和城乡建设部建筑市场监管司2019年工作要点》中要求开展钢结构装配式住宅试点，首提"钢结构+住宅"的概念。2020年5月，住房和城乡建设部发布的《关于推进建筑垃圾减量化的指导意见》提出："实施新型建造方式。大力发展装配式建筑，积极推广钢结构装配式住宅，推行工厂化预制、装配化施工、信息化管理的建造模式。"全国各地方政府也陆续出台实施装配式住宅扶持政策，有望推动钢结构行业加速发展以及对传统钢混建筑的替代。我国钢结构在超高层、大跨度空间结构、工业厂房领域应用已非常广泛，其设计理论、规范标准、施工技术也非常成熟，随着建筑工业化和钢结构住宅产业化发展进程的加快，在国家顶层设计及产业政策的助推下，装配式钢结构建筑将进入全面提速阶段，装配式钢结构住宅将有更广泛的应用和发展前景。

但是在选定战略投资对象时，公司董事会讨论多次，对究竟是选择杭萧钢构还是鸿路钢构，意见难以统一。假如你是董事会成员，准备如何表态呢？

1. 对象1：杭萧钢构（股票代码600477）

杭萧钢构前身是1985年5月成立的萧山县长山金属板厂，2000年12月转制为股份有限公司，2003年11月在上交所上市，是中国钢结构行业首家上市公司，首家钢结构行业国家火炬计划重点高新技术企业。自1985年创立至今，数千个样板工程已覆盖全国40多个行业，遍布全球60多个国家和地区，百余项工程获鲁班奖、詹天佑奖、中国钢结构金奖等行业奖项，主编、参编国家行业相关标准规范50多项，开创了若干钢结构行业"第一"，2019年被评选为新华社民族品牌工程唯一一家钢结构企业。

该公司注册资本为21.5亿元，总股本215 373.74万股，第一大股东单银木持股904 713 764股，占比42.01%，目前任董事长、法定代表人。2019年雇员人数5 502，包括300多名设计、研发人员，其中拥有教授级、高级工程师、博士、硕士等职称和学历的高级人才200余人；该公司拥有十余家全资或控股子公司，包括浙江汉德邦建材有限公司、杭萧钢构（安徽）有限公司、杭萧钢构（山东）有限公司、杭萧钢构（江西）有限公司、杭萧钢构（河南）有限公司、杭萧钢构（河北）建设有限公司、杭萧钢构（广东）有限公司、杭萧钢构（内蒙古）有限公司、万郡房地产有限公司、浙江汉林建筑设计有限公司、万郡绿建科技股份有限公司等。

公司上市以来主营业务主要包括轻钢结构，多层、超高层钢结构，钢结构住宅以及配套墙板、楼板，空间钢结构，发电厂钢结构，石油炼化钢结构、桥梁钢结构等。

杭萧钢构通过了美国钢结构协会 AISC 认证、新加坡钢结构协会 SSSS 认证、欧盟 EN1090 认证、ISO9001 质量管理体系认证、ISO14001 环境管理体系认证、OHSAS18001 职业健康安全管理体系认证、国家认可实验室 CNAS 认证。汉德邦 CCA 板获得中国环境标志产品认证、CE 认证和住建部康居产品认证等国内国际权威认证。

杭萧钢构具有房屋建筑工程施工总承包一级资质、建筑行业工程设计乙级资质、钢结构工程专业承包一级资质、中国钢结构制造企业资质（特级）、轻型钢结构工程设计专项甲级资质、钢结构专项施工一级资质。

杭萧钢构与清华大学、浙江大学、同济大学、天津大学、西安建筑科技大学等多所著名院校和研究所建立了密切的合作关系，拥有院士工作站、博士后科研工作站。在楼承板、内外墙板、梁柱节点、结构体系、构件形式、钢结构住宅、防腐防火和施工工法等方面先后获得 400 余项国家专利成果。

杭萧钢构坚持创新求发展之路。2010 年，为加大钢结构住宅推广力度，杭萧钢构成立房地产公司，开始高层钢结构住宅工程开发业务，为后续在全国推广钢结构住宅树立示范样板工程，同时拓展公司钢结构住宅板块的业务量；汉德邦建材是为钢结构建筑及钢结构住宅体系配套而设立的专业化公司，生产压蒸无石棉纤维素纤维水泥平板（CCA 板）、钢筋桁架楼承板（TD 板）、装配式钢筋桁架楼承板（ATD 板）等绿色、环保、节能、高效的新型建材系列产品。2018 年，公司为实现"绿色建筑集成服务于全人类"的愿景目标，引领建筑生态链上下游企业，将四十年改革开放发展成果，集成服务于"一带一路"沿线国家城市建设，为实现人类命运共同体提供"中国方案"，帮助建筑生态链供需方企业转型升级、降本增效，投资设立了万郡绿建，该公司为建筑产业生态链各部件、五金、机电、机械、设备、钢材、建材、辅材等供方企业，通过合作洽谈签订合作协议，并采用以色列高德拉特博士创立的全球三大管理理论之一的 TOC 管理理论，为供方企业提供按库存和优先次序生产的管理方法、管理软件，为需方企业提供一站式、齐套、小批量、多批次、短交期、准交期的远程采购"互联网+绿色建筑"服务平台的新业务模式；公司展示中心拥有线下 23 万平方米，12 000 个展位，可容纳 9 000 家左右供方企业的产品展示；线上商城平台可为数十万家供需双方企业提供服务，涵盖了装配式建筑、建筑工程、设施设备、装饰装修、园林景观等五大一级类目，62个二级类目，385个三级类目全品类原辅材料、部品、部件、五金、机电、设备设施等生态产业链供需方企业的产品展示、推广、宣传、销售、采购等服务。

公司在绿色建筑研究院进行钢结构体系的技术创新研发、专利推广、专利应用的基础上创新商业模式，开创了以专利技术、品牌、管理方法、运营服务等资源实施许可为核心的新业务模式和盈利模式。

该公司近年来的财务指标见表8-3。

表8-3 杭萧钢构2011—2019年财务报表

每股指标	2019-12-31	2018-12-31	2017-12-31	2016-12-31	2015-12-31	2014-12-31	2013-12-31	2012-12-31	2011-12-31
基本每股收益（元）	0.2180	0.3180	0.5590	0.4320	0.1670	0.1120	0.0960	-0.2490	0.1520
扣非每股收益（元）	0.1510	0.3040	0.5520	0.4130	0.1550	0.0800	0.0780	-0.2390	0.1050
稀释每股收益（元）	0.2180	0.3170	0.5560	0.4280	0.1660	0.1110	0.0960	-0.2490	0.1520
每股净资产（元）	1.6227	1.8088	2.1075	2.0522	2.0473	2.1199	1.7017	1.6056	1.8610
每股公积金（元）	0.0534	0.0636	0.0809	0.2690	0.5478	0.5022	0.0617	0.0617	0.0653
每股未分配利润（元）	0.4437	0.5834	0.8601	0.6522	0.4327	0.4795	0.4866	0.4031	0.6523
每股经济现金流（元）	0.0659	0.3642	0.6691	1.1883	0.1167	-0.4157	0.1922	-0.2017	0.6620
成长能力指标	2019-12-31	2018-12-31	2017-12-31	2016-12-31	2015-12-31	2014-12-31	2013-12-31	2012-12-31	2011-12-31
营业总收入（元）	66.3亿	61.8亿	46.3亿	43.4亿	37.9亿	39.3亿	39.7亿	30.4亿	35.8亿
毛利润（元）	11.8亿	13.4亿	15.4亿	12.6亿	8.9亿	6.6亿	5.6亿	3.8亿	3.8亿

续表

成长能力指标	2019-12-31	2018-12-31	2017-12-31	2016-12-31	2015-12-31	2014-12-31	2013-12-31	2012-12-31	2011-12-31
归属净利润（元）	4.7亿	5.7亿	7.7亿	4.5亿	1.2亿	5 926万	4 457万	-1.2亿	7 064万
扣非净利润（元）	3.3亿	5.4亿	7.6亿	4.3亿	1.12亿	4 248万	3 607万	-1.1亿	4 865万
营业总收入同比增长（%）	7.26	33.62	6.68	14.58	-3.72	-1.03	30.59	-15.03	3.38
归属净利润同比增长（%）	-17.44	-26.04	71.14	272.38	103.37	32.95	—	-263.47	-24.99
扣非净利润同比增长（%）	-40.17	-28.45	77.03	283.07	163.34	17.77	—	-327.33	-37.81
营业总收入滚动环比增长（%）	1.20	10.89	-3.97	12.34	-2.63	-8.15	17.74	-0.65	-2.26
归属净利润滚动环比增长（%）	6.20	-14.13	12.23	48.40	-4.25	-28.12	—	-1 374.80	-36.06
扣非净利润滚动环比增长（%）	-20.31	-15.93	14.58	51.79	-9.83	-37.53	—	-638.29	-37.17
盈利能力指标	2019-12-31	2018-12-31	2017-12-31	2016-12-31	2015-12-31	2014-12-31	2013-12-31	2012-12-31	2011-12-31
加权净资产收益率（%）	14.31	24.59	30.53	24.08	9.85	5.57	5.82	-14.28	8.43
摊薄净资产收益率（%）	13.42	17.54	26.52	20.69	7.28	5.05	5.65	-15.52	8.19

续表

盈利能力指标	2019-12-31	2018-12-31	2017-12-31	2016-12-31	2015-12-31	2014-12-31	2013-12-31	2012-12-31	2011-12-31
摊薄总资产收益率（%）	5.75	7.74	11.54	6.93	2.22	1.16	1.11	-1.86	
毛利率（%）	17.78	21.68	33.22	29.12	23.51	16.67	14.05	12.43	
净利率（%）	7.24	9.29	16.48	10.14	3.79	1.87	1.66	-3.43	
实际税率（%）	12.18	15.10	16.76	17.26	20.83	21.12	20.96	—	
预收款/营业收入	0.21	0.17	0.24	0.19	0.17	0.20	0.22	0.35	0.14
销售现金流/营业收入	0.96	0.98	0.99	0.98	0.92	0.93	0.83	1.03	0.89
经营现金流/营业收入	0.02	0.11	0.20	0.29	0.02	-0.06	0.02	-0.03	-0.09
运营能力指标	2019-12-31	2018-12-31	2017-12-31	2016-12-31	2015-12-31	2014-12-31	2013-12-31	2012-12-31	2011-12-31
总资产周转率（次）	0.79	0.83	0.70	0.68	0.68	0.62	0.67	0.54	0.77
应收账款周转天数（天）	76.18	71.47	87.47	85.01	84.93	63.43	45.99	68.93	54.70
存货周转天数（天）	214.12	229.26	366.92	386.27	457.99	424.50	384.57	421.24	236.63
财务风险指标	2019-12-31	2018-12-31	2017-12-31	2016-12-31	2015-12-31	2014-12-31	2013-12-31	2012-12-31	2011-12-31
资产负债率（%）	68.21	57.09	56.53	63.66	68.94	75.75	80.73	79.96	76.94
流动负债/总负债（%）	99.04	99.69	99.52	96.50	97.68	98.22	99.71	98.69	99.83
流动比率	1.23	1.23	1.31	1.33	1.25	1.14	1.03	1.02	1.03
速动比率	0.55	0.56	0.51	0.51	0.45	0.33	0.27	0.25	0.38

资料来源：2021年2月22日东方财富网（http://data.eastmoney.com/stockdata/600477.html）。

2. 对象2：鸿路钢构（股票代码：002541）

安徽鸿路钢结构（集团）股份有限公司坐落于合肥市双凤开发区，成立于2002年，2011年在深交所上市（股票代码：002541）。注册资本为5.24亿元，2019年末雇员人数为11 113人，总股本52 371.89万股。

该集团公司主营业务有钢结构及其配套产品加工、钢结构工业建筑、新型建材产品生产销售、装配式高层钢结构住宅、定制化洋房、高端智能立体车库制造运营、工业地产投资建设运营、绿色钢结构房产开发等，产品销往全球37个国家和地区；拥有合肥、武汉、金寨、重庆等大型装配式钢结构建筑及智能停车设备研发制造基地，面积达200万平方米，钢结构产能240多万吨、各类板材产能2 000万平方米，在安徽省钢构及其相关产品的市场占有率已达50%。

该公司凭借强大的钢结构技术团队，具备强大的技术研发和装备制造能力，在装配式建筑、智能立体停车库设备、钢结构制造等领域拥有近300项专利，"一体化装配式高层钢结构住宅成套技术"、"高端智能车库存取技术"、"装配式低层住宅集成技术"等三大技术体系，处于国内领先地位。公司是国内第一批国家装配式住宅基地；参编了中国第一部装配式钢结构住宅标准；也是国内第一批装配式建筑示范工程承建企业。

该公司在同行中率先通过了ISO9001质量体系认证、环境管理体系认证、职业健康安全管理体系认证。具备房屋建筑施工总承包一级资质、钢结构专项安装一级资质、钢结构制造特级资质、专项设计乙级资质、消防设施工程资质、安全生产许可证、国家商务部对外承包工程经营资格证。先后获得国家住宅产业化基地、国家认定企业技术中心、中国驰名商标、国家高新技术企业、钢结构制造企业检测综合特级、安徽省行业技术中心、安徽省建筑产业化基地、安徽省两化融合企业等荣誉。

2018年9月16日公告，公司近日与颍上县人民政府签订《绿色装配式建筑产业园项目投资合作协议书》。绿色装配式建筑产业园项目计划总投资大于15亿元，产业园区主要项目为钢结构装配式建筑部品部件、预制构件、钢结构智能制造及开平剪切、起重机制造等项目。

公司经营的业务模式特点包括：

（1）继续专注于钢结构的高端制造，以充分发挥公司加工基地多、产能大、快速交货能力强、成本控制好、信息化管理能力强等核心优势，对技术要求高、制造难度大、工期要求紧的加工类订单具备比较强的竞争优势及议价能力。

（2）科学发展钢结构装配式建筑相关业务。与普通的工程项目相比，该业务潜在的市场规模大、技术含量高、回款相对有保障、利润相对稳定。在钢结构装配式建筑业务中，公司除承接一部分总承包工程以外，重点放在装配式建筑相关技术及钢结构等绿色建材的研发、制造和销售方面。

（3）稳步发展建材制造业务，加大对钢筋桁架楼承板、外墙保温装饰一体板、冷弯薄壁型钢、门窗、配件等绿色建材的研发及投入，丰富产品线，提高竞争力。

公司自创建以来一直致力于管理上的变革创新，推进卓越工程，倡导一流主义，优化研发、制造、营销、施工、服务的每一个环节，并通过建立学习型组织，完善管理体系，提高经营质量，不断打造钢结构绿色建筑的强势品牌（见表8-4）。

表8-4　鸿路钢构2011—2019年公司财务指标

每股指标	2019-12-31	2018-12-31	2017-12-31	2016-12-31	2015-12-31	2014-12-31	2013-12-31	2012-12-31	2011-12-31
基本每股收益（元）	1.070 0	0.790 0	0.600 0	0.490 0	0.660 0	0.510 0	0.620 0	0.600 0	1.620 0
扣非每股收益（元）	0.870 0	0.480 0	0.310 0	0.430 0	0.220 0	0.470 0	0.480 0	0.510 0	1.450 0
稀释每股收益（元）	1.070 0	0.790 0	0.600 0	0.490 0	0.660 0	0.510 0	0.620 0	0.600 0	1.620 0
每股净资产（元）	9.428 8	8.446 2	11.542 6	10.992 6	9.408 3	8.818 8	8.374 0	7.796 4	14.760 0
每股公积金（元）	4.066 3	4.066 3	6.599 5	6.599 5	4.461 7	4.461 7	4.461 7	4.461 7	9.923 5
每股未分配利润（元）	4.146 8	3.204 3	3.685 6	3.139 2	3.617 9	3.095 5	2.697 3	2.133 9	3.514 8
每股经济现金流（元）	1.663 3	3.012 8	0.546 0	0.491 0	-0.118 3	0.154 0	-0.587 9	-0.067 1	-1.485 2

续表

成长能力指标	2019-12-31	2018-12-31	2017-12-31	2016-12-31	2015-12-31	2014-12-31	2013-12-31	2012-12-31	2011-12-31
营业总收入（元）	108.00亿	78.70亿	50.30亿	36.20亿	31.90亿	42.30亿	49.30亿	37.40亿	35.30亿
毛利润（元）	15.30亿	12.30亿	7.98亿	6.66亿	5.80亿	7.31亿	6.17亿	4.80亿	5.00亿
归属净利润（元）	5.59亿	4.16亿	2.10亿	1.46亿	1.77亿	1.38亿	1.66亿	1.61亿	2.12亿
扣非净利润（元）	4.56亿	2.52亿	1.08亿	1.27亿	5917万	1.26亿	1.28亿	1.37亿	1.90亿
营业总收入同比增长（%）	36.58	56.46	38.98	13.43	-24.44	-14.30	31.76	5.95	34.50
归属净利润同比增长（%）	34.39	98.58	43.74	-17.53	28.10	-16.65	2.57	-24.01	31.57
扣非净利润同比增长（%）	80.64	134.28	-15.46	116.22	-52.94	-1.80	-6.32	-27.94	28.42
营业总收入滚动环比增长（%）	3.89	17.56	5.93	5.64	-3.07	-10.17	11.21	2.70	0.94
归属净利润滚动环比增长（%）	32.70	13.65	3.96	-18.23	39.77	-17.35	2.12	-24.06	7.08
扣非净利润滚动环比增长（%）	29.12	21.71	22.80	111.72	-49.71	-7.46	-10.54	-27.26	8.96

续表

盈利能力指标	2019-12-31	2018-12-31	2017-12-31	2016-12-31	2015-12-31	2014-12-31	2013-12-31	2012-12-31	2011-12-31
加权净资产收益率(%)	11.96	9.85	5.33	4.89	7.25	6.00	7.65	7.97	12.06
摊薄净资产收益率(%)	11.32	9.41	5.20	3.80	7.01	5.84	7.38	7.72	10.74
摊薄总资产收益率(%)	4.83	4.39	2.59	1.98	2.44	1.97	2.79	3.43	6.41
毛利率(%)	14.21	15.62	15.86	18.40	18.17	17.30	12.52	12.82	14.14
净利率(%)	5.20	5.28	4.16	4.03	5.54	3.27	3.36	4.31	6.01
实际税率(%)	17.54	22.50	25.81	27.41	16.23	19.19	21.01	17.33	21.30
盈利质量指标	2019-12-31	2018-12-31	2017-12-31	2016-12-31	2015-12-31	2014-12-31	2013-12-31	2012-12-31	2011-12-31
预收款/营业收入	0.08	0.03	0.08	0.06	0.07	0.08	0.07	0.07	0.06
销售现金流/营业收入	0.98	1.05	0.95	0.79	1.03	0.96	0.95	1.08	1.07
经营现金流/营业收入	0.08	0.20	0.04	0.05	-0.01	0.01	-0.03	0.00	-0.06
运营能力指标	2019-12-31	2018-12-31	2017-12-31	2016-12-31	2015-12-31	2014-12-31	2013-12-31	2012-12-31	2011-12-31
总资产周转率(次)	0.93	0.83	0.62	0.49	0.44	0.60	0.83	0.80	1.07
应收账款周转天数(天)	55.05	73.09	113.51	162.37	187.47	128.67	82.94	67.01	36.81
存货周转天数(天)	162.82	183.56	247.99	324.87	362.72	268.56	178.27	170.65	129.39

续表

财务风险指标	2019-12-31	2018-12-31	2017-12-31	2016-12-31	2015-12-31	2014-12-31	2013-12-31	2012-12-31	2011-12-31
资产负债率（%）	61.28	57.55	52.74	50.00	64.40	68.04	66.11	60.01	52.67
流动负债/总负债（%）	89.72	89.87	97.53	97.06	98.92	97.09	97.67	97.04	91.83
流动比率	1.17	1.27	1.39	1.60	1.21	1.16	1.16	1.20	1.44
速动比率	0.51	0.58	0.68						

资料来源：2021年2月15日新浪财经（http://stock.finance.sina.com.cn/stock/go.php/vReport_Show/kind/search/rptid/656777513420/index.phtml）。

案例（二）国内外著名企业沉浮录

本书作者在长达30年的管理学研究中，一直关注企业兴衰成败的案例研究，特别是国内外著名的由兴而衰的企业案例。这里列出的是国内外21家大型著名企业的沉浮记录。这些企业大都有过辉煌的历史，80%以上有20年以上的存续时间，但是它们不是破产就是退市、被兼并了，也就是说退出历史舞台了（见表8-5）。

表8-5 国内外著名企业沉浮记录[①]

序号	公司名称	曾经的竞争优势地位	成功、失败的主要原因	所属国家	行业	成立时间	企业数据	备注
1	巴林银行	世界上第一家商业银行，因其贡献先后获得英国皇室五个世袭爵位	管理疏漏，投机失败，资不抵债	英国	金融	1763	4.7亿英镑（倒闭时股份资金）	1995年2月27日倒闭

[①] 主编根据公开资料整理而成。

续表

序号	公司名称	曾经的竞争优势地位	成功、失败的主要原因	所属国家	行业	成立时间	企业数据	备注
2	雷曼兄弟	2002年度最佳投行	重视金融创新；大量涉足不熟悉的住宅抵押债券和商业地产债券业务	美国	金融	1850	6 390亿美元（总资产）6 130亿美元（总负债）	2008年9月15日申请破产
3	AT&T公司	美国最大的通信公司	有强大的研究开发创新能力和服务、设备价值链；然而因战略短视分拆业务上市而自废武功	美国	通信	1877	700亿美元（1994年营业额）	2005—2006年被并购
4	伊士曼柯达公司	曾是全球最大的影像业企业	成功于创新、品牌战略；失败于迷恋过去的成功及现有资产，丧失转型机遇	美国	摄影图像	1881	148亿美元（1999年品牌价值）	2012年1月29日申请破产
5	德士古石油公司	美国第二大石油公司	在兼并活动中违反有关法规而破产	美国	石油	1901	349亿美元（1987年的资产规模）	1987年4月12日申请破产
6	通用汽车	全球最大的汽车制造商	多品种、差异化、重技术；盲目扩张、负担沉重	美国	汽车制造	1908	607.2亿美元（2014年市值）	2009年6月1日申请破产保护
7	安达信	全球五大会计师事务所之一	违反商业道德而破产	美国	服务	1913	113.01亿美元（1998年年收入）	2002年6月倒闭

续表

序号	公司名称	曾经的竞争优势地位	成功、失败的主要原因	所属国家	行业	成立时间	企业数据	备注
8	摩托罗拉	无线通信的领导者，无线通信市场曾占有70%	重视技术创新和品质，有多项重大发明；迷恋模拟手机的成熟技术和语音质量，未能跟上数字通信技术步伐	美国	通信制造	1928	148.6亿美元（按2012年4月13日股价计算的市值）	2014年，被联想以29亿美元收购
9	安然	美国最大的天然气采购商及出售商	盲目扩张，出现亏损就财务造假，高官炒高股价变现	美国	能源	1930	1 010亿美元（2000年营业额）	2001年12月2日申请破产
10	三洋	1960年便确立了其家电巨头的地位，超过了松下、东芝等竞争对手	家族式管理制度的混乱，满足于当前利润丰厚的代工业务而拒绝创新	日本	家电	1947	2002年销售额152亿美元，员工曾达10万人	2008年被松下集团收购
11	三鹿集团	《福布斯》评选的"中国顶尖企业百强"乳品行业第一位	因在奶粉中添加三聚氰胺导致儿童健康事故而破产	中国	乳品	1956		2009年2月12日破产
12	大宇集团	曾是韩国第二大财团	勇于开拓、冒险、兼并；但盲目扩张、风险控制不力	韩国	综合	1967	650亿美元（1986年资产总额）	1999年破产

续表

序号	公司名称	曾经的竞争优势地位	成功、失败的主要原因	所属国家	行业	成立时间	企业数据	备注
13	东京电力福岛核电站	是世界上最大的核电站之一	技术落后、管理松弛、隐瞒安全隐患、天灾人祸、事故处理不力，造成重大伤亡和严重污染	日本	电力	1971	造成损失2 000亿美元	2011年停产
14	基因泰克	世界上最大的生物药品公司	吸引顶尖人才，专攻治疗癌症、市场潜力大的新药	美国	医药	1976	800亿美元（市值）	2009年被瑞士罗氏公司收购
15	世通公司	曾为美国第二大长途电话公司	违反商业道德而破产	美国	通信	1983	—	2002年7月21日申请破产保护
16	网景公司	1997年市场占有率72%	率先开发出网络浏览器；未能及时将浏览器与内容整合，被微软击败	美国	互联网	1994	超过60亿美元（1995，市值）	1998年被美国在线并购
17	雅虎公司	曾是全球最大的互联网门户网站	创造了开放、免费和通过网络广告营利的商业模式，引领互联网的发展	美国	互联网	1995	营业额一度超过60亿美元	2016年被Verizon以48.3亿美元收购
18	汇源果汁	一度为中国市场果汁饮料冠军，有"国民饮料"之称	质量下降、营销落伍、家属化管理	中国	食品农业	2001	上市14年负债114亿元	2021年1月退市

续表

序号	公司名称	曾经的竞争优势地位	成功、失败的主要原因	所属国家	行业	成立时间	企业数据	备注
19	华晨集团	自主汽车品牌建设领先，合资宝马，中国机械500强第12位	高官贪腐、转移优质资产导致债务危机，总负债高达1 328亿元人民币	中国	汽车	2002	员工4万人，资产总额超过1 933亿元人民币	2020年11月进入破产重整
20	乐视控股	创始人贾跃亭入选福布斯首次发布的"2014中美创新人物"榜	迷信风口创新，盲目扩张，罔顾投资风险	中国	网络	2004	市值最高1 500亿元人民币	2020年7月因资产大幅贬值退市
21	汉富资产	入选胡润2016中国最佳私募股权投资人	风控虚设、盲目投资、庞氏骗局	中国	金融	2014	管理资产400多亿元人民币	2019年因无法兑现而爆雷

案例（三）中国的物业管理难题[①]

物业公司目前可以算是与每一个中国城市居民最为密切的企业了，因为它们管着每个居民小区的上下水、用电、停车位、电梯运行维护、房屋维修、环境卫生、安全保卫等，几乎涉及人们生存、安全、社交的大部分需要。20世纪90年代以前，这些功能主要是由各级政府的房管部门和公安部门负责的。1998年中央政府文件决定在全国停止福利分房，推动住房市场化改革，于是从新建住宅小区开始进驻物业公司，然后政府将大部分有关居民住房的服务责任和相应的权力陆续移交给物业公司，而将事关社会治安、户籍管理等部分责任和权力保留在派出所和居委会。

---

① 黄津孚根据媒体文章以及本人调研整编：2018—2019年中国物业管理行业发展现状及竞争格局趋势；物业管理需求、物管企业收入端及成本端分析［EB/OL］.（2019-11-18）［2020-08-20］. https：//www.chyxx.com/industry/201911/806507.html；被骂十几年，躺赚上千亿！这个"土匪"行业，还能浪多久？［EB/OL］.（2020-09-25）［2020-10-30］. http：//mp.cnfol.com/27455/article/1601000814-139429798.html.

物业管理如今已成为一大行业，同时也成为政府密切关注的不稳定因素。据有关部门统计，我国至今现有物业管理公司数以十万计。2018年，管理物业总面积达279.3亿平方米，物业管理行业经营收入为7 043.63亿元，从业人口接近1 000万人（见图8-4）。

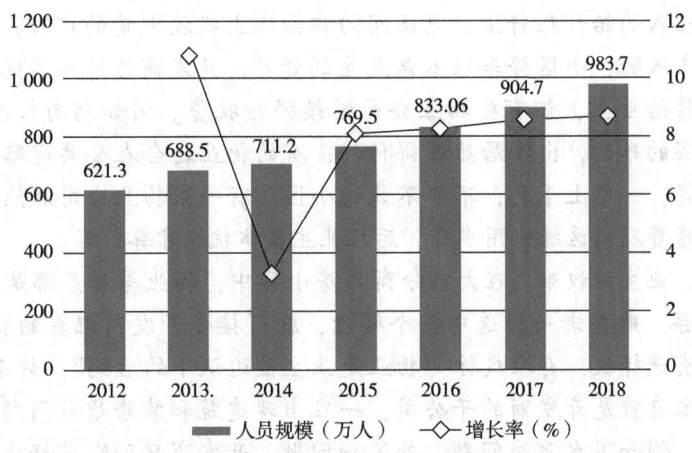

图8-4 中国物业从业人员及其增长率

虽然我国也有不少服务良好的物业公司，但行业总体口碑不佳。物业管理公司与居民的矛盾普遍存在，甚至有"中国第一好物业"美誉的万科也发生业主将"干啥啥不行，收钱第一名"锦旗挂到物业公司办公室的尴尬事。物业几乎每隔一段时间就会被骂上热搜，而每次都会被网友一边倒地疯狂吐槽，甚至被称为中国"口碑最差"的行业，各地还时不时爆发抗议物业恶行，要求政府介入物业治理的群体性事件。那么物业公司到底做错了什么？怎么才能够实现与业主共赢，建设和谐社区？

业主们比较集中的抱怨包括：

第一，物业服务差。中国消费者协会2018年曾经发布过一份《国内部分住宅小区物业服务调查体验报告》，其中消费者对物业服务的总体满意度仅为62.59分，客户服务管理这一项得分更是低至54.47分。例如，有小区反映社区设施常出现问题，电梯缺乏定期检查和保养，他们楼的电梯6天下坠7次，一些业主被关在电梯里数小时；社区监控系统如同摆设，业主发生失窃就称监控故障无法提供录像；下水道不定期疏通，污水溢出一层居室家具被淹，臭气熏天；社区环境卫生每况愈下，到处是狗屎和垃圾；小区内车辆乱放，消防通道被堵;24小时供应热水的承诺不兑现,业主经常无法洗澡;房屋内外装修及水电设施维修不及时,业主报修物业拖延时间有时长达几天,甚至数月等。

第二,财务收支账目不清,侵占业主利益。业主发现物业公司经常利用增加维修基金项目预算,或出租业主公摊面积中饱私囊;小区门口的各种门上、车辆出入的抬升栏杆上、电梯间的四面墙上投放大量的广告,而这些收入大部分未入账;小区停车位本是业主的资产,开发商已计入其购房款,或者已经出售给业主,但有些物业公司继续强行收费。例如湖南长沙的业主,自己掏钱买的车位,出入居然还得付钱;有的物业还会在公共道路上私划车位,乱收费,一年上千元,不租不让进小区;有一家物业公司居然要求业主交电梯维修费及园区绿化用水费,后经业主集体抗议才算作罢。

第三,业主维权难。在大部分商品房小区中,物业与房产都是"捆绑销售"的关系。购房者一旦选中某个楼盘,就得接受开发商配置的物业公司,业主并没有选择权,有人戏称"物业是业主被迫认下的后妈"。许多情况下,物业公司本身就是开发商的子公司,一旦出现建筑和装修质量问题,他们便互相推诿。例如下水系统问题、外装饰问题,开发商只顾眼前好卖,保修期只有一年。

物业公司与业主的关系被颠倒,业主合法权益得不到保护。有网友称:中国的物业是个神奇的存在,能让出钱一方被雇用一方欺负。有的物业不和业主沟通就涨物业费,如果不交就直接断水断电;小区内居民水电供应被物业垄断,售电售水价格高于国家规定,理由是要分担公共用电用水。

业主要维权,必须通过业主委员会,但国家规定的业委会成立标准和程序非常繁杂,又缺乏必要的活动经费保障,多数居民等着"搭便车",结果有些小区筹备数年也成立不起来。业主自发组织找政府,又涉及"维稳"的政治考量。

另一方面,物业公司经常对外吐苦水,业主拖欠物业费相当严重,物业管理入不敷出,物业员工待遇较低,离职率高,在社会上得不到应有的尊重。形成了一种"服务差—不交物业费—降低服务质量—口碑差"的恶性循环。

由于缺乏优胜劣汰市场机制,有的社区换了几茬物业公司,仍然没有起色。有网友说,遇到一个好的物业,比中彩票还难。

相比之下,外国的物业却令人眼红。英国的物业公司对业主的服务相当周到,包括衣食住行方方面面,如提供车辆保管、洗衣熨衣、看护儿童、护理病人、代订代送报刊、通报天气预报等服务,尽可能满足业主现实和潜在的服务需求，让每个人感到舒适方便。物业公司对人员管理很严格，物业管理人员不得探听有关居民家庭生活隐私，一旦居民水、电、气发生故障，住户打电话后，维修人员很快会赶到修复。物业行业在社会上是受人尊重的社会阶层。在美国，物业管理人的年薪都在10万美元以上，比一般大学教授还高。

而在中国，"服务业"在社会认知中的地位不高。物业作为其中一员，常常得不到尊重，尤其对保安、清洁工等工种，总有些业主自觉高人一等，要拿鼻孔看人。

第3篇　管理职能

第9章 计划原理

一、教学目标、理论概要、思考与讨论

（一）教学目标

1. 掌握计划的基本要求和构成要素，指导计划管理实践。
2. 掌握预测的三项任务和三个基本原理，并能够解释现实中预测的可能性与困难性。
3. 理解决策有效性机制，并能够解释决策成功和失败的原因。
4. 掌握计划编制的要领以及提升计划执行效果的措施。

（二）理论概要

计划是管理的第一职能，其任务是确定集体活动的目标和实现目标的策略。计划包括预测、决策、规划部署、执行与反馈四个基本环节，其中决策是核心。

计划的要求包括明确的目的性、预见性、对实践的指导性、可行性、经济性。可执行的计划应包括目标、任务、执行者、程序、政策与预算六要素。

预测是决策的前提，所谓情况明、决心大，预测的任务应包括对形势的评估，对决策执行过程及其效果的预测；决策的质量是由决策信息、决策对象、决策标准、决策者、决策方法、解决方案六环节决定的，其中决策者是核心要素。计划的价值在于执行（见图9-1）。

（三）思考与讨论

1. 义乌指数对于小商品经营企业编制计划有何指导价值？假如你想创立

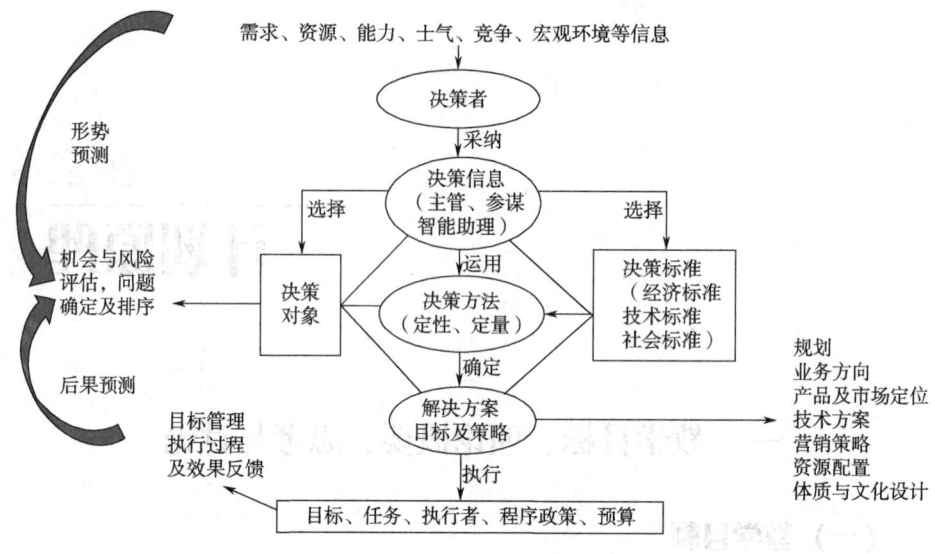

图 9-1 计划原理模型

一家儿童玩具企业，尝试通过查阅义乌指数和义乌网能得到哪些有价值的信息。

2. 在计划管理领域，红领模式是否具有普遍的推广价值？

3. 决策需要通过预测发现机遇，你同意本章提出的关于机遇的定义吗？在实际生活中，完全符合机遇的形势太稀缺了，如何将机会变成机遇？机遇和风险是一种对称关系吗？请举例说明。

4. 宋志平关于战略与管理的论述对你有何启发？你认为自己适合扮演战略引领者还是实干型管理者的角色？

5. 沃尔玛与亚马逊，京东与苏宁展开竞争，将会是何种结局？

6. 隐形冠军有哪些成功之道？请列举中国的隐形冠军及其特点。

二、精读文选

文选（一）关注义乌指数——小商品市场的晴雨表①

决策的前提是预测，经济学家们为经营管理者提供了许多参考指标。例

---

① 主要参考以下资料：义乌指数：中国的"道指"[EB/OL]. (2019-06-10) [2020-10-25]. http://www.yiwu.com.cn/article-29162-1.html.

如，美国供应管理协会（ISM）定期发布的美国商业报告的采购经理人指数，由制造业在生产、新订单、商品价格、存货、雇员、订单交货、新出口订单和进口等八个方面状况的指数构成，是经济先行指标中一项非常重要的附属指标，被称为衡量美国制造业的"体检表"。

如今，中国也有了被国内外工商界瞩目的指数系列。中国商务部、义乌市政府、义乌商城集团、浙江工商大学等联合编制，于2006年10月首次发布有小商品市场的"道·琼斯指数"之称"中国·义乌小商品指数"（简称"义乌指数"）。"义乌指数"是个综合体系，包括"价格指数""景气指数"等。数据采集自6 000余商户，每周派专员下到商户去采集两项数据，单品价格和成交额，每个月要采集库存额、流动资金等数据；收回的数据会录入处理并运算出每周的价格指数，价格指数的基点为1 000，以2006年7月份的商品平均价格为基价，价格指数反映总体和各类小商品价格的波动，每月发布四次，如果价格指数大于1 000，说明商品价格上涨，反之则说明商品价格下跌。景气指数在计算价格指数采集数据的基础上整合运算得出，每月发布一次，主要反映市场的繁荣程度，如果景气指数上升，则说明市场发展态势良好，反之则说明市场发展存在隐患。

20多年前从马路市场起步的义乌国际商贸城拥有营业面积260多万平方米，从业人员20万，日客流量20多万人次；2013年市场总成交额就达683.02亿元，2018年实现交易额4 523.5亿元，2019年实现交易额4 583.1亿元。如今五期五个区拥有近5万个商位，一区经营玩具、饰品、工艺品、饰品配件；二区经营箱包、五金、雨具、电子、电器、钟表；三区经营文化体育用品、化妆品、眼镜、拉链、纽扣、服装辅料；四区经营袜帽、日用品、腰带、鞋类、手套、围巾、内衣、毛线；五区经营床上用品、面料、汽配。将服装从小商品类别中除去以后，以上五区的经营范围基本覆盖了所有的小商品种类，已成为全球最大的小商品集散中心。义乌小商品批发市场商品辐射200多个国家和地区，行销东南亚、中东、欧美等地。义乌小商品市场可以在一定程度上主导世界小商品的批发、库存、物流、人气，特别是市场价格的形成。2005年，联合国、世界银行、摩根士丹利等世界权威机构联合发布的一份中国发展报告中，称义乌为"全球最大的小商品批发市场"。

"义乌指数"将所有小商品分为17个一级大类，如工艺品、珠宝饰品、玩具、五金、电子电器等，然后再把这17个大类分成68个二级中类、100个三级小类和1 006个四级细分类。除总指数外，价格指数及景气指数的发布还详细到每个级别的分类，并统计前一周价格涨跌幅前10名，这些都可以在义乌小商品指数官方网站查询到。在每次发布"义乌指数"的同时，配发由专家根据统计数据撰写的分析文章，内容大到某一级分类小商品在过去一段时间内的行情及未来走势，小到某个四级分类小商品的价格行情。

2020年10月12日、13日和15日，李克强总理在中南海先后召开三场讨论当前经济形势的座谈会。会上，浙江中国小商品城集团方金平表示，义乌小商品景气指数5月份下行见底，6月份以来一直保持上扬态势，许多人视此为经济回暖的信号。

上海市商业经济研究中心主任齐晓斋表示，义乌小商品市场兴旺与否，不可避免地与国内外经济形势挂钩。"义乌指数"自2006年10月发布以来，虽然起起伏伏，但一直都在指数基点1 000点以上徘徊。即便是2008年受次贷危机影响，最低也不过下探到1 060.82点。2016—2020年小商品义乌景气指数如图9-2所示。

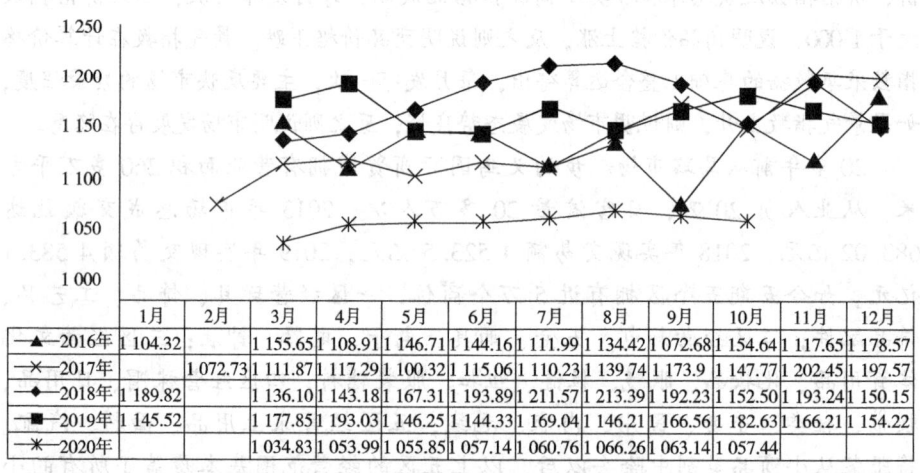

	1月	2月	3月	4月	5月	6月	7月	8月	9月	10月	11月	12月
2016年	1 104.32		1 155.65	1 108.91	1 146.71	1 144.16	1 111.99	1 134.42	1 072.68	1 154.64	1 117.65	1 178.57
2017年		1 072.37	1 111.87	1 117.29	1 100.32	1 115.06	1 110.23	1 139.74	1 173.9	1 147.77	1 202.45	1 197.57
2018年	1 189.82		1 136.10	1 143.18	1 167.31	1 193.89	1 211.57	1 213.39	1 192.23	1 152.50	1 193.24	1 150.15
2019年	1 145.52		1 177.85	1 193.03	1 146.25	1 144.33	1 169.04	1 146.21	1 166.56	1 182.63	1 166.21	1 154.22
2020年			1 034.83	1 053.99	1 055.85	1 057.14	1 060.76	1 066.26	1 063.10	1 057.44		

图9-2　2016—2020年义乌小商品景气指数

文选（二）企业家宋志平谈战略[①]

战略和管理中，战略是头脑，解决的是企业去哪儿、做什么的问题，研究如何对现有资源进行配置和发现新资源，从而实现可持续发展，属于宏观管理范畴。管理解决的是怎么做，如何让已有资源充分发挥效益。头脑要出点子，眼光要长远，思路要清晰，管理要听指挥，行动要灵活，执行要到位。

---

① 转引自企业家宋志平2015年为北京大学光华管理学院MBA班所作的讲座。

战略和管理是两码事。中国古代军事家孙子说：兵者国之大事，死生之地，存亡之道，不可不察也。还有句话叫"上兵伐谋"，说的都是战略的重要性。管理也很重要，但它处在战术层面，取代不了战略，事实上大量的管理工作和普遍的管理原则，都不构成战略。迈克尔·波特认为全面质量管理、精细管理、成本控制等都是管理层面的东西，不是战略。

中国建材是一家以战略为先导的企业，连续多年进入世界500强，十几年前这家企业是什么样子的呢？大家可能难以想象，当时这家企业的全称是中国新型建筑材料集团公司，销售收入20多亿元，银行逾期负债却有30多亿元。除了我之前任董事长的北新建材，集团旗下的壁纸厂、塑料地板厂、建筑陶瓷厂等厂子几乎全部停产或倒闭。由于欠债，集团位于紫竹院的小办公楼有一阵子被查封，院子里也不敢停放汽车，否则稍有不慎就会被法院扣押。2002年3月被任命为中新集团总经理时，面对的就是这样一盘残棋。面对这样一家企业，怎么办呢？在艰难走出债务危机之后，战略研究成为重中之重。许多人不解地说，宋总，咱们饭都快吃不上了，哪有工夫讲战略。我说做企业最重要的就是战略先行，越是困难越要花时间研究战略，今天吃不上饭，就是因为昨天没想好，所以今天必须为明天想清楚。

2002年7月我们召开战略研讨会，邀请建材行业的专家一起研究中新集团下一步要做什么。没想到大家一致认为中新集团要想发展壮大，必须记住占建材工业70%的是水泥业务。要做大水泥谈何容易，我是做新型建材出身的，过去做新型建材的目标是减少砖灰沙石和水泥的用量，现在反过来又要做水泥，这在思想上很难转弯。但我认真思考后，认为专家们讲的是对的，当时国家的城市化进程刚刚开始，水泥正处在从小立窑向新型干法转化的当口，而且水泥市场需求巨大，中新集团水泥业务虽然相对弱，但也算有些基础。那时恰逢国资委刚成立，按照国资委要求，央企必须做到行业前三名，前三名是有规模的，在建材这个行业里，如果去做壁纸，全国壁纸都给你做，也做不到前三名，但水泥这个大产业就不一样了，这让我们的战略转型变得更加紧迫。名不正言不顺，言不顺则事不成，2003年春天中新集团正式更名为中国建筑材料集团公司，由规模较小的装饰建材行业回归水泥、玻璃等建材行业主流。在实施战略的过程中，我们遇到了不小的阻力。行业里很多人提出质疑：中新集团懂水泥吗？叫中国建材有代表性吗？但我认为不懂水泥不等于不能做水泥，关键是有没有好的概念，有没有好的盈利模式。尽管当时压力很大，但我们义无反顾。实践证明，这次战略调整，不仅把中国建材从破产的悬崖边拉了回来，也为中国建材之后成为世界级建材企业奠定了坚实的基础，从此改变了中国乃至世界建材行业的格局。

战略是关乎企业生死存亡的大事，一个企业在战术上常会有失误，战术上出现失误不至于致命，而战略上的失误则是致命伤，是那种一生一世的错误，往往没有补救的机会。四川武侯祠里有一副对联，上面写着"不审势即宽严皆误"，大概讲的就是这个道理。战略是研究方向性、全局性的问题，很多企业没有战略或者说战略并不清晰，所做的事情大都是在管理层面就事论事。战略与管理是两码事，管理再优秀也代替不了战略，再高明的管理也只能算作战术。有人说做企业是个务实的工作，而研究战略不是要务虚吗？事实上务虚很重要。做企业首先要务虚，研究战略，判断方向，权衡机遇与风险，厘清当期的利润和长远的发展。倘若搞不清楚方向就出发，最终可能南辕北辙。当然，务虚的背后还有务实，没有士兵冲锋陷阵，没有称手的武器装备，再好的思想也是空中楼阁。所以说，企业里有虚有实，最重要的是虚实结合。体制是目标，是方向；管理是手段，是途径，是过程。做企业，正确的战略永远是第一位的。战略与管理不同。同样，领导者与管理者也有很大区别。领导者是帅才、是战略家。领导者就像一只领头雁，要善于辨别方向，带领企业向着目标前进；要为企业把握机会和寻求资源；要勇于负责，给团队以信心和力量，让大家有归属感和安全感。管理者是将才、是战术家，处在执行层面。管理者要十分清晰企业的战略、目标和规划，多想企业的经营指标和数字，科学地进行组织和协调，采用制度激励和督查，确保任务目标的完成。

领导者是眺望远方的人。一个好企业一定会有领导者与管理者。现在不少企业有管理者，却不见得有领导者。若深究起来，把很多领导者称为管理者可能更为精准，因为他们不把制定战略作为首要任务，总是事无巨细地去做执行层面的事情，相当于一个管理者或负责人。从一家企业的发展历程来看，在初创阶段，往往创业者既是领导者也是管理者，但随着企业规模扩大，领导者就应该从管理者的身份中抽离出来。不过这一关并不好过，很多人把钱看得太重，总是纠结于谁说了算，却没有很好地研究企业向何处去、企业做什么这些重大事项，结果把自己沦为一个面面俱到的管理者，导致企业迷失方向、缺乏活力。当然，也有相反的情况，一些创业者有一定的领导才能，却不屑于找一个好的管理者，导致企业管理松散，最后因没有效率而效益平平。企业里总得有人看方向，有人低头拉车，应该做好分工，不然就容易出问题。领导者要善于思考长远问题、全局问题，比别人多向前看一步，这是作为领袖的首要职责。可能大家要问：什么人适合做领导者，什么人适合做管理者呢？这既与自身性格有关，也与后天实践有关。战略直觉和战略能力是一种专长，需要一定的天分，有的人有考虑全局性问题的偏好，但也要靠后天的实践和长期的锻炼。领导者和管理者不能说谁比谁更好，主要取决于个人的思维习惯和兴趣偏好，但无论担任哪个职务，都要互相尊重，互相补充，形成良好的配合。战略选对了，我们所做的每项努力都有加和作用；战略选错了，就会离目标越来越远，甚至全军覆没。

央企要扎根大行业。2009—2014年，我在担任中国建材董事长的同时，还担任了国药集团董事长，在国药工作的5年里，很多人认为我最大的贡献是带领企业跻身世界500强。但我跟国药的同事开玩笑说，在集团战略定位中加上健康两个字，明确了打造医药健康产业平台的目标，这可能才是我对国药集团最大的贡献。中国建材当年选择做水泥这个大产业就是这个道理，后来，扩大国药集团的定位，从中国医药行业的排头兵，变为中国医药健康产业集团，打开了大家思想的天窗。在美国，整个医疗健康业的产值有3 000亿美元，占美国GDP的10%；而我国药品行业目前只有1万多亿元的产值，当然每年还在以20%的速度成长。但健康产业是一个几万亿元的大产业，未来有更大的发展空间。按照这个思路，国药集团投资了现代阳光健康体检公司，与地方合作建了一些医院，取得了很好的经济效益。比如，2013年国药集团与河南新乡市政府合作，成立国药中原医院管理有限公司，光耀集团以现金出资占股70%，新乡市5家医院进行集团化管理。这类企业化运营的医院，将在公立医院改革中产生鲶鱼效应，同时为药品和医疗器械销售提供稳定的市场。

什么样的战略才算成功的战略呢？我有几个基本观点。战略是取舍，打仗要靠精兵，也就是企业要有所为，有所不为，集中优势兵力毕其功于一役。所谓舍得之道，有舍有得，不舍不得，而不在多少。做企业总要腾笼换鸟，有加有减，平衡调整，实现资源的最优配置。把不构成战略的东西舍掉并不容易，因为个人也好，企业也好，都有恋旧情结，或有选择上的偏好。但是战略却要求我们不能凭兴趣和经验做选择，建筑五金、卫生洁具等普通建材领域，中国建材与民营企业相比，没有突出的竞争优势，所以彻底退出。企业战略要打特色牌，企业内外环境战略的判断能力和执行能力、行业特点等因素的差异都会带来战略的不同，因此不可能通过简单的战略复制取得成功，其他企业的战略模式可供借鉴，但不能盲目照搬。执行要靠铁军。战略具有双重性，既要不断变化，又要相对稳定。战略要根据客观实际，因时而变，因势而动，因企而异，与时俱进，应是我们思考问题的一条主线。同时，战略一旦确定，就要坚决执行，不能朝令夕改，半途而废。战略执行的过程，可能会遇到各种曲折艰难，我们要有定力、有耐力、有毅力，按照既定目标逢山开路、遇水搭桥，不断解决前进路上的各种问题。只有持之以恒执着前行，战略目标才能得以实现。关于战略方向决策，在企业里这个将帅就是董事会，董事会作为股东会的信托组织，是企业的领导层和决策层，是企业决胜市场的战略性力量。董事会就像军队里的指挥部，运筹帷幄之中，决胜千里之外，制定的计划关系到成千上万士兵的生命。董事会是战略性力量，一个企业要有专门的机构来研究和制定战略。

企业在战略制定上有两种完全不同的思路，一种是有什么做什么，另一种是缺什么找什么。有什么做什么，就是根据现有基础条件来决定怎么做事，做多大的事；缺什么找什么，正好相反，不考虑既有条件，而是先定目标，之后围绕目标，把所需的资源找回来，最后把目标完成。战略是目标导向还是资源导向？提到做企业，很多人首先想到的是现有的资源，技术和人员有什么条件，做什么事，有多大能力，做多大的事，也就是中国人常讲的量体裁衣。这种思路以资源为导向，虽然比较务实，但在变革时代和企业转型时期却不能这样想，如果总停留于过去地思维，按部就班地发展，企业恐怕很难持续经营。

2004年的时候，中国建材集团经过债务重组和战略转型，已步入发展正轨，可巧妇难为无米之炊，企业发展所需的大量资金无处筹集。正当我为之苦恼时，一天随手翻看办公桌上的报纸，一则消息映入眼帘，某公司将内地的上市公司资产打包后，在香港上市。看到这个消息，我兴奋地抓着报纸在屋里来回踱步，我好像一下子为中国建材找到了出路——境外上市。2005年3月，中国建材集团的两家A股公司和集团仅有的几个有利润的企业打包，成立了中国建材股份公司。2006年3月，公司如愿在香港联交所挂牌上市。上市过程中，因为我们实力弱，利润不高，不少人打退堂鼓，甚至连中介都因缺乏信心中途溜号了，但当时除了上市，我们没别的路可走。路演时我惊奇地发现，投资者关注的并不是我们宣传的新型建材核心材料，他们苦苦追问的几乎都是水泥业务，因为他们希望我们做有规模和有前景的业务。我对团队说，大家清楚投资者的想法了吗？就是水泥。那时，中国建材旗下仅有一两家规模不大的水泥工厂，企业里干部员工困惑，从哪找那么多钱和水泥厂啊？行业也质疑，宋志平懂水泥吗？一个不懂水泥的人还想做水泥大王？我当时的想法是大家都在就有的事情发问。但打算做什么，不代表已经有什么。定准了目标，再去找相应的资源和机会，这样就会容易很多。如果永远处在犹豫和争论之中，我们可能什么也干不成。在香港的上市新闻发布会上，我即兴讲了一段话，中国建材要演绎一个稳健经营的故事，一个业绩优良的故事，一个行业整合的故事，一个快速成长的故事。上市后，我们在最短的时间内启动了大规模联合重组水泥企业的项目，只用了六七年时间就发展出了南方北方西南4个水泥公司，迅速重组上千家企业，一跃成为全球规模最大的水泥供应商，创造了世界水泥发展史上的奇迹。不仅如此，中国建材通过联合重组，推动我国水泥行业市场集中度从12%提升到超过60%。近年来，我国基础原材料行业普遍亏损，但水泥行业却一枝独秀，仍有稳定利润。

不怕没资源，就怕没目标。美国桥水基金创始人瑞达利欧著有《原则》一书，原则实际上就是指做企业的原理是什么。具体包括4条，第一，限定目标；第二，寻找做到目标会遇到的问题；第三，分析找到解决问题的方法；第四，把这件事做成。这些观点和我的想法完全一致。为什么中国建材能够在水泥领域异军突起，把不可能变成可能？就是因为我们先树立了做大水泥业务的目标，之后寻找进场资金、关键技术、重要人才，企业也因此被激发出更多潜能；否则以我们当年的条件，不可能在短期内迅速成为行业巨无霸。从有什么做什么，到缺什么找什么，是先定目标再找资源的战略思维。今天，社会生产力进一步解放和发展，资源匮乏不再是企业发展的首要矛盾。虽然资源并不一定都是自己的，但也不能凡事都从零开始，那样做既没有必要，也过于迂腐，还会错失良机。其实在一个资源社会、协作社会里，相对资源而言，更难的是定目标。这就好像学生写论文，很多人喜欢由老师出题，轮到自己想题目就犯怵，因为老师给定了题目，大方向就有了，找好资料，写起来并不太难，难的是不知道写什么，目标不明确，无数次推倒重来。企业的发展目标和资源配置其实都是战略问题，由于资源的稀缺性和可选择性，企业往往要根据环境机遇、自身条件和目标，对资源在不同的时间、空间和数量上进行合理分配，追求资源配置的有效性并降低成本。因此，资源配置要从企业的发展目标来考量，企业最重要的是要树立一个使人为之振奋、有一定追求、有吸引力、符合逻辑的目标。然后围绕着这个目标，想清楚企业自身的优势和劣势、到达目标的途径、缺少何种资源，并想方设法找资源来实现目标，最终按照上市的要求整合优势资源组建新公司。如果没有清晰的目标，只盯着眼前的资源做文章，只顾低头拉车，只能是事倍功半。从战略的角度看，企业要想取得成功，首先要制定清晰正确的目标，然后努力去寻找所需资源。当我们把缺失的东西一样一样找齐，并充分发挥资源配置的功效时，事情就慢慢地做成了。很多企业的崛起，恰恰是因为最初没有资源，在确定目标后主动去寻找相关资源，从而实现了快速发展、做大做强。从有什么做什么到缺什么找什么，是先定目标、再找资源的战略思维。如何找到资源，如何实现效益最大化和效率最优化，考验的就是企业资源的整合能力。2004年左右，我访问了全球最大的建材企业法国圣戈班集团，当时圣戈班的董事长白峰年近70岁。我问了他一个问题：在圣戈班的20年间，你做的最重要的事情是什么？白峰沉思片刻回答我说是买卖企业。过去20年，他买了700家企业，卖了700家企业，在买卖的过程中既为企业增值，也根据环境变化，调整了圣戈班的结构。这让我倍添信心，因为白峰曾经做过的，正是中国建材正在做的事情。我告诉白峰先生，中国的建材行业存在严重过剩、集中度低、无序竞争的问题，中国建材不会走产能扩张的道路，而是要走一条基于存量资源整合、结构优化的全新成长路径，以促进市场健康化发展。

做企业要有资源整合的能力。这些年因为主持了很多整合事宜，我被冠上了"整合者"的名号。我的想法是，做大企业不能单靠自我的原始创造和积累，还要立足于资源整合，就是没有枪，没有炮，别人帮我们造。在今天的资源社会，智慧无限多，故事无限多。做企业最好的方式就是资源整合，发挥资源集聚效应。这其中蕴含了一个非常重要的道理：环境变了，企业的成长方式也必须改变。按照经典的企业成长理论，企业的成长往往是内生式成长，关注的是如何让企业内部资源得到最大限度的发挥，如何依靠现有资产和业务，实现销售收入和利润增长。而在经济日益全球化、经济发展方式加速转变的今天，企业除了关注内部，也要关注系统资源的集成能力和优化能力，关注存量整合而形成的资源集聚效应和综合价值的提升。与发达国家的百年企业相比，中国企业尚处在起步阶段，等着小企业一家一户地发展起来，再到市场上竞争就会失去先机。从产业到产业与资本的结合，再到产业资本与资源的结合，这一次又一次惊险的跳跃，看来是中国大企业发展的必由之路。

文选（三）机遇的性质与识别[①]——机遇难得而机会遍地都有

决策是建立在善于识别和利用机遇之基础之上的。早在几百年前，古人就认识到"谋事在人，成事在天""机不可失，时不再来"的道理。现代管理学著作，尤其是有关企业战略的著作更是频频提及机遇和风险问题。邓小平同志在1992年春针对许多人对新事物姓"社"姓"资"争论不休，从而影响到改革开放进程时，提出要"不争论，大胆尝试"。他郑重告诫人们，不要丧失机遇，对于中国来说大发展的机遇不多。中国现在再不抓机遇，要犯历史性错误。

根据理论与实践的需要，本书作者在2010年初通过科学出版社出版了一部专著：《机遇及机遇管理——理论与方法》，该书给出了关于机遇的定义。为了界定机遇这个概念，这里讲一个小故事：

1875年春，美国罐头大王亚默尔在报纸上看到一条小新闻，说在墨西哥畜群中发现了病畜，有些专家怀疑这是一种传染性很强的瘟疫，他立刻联想到毗邻墨西哥的美国加利福尼亚州、得克萨斯州是全国肉类供应基地，如瘟疫传染至此，政府必定会禁止那里的牲畜及肉食进入其他地区，造成全国供应紧张，价格上涨。于是亚默尔马上派他的家庭医生调查证实此消息，然后倾其所有，从加、得两州采购活畜和牛肉，迅速运至东部地区。结果，原来每年利润仅仅十几万美元的亚默尔一下子赚了900万美元。

机遇的定义：机遇就是有利形势，它存在于并表现为有利于企业（或其他社会主体）实现目标的，主客观条件耦合状态较好的时空区间，常常由某些事件所触发。

1. 机遇是形势

所谓形势就是一个以目标为核心形成的系统的状态。这个系统是由实现目标所需要的主客观要素构成的。对于企业来说，要通过商品生产和营销服务于社会，并实现盈利回报的目标，离不开由客户构成的市场、可利用的资源（人力、设备厂房、资金、信息、信誉等）、自身能力（技术能力、生产能力、商业能力、管理能力等）以及相应环境（政治法律环境、经济环境、地理环境、竞争环境等）四个方面要素构成的系统，其中知识和能力、既有的资源属于主观因素，市场、外部资源及环境属于客观因素。

[①] 黄津孚. 机遇及机遇管理：理论与方法 [M]. 北京：科学出版社，2010.

这个系统的耦合状态就是我们通常所说的经营形势。亚默尔经营罐头生意,他需要有人吃罐头食品,他需要牛肉、生产罐头的设备,他需要鉴别牛肉、生产罐头和销售罐头的知识能力,他需要政府允许他卖罐头和从各州采购牛肉,这些决定了罐头生产商的形势。企业是否有机遇,就看这个系统的状态如何。

2. 机遇是有利形势

我们说形势大好,就是指这个系统状态非常有利于目标的实现。有利还是不利是相对的。一是相对于自身目标;二是相对于市场和资源门槛;三是相对于竞争对手的能力。

形势好不好,机遇能否来到,取决于三个因素。

首先,取决于目标。墨西哥发生牛瘟,对于生产牛肉罐头的厂商是机会,如果亚默尔改行搞房地产了,这就无所谓有没有机会。有些专家老在那里分析中国股市是否到了加仓或是减仓的时机,对于清心寡欲的从不炒股的人来说,也无所谓机遇。中央一再强调,21世纪初是中国历史上难得的战略性机遇,那是从中国要崛起的目标而言的。如果中国人都像希腊人,那就无所谓战略机遇期。

其次,取决于实现目标对各种要素的基本要求,我把它叫做门槛。墨西哥发生牛瘟,对于牛肉罐头生意是个机会,可是你需要到美国加州、得州去采购牛肉,你有那么多钱吗?你能够拿到车皮的指标吗?这就是门槛。前几年房地产火爆,但是并非每个人都能够搞房地产的。注册房地产公司至少需要几百万元(500万元还是暂定),更要命的是你能够拿到地吗?你能够说服有权批地的官员给你指标吗?这就是门槛,所以一般人想搞也搞不了。

最后,取决于竞争对手。墨西哥发生牛瘟,对于牛肉罐头生意是个机会,如果不是当时资讯不发达,只有亚默尔发觉了这个机会,在互联网时代,他就未必能够挣到900万美元。也许加州、得州的商人抢先行动,甚至有巨商买断这两个州的生牛肉,亚默尔就只能作罢了。

3. 机遇常常由某些事件所触发

这是我们发现机遇的关键点。构成形势系统的各种要素均处于变化过程,在某些事件触发下,这些要素会出现良好的耦合趋势,机遇就形成了。按照经济学规律,正常情况下,牛肉罐头的价格与利润虽然有波动,但不会太离谱。邻国墨西哥发生牛瘟这个事件,导致美国政府、消费者的恐慌,这就为供应商提供了一次发财的机遇。2019年全球流行新冠病毒,为具有口罩、防护器材、呼吸机、核酸检测试剂产销能力的厂商提供了难得的发展机遇。

所以，我们办企业，对形势必须有敏锐的感觉，每当重大事件发生时，就需要想一想是否会影响到本行业，兴许其中蕴含机遇或风险。

4. 机遇存在于一定的时空区间

由于触发事件的影响一般会随着时间的延长、空间距离的加大而减小。因此，有利形势具有相对性，只存在于一定的时间段和地域、产业空间。中国古人告诫我们，机不可失，时不再来，就是这个意思。案例中墨西哥发生的牛瘟对欧洲、亚洲、南美洲、澳洲、非洲的影响会非常小，那里的供应商不会因此得到机遇。这是空间因素。墨西哥的牛瘟一旦得到控制，美国政府对加州、得州牛肉的流动解禁，牛肉供应商的机遇期也将宣告结束。党中央和媒体常说，要抓住战略机遇期，因为对于中国和平崛起来说，有利形势不会永远存在。

5. 注意区分机遇和机会

我们不妨把单个因素的有利形势叫做机会，例如全球疫情暴发，医用口罩市场严重供不应求，对于厂商而言这就是赚钱的机会。实际情况是机会到处有，疫情不仅有医药市场机会，还有远程教育、网购快递、电子游戏等市场机会；而机遇对应的不是实现目标的单个条件向好，而是决定实现目标的各种主客观因素构成的形势系统对企业有利，疫情下有市场，但是厂商并不一定懂制造医用口罩的技术，并不一定能够购置相应的生产设备和喷熔布料。这样我们就不难理解为什么机遇稀缺了。

6. 机遇模型及其应用

根据上述定义，笔者提出了一个机遇概念模型（见图9-3）。在这个四维模型中，以企业目标为原点，分别用需求圈、资源圈、能力圈和环境圈表示与目标有关的需求、资源、能力和环境因素的集合，则机遇就是需求圈、资源圈、能力圈和环境圈相交合重叠的区域 ABCD（图中的阴影区）[1]。

笔者曾经利用这个模型帮助一家民营企业分析战略目标的可行性。该企业主营业务是焦炭出口，当时已达到年出口额50亿元人民币，设想2年内达到100亿元人民币，不知道可行性如何？公司董事长找我咨询。我就利用机遇概念模型帮他分析达到100亿元出口的可能性（见表9-1）。

---

[1] 黄津孚. 机遇及机遇管理——理论与方法 [M]. 北京：科学出版社，2010：9.

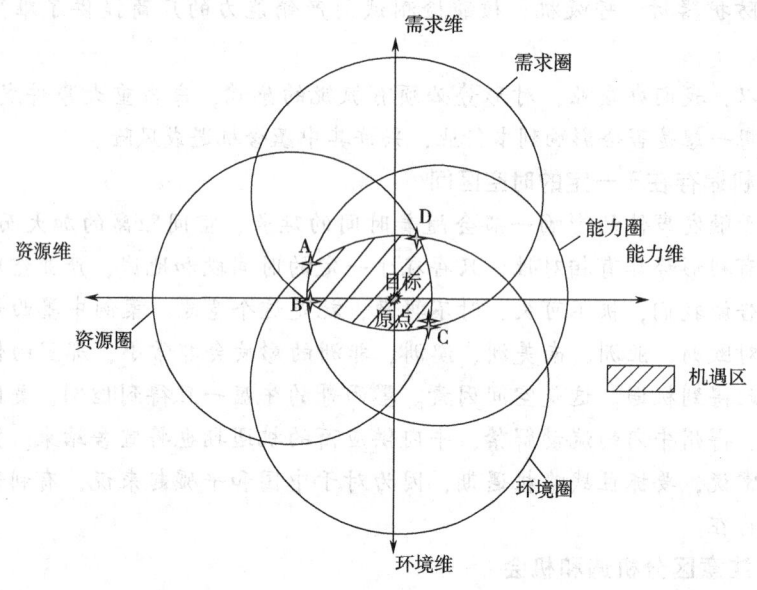

图 9-3 机遇概念模型

表 9-1 焦炭出口增长的机遇分析

机会	计划期预测指标	有无保障	达成目标的瓶颈	在计划期内解决的可能性
需求	国际市场容量×本公司可达市场占有率	√	无	
资源	国内焦炭年产量及本公司可获得量、本公司可动用流动资金及可获银行信贷额度	?	国内焦炭供应比较紧张	在山西建立的控股公司可投资增产解决
能力	公司领导及业务员开展采购、库存、报关、船务、税务、稳定国外销售渠道的能力	?	外贸人才有缺口	通过期权激励有把握在市场获取人才
环境	政府提供民营企业出口指标及国有出口企业可转让的出口指标；国际市场焦炭价格	?	国家放开民营企业进入焦炭外贸的步伐具有不确定性	通过关系良好的国有出口企业支持可以解决

通过深入分析需求、资源、能力、环境四个方面的机会，以及当时可预见的瓶颈、可采取的措施，董事长信心满满，就将100亿元的销售目标列入正式计划，并在全公司上下做了动员。

三、管理案例

案例（一）红领集团的个性化定制[①]

成立于1995年的青岛红领集团在2003年开始启动信息化工程，通过10多年的努力和2.6亿元的投资，红领终于创造了能够高效满足个性化需求的大规模生产C2M+O2O模式，形成具有年产西服80万套、衬衣600万件、休闲服1 000万件/条的能力。

作为一家全球化企业，面对全球客户不同民族、不同文化、不同形体的差异化需求，红领在大数据的支持下，使得顾客可以在红领平台上进行自主设计，在多种版型、工艺、款式、尺寸模板中自由选择搭配。如今，红领的款式数据库和工艺数据库包含的设计流行元素能满足顾客99.9%以上的个性化设计需求。

红领集团按照订单生产的业务流程大体如下。

第一，建立合作网络。除了建立实体店、发展加盟店，红领还发展了很多长期合作的个人量体师。一般人只需培训5天就能学会量体成为个体量体师并开始创业。他们不需要开店，只要在社交媒体上和朋友圈里找到客户，之后再上门给顾客看样衣、样布、量体之后，就可以在红领的创业软件上下单。目前红领合作的最小创业者才12岁。这位小朋友在红领学会了量体后，就可以在放学后或放假时拉着装有材料的小箱子，给爸妈的亲友、同事量体下单。

第二，确定消费者需求。红领的合作伙伴在自己的店里或在客户家里就可以给顾客量体定制。通常，5分钟就可以采集19个规定部位的21个数据，然后可以给顾客推荐版型、款式，包括搭配的扣子、领口款式等细节，在达成一致后就可以把全套数据通过互联网传送给红领集团。

第三，审定合同并付款。顾客通过电子交易平台与红领集团公司签订合

[①] 根据以下文献资料摘编：黄津孚. 现代企业管理管理 [M]. 北京：清华大学出版社，2017：100；科技×制造——红领集团从传统制造业走向数据智能化 [EB/OL]. (2017-06-30) [2020-08-12]. https://www.ckgsb.edu.cn/ee/article/detail/290.

同，同时直接付款给集团公司。

第四，集团公司通过数据化和自动化完成衣服生产。这个过程又包括：

首先，造型设计（即款式图，包括款式、面料、色彩等的表达）。红领在造型设计环节实现了模块化，系统把西服拆解成很多模块，领口、袖口、口袋、前襟等都是一个模块，每个模块又可以提供很多选择，这就意味着有一个造型可能有非常多的排列组合，西服定制化的程度也得以不断提高；

其次，结构设计（也叫制版、版型处理或打版，确定每个部位的具体规格尺寸）。红领在结构设计环节实现了数据化。他们根据十几年的服装定制经验，在人体三维数据与布片二维数据之间建立对应关系，形成数据库，并不断添加、优化。当订单传到红领，全自动制版系统就会从数据库调出数据，1分钟就可以输出一个非常个性化的版型，然后进行布料裁剪；

最后，工艺设计和制造（即一步步把衣服生产出来）。红领集团在工艺设计和制造环节实现了自动化。在红领的生产车间，每个工人面前都有一台小型计算机，通过互联网云端获取数据，工人只要将布料上所挂的 RFID（无线射频）识别卡一刷，显示终端就会告诉工人这件西装该缝什么扣子，用什么颜色的线，如何缝制等，工人按要求完成就可以。这样，就确保来自全球订单的数据零时差、零失误率准确传递。

第五，交付成品，相关方分配收益。红领集团通过物流公司将服装送递顾客，从客户下单到交付成品只需7个工作日。顾客签收后，集团公司通过电子交易平台分配收益。

2013年，有3 000多名员工的红领集团生产了700万件服装，实现销售收入16.76亿元，利税3.15亿元。红领定制的西服，虽然直接制造成本比成衣高10%，但是总体成本约只有成衣的一半，所以纯利润率能达到30%。

红领集团成立之初是一家以生产西装为主的服装生产企业。其发展起点和很多国内同行一样：接外贸订单，批量生产，是一个典型的传统"OEM"（外贸加工）工厂。中国传统的服装业是劳动密集型产业，进入21世纪以来，人工成本的上涨使中国服装业的成本优势丧失殆尽，很多纺织服装订单开始流向低成本的东南亚国家。同时，服装业面临着来自供给和需求的双重压力：从供给角度看，经过多年的发展，生产能力得到快速提升，各大类能够标准化和规模化生产的服装都严重产能过剩。从需求角度看，消费升级在加快，同质化需求的高峰已过，个性化、多样化的需求正逐步成为主流，传统服装业的供给方式无法有效满足个性化和多样化的需求，这造成现有产能过剩和有效供给不足共存的困境。种种困境导致市场恶性竞争，经营举步维艰，服装企业平均利润一度低于5%，出口服装企业更是低于2%。

出路在改革开放与创新。红领成立之初就从德国引进高端西装生产流水线，接着再引进法国的电脑辅助设计（CAD）系统、电脑辅助制造（CAM）系统、企业资源管理（ERP）系统等，为红领两化融合打下较好的基础。2003年，红领开始探索在生产线上实现个性化定制。

企业整合应用物联网、互联网、大数据等技术和方法，通过信息化手段，研发适用于企业发展需要的软件系统。例如，运用RFID射频识别技术，开发三维人体测量系统，通过采集人体19个部位的23个尺寸，并采用3D激光量体仪，实现人体数据在7秒内自动采集完成，解决与生产系统自动智能化对接、转化的难题。用户体型数据的输入，驱动系统内近1万个数据的同步变化，能够满足驼背、凸肚、坠臀等113种特殊体型特征的定制，覆盖用户个性化设计需求。建立订单生成、原材料配送、生产、物流、设备管理等环节实现信息化标识和自动识别的物联系统。应用人机协同的自动化、智能化设备，将最新通信技术与计算机技术相结合，将分散的、独立的计算机、平板、手机等各种应用终端相互连接，形成基于全球业务的网络系统。

红领在全面分析用户需求的基础上，通过产品、部件及过程等的标准化，将大批量定制产品及整个生产过程分解为若干个标准模块，对这些模块提供定制选项，由这些标准模块的生产及组合形成定制产品生产过程。模块化可以分为产品外部模块化（产品外部多样化）与产品内部模块化（产品内部多样化）。产品外部多样化是用户能够感受到的，面向用户需求，要满足用户定制产品时的选择要求。缺少选择会使用户的定制需求无法表达，但过多的选择会给用户的定制选择带来干扰，因此，对用户欢迎的、有用的外部多样化，如款式变化、面辅料的选择等，在成本和生产效率允许的情况下要尽可能地丰富；对用户无用的外部多样化，进行删减。红领C2M平台，将产品工艺、款式及面辅料选择等通过模块化细分，用户通过平台进行组合搭配设计。产品内部多样化是企业在产品设计、制造、服务过程中能够感受到的，基于外部模块化并面向大批量定制企业，具体表现为产品原辅材料和工艺过程等方面过多的和不必要的种类；这种用户觉察不到的内部多样化，严重影响产品的成本、质量和交货期，因此产品内部多样化要尽可能减少。红领搭建大数据智慧工厂前端大数据系统，建立工厂数据模型，接收C2M平台订单，结合智能分析，按照生产、供应等部门的工作标准，把个性化订单转换成各节点的标准指令，智能自动输出产品设计图、作业指导书、订单BOM，各工位通过信息终端下载操作指令。

这样,红领研发的个性化西服定制柔性生产线 RCMTM (Red Collar Made To Measure) 基本成型,它是建立在大数据基础上的人机结合的定制生产流水线,用以实现计算机辅助下个性化定制服装的高效快速生产。截至 2015 年底,RCMTM 拥有西装、衬衣、西裤 3 个生产车间,同时整合了全球多家面辅料厂商及设计师资源,为客户提供 200 多个品牌的定制西装,其服务范围遍及北美、欧洲、大洋洲、亚洲等地,包括十多个国家及地区。

在成功开发 RCMTM 的基础上,红领集团在 2015 年 8 月注册成立青岛酷特智能股份有限公司,相继推出手机应用软件和魔幻工厂。魔幻工厂是基于手机移动端,将消费者需求直接转化为驱动工厂生产的直营定制服装类平台。消费者可以在魔幻工厂的手机端应用下单、选款、定制个性化服装。

2016 年 7 月,魔幻工厂应用软件线下的移动大巴正式启用。红领专门定制了一批大巴,并把这些大巴改造成为客户提供量体服务的移动门店,每个大巴都配备了经过专门培训的量体人员。移动大巴采取一键预约模式。指定城市的消费者在魔幻工厂手机应用中下单预约,就会有红领魔幻工厂的黑色移动大巴上门为客户量体,以便客户进行个性化定制。

在红领集团当家人张代理看来,红领集团的核心模型是由四部分组成的金字塔结构模型,如图 9-4 所示。

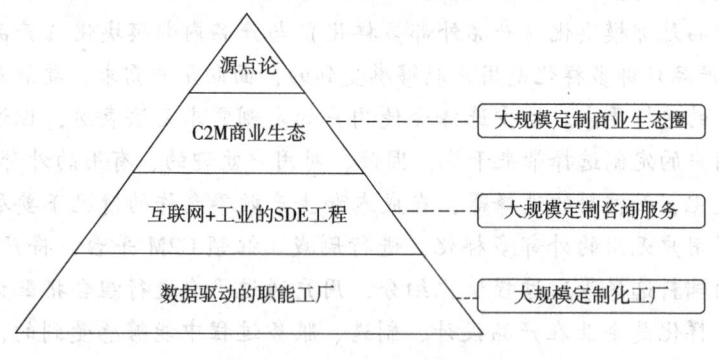

图 9-4 红领模式的核心模型

模型的最底层是整个红领模式的实践基础,是数据驱动的流水作业制造个性化产品,即红领的大规模定制化工厂。数据是红领通过多年生产经验积累得来的消费者数据和消费者需求数据。

红领 C 端的云服务平台是收集数据、分析数据、驱动数据的指挥中心,目前红领利用数据分析来更好地精准推送,不仅仅满足需求,而是创造需求,并精准地满足需求，将消费群体有效地分类，挖掘潜在的市场需求，最大限度地满足市场需求。比如，原有用户仅仅下单做衣服，而通过大数据的分析，可精准推送给用户组合搭配的相关产品，再通过 M 端快速满足用户的源点需求。SDE 传统产业升级改造彻底解决方案，即红领的转型大规模定制咨询服务系统，被叫做源点论数据工程 SDE（source date engineering），其以服装为切入口，探索了一条从大批量制造到大规模定制的解决方案。红领基于这个解决方案整合了原有的科研资源，探索适合于不同行业的转型升级的咨询工程。红领希望在协助各个行业转型大规模定制的基础上，能够将各品类行业联合起来，打造一个大规模定制商业生态系统。为传统工业改造成为互联网工业提供解决方案和技术支撑。

红领的定制可以通过 B2M（business to manufacturer）和 C2M（consumer to manufacturer）两个商业模式实现。截至 2015 年，红领定制业务的 90% 来自海外，10% 来自国内。在海外市场，任何一个和红领合作的定制商户都可以把它的订单交给 RCMTM 系统完成，这是 B2M 模式，即从商户到制造商的模式；在国内市场，红领主推 C2M 模式，即从消费者到制造商的模式。C2M 是一个没有任何中间环节的、工厂直销的概念，消费者的个性化需求通过信息技术实时传递给工厂，工厂迅速精准地满足消费者的需求，中间不经历任何延误。

C2M 模式以 C 端的消费者为核心，由 C 来驱动企业的整个供应链、产业链和价值链的运作，以最快的速度来满足消费者的需求。与传统的工业生产相比，C2M 大规模定制的优越性显而易见（见表 9-2）。

表 9-2　大规模定制与传统工业生产模式的比较

	工业生产	大规模定制
生产	做了再卖	卖了再做
库存	高库存，资金周转困难	零库存，没有资金压力
产品	同质化（一衣万人穿）	个性化，人人设计（一人一款，一人一版）
客户	黏性低、维护成本高	黏性高、维护成本低
价位	层层加价（渠道费用高，零售价是成本的 5~10 倍）	客户直接对接工厂，省去所有中间渠道（零售价是成本的 2 倍左右）
投资	投资高，成本高（房租/人员/市场推广）、备货压力大、回报低又慢	投资低、收款再下单、无备货压力、投资就收益

案例（二）沃尔玛如何应对零售业竞争[①]

沃尔玛是一家来自美国的世界性连锁企业，总部位于美国阿肯色州的本顿维尔。沃尔玛主要涉足零售业，下设69个品牌，全球员工总数220多万人，是世界上雇员最多的企业。沃尔玛连续多年在美国《财富》杂志世界500强企业中居首位，其商业业态包括沃尔玛购物广场、山姆会员店、沃尔玛商店、沃尔玛社区店，每周光临沃尔玛的顾客有上亿人次。

沃尔玛在竞争激烈的零售业内能够胜出，主要经验可以归纳为以下几条。

1. 价格最便宜、服务超周到

沃尔玛提出了"天天平价、始终如一"的口号。比较一下，同样牌子的商品，在这家店比同一地区的其他商店都便宜。例如，在别的超级市场每支1.99美元的牙膏，沃尔玛标价1.36美元。其他廉价商店往往充斥大量低劣商品，而在沃尔玛买的商品的质量可以充分放心。顾客对在沃尔玛所购的任何物品觉得不满意，可在1个月内全额退货。之所以能够做到价廉物美，是因为沃尔玛想尽一切办法从进货渠道、分销方式以及营销费用、行政开支等各方面节省资金，并努力实现价格比其他商店更便宜的承诺。其创始人沃尔顿强调说："我们重视每一分钱的价值，因为我们服务的宗旨之一就是帮每一名进店购物的顾客省钱。每当我们省下一块钱，就赢得了顾客的一份信任。"为此，他要求每位采购人员在采购货品时态度要坚决。他告诫说："你们不是在为商店讨价还价，而是在为顾客讨价还价，我们应该为顾客争取到最好的价钱。"

在店址选择上，沃尔玛以方便顾客购物为首要考虑因素。在美国，其触角伸向西尔斯、凯马特所不屑一顾的偏远小乡镇。从明尼苏达到密西西比，从南加州到俄克拉荷马，沃尔玛无所不在。只要哪座乡镇缺乏廉价商店，沃尔玛就在哪里开业。沃尔玛采用了仓储式经营以充分体现规模效益。例如，山姆会员店内装修简洁，尽量利用所有的货架空间储存、陈设商品。价格不是标在每件商品上，而是统一标于货架，只要通过扫描商品的条形码，收银机便会准确地收取价款。商品多以大包装出售，以降低单独包装的成本。

在零售业中，舒适的购物环境、优质周到的服务必然与较高的价格相联系；而在商品价格低廉的连锁超市中，顾客往往无法享受到优质的服务。不

[①] 主编根据《沃尔玛公司（沃尔玛成功之道）》《沃尔玛究竟有什么特点，能连续多年都稳居世界500强之首?》《互联网时代，零售巨头沃尔玛做对了什么?》等文章整理编写而成。

少折扣连锁店为了节约人工成本,店员很少。顾客在这里虽然满足了购买便宜商品的欲望,但是感觉不到商店对他们的关心。沃尔玛则努力实现商品质优价廉与细致热情的服务相结合。走进任何一间沃尔玛店,店内都贴有这样的标语:"我们争取做到,每件商品都保证让您满意!"店员会出现在你面前笑脸相迎。顾客在这里购买的商品如果觉得不满意,可以在一个月内全额退款。创办者沃尔顿常说:"我们都是为顾客工作,你也许会觉得是在为上司工作,但事实上他也和你一样。在我们的组织之外有一个大老板,那就是顾客。""让我们以友善、热情对待顾客,就像在家里招待客人一样,让他们感觉到我们无时无刻不在关心他们的需要。"沃尔玛把超一流的服务看成是自己至高无上的职责,它奉行的原则是:"1. 顾客永远是对的;2. 顾客如有错误,请参看第一条。"有一次,一位顾客到沃尔玛店购买一种特殊的油漆,而店中正好缺货,于是油漆部门的经理便亲自带这位顾客到对面的油漆行购买。该顾客和油漆行的老板都感激不已。

沃尔玛经营商品力求丰富,以满足顾客的各种喜好。消费者可以在这里体验"一站式"购物的愉悦。另外,为方便顾客,沃尔玛还设置了多项特殊的服务类型,包括可以免费停车,为顾客提供风味美食、新鲜糕点的"山姆休闲廊",店内聘有专业人士为顾客免费咨询电脑、照相机、录像机及其相关用品的有关情况,减少顾客盲目购买带来的风险;一次购物满 2 000 元或以上,沃尔玛可提供送货服务;为了占领欧洲市场,沃尔玛依靠"天天低价"和"顾客第一"的经营哲学,首先敲开了管理十分苛刻、劳动力成本高昂的德国市场,因为它既迎合了德国人节俭省钱的天性,又解决了德国商家服务亟待改善的短板。

为了适应中国消费者的需要,沃尔玛(中国)专门建立了鲜食学院,鲜食学院的教员都是经验丰富的鲜食专家,他们定期到全国各地给商场鲜食区域的管理层和员工提供鲜食培训和支持,包括鲜食卫生、鲜食标准、供应商、供应商情况、新品开发等。

2. 不断优化的商业策略

创立于1886年的西尔斯公司是全球大宗邮购与零售业的始祖,其经营方针是以低价服务于广大中下阶层。在1992年以前,它一直保持着零售业之冠的地位。但沃尔玛根据美国中产阶级的崛起趋势,在经营策略上采取多种零售形式以针对不同档次的目标消费者。例如,1983年创立山姆会员店,1987年创立沃尔玛综合性百货商店,1988年创立沃尔玛购物广场,满足"上、中、下"不同阶层顾客的需求。其中,山姆会员店是沃尔玛经营的一大特色,消费者在山姆会员店购买主卡年费仅为150美元，附属卡年费仅为每张50美元，就可以享受购物减价折扣优惠，以及各式各样的特殊服务；会员卡还可以馈赠亲友，给沃尔玛带来了巨大利益：通过会员制把大批不稳定的消费者变成稳定的客户，培养了大批品牌忠诚者，建立起长期稳定的消费市场。由于山姆店会员众多，会费收入往往比销售的纯利润还多。

为了向顾客提供更多的实惠，沃尔玛尽量缩减广告费用，但它在促销创意上颇费心思。例如，发挥活动行销的作用，通过组织参加当地举行的花车游行活动、乐队和马戏团表演。经常性开展一系列户外大拍卖以吸引顾客前来购物；等等。新闻媒体的采访报道更提高了该项竞赛以及沃尔玛的知名度。沃尔玛还通过公益事业扩大影响，对学校、图书馆、医院、环保方案等慷慨捐赠。其中，仅1988年以来，为协助各儿童医院开设的"儿童的奇迹"电视栏目，沃尔玛就为其筹集了5 700万美元，是其中最大的赞助商。

3. 领先的信息化战略

沃尔玛获得巨大成功的原因有很多，其中领先的信息化战略发挥了关键作用。

沃尔玛是商界最早重视信息价值并制定信息化战略的企业之一。沃尔玛有分布在全球的数以千计的营业场所，经营的商品多达8万种，包括食品、玩具、服装、化妆用品、家用电器、日用百货、肉类果菜等。因此，合理库存、及时补货和商品周转效率成为决定企业成本的关键性因素。早在1987年，沃尔玛就建立起全美最大的私人卫星通信系统，总部拥有一个规模空前的计算机网络系统，微机工作站有5 500多个，通过高速电脑与16个发货中心以及1 000多家商店连接。通过商店付款台激光扫描器售出的每一件货物，都会自动记入电脑。当某一货品库存减少到一定数量时，电脑就会发出信号，提醒商店及时向总部要求进货。总部安排货源后送往离商店最近的一个发货中心，再由发货中心的电脑安排发送时间和路线。在商店发出订单后36小时内所需货品就会出现在仓库的货架上。这种高效率的存货管理，使公司能迅速掌握销售情况和市场需求趋势，及时补充库存不足。这样既可以减少存货风险、降低资金占用、加速货品运转、减少损耗，还可以使沃尔玛发现新的营销机会。严谨的采购态度、完善的发货系统和先进的存货管理，是促成沃尔玛做到成本最低、价格最便宜的关键因素。

4. 应对新的挑战

进入21世纪以后，随着网上购物和便利店的爆发式增长，沃尔玛同样面临巨大压力。如何适应新的竞争环境，是摆在沃尔玛经营者面前的难题。

为了应对电商的冲击，2011年沃尔玛在中国开始线上零售，加入1号店，摸索用互联网触达消费者；2016年以来，沃尔玛并购了鞋类、女装、户外用品等电商，目的在于开启垂直电商的零售之路；同时，沃尔玛还打破边界，与中国线上零售业巨无霸京东合作，沃尔玛的低价优质商品，加上京东的"今日购今日达"的超级便捷配送能力，使两者的优势相互融合，让沃尔玛实现了线上业务的爆发式增长。经过两年的磨合，沃尔玛和京东的合作不断深入，沃尔玛依托京东强大的大数据，对不同区域的沃尔玛线上门店进行有规律的拓品、汰换、推荐，充分满足消费者的差异性需求。2018年7月，沃尔玛店均日动销商品数较上年同期增长40%，销售额同比增长200%。

案例（三）德国的隐形冠军企业的八个特点[①]

"隐形冠军"这个概念是德国赫尔曼·西蒙教授提出的。众所周知，德国制造代表着世界制造标准的巅峰。早在1986年，他在研究德国出口数据时发现，德国有60%~70%的出口是由中小企业贡献的，远高于其他发达国家中小企业的出口比例。西蒙认为其原因在于德国拥有一批世界领先的中小企业。这些企业营收规模很小，不为人所知，市场份额却很高，往往能占该行业世界份额排名的第一或第二，西蒙教授把这类领军企业称为"隐形冠军"。

在之后的研究中，赫尔曼·西蒙发现大多数隐形冠军都采用了相似的经营管理模式，归纳起来共有八个特点。

1. 以做大、做强、做久为企业的目标

这些企业的目标不在于做大，而在于做强、做精、做久，实现持续、高速的增长。隐形冠军中最大的企业也够不上世界500强的体量，就算在德国也不算很大。在西蒙的抽样统计中，隐形冠军的平均年营业额是3.26亿欧元（合人民币26亿元左右），其中1/4的公司只有不到5 000万欧元（合人民币4亿元左右）。但它们力求在某个行业的市场份额占据领导地位，要么是世界前三，要么是某一大陆第一。

它们的口号是做上一百年、二百年，"不争500强，但活500年"。隐形冠军一般能在创立之后二十年仍持续增长并维持领先地位；在过去几十年中，它们的年均增长率为8.8%。隐形冠军的领导地位目标不仅是持续、高速增长

[①] 笔者根据以下论著摘编：赫尔曼·西蒙. 隐形冠军：未来全球化的先锋 [M]. 北京：机械工业出版社，2019；从隐形冠军身上，我们能学到的9条经验 [EB/OL]. (2018-08-07) [2020-10-15]. http://www.ebusinessreview.cn/articledetail-293970.html.

的结果，而且必须是行业标准的制定者，必须成为对客户、竞争对手以及市场趋势的领导者。西克公司（一家传感器技术的世界领先者）声称："领导意味着你将成为别人的标准，我们为全球市场设定了标准，但要求自己成为更好的管线检测系统的世界领先者。集团认为，作为世界上无可争议、具有领导地位的供应商，我们希望为客户提供尽可能高的价值，我们的目标是成为世界上最有竞争力的供应商，我们所考虑的已经远远超出了当前市场的需求，因为我们考虑的是未来的市场需求"。全球最大的香精香料生产厂商奇华顿公司，在其愿景声明中十分醒目地对领导要求做了定义：以我们的专业知识和经验领导业界。手术室设施的世界领导者麦克伟说，我们致力于制定被认为是医疗设备公认的黄金标准。欧洲领先的生产集体游戏的 Host Word 公司说，宁当蛇头不当龙尾，与其在一个大行业里做追随者，我们宁愿成为利基市场的领导者，来决定市场的行动和发展。瑞士的欧瑞康公司是一家在真空和发动机技术领域领先的高新技术企业，它们制定了创新和技术标准。倍加福公司也对自己领导者的角色毫不质疑：我们在个人安全和防爆方面是无可争议的市场领导者，60年来我们一直在工厂自动化领域制定全球质量和创新的标准，在全球没有其他任何一家工业自动化公司能够选择提供别的传感器和连接器。制造用于食品和饮料容器、可重复使用衬版的欧洲市场领导者 Plus 公司说：我们生产最高水平的运输包装，为什么我们会有如此自信的说法？我们的系统包括它里面的所有在职员工，系统和产品都是可靠的，在封闭回路中使用过的衬板，可以100%地重复使用和环保回收，我们制定了整个物流链的每个环节的卫生安全标准。

市场领导者的目标和愿景在激励员工方面是非常有效的，愿景总是追求最佳、最鲜、最友好或者最快的目标，员工们很乐意为了这样的愿景来自我定位——没人愿意碌碌无为。例如，德国的隐形冠军凯傲公司目前是世界第二大叉车制造商，它宣布将在2029年赶超世界市场的领导者丰田汽车公司。几乎没有什么比与一个强大的对手斗争更能鼓舞士气的了。

2. "三个专法、两个倡导"的产业定位

隐形冠军的经营理念是专注核心业务、专注客户关系、专注员工忠诚度；倡导持续改善和培育企业生态价值链；倡导守持愿景，培育实业工匠精神。

隐形冠军往往聚焦于某个细分行业，超过2/3的隐形冠军生产工业产品，1/5的隐形冠军涉及消费类产品，另有1/9属于服务业。它们的眼光不限于本国或者欧洲，而是紧紧抓住全球化机遇，开拓国际市场。业务聚焦会使市场规模有限，而全球化可以实现规模效益。因此，聚焦和全球化是隐形冠军不

可或缺的两大支柱性战略。隐形冠军的崛起恰恰得益于国际贸易的高速增长，2/3 的隐形冠军是行业内拥有最多国际市场的企业，每个隐形冠军平均有 30 个外国子公司，其中 2/3 为销售和服务企业。隐形冠军的外国子公司几乎都由母公司独资控股。例如，德国伍尔特公司只生产螺丝、螺母等紧固件，却在全球 80 多个国家设有 294 家销售网点，其产品的应用更是上至太空卫星，下至儿童玩具，几乎涵盖了所有行业和领域，年销售额达到 70 多亿欧元。又如碧然德公司，其滤水器占据全球同类产品市场份额的 85%。

隐形冠军往往不为众人所知。很多隐形冠军处于产业链中间环节，生产产品配件或为大企业做配套服务，所以它们的产出不能被消费者看到；另外，还有很多隐形冠军深谙"闷声发大财"的道理，出于对潜在竞争对手的戒备，刻意"隐姓埋名"，减少曝光度。隐形冠军企业的成功经验可以总结为以下几点。

3. 紧靠客户、重视创新

客户需求和科技研发是隐形冠军的两个创新来源，它们坚持满足客户需求和技术研发引领"两条腿走路"。西蒙认为隐形冠军最大的优势是贴近客户，其贴近客户的程度平均比大企业高出 5 倍，甚至它们的高层管理者都很贴近业务和客户。有时是因为意识到了还有未被满足的客户需要，然后研发相应技术；有时是首先有了技术再寻找应用场景。绝大多数隐形冠军的销售额由少数大客户提供，隐形冠军和这些大客户之间合作紧密。产品质量是贴近客户的基础，延伸服务是更重要的内容，尤其是在咨询服务和系统集成方面的延伸。

隐形冠军对研发的投入是一般工业企业的两倍多，平均每个员工的专利数量相当于大公司的 5 倍，也就是说他们每项专利的成本相当于后者的 1/5。创建于 1989 年的博伊莱股份有限公司开发和销售用于图像辅助外科手术和放射性治疗的软件系统，在全世界 80 多个国家共安装了 5 000 多套系统，是本行业的全球龙头企业。按威尔斯玛尔总裁的话，还没有能和我们在全套产品方面竞争的对手。该公司在全球雇用了约 1 200 名职工，其中有 286 名工程师和研究人员从事公司的研究和产品开发，这充分体现了创新在企业增长中的重要性。

4. 谨慎投资、谨慎外包，抗风险能力强

大多数隐形冠军都聚焦于一个非常小的细分市场，对多元化持谨慎态度。为了保证质量和改善服务，隐形冠军偏向内部解决问题，自主完成各价值链环节，谨慎采用外包。西蒙教授认为，自主生产是隐形冠军产品独特性和优越性的重要原因。例如，由于抓住了全球增长机遇，风电设备制造商安康的营业额从1995年的不到2亿欧元，发展到2012年的51亿欧元，在德国占据了整个市场50%以上的份额，是该市场不可撼动的领导者，在世界范围内也被看作是风电行业技术领先的企业，风电涡轮发电机安装在世界30多个国家，为全球提供了22 000多台33千兆瓦供电能力的风电设备，这相当于30多个核电厂的供电能力，尽管经济危机也蔓延到风电行业，但并没有影响到安康，在过去几年它是该行业唯一一家盈利的企业。如今安康雇用了约13 000名职工，这对一个在20世纪80年代才成立的公司，不能不说是一个可观的业绩。

5. 精简组织，不追求"精细"分工

大多隐形冠军企业采用权力分散、以客户为中心的组织架构，很多隐形冠军较早就采用事业部制。和大公司相比，隐形冠军的分工没有那么细致。它们大量投入于员工培训，以提升员工素质，员工普遍都是"多面手"，这样可以确保即使在复杂环境下，它们依然能够贴近客户，使每个员工都有超出平均水平的工作职责，员工的离职率及缺勤率非常低。例如，成立于1882年的管风琴制造商克莱斯公司是一家全球性企业，其职工数100年来从未变过，根据2006年到2012年的采访调查，该公司一直只有65名职工，原因是克莱斯产品的价值链由10个独立加工环节组成，每一道加工都必须得有一定数量的最低人数；另外约有1/4的职工常年奔波在世界各地安装或维修管风琴，其团队也必须得有一定数量的最低职工数。由于专业性比较强，克莱斯必须自己培训这些专业人才，这也要求克莱斯的职工队伍保持稳定。

6. 企业家和企业一起成长，尽早培养接班人

隐形冠军可持续发展的根基之一是管理层的持续性。接近2/3的隐形冠军是家族企业，公司的管理权一般由家族成员掌握和继承。管理层对领导者和企业使命具有高度认同感，也具有实现目标的决心、勇气、毅力和能力，以及激励和鼓舞他人的魅力。很多企业家在年轻的时候就开始执掌公司，平均在职时间长达20年，远长于大公司领导人5年到8年的任期。领导人在企业扮演着重要角色，也将是隐形冠军未来全球化进程中所要面临的主要挑战之一。弗劳恩霍夫研究所的一项研究显示，市场领导者首先需要有创新技术和品质可靠等类似特征，高端属性、知名度、信誉和传统，被认为是市场领导者可以长久持续占有优势的基础。隐形冠军平均占有市场领导者地位达22年之久。这是一段很长的时间，这也不由得使人联想到企业领导人的平均任期也是20年，真是一个有趣的巧合。

7. 隐形冠军的利润率非常高

多年来隐形冠军的销售回报率保持在德国普通企业的两倍以上，它们也有着较高的自有资本率，在融资方面主要依靠自筹资金。例如，1972 年由希格弗里德曼斯特创建的 Rational 公司作为隐形冠军中的一个明星企业，在厨房自动设备领域占有全世界 54% 的市场份额，而且还在不断地增长。Rational 公司的利润可观，2012 年的营业额为 4.35 亿欧元，税后的盈利值达到 0.933 亿欧元，这相当于 21.4% 的税后销售利润率。

8. 隐形冠军在国家竞争力体系中扮演重要角色

各个国家的出口能力大相径庭，大公司的数量对一个国家的出口能力显然有着决定性的影响，大型跨国公司（如世界 500 强）的数量和全球市场占有率存在显著相关性。不过德国和中国是例外，这两个国家出口额的 60%~70% 依靠大量中小企业（员工数量少于 2 000 人），特别是那些隐形冠军。其实，国际竞争力更加细致地表现在人均出口量上，德国的强势在世界大国中是独一无二的。通过收集全球数据，发现近 25 年来在德语国家一共有 1 499 家隐形冠军，相当于世界上全部确认的隐形冠军总数的 55%，每百万居民的隐形冠军数量为 14~16 个，斯堪的纳维亚国家每百万居民中有 3~5 个隐形冠军，屈居第 2 名，其他国家的人均出口量明显低得多，最接近德国的是韩国，其次是法国和意大利，美国人均出口量则远远落后。中国因为其庞大的人口数量，尽管在绝对出口量上领先，但人均出口量还很低。

第10章 组织原理

一、教学目标、理论概要、思考与讨论

（一）教学目标

1. 理解组织、体制、机制、正式组织、非正式组织、企业制度、运营体制、业务作业体制等概念及其相互关系。
2. 掌握组织的设计要求和评价标准、组织的基本手段以及运用的基本原则，理解它们相互之间的因果关系。
3. 掌握企业制度、运营体制和业务作业体制的内涵、基本形态及其适用场景。
4. 了解我国企业制度、公司治理的现状及改革方向。
5. 了解智能互联时代组织变革的趋势。

（二）理论概要

组织作为名词，泛指由多人组成具有共同目标的行为主体。在管理学中，组织作为动词，是指建立具有超越个人能力和效率的协作系统的过程；对组织职能的要求建立在激励性和协调性基础之上，应保持稳定性和柔性，提供实现目标所需要的功能和效率；其机制包括吸引、追随和约束；组织的结果是形成具有一定功能的体制。组织是管理的基础职能，它形成集体活动，包括计划和其他管理活动的主体。企业组织的任务包括建立企业治理体制、运营体制和作业体制。其基本手段包括：目标及任务、分工及用人、部门化及编制、系统架构、业务流程与沟通网络、责任和权力、制度与纪律、利益和文化（见图10-1）。

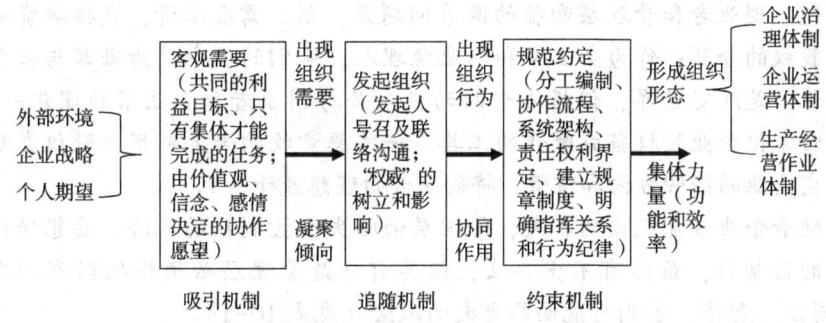

图 10-1 企业组织的机制、任务与手段

（三）思考与讨论

1. 区分组织、体制、机制的概念，企业组织要完成哪三个层次的体制设计任务？

2. 以实例揭示公司治理面临的种种难题。企业党委、董事会、经理会各自的责任和权力是什么？如何保护中小股东的合法权益？

3. 王石为什么要竭力阻止恶意收购？创业者有哪些途径保卫自己对企业的控制权？

4. 为什么企业有那么多组织形态？比较平台型组织、阿米巴组织、矩阵组织、网络型组织及其适用场景。

5. 你如何理解组织的"去中心化"？阿米巴模式是否具有普遍适用性？

6. 在中国推行混合所有制，民营企业通常有什么顾虑？如何消除它们的顾虑？

7. 能否根据"海尔构建工业互联网平台企业"案例及海尔官网的介绍，画出海尔的组织结构及主业务流程？

二、精读文选

文选（一）创业者和企业家如何保持公司控制权[①]

创业者、企业家、职业经理人与股东之间的关系，是公司治理的一个长

[①] 参见：67%，51%，34%，30%，20%股权对控制权的区别[EB/OL].（2017-05-07）[2020-10-11]. https://mp.weixin.qq.com/s/VtjN7UcGPgrEDQveoIMyUA.

久命题。创业者和管理层面临的两难问题是：创业需要融资，直接融资必然面临股权的分享；作为企业家和职业经理人，他们的使命是为顾客与社会创造价值，是改变世界，但投资者的动机未必与创业者和企业家的理想一致，他们常常把企业股权当成赚钱的工具，一些恶意收购者会利用控股权在短期内改变企业的经营方向和宗旨，将创业者的理想毁于一旦。

随着企业融资规模的扩大，管理层面临失去控制权的风险。要想保持对企业的控制权，虽然有不少办法，但其前提是管理层必须根据国家颁布的《公司法》行事，否则可能面临更大的风险（见表10-1）。

表10-1 不同股权持有者的合法权利

股权分界线	权利水平	主要内容
控股67%	相当于100%的绝对权利	修改公司章程、分立、合并、变更主营项目等重大决策
控股51%	相对控制公司	绝大部分决策
控股34%	安全控制权	一票否决权
控股30%	生存控制权	上市公司要约收购线
控股20%		重大同业竞争警示线
控股10%	会议权	可提出召开临时股东会质询、调查、起诉、清算、解散公司
控股5%		重大股权变动警示线
控股3%		临时提案权，提前开小会
控股1%	代位诉讼权，亦称派生诉讼权	间接的调查和起诉权（发起监事会或董事会调查）

全球投行俱乐部提供了企业管理层提升公司控制力的若干解决方案。

1. 上市公司管理层提升控制力的方法

扩股：扩股系指企业向社会募集股份、发行股票、新股东投资入股或原股东增加投资扩大股权，从而可以增加企业的资本金，管理层有机会扩大持股比例。扩股的具体方式有多种，包括：

（1）在二级市场增持股份。

（2）通过定向增发进行扩股。根据《证券法》的规定：上市公司向符合条件的少数特定投资者非公开发行股份时，要求发行对象不得超过10人，发行价不得低于公告前20个交易日市价均价的90%，发行股份12个月内（认购后变成控股股东或拥有实际控制权的 36 个月内）不得转让。

（3）与其他股东达成股份转让协议，受让其他股东的股权。对管理层而言，他们最常通过 MBO 程序取得公司的控制权。MBO（管理层收购）程序是指目标公司的管理层利用借贷所融资本或股权交易收购本公司，从而引起公司所有权、控制权等变化，以改变公司所有制结构的一种行为。通过管理层收购，企业的经营者变成了企业的所有者。管理层作为股东，个人利益和公司利益趋同，能够有助于降低成本、加速公司的发展。

（4）一致行动人协议。常指在公司没有控股股东或实际控制人的情况下，由多个投资者或股东共同签署一致行动人协议，从而扩大共同的表决权数量，形成一定的控制力。

比如，陕西宝光真空电器股份有限公司的第一大股东陕西宝光集团有限公司，与陕西省技术进步投资有限责任公司于 2016 年 11 月 17 日签署了一致行动人协议，自此陕西宝光与一致行动人共持有公司 5 321.247 0 万股，占公司总股本的 22.56%。双方采取一致行动的范围主要包括提案的一致行动与投票的一致行动，而各方依据其作为宝光股份股东所享有的其他权利（包括但不限于股票处置权、分红权、查询权等）则不受影响。

不难发现，一致行动人协议相当于在公司股东会之外又建立了一个契约型的"小股东会"，但此种人合性极强的举措几乎完全依赖于"小伙伴之间"的信任感和忠诚度，一旦小团体土崩瓦解，对企业的控制力也将不复存在。

（5）资产重组。资产重组是指企业改组为上市公司时将原企业的资产和负债进行合理划分和结构调整，经过合并、分立等方式，将企业资产和组织重新组合和设置。通过资产重组来加强对公司的控制权更像是一条"曲线救国"的道路。举例来说，当管理层在 A 公司所掌握的股权较低时，可以与另一家自己控制的 B 公司进行资产重组——对 B 公司发行股份，由 B 公司持有 A 公司的股份，由于管理层本身持有一定的 A 公司股份，同时也是 B 公司的实际控制人，那么管理层便增强了对 A 公司的控制权。

（6）超级投票权——A/B 双层股权结构。该种方式主要适用于允许"同股不同权"的一些境外市场。企业可以发行具有不同程度表决权的两类股票，一类为一股一权，另一类为一股多权，由此创始人和管理层可以获得比"同股同权"结构下更多的表决权，从而使其他机构投资者和投资人更难掌管公司决策权。

谷歌在上市时就是采用 AB 股模式，佩吉、布林、施密特等公司创始人和高管持有 B 类股票，每股表决权等于 A 类股票 10 股的表决权。2012 年，谷歌又增加了不含投票权的 C 类股用于增发新股。这样，即使总股本继续扩大，创始人减持了股票，他们也不会丧失对公司的控制力。到 2015 年，佩吉、布林、施密特持有谷歌股票低于总股本的 20%，但仍拥有近 60% 的投票权。

目前，采用双重股权结构的多为互联网企业、科技企业、传媒企业，该类企业获得外部投资较多。中概股中，百度、唯品会就采取了这种股权结构防止被外资控制。

（7）修订公司章程。2014 年，上海新梅公司为应对兰州鸿祥建筑装饰材料公司的持续增持而采取修改公司章程的举措，包括：①限制新增股东的提案权与投票权。②增加上海新梅董事会被接管的时间与难度。大幅缩小董事会换届选举董事更换比例，规定：董事会换届选举时，更换董事不得超过全体董事的三分之一；每一提案所提候选人不得超过全体董事的三分之一；董事会换届选举时，选举或更换（不包括确认董事辞职）董事人数不得超过现任董事的四分之一；取消了副董事长的职务，并将董事长由董事会以全体董事"过半数选举产生"改为"三分之二以上多数选举产生"。

但是，《公司法》第 102 条规定："单独或者合计持有公司百分之三以上股份的股东，可以在股东大会召开十日前提出临时提案并书面提交董事会；董事会应当在收到提案后二日内通知其他股东，并将该临时提案提交股东大会审议。"

在符合《公司法》规定的前提下通过合理修改章程的方式来保护管理层的控制力虽为可行的方式，但章程到底怎么改，还需要企业和律师共同研究探讨。

2. 非上市公司管理层提升控制力的方法

（1）掌握控股权。谁拥有的股权越多，谁掌握的控制权就越牢固，这是每一位商界人士都深谙于心的常识。那么，管理层的股权要把握到什么程度才能带来"安全感"呢？通常，我们把持有 67% 以上的股权称为"绝对控制权"，因为这代表着管理层拥有了三分之二的表决权。《公司法》第 103 条第 2 款规定："股东大会作出决议，必须经出席会议的股东所持表决权过半数通过。但是，股东大会作出修改公司章程、增加或者减少注册资本的决议，以及公司合并、分立、解散或者变更公司形式的决议，必须经出席会议的股东所持表决权的三分之二以上通过。"由此可见，"三分之二"的表决权，是一个极具诱惑力的比例，它代表着管理层难以撼动的决策地位。

（2）表决权带来控制权。在法律层面上，可以考虑的途径是——归集表决权。归集表决权的方式有许多种，例如表决权委托、签署一致行动人协议、构建持股实体等。

（3）通过构建持股实体，以间接加强管理层的控制力。这是最为复杂但也更为稳定可靠的方式。常见的操作方式是：管理层设立一家有限责任公司或有限合伙企业作为目标公司的持股实体，同时成为该公司的法定代表人、唯一的董事、唯一的普通合伙人或执行事务合伙人，最后达成掌握目标公司表决权的效果。需要注意的是，若持股实体是有限合伙企业，那么管理层的地位必须是普通合伙人而非有限合伙人，因为根据《合伙企业法》的规定，有限合伙企业是由普通合伙人来控制的，有限合伙人并不能参与企业的经营管理和决策。

（4）设定限制性条款。设定限制性条款并不能对管理层的控制权起到"强化"效果，但可以起到防御性作用。限制性条款大多体现在公司章程之中。一方面，限制性条款可以赋予管理层"一票否决权"。例如，针对公司的一些重大事项——合并、分立、解散、公司融资、公司上市、公司的年度预算结算、重大人事任免、董事会变更等，管理层尤其是企业的创始人可以要求没有他的同意表决不通过。如此一来，即便管理层的股权被稀释得较为严重，也不会导致被"扫地出门"的结局。另一方面，为了拿下董事会的"战略高地"，在公司章程中，还可以直接规定董事会一定数量的董事（一般过半数）由核心管理层委派。需要注意的是，《公司法》对章程的法定、意定事项的范围有所限制，在设立限制性条款时，必须时刻避免触犯法律制度的框架。

（5）其他措施。原则上，根据《公司法》第37条的规定，股东会有权选举和更换非由职工代表担任的董事、监事。因此，股东会是有权按照自己的判断罢免董事成员的。但如前文所述，对于有限公司的管理层而言，依然可以在策略上有所争取。

此外，如果有限责任公司设有职工代表董事，则该职工代表董事不能随意被股东会罢免。《公司法》第44条第2款规定，两个以上的国有企业或者两个以上的其他国有投资主体投资设立的有限责任公司，其董事会成员中应当有公司职工代表；第67条第1款规定："国有独资公司设董事会，依照本法第四十六条、第六十六条的规定行使职权。董事每届任期不得超过三年。董事会成员中应当有公司职工代表。"

3. 阿里巴巴的模式

说到管理层的控制力，就不得不提及阿里巴巴（或简称"阿里"）这个明星企业。马云作为阿里巴巴的创始人，在其持有的阿里巴巴股份比例不到10%的情况下，依然稳固地保持着对集团的控制，可以说是管理层持股比例较低情况下保持控制力的代表。其主要策略包括：

（1）董事会直接管理公司。董事会是公司的执行者，在阿里的内部，董事会拥有极高的权力，而且董事的换选也不是件容易的事情。首先，阿里50%的董事由阿里合伙人提名，股东大会投票从提名董事候选人中选举出董事；其次，马云、蔡崇信以及软银、雅虎就投票达成一致，使阿里合伙人所提名的董事能够被选入董事会；最后，如果要修改章程中关于合伙人的董事提名权和相关条款，该修改事项必须要在股东大会上得到出席股东大会的股东所持表决票数95%以上的同意（阿里集团上市主体的注册地在开曼，开曼的公司法对公司特别事项的表决没有具体持股比例的限制，因此阿里的股东能够对公司特别事项的通过约定一个较高的持股比例）。根据阿里上市时的披露，马云、蔡崇信所持有的阿里股份合计不低于10%，因此在马云、蔡崇信不同意的情况下，修改合伙人的董事提名权也无从实现。

（2）"合伙人"决定董事会。如上所述，合伙人有权提名董事，而合伙人提名的董事又总能在董事会占有一席位置。

首先，合伙人享有提名董事会简单多数（50%以上）成员候选人的专有权。而合伙人中有一种类型为永久合伙人，永久合伙人除非退休或者离职、丧失行为能力、被合伙人会议50%以上投票除名，否则一直享有董事提名权，马云、蔡崇信便为阿里的永久合伙人，因此可以说马云始终有权提名董事。

其次，被合伙人提名的董事成为董事会成员的，需在年度股东大会上经持有二分之一以上表决权的股东通过。马云、蔡崇信与软银、雅虎通过投票协议约定，软银（在持有阿里不低于15%的股份的情况下）、雅虎在股东大会上为合伙人所提名的董事投赞成票。由于马云、蔡崇信、雅虎、软银持有的阿里股份比例达69.5%，因此合伙人所提名的董事候选人被选为董事没有悬念。

不仅如此，合伙人制度在保证合伙人控制权上可谓万无一失。因为，即使阿里合伙人提名的候选人没有被股东选中作为董事，或选中后因任何原因离开董事会，那么阿里合伙人有权指定临时过渡董事填补空缺，直到下届年度股东大会召开。而且，在任何时间，不论因任何原因，当董事会成员人数少于阿里合伙人所提名的简单多数时，阿里合伙人都有权指定不足数量的董事会成员，以保证董事会成员中简单多数是由合伙人提名。

可以说，阿里合伙人总能让自己人行使董事的权力，包括马云在内的合伙人便是通过这样的程序实际控制了公司半数以上的董事，进而实现通过董事会管理公司。

(3) 高准入门槛保障合伙人的一致。一系列心思缜密的制度设计可以保证合伙人对阿里的控制权。

阿里合伙人的入伙有着严格的条件限制，不仅要持有公司的股份，而且要对公司发展有积极贡献，对公司的文化高度认可，愿意为公司使命、愿景和价值观竭尽全力。在程序上，需要经过合伙人向合伙人委员会提名、75%以上的合伙人投票通过，层层严格筛选。如此门槛所筛选出的合伙人基本对公司的运营、发展的认可是一致的。

虽然人的变数是无法完全避免的，但相比股权至上以及直接与资本挂钩的控制权决定标准，合伙人制度在确定公司的控制主体时融入对人这一因素的考量，加之严格的入选条件，使得与公司的核心团队目标一致，公司的控制主体稳定。

文选（二）东胜油田实行混合所有制的治理机制[①]

中石化胜利油田东胜精攻石油开发集团股份有限公司（以下简称东胜公司）是国内陆上石油行业第一家以混合所有制形式、油地结合开发难动用储量的石油公司，成立于1993年6月29日，以石油、天然气助探开发为主营业务，由中国石化集团股份公司控股，胜利油田分公司管理。工区分布在东营、滨州、淄博、潍坊等6市16个县区，辖区面积近2 089平方千米，管理19个油田的66个区块，探明储量26 465万吨，资产总额7 857亿元，净资产64.02亿元。

石油能源是一个国家经济发展的命脉。我国从1993年起由石油净出口国变成石油净进口国，石油能源对外依存度逐年攀升，2018年中国进口原油占石油总消费量的70%，国家能源安全风险越来越大。当年我国累计探明石油地质储量398.77亿吨，其中未开发难动用储量达54亿吨，商业价值较高的油田经过持续开发，已不同程度地进入难动用资源行列。高效开发难动用储量成为保障国家石油能源安全的战略性任务。

难动用储量是由于地理、地质、技术或征税等各种原因，以及在给定的经济条件下被测定为用常规方法开发经济效益欠佳的储量，其特点是高致密油藏、超稠油、分布散、规模小，因而开发难度大、成本高，属于世界级开发难题。

[①] 参见：中国企业联合会管理现代化工作委员会. 全国企业管理现代化创新成果（第26届）[M]. 北京：企业管理出版社，2020：24-28.

中国石油企业成立初期，物探、钻井、测井、地面工程建设、石油装备制造等方面要自己组建队伍，经过50余年的发展，形成了"大而全、小而全"的运作模式，这种体制机制存在管理层级多、队伍规模大、人工成本高、人力资源优势难以发挥、资产规模大而不强、投资增量快、折旧折耗等成本要素增加、资本增值能力弱、经营理念落后、核心竞争力不强、投融资渠道单一、企业抗风险能力差等弊端，不适用于难动用储量的高效开发。

如何破解这个难题？公司高层决定探索通过构建股权多元的石油公司，解决难动用储量高效开发的思路。

石油公司的概念来源于西方，是指石油企业针对油气生产、炼化、运输、销售等上、中、下游业务进行相关的资本与商务运作，通过石油企业与服务公司之间的专业化、社会化分工，顺应市场化规律和法则，实现资源的合理配置和高效运作。胜利油田按照《中国石油天然气总公司的批复》和《国内合资开发油气田试行办法》，将油气资产和先期勘探投资一同折成股本，东胜公司通过股份制的形式，面向社会筹措难动用储量开发所需的资金，按照混合所有制的要求探索国有控股石油公司的治理机制，切实考虑勘探开发的风险性、工农油地关系复杂性等实际背景，搭建利益相关方利益共享、风险共担的平台，构建结构扁平化、机构精干化、责权利紧密挂钩的体制，发挥各自优势，将公司的发展与石油能源需求联系在一起，与地方区域社会发展联系在一起，与员工的自身发展联系在一起，最大限度地化解难动用储量开发的重大风险。

在股权结构方面，控股股东胜利油田持股64.72%，主要负责提供难动用区块，并通过派遣推荐董事、高层管理人员和专家等形式对东胜公司实施宏观行业指导、审批难动用储量开发方案，日常生产经营活动由东胜公司自主开展；地方国有企业持股16.97%，在提供难动用储量开发资金的同时，重点维护油地、工农等方面的良好地方环境；其他国有企业、民营企业等中小股东持股16.41%，主要是缓解难动用储量开发资金不足的问题，并在经济决策、人力资源等方面给予建议和支持；员工持股1.9%，主要调动员工参与企业管理、争做主人翁的主动性。

控股股东胜利油田以储量入股、委托管理等多种方式，持续向东胜公司注入难动用储量，为公司可持续发展提供资源保障；东胜公司以高回报换取高储量投入，通过保证红利、提供劳务、安置油田富余人员等方式，得到控股股东对公司核心业务的支持，也促进了中国石化集团股份公司边际油田的有效开发，提高了难动用储量的资源贡献率，保障了国家石油能源安全。地方政府方面，东胜公司以"放而不乱"为指针，以股份制的形式吸纳油区地方政府、地方企业等股份注入，满足公司发展的资金需求，通过将油田开发建设与当地规划相结合，修桥铺路，油地共建，造福百姓；公司依法属地纳税，增加了地方财政的收入，促进了当地经济发展。地方政府在辅助生产、工农关系、油区治安、开发用地等方面给予东胜公司支持，为开发难动用储量提供了良好的社会环境。

东胜公司为保障各个股东的合法权益，建立董事会、监事会和总经理权责分明、相互制衡的法人治理机构，执行以公司章程为核心，股东大会议事规则、董事会工作条例、监事会议事规则等相关组织管理制度，完善股东会与董事会之间的信任托管关系、董事会与经理层之间的委托代理关系，以及股东会、董事会和经理层之间的指导、监督和制衡关系。公司及时召开年度股东大会及临时股东大会，制订、报告、表决公司投资预决算、财务预决算情况、分红方案等关键经营资料，确保股东知情权的充分实现，并在合理期限内及时发放股东红利，保证股东收益权；公司依法在山东省总工会注册员工持股会，并成立专门的理事会管理。按照国务院办公厅印发的《关于进一步完善国有企业法人治理结构的指导意见》，东胜公司将党建工作写进公司章程，各子公司党组织书记和董事长由一人担任，充分发挥国有企业党组织政治核心作用，完善混合所有制石油公司法人治理体系。为保障中小股东合法行权，在董事会、监事会的构成中保留一定席位。为确保中小股东的决策权和建议权，关于投资、财务预决算情况、分红方案等关键经营事项需及时召开会议，确保股东知情权，在合理期限内发放红利，保证股东收益权，公司职工监事不得少于监事人数的1/3，通过分散监事会表决权，适度限制控股股东，从而保护中小股东利益。中小股东通过法人治理结构和法定程序，依法参与东胜公司运作，在勘探开发、生产经营决策等方面履行相应权利和义务。东胜公司确保油田开发经营管理在法律和政策规定的范围内与中小股东达成共识，正确处理长远利益与近期效益的关系，科学有序开发难动用储量的同时，保证中小股东的投资回报率。东胜公司成立20多年来，从未出现小股东的权利诉求和纠纷等情况。

在员工方面，按照员工持股计划（employee stock ownership plans，ESOP），与员工分享企业所有权和未来收益权，充分激发"人企共进"的原动力。在山东省总工会注册员工持股会，成立专门的理事会管理，通过购买其他股东退出的股权，让内部员工持有一定比例的公司股份，并实行动态管理，从精神层面鼓舞转变为经济利益同步，使员工个人利益和公司利益相统一。员工以股东身份参与公司难动用储量开发的日常管理，激发员工主体意识，在参与管理的过程中提升个人综合能力。此外，加强与油田和社会专业化队伍与服务商等其他市场主体的合作力度，根据不同的服务商规模、性质以及合作时间，设计合理的合作方式，提升难动用储量的开发质量。例如，在集输、作业、特车等方面借助油田和社会专业化队伍力量，完成东胜公司难动用储量开发的相关工作，既保证合作方的市场占有率，又促进油田和社会专业化队伍的发展；采购胜利新大实业集团有限公司的碳纤维玻璃钢抽油杆、玻璃钢管道、玻璃钢罐体等新型环保材料制品，促进公司绿色环保发展，提升承包商技术变革质量和效率；采购胜利油田新海兴达实业集团有限责任公司注汽技术，有效提升稠油采收率，同时加速承包商扩大再生产。

截至2018年，股东年均分红率达到20%，累计分红为投资额的510%。

文选（三）奇瑞汽车实施阿米巴经营见成效[①]

经过近十年高速增长，汽车市场整车、零部件、汽车经销服务等全产业链的各类市场主体尽享中国进入汽车社会的市场盛宴，各类产业资本持续涌入整车制造领域。随着中国经济增速换挡，汽车市场进入中低速增长阶段。2018年以来，中国汽车市场明显步入下行区间，终端市场格局发生分化，市场竞争由"共享做大蛋糕"为主进入"争食存量蛋糕"为主的阶段。在产能过剩、存量竞争、优胜劣汰的红海时代，车企普遍面临微利和无利困境。面对市场需求不振、市场份额逐步收缩、人力成本居高不下的状况，如何激活员工的个性与潜能，让组织的每个环节、每个人都产生原动力，成为企业制胜的关键。

2018年，奇瑞商用车公司决定与香港人文比佛利管理咨询公司合作，力图通过组织变革改变被动局面。香港人文比佛利从事企业经营管理18年，具有指导过上千家企业的经验。同年8月，合作项目正式启动。以李哲贤博士为核心经营构架师开始在奇瑞公司内部推行阿米巴管理模式，用近20个模块帮助奇瑞汽车打造阿米巴经营体系。开始是营销和研发部门，之后是质量、采购部门，最后是制造部门。2019年3月，奇瑞汽车开始全面在公司内部推进阿米巴管理模式，成立了大大小小67个阿米巴小组。与此同时，奇瑞汽车着手调整组织形态，计划构建适合阿米巴经营的架构。

[①] 参见：2018年中国汽车市场发展现状及未来发展趋势分析［EB/OL］．（2018-04-26）［2020-11-15］．http：//chinaidr.com/tradenews/2018-04/119564.html；香港人文比佛利携手奇瑞汽车打造阿米巴经营，车企寒冬期逆势增长［EB/OL］．（2019-09-05）［2020-11-15］．https：//www.sohu.com/a/338984679_332358．

奇瑞汽车负责采购和品质管理的副总经理张国忠总结了国企制度的四个弊端：企业内管理干部很多，但关心利润的只有老板个人；缺乏能独当一面的经营管理人才，成了企业发展的瓶颈；各职能部门的成员只注重部门目标，而不是企业的整体目标；员工按照流程制度做事，不求有功只求无过，没有把事情做到完美的激情和动力。"阿米巴经营模式在解决这些问题方面具有优势"，张国忠说。

阿米巴经营模式的核心是下放经营权，把大组织划分为若干个独立核算的小单元，增强员工对经营的参与，使大企业能够拥有小企业的灵活性。经过高层的多番慎重沟通，奇瑞正式与香港人文比佛利合作打造阿米巴经营体系，逆转车企的寒冬期。

奇瑞在2018年之后能够跑赢大市逆势增长，除了得益于产品力的提高，更重要的是通过阿米巴管理模式的运营，解决了原有制度上的短板问题，把价值链条上的缺乏协作、目标不一的事业单元，通过利益捆绑确立共同的经营目标。

改革必然有阵痛。在实施阿米巴经营体系之初，香港人文比佛利面临最大的挑战是员工意识——大家都已习惯按部就班地工作，不愿意去打破现状和面临挑战。如何正确设置企业的利润中心和成本中心，是顺利运行阿米巴经营的关键。要做到这一点，需要理顺和明确公司各个部门的职责和整体业务流程，以及产生成本、创造利润的点。为此，香港人文比佛利对奇瑞组织形态进行调整，重新构建了更适合阿米巴经营的架构。

首先，把国内营销、国际销售等事业部列为直接利润中心，它们的目标是争取销售收入最大化。

其次，把研发、采购、制造等列为间接利润中心，组成虚拟产品线事业部，努力实现成本费用最小化；同时列为间接利润中心的还有后勤、保全维修、试验试制中心，它们通过有偿服务原则创造利润。

最后，把战略、人事、财务、质量等职能部门列为成本中心，追求组织职能整合最优化、费用最小化原则，并对应分摊至各阿米巴，在公司内部建立合理的内部结算机制，这是阿米巴经营的核心所在。完成上述动作后，奇瑞按照产品线等维度，组建了15个一级阿米巴、37个二级阿米巴和15个三级阿米巴，未来还将继续深入推广。

据奇瑞集团销量快报，2019年7月，奇瑞集团共售新车4.9万辆，其中自主车型国内市场销量同比增长10.7%；1月至7月奇瑞集团累计销量37.3万辆，自主车型销量同比增长6.2%；奇瑞品牌的平均售价和销量结构都有大幅改善，高价值商品占比提高。

三、管理案例

案例（一）万科与门口"野蛮人"的抗争①

1. 万科门口的"野蛮人"

1988年万科股改时，创始人王石放弃了股权。所有权与管理权分离、职业经理人在公司日常运作中具有很大的发言权，这是万科曾经引以为傲的职业经理人制度。王石希望将万科打造成为现代优秀企业，他和他的团队有这份自信。

1994年，以君安证券为首的几个股东联合"逼宫"，企图夺取万科控制权。万科紧急停牌三天，查出了对手开"老鼠仓"的形迹，随后向证监部门举证，一举反击成功。

经历过"君万之争"，王石清楚认知到万科股权结构上的短板。股权分散的结构（1998年前10名股东持股比例总共为23.95%）以及未在公司章程中对管理层设置任何实际的保护条款等，让万科随时可能遭到"野蛮人"逆袭。2000年，引入华润集团成为大股东后，万科依然没能改变股权分散状态。截至2015年6月30日，万科前十大股东合计持股约25%。在2006年和2010年，万科先后有过两次管理层股权激励，皆因股市低迷而失败。2013年，万科花了整整一年的时间来思考事业合伙人制度，欲提升管理层持股比例，以构筑"防御工事"。到2015年底，1 320名合伙人总计持股4.14%，仅为第四大股东。

自2015年1月起，"宝能系"旗下深圳市钜盛华实业发展有限公司（简称"钜盛华"）及相关联企业前海人寿，前后动用了400多亿元现金，展开对万科股权的强力争夺。截至2015年12月24日，"宝能系"合计持有万科24.26%权益，成为公司第一大股东，距离万科公司章程中的30%持股表决权只有不到6%的差距。"宝能系"想控制万科的意图非常明显。

为了争取时间，形成与华润（持股15.30%）、安邦（持有6.18%股份）及其他基金公司的联盟，并寻找更为可靠的合作者，王石紧急行动，在没有预告原第一大股东华润以及迅速召开董事会通报的情况下，于2015年12月18日，仓促宣布万科A股和H股同步停牌，称公司"正在筹划股份发行，用于重大资产重组及收购资产"。

---

① 该案例系笔者根据万科官网、360百科及媒体相关报道整理而成。

2016年3月12日，万科与深圳地铁集团签订战略合作备忘录，宣布万科拟主要以新发行股份方式，收购深圳地铁集团所持有的目标公司的全部或部分股权；同时，双方建立战略合作关系，将依托"轨道+物业"模式，紧密合作，共同发展，以深圳为起点，逐步实现向珠三角乃至全国其他重点城市的拓展。据估算，深圳地铁将成为第一大股东。

2016年6月17日，万科召开复牌前的董事会会议，审议万科和深圳地铁的重组预案。万科公告称，董事会最终以7票同意、3票反对、1票回避表决通过重组预案。但华润质疑独立董事的投票有效性，公开反对这一重组方案，主张以现金购并深圳地铁资产，并同时以"内部控制人"问题质问万科管理层。

2016年6月24日，万科确认已经收到第一大股东宝能系提议召开临时股东大会的公告，要求罢免万科全部董事及监事，并表示明确反对万科与深圳地铁的重组预案。

2016年6月27日，万科召开2015年度股东大会，审议了2015年度董事会报告，听取2015年度独立董事履职情况报告，审议2015年度利润分配及分红派息方案等，股东大会由王石主持。对最值得关注的股东罢免和深铁资产交易案，议案并没有涉及。不过，在股东回答环节，王石及万科高层分别回答了薪酬、管理层被"逼宫"等敏感问题。

市场因此出现了宝能与华润之间存在关联性的质疑。2016年6月27日晚，深交所对宝能和华润发出询问函，要求澄清二者是否存在一致行动人关系；6月30日，宝能和华润在回复中均否认两者存在一致行动人关系，在董事会改组问题上也有所松动。

2016年7月4日，停牌了六个半月的万科A复牌，开盘立刻跌停，流通市值单日蒸发236.9亿元，万科A总市值蒸发269.4亿元。

2. 背景资料：万科简史

万科公司成立于1984年，总部位于中国深圳市，1988年进入房地产行业，1993年将大众住宅开发确定为公司核心业务，先后在上海及香港上市。根据万科2015年年报，第一大股东为持股24.26%的钜盛华和前海人寿，第二大股东为持股15.29%的华润，万科管理层持股比例为4.14%。在万科11位董事会成员中，华润系占有3席。宝能方面目前还没有成员进入董事会。现任董事长为郁亮。

经过30余年的发展，万科已成为国内领先的房地产公司，目前主营业务包括房地产开发和物业服务。公司聚焦城市圈带的发展战略，截至2015年底，公司进入中国大陆66个城市，分布在以珠三角为核心的广深区域、以长三角为核心的上海区域、以环渤海为核心的北京区域,以及由中西部中心城市组成的成都区域。自2013年起,公司开始尝试海外投资,先后进入香港、新加坡、旧金山、纽约、伦敦等城市,2015年公司实现销售面积2 067.1万平方米。万科物业始终以提供一流水准的物业服务、做好建筑打理作为企业立命之本。截至2015年底,公司物业服务覆盖中国大陆64个大中城市近千个项目,合同管理面积2.1亿平方米。

公司年报显示,2015年销售金额2 614.7亿元,净利润181.19亿元,同比分别增长14.3%和20.7%,在全国的市场占有率上升至3.0%。

经过多年努力,万科逐渐确立了在住宅行业的竞争优势。公司研发的"情景花园洋房"是中国住宅行业第一个专利产品和第一项发明专利;公司物业服务通过全国首批ISO9002质量体系认证;公司创立的万客会是住宅行业的第一个客户关系组织。2007年,万科工厂化技术的研发和应用取得重要进展,位于东莞的住宅产业化基地正式投入运作,并被建设部授牌为"国家住宅产业化基地";同年,万科新开工住房中装修房的比例达到53.4%,这是公司倡导节能环保、践行社会责任的重要体现。

案例(二)海尔构建工业互联网平台企业[①]

海尔集团创立于1984年12月26日,是一家全球领先的美好生活解决方案服务商,旗下白色家电业务连续九年蝉联全球白色家电第一品牌。物联网时代,海尔已从传统的家电制造企业转型成为共创共赢的物联网社群生态,引领全球企业率先引爆物联网经济。2017年,海尔集团实现全球营业额2 419亿元。目前,海尔在全球拥有10大研发中心、24个工业园、108个制造工厂、66个营销中心。

1. 基于工业互联网平台(COSMOPlat)的大规模定制管理背景

智能互联科技革命使全球制造业迎来新一轮变革浪潮,特别是工业互联网平台作为工业全要素连接的枢纽、资源配置的核心和智能制造的大脑,正在重构生产体系。构建新工业生态成为制造业国际竞争的焦点。与此同时,我国制造业正承受产业"双向转移"的压力,一方面,劳动密集型的以出口或代工为主的中小制造企业正在逐步向劳动力和资源更低廉的新兴发展中国家转移;另一方面,部分高端制造业在美国、欧洲等发达国家"再工业化"

[①] 本书作者根据中国企业联合会管理现代化工作委员会编《国家级管理创新成果》相关内容改编。

战略的引导下回流。"中国制造"向高质量发展已刻不容缓。

互联网带来的最大影响是改变了用户与企业的关系，信息不对称状态正在减小，企业必须快速响应用户需求。用户特别是年轻用户越来越重视个性化产品带来的自我认同感，产品细分需要不断深化。企业必须将过去单向的"卖产品"理念，逐步转向为满足客户需求提供解决方案。通过多年人单合一模式探索，海尔已从传统的家电制造企业逐步转型成为开放的创业平台、共创共赢的物联网社群生态。2005年海尔提出将传统制造模式变成大规模定制模式的目标，2008年着手对整个企业的产品设计和制造体系进行了模块化改造，同时在虚拟设计、实体制造方面进行了系统建设，从模块化到自动化再到黑灯工厂，再到互联工厂、COSMOPlat工业互联网平台，海尔逐渐探索出一套完整的智能制造体系。其中体现大规模定制管理的COSMOPlat，打通交互、研发、营销、采购、智造、物流、服务等的全流程，颠覆了传统的封闭式工业体系，构建了开放、共享的工业新生态，已成为海尔生态系统的基础平台。

2. 明确以用户体验为中心的大规模定制管理思路

物联网时代，企业竞争最重要的资源是用户资源，即拥有多少终身用户。海尔大规模定制管理的目的不仅仅是创造企业的价值，更重要的是创造用户价值。大规模定制管理颠覆大规模制造模式，不是以企业、产品为中心，而是以用户体验为中心，创建一个使用户的体验迭代、体验升级的生态组织以及围绕用户需求、用户全流程参与体验的COSMOPlat工业互联网平台。

在研发方面，建立用户交互定制平台"众创汇"。传统模式是企业设计产品再推销，产品是企业调研设计出来的，而COSMOPlat是让用户全流程参与交互和设计。该平台是一个用户社群交互定制体验平台，用户基于平台可以将各种对家电的需求、好玩的创意、精彩的评论等在线交互，这里是产品创意的源泉。例如，用户在以"顺逛"微店为核心的海尔社群生态圈中反映了对智能冰箱的不同需求，平台根据用户需求完成馨厨冰箱的虚拟设计、制造及交付等过程，用户全程参与交互，可实时提出改进意见。

在设计方面，建立开放式的设计平台，该平台包含三个核心套件即开放创新平台（HOPE）、HID迭代研发平台和协同开发平台，累计在线资源超过300万，涉及500多个方向1 000多个领域的30多万家核心资源。在2016年10月的上海"孕博展"上，宝妈们分享了很多关于宝宝衣物干衣机的创意，众创汇迅速发起干衣机的话题和创意收集，经过逾10万条的创意交互、180天的全流程交互设计、逾10次产品设计迭代，以及数万宝妈投票，海尔壁挂式迷你干衣机设计定型，首发日预售量破千台。

在供应链方面，建立模块化采购平台，该平台基于模块商协同采购平台开发，是针对模块商资源与用户零距离交互的需求而搭建的模块商资源服务和聚合平台，实现模块商按需设计、模块化供货。采购系统采用分布式架构，用户需求面向全球模块商资源公开发布，系统自动精准匹配推送。

在制造方面，建立智能生产平台。该平台部署了智能生产计划软件，实现智能排产、实时监测、精准配送、计划与能源优化等，既关注工业大数据和数据安全，更关注用户个性化需求的小数据，通过智能套件的部署，可实现百万级产品的个性化定制需求，实现工厂与用户、与资源的零距离，支持工厂大规模定制。

在营销方面，建立精准营销平台。该平台基于用户社群资源，通过大数据研究，对已有用户数据和第三方归集的用户数据进行梳理研究；同时，应用聚类分析，形成用户画像和标签管理的千人千面的精准营销。实现由产品电器向网器的转变；从提供工业产品到提供美好生活的服务方案实现了从产品周期到用户全生命周期的延伸。企业与消费者的关系，由传统一次性交易的客户到持续交互的终身用户，解决了企业的边际效应递减的问题。

在配送及售后服务方面，建立智慧物流平台和智慧服务平台。智慧物流平台由核心的智慧运营和可视化两大类软件套件构成，包含平台预约管理、智慧物流、配送协同平台、物流轨迹可视及智能管车平台等，可提供全国仓配一体的放心、省心和安心的一站式最佳服务体验。智慧服务平台创建了新的家电服务业态，解决了用户对家电及时维修的需求，通过社会化外包、信息化等实现订单信息化、仓储智能化，为用户提供维修服务解决方案。用户购买产品后通过该平台一键录入家电信息，建立专属家电档案并上传，完全替代传统纸质保修卡，信息永不丢失。

3. 建设互联工厂，构建共创共赢工业新生态

海尔大规模定制管理以互联工厂为载体，实现用户定制产品的智能制造和相关方的共创共赢。互联工厂不单是对传统物理空间的智能改造，而是体现为企业、资源与用户互联互通的网络空间，是持续迭代用户体验、相关方共创共赢的生态系统。用户只需登录海尔定制平台提出定制需求，订单信息就会马上到达互联工厂，工厂的智能制造系统随即自动排产，将信息传递到各条生产线，以最短的时间定制出用户专属的个性化家电产品，实现高精度下的高效率。通过互联工厂，海尔实现大规模与个性化定制的融合，在解决了企业生产成本和效率问题的同时，有效满足了用户的个性化需求。

与此同时，海尔实现用户需求与全球供应商资源的实时共享，推动供应

商等生态相关方共创共享共赢。例如，海尔海达源平台构建了模块商与用户零距离交互、共同参与设计的共创共赢生态圈，以"滚筒洗衣机门无螺钉"的解决方案产生过程为例，用户普遍反映螺钉生锈后易污染衣物，滚筒洗衣机门的模块供应商德国德仕公司在平台上交互出无螺钉的模块化解决方案，将11个零件整合为1个模块，成功解决了螺钉生锈污染衣物的难题。目前海达源已实现平台服务的社会化，可帮助中小企业降低采购成本，助力企业转型升级。

通过打造智慧互联的服务体系，为用户提供全周期服务，创造用户最佳体验。海尔大规模定制模式依托日日顺智慧物流平台打通入户、送装"最后一公里"。该平台是我国目前唯一实现大件商品进村、入户、送装同步的物流服务平台，平台融合营销网、物流网、服务网、信息网等，打通与供应链上下游资源生态和货源生态资源连接关系，构建智能多级云仓方案、干线集配方案、区域可视化配送方案和最后一公里送装方案等用户解决方案，实现物流从订单下达到订单闭环的全程可视化，以用户评价驱动全流程自优化，有效支撑产品"直发"到用户。

COSMOPlat智慧服务平台通过智慧云服务实现服务兵与用户的零距离交互，通过前台的用户交互、中台系统技术支撑和后台大数据汇集分析服务体系，实现服务过程可视化、信息到人价值到人、人人服务落地、服务兵创客抢单等创新服务。例如，产品内置传感器监控产品运行状态，一旦发生故障，预警信号将传输至COSMOPlat平台信息中心，信息中心对故障进行自诊断和预判后，主动向用户发出预警，并自动选派客服人员上门处理。再如，平台还可对产品使用状态进行大数据分析，为用户提出最优使用方案，传统意义上的"电器"成为连接用户和用户需求提供方的"网器"。以海尔中央空调智慧节能云服务系统为例，通过对联网空调当日负荷及此类设备的平均负荷大数据的搜集对比研究，平台可为客户提出节能建议。

推进"电器—网器—生态"迭代，创造终身用户。以衣联网为例，海尔通过在衣服上添加RFID标签，跨界将洗衣机、服装、洗涤剂等资源连接在一起，"厂、店、家"互联互通，打造了全球首个衣物全生命周期管理的物联网生态品牌，不只是给用户提供一件干净的衣服，更满足用户对衣物洗涤、护理、存放、搭配、购买全生命周期管理的需求，为用户提供定制化的衣物解决方案。目前，衣联网已吸引服装品牌、洗衣机品牌、洗护用品、RFID物联技术等国内外2 420家生态资源方加入，聚合了6 500万用户。依托大规模定制管理体系，海尔已探索了衣联网、食联网、血联网等多个生态品牌。

4. 全面创新管理机制，确保企业大规模定制深入推进

作为全球引领的物联网管理模式，人单合一模式为海尔基于COSMOPlat的大规模定制管理创新提供了底层的模式和机制保障。在以用户为中心、创建共创共赢生态战略指导下，将企业传统的封闭的、单向的、串联式的价值链转变为开放的、互动的、并联式的共创共赢生态圈、价值矩阵。

在传统模式下，企业研发、制造、销售、物流各业务部门之间是串联流程。以研发为例，企业先进行市场调研、需求分析，之后产品设计、开发验证，再到产品测试、产品交付……完成一级之后转入下一级，像瀑布一样。

而在大规模定制管理模式下，海尔将研发与交互、定制、生产、采购、营销、物流、服务等各节点并联，围绕用户需求共同提供定制化解决方案，各节点之间同一目标、同一薪源，基于人单合一模式，海尔将传统科层组织颠覆为网状节点组织，小微成为海尔平台上的基本单元，拥有决策权、用人权和分配权，围绕用户需求，实现自创业、自组织、自驱动，持续满足用户需求（见图10-2）。

图10-2 海尔合作共赢模式

薪酬上，以用户付薪颠覆传统付薪机制。传统模式下企业的薪酬是按照岗位和职位来划分的，员工执行上级的命令，绩效由上级评价，薪酬由企业来支付；同时，企业与相关各方的利益分配是按事先价格竞标和供货量来划分的，相关各方执行企业的订单，好坏由企业评价，利润由企业采购数量来赚取。而海尔大规模定制管理探索的薪酬机制和相关方分享机制则是以用户付薪为核心，员工、相关方的利益分配同他们创造的用户价值挂钩。

首先，传统的分享是固定利润，通过企业事后评价获得，海尔的分享则是与用户价值对赌，需要事先算赢，为用户创造价值的资源投入不是企业和上级分配的，而是对赌跟投的；如果不能创造用户价值，对赌失败，先赔付利益相关方自己跟投的钱。

其次，相关各方为用户创造的价值由用户评价，分享来自为用户创造价值的超利分享。

最后，用户付薪实现的是共创共赢而不是企业、用户、相关方的相互博弈，利益相关方通过共同创造市场资源和用户价值，实现共赢增值。

5. 基于COSMOPlat工业互联网平台的大规模定制管理的实施效果

大规模定制管理更好地满足了用户多样化、个性化需求。2017年，COSMOPlat工业互联网平台实现交易额3 133亿元，定制定单量达4 116万台，为3.2亿用户提供了增值服务。例如，贝享空调是2016年大规模交互的定制产品。该款产品来源于母婴人群的定制需求，有15万人进行了交互，产品上市后得到用户的广泛认可。之后针对用户的静音需求，COSMOPlat快速吸引设计资源和模块商资源参与用户交互，并在2017年5月迭代出了有静音功能的静+空调，首次预售便突破1.1万台。静+空调上市后，用户又提出了空气净化功能需求，COSMOPlat又迭代出了空净一体的净界空调，该产品一经上市就实现了18万台的预售，实现了产品上市即引爆。

基于大规模定制管理，海尔探索创新建设了互联工厂，以用户需求驱动全流程，提高了生产全要素生产效率和经济效益，助推高质量发展。目前，海尔已在全球构建了十大互联工厂，实现高精度下的高效率，订单交付周期缩短50%，生产效率提高60%，现金流的周转海尔是10天（家电行业里资金占用时间大概是30~40天），产品不入库率达到71%，即71%的产品不用入库直接配送到客户端。

依托COSMOPlat，海尔初步形成了聚合用户和资源的生态系统，构建了一个开放共享的工业生态体系，2017年平台已连接390多万家企业，为3.5万家企业、3.2亿用户提供了增值服务，成为全球领先的大规模定制工业互联网平台。2018年，在世界经济论坛公布的全球首批先进"灯塔工厂"名单中，海尔成为唯一入选中国企业。

海尔大规模定制管理不仅在海尔自身得到验证，而且实现了大规模定制模式的社会化输出。目前，海尔已经输出交互、定制、研发、采购、制造、物流、服务七类可社会化复制的服务应用，并复制到了建材、家居、农业和服装等15个行业以及上海、广州、天津等11个区域，围绕模式转型、提质增效、资源配置等服务模式，助力中小企业转型升级。以企业转型升级为例，针对淄博建陶企业面临的生产落后、生产效率低下、供应流程不透明、品牌无法做大做强、能耗较大等转型困境，海尔与淄博市淄川区合作建立COSMOPlat建陶产业基地，基于大规模定制管理，通过产业集聚，将135家建陶企业整合为20余家，帮助企业成本下降10%，产能提升20%，同时推动建陶产业园区转型升级，逐步实现从中低端到中高端、从传统制造到用户定制化、从企业单打独斗到产业平台化的三个转型。

2017年以来，COSMOPlat先后被数个国际组织（IEEE、ISO、IEC）确定牵头主导制定大规模定制模式及工业互联网平台的国际标准，成为国际标准制定者，这也标志着中国模式从跟随变为引领，走向世界舞台中心。海尔大规模定制管理实现跨文化复制，被推广到美国、日本、新西兰、俄罗斯、南亚等国家和地区。以美国为例，2016年海尔并购了通用电气家电，并将COSMOPlat大规模定制管理运用于该企业，2017年，通用电气家电实现两位数增长，全年增速创10年最高。2018年上半年，在美国家电市场负增长1%的低迷情况下，通用电气家电美元收入逆势增长11%，成为市场增长最快品牌，有效地展示了海尔COSMOPlat及大规模定制管理创新的有效性和普适性。2018年4月，海尔COSMOPlat参展德国汉诺威工业博览会，德国工业4.0之父、德国工程院院长孔翰宁现场体验COSMOPlat示范线，高度评价"COSMOPlat全流程互联互通，是'完整的解决方案'"，并欢迎COSMOPlat到德国帮助企业转型升级。

案例（三） 腾讯公司的团队管理①

1. 腾讯的团队

腾讯公司2020年营收4 820亿元，员工超过3万人。这对于马化腾来说既是一种成绩也是一个挑战，成绩在于庞大的人才队伍及其所提供的创新福利，而挑战则在于如何高效地管理这样庞大的人才队伍。马化腾曾经总结出一点经验：这个市场不是拼钱，也不是拼流量，更多地是拼团队。

腾讯的核心团队由马化腾、张志东、曾丽清、陈燕、陈一丹等5个创始人构成。在创立腾讯之初，马化腾就和4个小伙伴划分好"势力范围"：马化腾是首席执行官，张志东是首席技术官，其余3位创业者分别担任首席信息官、首席行政官、首席运营官。这5个创始人的股份构成为：马化腾出资23.75万元，占有47.5%的股份，张志东出资10万元，占20%，其余三位共

---

① 该案例取材于腾讯官网及《腾讯公司的团队管理案例》等材料。

出资16.25万元，占32.5%的股份。尽管在5个创始人中，马化腾出的资金最多，不过他却要求将自己所占的股份降到一半以下，对此，马化腾的解释是：要他们的总和比我多一点点，不要形成一种垄断独裁的局面。同时，马化腾坚持自己拿出主要的资金，因为他不想让股权过于分散，导致在关键问题上，没有人能一锤定音。

这5个人中，马化腾内刚外柔，能团结人。张志东是技术天才，曾丽清市场开拓能力很强。虽然他们各有分工，但却能够团结一心。在创业阶段，他们遭遇无数挫折，而这5位创始人并没有被市场开拓阶段的种种不顺所击垮，反而在每一次失败之后都互相鼓励。

腾讯的团队精神在创立之初便一以贯之。其创始人团队的精神为腾讯内部各团队形成了很好的榜样作用。在2007年第三届中国优秀企业公民表彰大会上，腾讯创始人团队获得了中国企业公民特别贡献奖。评委会给他们的颁奖词是："九年来他们一直以责任为导航，视员工为最宝贵的财富，以为用户创造最大价值为目标，延续通过互联网提高人类生活品质的梦想。2007年，他们成立了国内互联网第一家企业工业基金会，倡导企业公民责任，致力公益慈善事业，关爱青少年成长，推动社会的和谐与进步。"

2. 小团队运营

腾讯内部拥有众多规模不等的团队，主要以产品策划、产品研发和产品运营为核心，共同组成了一个从策划、研发到上线运营的完整环节。在产品策划团队中，大方向由产品经理把控，具体的工作再交给不同的设计师去完成专业的设计工作。在产品的研发团队中，项目经理成为重要的中间环节，在与产品策划团队沟通之后安排具体的工程师进行研发工作。其中，开发工程师、测试工程师和运维工程师分别负责不同类型的专业工作。在产品运营团队中，运营经理负责整体上的工作，与运营专员一起承担起产品的用户运营、活动运营和渠道运营的工作。

这种团队应用机制可以很好地将大规模的团队拆分成10个或20个小规模的团队，从而在产品生产的各个环节安排合适的团队。而且这些小团队中还会在产品策划、产品研发和产品运营等阶段进行细化，进一步理清每个人的工作职责。每个人独立工作，团队成员彼此又有互相协作，从而完成整体上产品的策划、研发和运营工作。现在这种小团队运营机制和管理方式发挥了很大的作用。特别是以产品经理为核心的产品团队，贡献了许多具有创新性和巨大市场前景的产品，比如微信就是诞生于这样的优秀团队。

3. 团队信息共享

除了上面这些方面的团队协作机制外，为了更好地协调内部成员的工作，腾讯内部始终秉承着透明的理念，让每个团队之间的信息能够及时快速地得到共享。

腾讯内部各团队每天早上都会用十多分钟开一次晨会。在晨会上，每个人轮流讲述自己前一天的工作以及新的一天需要完成的工作，同时将自己的工作中遇到的问题与团队中的其他成员进行交流，根据问题的难易程度来安排具体的解决方案。在会议结束后，如果问题仍然没有解决，相关人员会继续讨论解决方案，其他团队成员则开始新的工作。这种方式既保证了团队间信息的互通，也有利于更高效地完成工作任务。

腾讯每个团队都有属于自己的进度墙。上面会实时更新团队成员的工作进度以及产品的完成程度。从最初的产品计划到产品完成，再到待发布阶段，整个产品推进过程都会展现在进度墙上，其中也会包括各个环节中出现的问题。这种进度墙可以实现产品生产的透明化，让每个团队成员都能及时了解到产品的整体进度，在遇到问题时也能够通过整体的力量进行解决，是一种十分高效的工作方法。

腾讯还开发了一套适用于互联网的项目管理工具——TAPD，这是产品信息的汇聚地，其中存有全部待开发、已开发、已发布的产品信息，以及用户反馈和产品问题信息，进一步扩大进度墙的透明功能。团队成员在了解各产品的前世今生的同时，还能够看到产品未来的发展方向。

腾讯内部还设置了经营分析系统和实施监控系统，既可以对每个产品实现业务数据的实时汇总，还能够实时监控这些数据的异常，减少产品发生问题的可能性。

在马化腾看来，一个好的团队必须是一个角色完备功能齐整的团队，所以腾讯内部的团队大都是根据产品所需要的岗位标准来组建的。不同的成员承担了不同的岗位职责，任何一个完整的团队都可以独立地完成产品的开发和运营工作。在满足用户需求的同时，为企业创造出更多的经济效益。腾讯内部各团队在彼此独立的同时，也要承担起整体上的产品开发工作。除了团队内部各个岗位之间需要相互合作外，腾讯内部的各个团队之间也需要相互协同，从整体上提升腾讯的竞争实力。腾讯的团队管理经验也正是其在互联网领域取得巨大成功的关键性因素。

4. 背景资料：腾讯公司简介

腾讯公司于1998年11月在中国深圳成立。公司1999年推出QQ，2003

年推出综合门户网站腾讯网；2004年6月，公司在香港联合交易所主板上市，2008年成为香港恒生指数成分股之一；2009年，公司旗下腾讯游戏成为中国最大网络游戏平台，2010年3月QQ最高同时在线客户超过1亿；2012年3月，公司旗下微信用户超过1亿；2013年8月，公司推出微信支付，至2016年腾讯支付月活跃用户及日均交易笔数均超过6亿；2017年12月，公司承建医疗影像国家人工智能开放创新平台。

2018年，腾讯公司全球月活跃账户超过10亿。2018年11月，腾讯基金会投入10亿元作为启动奖金创立"科学探索奖"，当年12月腾讯年移动支付日均交易笔数超过10亿笔。腾讯公司现建有6个事业群，包括：微信事业群（WXG），聚焦社交；互动娱乐事业群（IEG），聚焦游戏、电竞等；平台与内容事业群（PCG），聚焦社交和长短内容结合；企业发展事业群（CDG），主要聚焦金融和广告；云与智慧产业事业群（CSIG），聚焦产业互联网业务；技术事业群（TEG），聚焦为公司技术和运营平台提供支持。

腾讯的组织是一种生态型组织。你可以把腾讯想象为成千上万个创业团队，它们一起在公司的平台上创业。决定腾讯命运的几次重大产品创新，包括QQ空间、微信、腾讯会议，最初都来自基层的自主突破。

腾讯组织中有三大核心要素：

（1）业务团队。其特点是功能闭环，实行产品经理负责制，确保创业活力。例如游戏的最小单元是项目组，闭环了策划、美术、程序等功能，尽可能地减少跨部门协调；游戏业务一旦发展变大了之后就不断拆小，就像《赋能》一书中提到的军队组织变革一样，"把大团队拆成由小团队组成的大团队"。

（2）平台。其平台有三种，包括微信、QQ、应用宝等流量平台，以及技术平台和包括战略、财务等职能的业务平台。平台的作用是发挥大企业优势，提升业务团队创业成功概率。

（3）生态伙伴。其聚焦社交、数字内容、金融、云等领域，其他不擅长的，交给生态伙伴，补充垂直能力，这也被马化腾比喻为："半条命交给合作伙伴。"

第11章 激励原理

一、教学目标、理论概要、思考与讨论

（一）教学目标

1. 建立"激励是管理的永恒课题"的理念，重视激励问题的研究。
2. 掌握激励机制，理解积极性的来龙去脉。
3. 掌握激励的要求、基本手段和基本原则。
4. 理解经典的激励理论：需求层次论、双因素理论、公平理论、强化理论、内外激励理论。
5. 了解我国企业员工积极性的现实状况及新时代下激励的新经验。

（二）理论概要

激励就是调动人们的积极性，使之为实现预定目标而努力。激励是为实现目标，上下左右全方位地实现成员参与，使成员干劲、责任心、主动性与创造性得到调动并持续提升，以获得正向绩效。激励的基本途径包括：满足合理需要（包括物质的与精神的）、提高觉悟、改变认知、改善环境（包括物质环境和文化环境）。有效激励应贯彻以下原则：宣传和奖励组织期望的行为；体现差别与公平待人；系统设计综合运用激励策略；因人而异地掌握好激励的力度、时机、地点和方式。激励机制、手段及评价模型如图 11-1 所示。

（三）思考与讨论

1. 归纳某工程公司经理们遇到的管理问题。尝试为该公司经理们提供咨询建议。

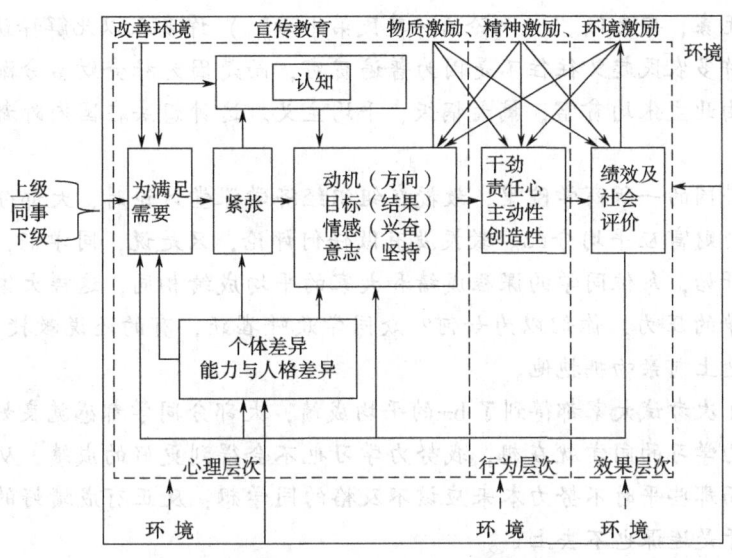

图 11-1 激励机制、手段及评价模型

2. 如何看待和处理公平与效率的关系？中国实行按多种生产要素参与分配的机制，请提供出资人应该参与剩余价值分配的理论依据及实践依据。

3. 项目跟投投资管理制度能否有效调动项目相关利益者的责任感与积极性？请举例说明。

4. 公立医院为什么有那么多高水平的医护人员离职？其后果是什么？如何从管理方面加以改进？

5. 你是否赞同蒂姆·库克的乘法逻辑？

6. Zoom 公司为什么能够吸引众多优秀人才加盟？其管理经验是否具有广泛的推广价值？

二、精读文选

文选（一）主张平均社会财富的实验结果令人震惊[①]

孔子指出："闻有国有家者，不患寡而患不均，不患贫而患不安。盖均无

[①] 很多同学主张平均社会财富，但实验令人震惊[EB/OL]．(2020-06-02)[2020-08-21]．https：//mp.weixin.qq.com/s/qTn611FD1PSZWZ-Tz048yg．

贫，和无寡，安无倾。"（《论语·季民第十六》）许多人以此解释认为，历史上，许多农民起义往往不是因为普遍贫穷，而是因为社会财富分配不均所致，并由此主张均贫富，搞大锅饭、平均主义。这种想法在国内外都有一定市场。

在美国的一所商学院里，教授在组织经济学课堂讨论时，大部分学生都主张社会财富应平均分配。教授没有做任何评论，只是说，同学们，我宣布从今天开始，每位同学的课程成绩和大家的平均成绩相同，这样大家就都没有了竞争的压力，你们以为如何？众同学欢呼雀跃，有的还说教授真伟大，并忘情地上前亲吻拥抱他。

第1次考试大家都得到了b+的平均成绩，大部分同学都感觉良好。不过那些努力学习的同学就在想，我努力学习也不会得到更好的成绩，从此就放松了；而那些平时不努力本来应该不及格的同学想：反正有成绩好的同学在顶着，于是连课也不去上了。

随后的考试中，第2次大家的平均成绩变成了b-，第3次变成了c。于是一些学生就不干了，找到教授说不能再这样下去了，否则大家都要不及格了，将来还怎么毕业？

教授说，平均分配社会财富的结果就是这样，虽然一些人在短期内轻轻松松得到了好处，但没有了竞争的结果就是普遍的贫困化，而且将越来越贫困，并成为一种恶性循环，甚至出现饿死人的灾难状况。教授接着又说：竞争，当然是基于规则的竞争，我们叫自由竞争，或叫法治规则下的竞争。在这种规则下，违规者要受到应有的惩罚，付出应有的代价。就像我们的考试是基于规则的考试，抄袭或剽窃等违规行为要受到扣分或开除的惩罚一样，来维护规则的有效性。教授话锋一转又说，一个社会没有竞争是不行的，因为社会会因失去活力而导致普遍的贫穷。然而，只有竞争是不够的，它还要兼顾公平，否则就会造成两极分化，甚至使社会失序而付出更大的代价，需要通过合理的税收制度来调节财富分配不公的现象。税收，就是财富的一种再分配，以弥补或校正由于竞争而造成的不公平。当然，如果只收税不分配，就起不到这种弥补和校正财富不公的作用，只能加重纳税人的负担。由此可见，竞争和税收两者相辅相成，缺一不可，但都必须是基于规则，因为人为的市场操控和财富分配是最不可靠的，这就是市场的魅力和规则的力量。

后来，有学者深入研究儒家学说，发现许多主张均富的人们其实误解了孔子上面一段话的原义，经学家所言的"寡"实际是说土地和人民的寡少，而其不均则是政治的不平均，是君臣之间"不能各安其分"，违背了"礼之大法",因而导致社稷不稳。

文选（二）让世界"瞩目"的 Zoom[①]

2020年4月初，胡润研究院发布的《全球企业家财富变化特别报告》显示，受疫情影响，过去两个月全球十大富豪财富蒸发 1.4 万亿元人民币，全球百强企业家财富损失 2.6 万亿元。"奢侈品之王"路易威登的总裁伯纳德·阿诺特失去了近三成财富，成为百富榜中最"惨"的企业家。股神巴菲特也在 2 个月内财富缩水超 1 200 亿美元。与 4 个月前相比，迪士尼股价几乎腰斩。与此同时，门店关门，工厂倒闭，大量人员面临裁员降薪停薪，消费大幅萎缩……全球 16 亿人生计面临巨大威胁，超过 4.36 亿家企业面临生产经营风险。然而，多人视频会议软件公司 Zoom 股价却逆势大涨。2019 年 4 月 18 日，Zoom 登陆纳斯达克的第一天，市值为 160 亿美元，2020 年 4 月 28 日，其市值竟逼近 440 亿美元，已超过百度。创始人袁征首次登榜《福布斯 2020 全球亿万富豪榜》，其财富达到 565 亿元人民币，位列第 293 位。

很多亿万富豪榜单上的富人，都有起步优势，如家族企业的父祖福荫，或常春藤盟校的教育背景，或种子资金，但 1970 年出生的袁征是真正的白手起家。袁征成长于山东泰安的普通矿工之家，山东矿业学院应用数学本科毕业，中国矿业大学计算机硕士研究生毕业。1997 年，经历 7 次失利后终于凭写程序代码的一技之长进入了硅谷的一家小软件公司——网讯，之后从普通程序员做到工程师经理，再到高级工程师经理、总监、高级总监。2007 年，网讯被思科收购，袁征成为思科工程副总裁。在思科四年，他带领手下开发新业务，掌握了 11 项专利，将业务收入做到 8 亿多美元，达到当时华裔工程师的巅峰。

袁征富有洞察力和创业勇气。他在拜访客户时发现，市面上的视频产品未能真正地满足客户需求，客户并不满意。他建议公司重新开发让客户满意的新产品，但未被领导人采纳。2011 年，41 岁的袁征放弃了思科一份管理着 800 人的高薪工作，在硅谷创立了自己的视频会议软件公司 Zoom 视频通信（Zoom Video Communications）。

Zoom 创立之初，视频会议的赛道已经相当拥挤。微软的 Skype、谷歌的 Google Meet、思科的 Webex、苹果的 FaceTime 等，都已经成为行业巨头产品，用户庞大而且资本雄厚。然而，8 年后，Zoom 有了超过 70 万家企业用户，其

[①] 此案例由闫笑飞、张小红根据相关文献资料编写。

中包括美国三分之一以上的 500 强公司，90% 的 200 所顶尖大学。2020 年，全球疫情暴发，Zoom 闪耀出道，成为视频会议软件的当红产品，一跃成为苹果商店免费 App 第一名。Zoom 用户从 2019 年 12 月份的每日 1 000 万人激增到 3 亿人，增长 30 倍，成为行业最大赢家。但是，Zoom 的快速增长也给公司带来很多挑战，如管理费用的增加、安全问题的困扰，以及消化向免费用户提供服务的服务器成本，Zoom 新增的用户中，有 1.9 亿都是免费用户。Zoom 对所有新注册的中国用户免费。美国疫情暴发后，也对美国各大教育和医疗机构敞开了免费的大门；同时，Zoom 取消了 40 分钟的时间限制，在教育领域大受欢迎，由此 Zoom 的毛利润率从 2019 年的逾 80% 降至约 70%。

创业初期，袁征及其团队坚持一切从客户出发，做让客户满意的精品，力求把简洁好用的产品做到极致。例如 2013 年，基于云计算的 Zoom 视频通话模式问世，用户只需点击邀请链接，就能开始会议。即使在丢失 40% 的数据、网速不佳、网络信号下降一半，Zoom 也能正常可用。用户想看 Zoom 的产品，开一个 Zoom 账户，点击一下鼠标就进去了，并容许有 25 个参与者。Zoom 使视频会议软件的红海变成了蓝海。

Zoom 本质上是一家 B2B 服务商。Zoom 产品的所有迭代，也都紧跟着客户需求。客户要开大型会议，Zoom 马上将参会人数从 25 人大幅提高到了 1 000 人。用户需要社交功能，Zoom 紧跟着推出了聊天组，抓获了不少年轻人的心。为了让客户用得更舒服，Zoom 在会议中加入了虚拟背景，用户可以通过改变背景来隐藏自己的真实环境。无论在厨房、洗手间还是被窝里，都能轻松开会。看着五颜六色的画面，开会的心情都变得好起来了。

Zoom 的客户服务也几乎做到了极致。产品上线后，袁征每天都会登录公司网站，查看用户留言，并亲自给每个退订的用户写邮件，询问他们对服务哪里不满意。客户没想到一个首席执行官居然会天天回复网站留言，回信指责：你们骗人！明明是自动回复，还骗我是首席执行官亲笔信。Zoom 的产品推荐率和用户忠诚度很高，再加上技术服务又极其到位，以及多人参与会议自带的网络效应，三者叠加，让 Zoom 一往无前。红杉资本认为，Zoom 之前没有任何公司可以同时拥有这三种能力，Zoom 是头一个。

Zoom 的全体员工都有公司股份，每个人都有主人翁意识。如果员工主动揽活，主管会主动发奖金，让他们更有成就感。去层级化的开放关系，也让真正的牛人凸显出来。

2018 年，美国职场研究调查公司 Comparably 做了一个职场幸福调查，全美 5 万家公司、1 000 万名员工参与。他们评出员工幸福感最高的 25 家公司，其中 Zoom 名列第一。同年，袁征击败了脸书创始人、苹果首席执行官、谷歌首席执行官、微软首席执行官等顶级商业大佬，荣登美国最大的职业招聘网站之一的 Glassdoor（类似职场版的大众点评，员工可以在上面匿名发表真实评价，可信度很高）的全美最佳雇主名单，位列第一。2019 年，Zoom 超越 LinkedIn 和脸书，被评为最值得就业的科技公司。

除了工资和融资，公司的每件事都是透明的，员工可以提任何尖锐问题，这让员工参与感爆棚。袁征获得了高达 99% 的员工支持率，更有 96% 的人愿意向朋友推荐到 Zoom 入职。有人留言：每天都迫不及待地来到工作岗位，因为觉得自己是被在意、被需要。极致的员工满意度，带来了优秀的员工。公司 60% 的员工都是现有员工推荐而来的。他们内推的新员工，与公司的匹配度非常高。这比任何一个招聘网站、猎头中介都要高效。

极致的员工满意度，促成了极致的客户满意度，创造了强大的销售力。Zoom 每个员工会想办法让客户高兴，都特别愿意主动推荐自己的公司和产品。有 500 个员工就有 500 名销售；1 000 个员工就是 1 000 名销售。Zoom 最大的能力是销售力。

Zoom 有专职幸福总监，时刻关注员工的幸福指数。有开心训练营，定期安排户外活动消遣放松。有专门的阅读俱乐部，不管是员工还是家属，买书全部报销。公司有"父母日"和"子女日"，Zoom 会邀请员工带父母孩子一起来上班。吃喝玩乐，公司全包。这些点点滴滴的举措，让员工真切感觉到大家像家人一样，互相关心，彼此照顾。有人留言：迪士尼乐园弱爆了，Zoom 才是地球上最快乐的地方。

公司成立之初，袁征就把公司文化定位成 "Deliver Happiness & Care"（传递快乐，关心员工），让公司成为大家每天早上起来都很想去上班的地方。作为首席执行官的第一要务，他实打实的管理理念是让员工快乐。袁征对高压管理和加班文化极其反感，他带头追求工作生活的平衡。让员工高兴，这是一件很骄傲的事情。在看似散漫却异常温暖的企业文化中，袁征带领 Zoom 创造了最强的凝聚力。

随着消费者对 Zoom 视频会议服务需求的飙升，人们也开始抱怨 "Zoom 轰炸"（有人侵入视频会议从而导致会议中断）和 "Zoom 疲劳"（视频会议带来的疲惫感）。但是，Zoom 已经变成一种文化现象。像谷歌（Google）、胡佛（Hoover）和施乐（Xerox）一样，Zoom 现在不仅是一个家喻户晓的名字，Zoom 还成为一个动词，同时还是参加在线视频会议的代名词。从首相到牧师，再到流行明星——每个人都在 "Zooming"（也就是参加在线视频会议）。

许多人往往会说"I'll Zoom you"（我们开 Zoom 视频会议）。金融时报在 2020 年 9 月统计，Zoom 2020 年 7 月底的季度收入达到 6.635 亿美元，同比增长 355%。而 Zoom 也成为金融时报评选出来的年度热词。

随着越来越多的人复工、复课，公司面临如何留住用户以及在其他视频会议服务瞄准其市场时维持定价的挑战。Zoom 的下一个成长阶段转向制定更长期的计划，促使客户考虑更新一切通信手段，包括语音系统，适应较多员工远程办公的需求。Zoom 启动了名为 On Zoom 的市场测试，任何人都可以在此平台推广和销售虚拟活动，公司计划于 2021 年全面推出这项商业服务。这些新功能包括创建、营销、主办活动、对活动收费的工具，以及一个消费者可以对课程、音乐会及其他活动进行分类整理或寻求筹款人支持的市场。

Zoom 还公布了一项将其自身转变为搭载其他应用的平台的计划——并将该平台命名为"Zapps"。这些应用程序将为视频会议带来额外功能，使其更加有用。这项计划的推出正值许多小企业被迫在线上开展商务活动并寻找新的赚钱途径之际。尊巴课、音乐课、烹饪课程等其他互联网服务已经可以在其服务中嵌入 Zoom 会议。Zoom 尝试将其他应用引入 Zoom，使其成为虚拟工作与学习的中心。

随着其在线会议服务演变成大众互动视频的一种新形式，在线活动市场也可能成为 Zoom 的一大收入来源。与 YouTube 等平台上的单向视频不同，Zoom 的双向功能可能会为用户带来更多身临其境的体验。

文选（三）苹果首席执行官库克的管理逻辑[①]

1. 乔布斯的接班人——蒂姆·库克

蒂姆·库克 1960 年 11 月 1 日生于美国亚拉巴马州罗伯茨代尔，1982 年毕业于奥本大学工业工程专业，1988 年获得杜克大学企业管理硕士学位。1994 年前，他曾在 IBM 供职长达 12 年，负责 IBM 在北美和拉美的制造和分销运作。此后，他曾任批发商 Intelligent Electronics 公司电脑分销部门的首席运营官。加入苹果公司前，他刚转投康柏 6 个月，负责康柏的材料采购和产品存货管理。1998 年苹果公司聘请蒂姆·库克负责苹果电脑的制造。在苹果期间，库克管理库存与供应链，并成为乔布斯之下的苹果二号人物。此前，

[①] 参见：库克的管理逻辑：为团队赋能多少，领导力就有多大 [EB/OL]．（2021-01-04）[2021-10-16]．https://mp.weixin.qq.com/s/gnteNJBC1O4R5VsDzIm05w．

库克已经拥有16年业从业经验。2005年10月，库克被任命为苹果公司的首席执行官，2011年8月25日，史蒂夫·乔布斯辞去首席执行官一职，由蒂姆·库克接任。2015年10月，美国财经杂志《彭博市场》公布了第五届全球金融50大最具影响力人物，苹果首席执行官库克排名第三。2018年5月，《福布斯》公布2018年全球最具影响力人物排行榜，蒂姆·库克排名第8位。作为苹果公司的首席执行官，蒂姆·库克带领苹果公司走向了万亿美元的市值高峰。

2. 三种管理逻辑

当库克是首席运营官时，他在一个销售部门开展了一份预算审查。他提醒部门管理团队，战略上的当务之急是增加收入。每个人都希望收入增长，但是人们很惊讶，库克要求收入增长，却没有提供额外人手。

在会议上，销售主管说收入目标是可以实现的，只是需要更多的员工，他认为：每个人都知道，更多的收入意味着你需要更多的员工数量；但是库克认为，优化现有的资源也可以实现目标，因此不同意增加任何数量的员工。

两位高管继续交谈了几个月，但两人的逻辑仍然格格不入。销售主管说的是加法（也就是说，增加更多的资源），库克讲的是乘法（通过更好地利用现有资源，收获更高的增长）。这背后分别是怎样的逻辑呢？

销售主管的加法逻辑也是当今企业中存在的主要逻辑：当企业提出更高的要求时，负责人将得到更多的资源来实现这个新要求。高管们要求更多的产值，而下一层的运营领导者要求更多的员工。谈判一直在进行，直到每个人都得到解决方案（比如：增加20%的产出，增加5%的资源），可是无论是高管还是运营领导者都不满意这个方案。运营领导者关于资源配置和资源补充的想法根深蒂固，他们认为：

(1) 我们的人员过于忙碌。

(2) 我们最优秀的人才精疲力竭。

(3) 因此，完成一个更大的任务，需要增加更多的资源。这个加法逻辑似乎很有说服力，但问题在于它忽略了更深入地利用现有资源的机会。

库克的逻辑是一种新的乘法逻辑：通过最大限度地开发现有员工的潜力，依然可以实现更高的目标。拥有乘法逻辑的领导者，也就是乘法领导者。乘法领导者背后的逻辑是：

(1) 团队中大多数人的能力都没有得到充分发挥。

(2) 所有的能力都可以通过正确的领导方式发挥出来。

(3) 因此，智力和能力可以在不需要更大的投资的情况下成倍增加。

当苹果公司需要一个部门在资源不变的情况下实现快速增长时，库克并没有扩大销售团队。相反，他将关键的人才分散在不同的工作岗位上，花了一周时间来研究这个问题，并与其他部门共同协作，找到了解决方案。他改变了销售模式，以能力为中心，更好地利用销售周期中最好的销售人员和资深行业专家。最后，这个部门实现了两位数的年增长率，却没有增加一个新的人手。在我们日常生活中，我们总会发现有些领导者是像蒂姆·库克这样的乘法领导者，他们为整个团队赋能，使我们变得更好、更聪明。他们循循善诱，使我们的能力和潜力得以提升。他们就像是放大器，放大团队的智慧、提升团队的智力，从而使团队不断达到新的高度。

与此同时，我们也常能见到与蒂姆·库克这样的乘法领导者相对立的除法领导者。他们控制下属的每一个想法，事无巨细地指导每一个行动，不断发布各种各样的命令，做决策从不征求下属的看法。他们就像黑洞一样从周围的人身上吸取能量。他们是思想的杀手和能力的破坏者。他们的存在使得有想法的人感到窒息。他们耗尽了周围人的才智。

当下社会的现实是，一个领导者要么是乘法领导者，要么是除法领导者，正如一位首席执行官所说："80个人，要么以50个人的生产力运作，要么就以500个人的生产力运作。"莉兹·怀斯曼曾是价值1 740亿美元的软件巨头甲骨文公司的高管，他在培训职业经理人的过程中发觉，在公司中普遍存在类似的事情：有些领导者提升了团队的整体智力；而有些领导者却压榨着雇员，耗尽了团队的才智。

3. 乘法领导者的思维模式

思维方式的不同，决定了乘法领导者和除法领导者在管理人才、对待失误、制定方向、做出决定和完成任务时，会采取截然不同的方法。

（1）吸引和优化人才。乘法领导者是人才吸引者。不管谁拥有资源，他们都能充分地吸引和部署人才；而人才也会蜂拥而至，因为他们知道自己会成长并取得成功。与此相反，除法领导者坚持自己必须拥有和控制所有的人。他们倾向于将资源划分为自己拥有的和不需要的资源，然后允许这些人为的分离来阻碍资源的有效利用并限制增长。除法领导者是一个帝国建造者，他获得了资源，然后浪费了资源。乘法领导者是一个人才吸引者，他利用并提高了每个人的天赋。

（2）创造高度激励的环境。乘法领导者建立一个独特的工作环境，每个人都有自己的想法和空间去做他们最好的工作。乘法领导者就是解放者，形成既舒适又紧张的环境。他们能够消除恐惧，创造安全感，让人们更好地思考。与此同时，他们正在营造一个高度激励的环境，要求人们做出最好的努力。相比之下，除法领导者则是专制者，造成人们对判断力的恐惧，这对人们的思想和工作产生了"寒蝉"效应。除法领导者试图要求每个人都有最好的想法，但他们却没有做到。除法领导者是一个专制者，创造了一个充满压力的环境。乘法领导者是一个解放者，创造了一个安全的环境，鼓励大胆地思考。

（3）持续挑战。乘法领导者持续地挑战自己和他人。他们是怎么做到的呢？他们为公司提供了机会，为公司的发展提供了挑战，并且，在这样做的过程中，他们产生了对这个过程的信心和热情。相比之下，除法领导者的工作方式就像"万事通"一样，他们亲自给出指示以炫耀自己。虽然除法领导者设定了一个方向，但乘法领导者确保方向是正确的即可。除法领导者是一个"万事通"，他会给出指示。乘法领导者是带来机会的挑战者。

（4）讨论决定。乘法领导者往往创造辩论，通过激烈的辩论来推动正确的决策。他们所培养的决策过程包含了团队需要准备好执行这些决策的所有信息。乘法领导者使人们讨论问题，这就促进了人们对决策的理解并能有效执行。相反，除法领导者似乎在一个小圈子内有效地做出决策，但他们却让更多人在私下里讨论领导者决策的合理性，而没有人对调整和执行这些决策感到满意。一些独裁者试图把自己的决定卖给别人，乘法领导者是真正买进意见的辩论者。

（5）给予所有权和责任。乘法领导者在团队中培养高期望来维持高质量的成果。他们成为提供成功所需的必要条件和资源的培养者。此外，他们还要求人们为自己的承诺负责。随着时间的推移，乘法领导者效应会变大，驱使人们相互监督、彼此负责，人们常常达到更高的标准，完全不需要领导者的干预。相比之下，除法领导者通过坚持所有权、跳到细节、直接管理结果来实现结果。除法领导者会跳来跳去管理一切。乘法领导者则是给予他人所有权和完全责任的培养者。对于乘法领导者来说，他们欣赏各种各样的禀赋和人才。他们懂得，不是每个人都具备相同的能力，但他们相信每个人的能力都可以提高。

三、管理案例

案例（一）工程公司经理们的苦恼[①]

1. 一次调查

2016年上半年，本书主编利用培训课堂对某工程公司的48位参与培训的管

[①] 本案例系黄津孚根据现场调查材料整理编写。

理人员组织了一次问卷调查：题目只有一个："你管理中遇到哪些困难与问题？"

2. 调查结果

经初步整理调查结果如下。

（1）整个工程项目过程比较漫长，执行过程可能会比较艰辛。如何充分调动员工的积极性及潜能，保证让团队长时间保持激情？

（2）现阶段工作不饱和，员工无工作可干，员工空虚，学习动力不足。

（3）如何激发员工潜质，让员工在遵守原则的情况下自主发挥？

（4）上包价格不高并且结算缓慢，下包催款或是结算价格不好，公司资金又不宽裕，分包吵闹、停工、堵门闹事等状况给了我们很大心理压力，如何解决？

（5）目前公司项目团队的年龄结构比较年轻化，如何解决年轻员工烦躁和恋家的问题？

（6）有些项目部人员过剩，有些项目部成员不足，相互之间如何合理的调配？

（7）和下属太熟悉了，使得员工言行举止太随意。

（8）在某地下消防水池施工项目中，根据现场施工条件，开挖前应进行钢板桩施工，但由于前期给业主报价较低，相关预算费用不足，项目经理安排桩基单位在消防水池四周钉入一圈H型钢进行加固，后期由于质量监察人员不断施压，基坑外围土侧压导致H型钢弯曲变形，项目经理不得不在基坑顶部用槽钢进行加固，消防水池工程虽顺利完成，但项目经理埋怨质量监察人员让工程增加了不必要的费用。

（9）如何满足下属2年后的现实需求，保证下属的忠诚度？仅仅通过沟通解决不了实际问题，无法阻止外界对下属抛出的橄榄枝。

（10）非常可惜的是在自己做下属时，没有人来沟通如何成长。

（11）部分下属有自己的小九九，不太重视公司或部门给予的成长之路。

（12）我会针对每个人在工作中的问题，通常采用闲聊的方式逐一与大家进行沟通，换位思考说明：如果是我的话我会怎么做。但是我会发现很多人并不修正自身的行为，时间长了就觉得想改变一个人太难！

（13）项目新老员工年龄差距较大，团队合作和团队活动开展非常困难，凝聚力差。

（14）主管销售工作面对不同职级的下属，是否要全部执行严格的坐班制感觉困惑。

（15）对下属授权不足，安排的工作必须多次提醒督促。

（16）如何快速找出管理效率低、团队协作不畅、个人工作低迷的诱因，如何妥善解决处理？

（17）对于"纨绔子弟"一样的老员工应如何对待，从而不影响整个团队？

（18）对于表现还不错的新员工，是应该果断让其放手一搏还是循序培养？

（19）如何改变老员工的思维观念？老员工由于在公司工作资历较长，经验丰富，但接受新知识、新观念、新技术方面有欠缺；随着业主对我们的工作要求越来越高，只派老员工去很难应付；给老员工派一些高素质大学生协助工作，但相处很不融洽，老员工对年轻人的做事方式不看好。但业主对年轻员工还是比较认可的。多次与老员工沟通，发现很难改变老员工的思维定式。

（20）以技术特色培养员工，但员工一旦掌握某种技能，就无法抵御外面诱惑。如何在提升员工忠诚度和培养员工方面进行平衡？

（21）如何在团队中培养头狼员工？

（22）当下属因经验或能力不足、承担任务比较吃力时，介入下属工作的时机比较难把握。插手早了员工会有依赖感或挫败感，插手晚了可能错过解决问题最佳时机。

（23）作为销售主管，本身自己做销售也是边做边总结，没有成熟的销售管理理念。如何给下属安排销售工作，如何规划他的职业规划？很多时候比较头疼。

（24）一名就职公司接近十年的员工，年龄36岁，综合素质和专业能力不错，安排在比较重要的管理岗位，但工作的状态不能让人满意，对于如何激发他的战斗力，很是困惑。

（25）项目经理和总工程师不和，总工和主责工程师不和，难办。

（26）有时候感觉：团队里有些人缺乏的不是专业技能和管理能力，最需要改变的是工作态度和工作效率。

（27）在竞争激烈、人才紧缺的情况下，如何投放自己的时间和精力？既要抓销售争市场，又要加强职能建设、项目执行，只能是各种救火救急，顾不上团队建设和培养下属。

（28）很多工程师都愿意进步，但是看不到自己的短板，或者告知其短板后又不愿意改正，而且没有明确的制度可以约束。

（29）部分下属执行力不够，不服从管理制度。交代的事项没有按照要求完成，有时候完成了但降低了标准，这是最大的问题所在！

（30）有时候很看好一个员工，正准备重点培养，结果该员工因工作太累或者薪水不够而辞职了！

（31）总在给新同事更多接触新鲜事物的机会，并且给予技术帮助。不过坚持下去的新同事没有几个。不知道怎么给予持之以恒的鼓励。

（32）目前医药事业部投标组石家庄部分人员，由于上级长期不在石家庄办公，造成部分人员出勤制度不遵守，私事承担过多，影响工作。

（33）如何能够让员工健康成长而又不反对自己的教导？

（34）我的主要技术人员工作能力很强，但积极性不够，办事拖沓，责任心不强。我完全授权之后，事情也能做好，但有依赖性。

（35）商务管理岗位是新岗位，员工们之前都只做具体的报价任务，现在要做制度、流程、规范等，对于写出来的东西是否科学合理，心里底气不足。

（36）现在的年轻同事刚毕业一两年，做过一两个项目就希望成为主任工程师，迫切地想要大幅度提高职位和待遇，经常在私底下打听和讨论这些问题，并与其他公司的薪资待遇对比，造成项目团队内部人心浮动，甚至于先谈待遇，再谈奉献！此类问题该如何解决？

（37）是否能得到团队成员在内心对上级的认可，而不是只是简单的上下级工作关系？

（38）如何管理专业能力较强但个性也较强的员工，如其不认可公司或部门要求，易发生冲突。

（39）当员工提出是否可以提高薪酬时，无法正面准确回答，给员工造成消极影响。

（40）我制作了关于洁净装修和通风工程非常详细的工程量统计的标准模板，但工程师无法很好地执行下去。

（41）当员工的期望值与员工自身综合素质的实际值之间存在较大差距时，如何让员工认清现状、调整心态，积极地去改善自己，而不致引发负面情绪和消极对抗。

（42）个别下级员工的工作主动性具有周期性的特点，需要不间断地进行沟通，一般为3~4个月主动性会下降，如何纠正下级员工的这种状态？

（43）我所在部门是一个技术性较强的部门，在培养新入职同事的过程中，如果管理或沟通上过于严厉，则可能损害其自尊心；如果管理过于松懈，则可能造成团队成员之间工作不均衡，目前的困惑在于如何掌控好管理的"度"，更好地协调团队资源，高效率地进行工作。

(44) 如果做好事情的前瞻性规划?

(45) 当老员工工作出现问题,效率低下时,如何对其批评教育?

答卷中也有少数管理人员认为自己可以胜任管理职责,没有提出什么困难和问题。

案例(二) 京汉实业投资项目实行跟投管理制①

京汉实业投资股份有限公司(以下简称"京汉股份")正式成立于1993年6月8日,注册地为湖北省襄阳市,注册资本78 118.031 9万人民币。公司下辖两大主营业务板块:一是以京汉置业集团有限责任公司为主体的房地产及健康产业开发运营相关业务,二是以湖北金环新材料科技有限公司为主体的新型工业化纤新材料研发及制造相关业务。

京汉实业投资股份有限公司于2018年3月28日对外发布公告称,该公司拟实行投资项目跟投管理制度。该制度内容如下:

京汉实业投资股份有限公司项目跟投投资管理制度

第一章 总则

第一条 根据《公司法》《证券法》《深圳证券交易所行业信息披露指引第3号—上市公司从事房地产业务(2017修订)》等有关法律法规和公司章程,为提升项目运营效率,共担项目风险,确保公司战略目标的实现,制定《京汉实业股份有限公司跟投投资管理制度》(以下简称"管理制度"或"本制度")。

第二条 为监督本制度的有效实施,公司成立"项目投资决策管理委员会"。该委员会对本制度涉及的各方权益处分、纠纷处理拥有裁决权。

第三条 跟投范围包括但不限于通过公开市场招拍挂新获取的住宅开发销售类项目。

第二章 参与和管理方式

第四条 京汉股份总部跟投员工组建的投资企业和京汉股份城市公司跟投员工组建的投资企业,共同投资符合此制度规定范围内的项目公司,并按持股比例共同投资、共同管理、共担风险、共享收益。

第五条 以注册资本为基数,项目公司各股东按持股比例确定出资额。

第六条 项目公司的股权比例:公司全资开发的项目,京汉股份或其指

---

① 参见:京汉实业投资股份有限公司,项目跟投投资管理制度 [EB/OL]. (2018-03-27) [2019-10-20]. https://q.stock.sohu.com/cn, gg, 000615, 2726462533.shtml.

定的附属公司持股比例不低于90%，投资企业持股比例不高于10%；与第三方合资开发的项目，京汉股份或其指定的附属公司与投资企业根据公司所占权益按比例确定持股份额。

第三章 跟投人员范围及份额分配

第七条 总部跟投员工由以下人员构成：

（一）强制跟投员工：总裁、副总裁、中心总经理、各部门总监、项目拓展负责人及总部其他指定跟投人员；

（二）自愿跟投员工：鼓励符合条件的总部其他员工参与。

第八条 城市公司跟投员工由以下人员构成：

（一）强制跟投员工：总经理、副总经理、各部门经理、项目总、项目拓展负责人、营销负责人及城市公司其他指定跟投人员；

（二）自愿跟投员工：鼓励符合条件的城市公司其他员工参与。

第九条 项目公司跟投员工由以下人员构成：

（一）强制跟投员工：总经理、副总经理、各部门经理、项目拓展负责人、营销负责人及项目公司其他指定跟投人员；

（二）自愿跟投员工：鼓励符合条件的城市公司其他员工参与。

第十条 总部强制跟投员工必须跟投所有跟投项目，总部自愿跟投员工可以参与所有跟投项目；城市公司强制跟投员工必须跟投城市公司管辖范围内所有跟投项目，城市公司自愿跟投员工可以参与城市公司管辖范围内的跟投项目。

第十一条 跟投员工对应职务/级别的出资额度以京汉股份最终确认的比例为准。

第十二条 每个跟投项目中跟投员工个人出资比例不超过项目公司注册资本的1%。

第四章 跟投资金来源

第十三条 所有跟投员工的出资必须是其自筹资金，京汉股份及其附属公司（金融机构除外）不得对参与主体提供借款、担保或任何融资便利。

第五章 收益分配方式

第十四条 项目收益分配比例按各股东持股比例进行分配。若涉及收益分配比例与参与主体实缴出资比例不一致的，京汉股份将结合可比项目（如有）历史收益率、所在报告期平均收益率等指标说明收益分配政策的合理性，并由独立董事发表意见。

第十五条 同时满足下述条件时，项目公司方可向京汉股份申请对各股东按照其各自的持股比例进行收益预分配：

（一）项目公司的现金流为正，且预计持续为正；

（二）项目公司的股东借款及利息已全部返还。

第十六条 项目公司达到项目收益预分配条件后，且有现金盈余的，预估项目收益由项目公司计算，报公司项目投资决策管理委员会审核确认后按比例进行分配预估项目收益。项目结算完成时，收益预分配总额不得超过预估项目收益的80%。

第十七条 员工跟投的投资企业退出项目公司时，项目公司按持股比例进行剩余收益分配。

第六章 附则

第十八条 为提高跟投工作的决策效率，公司股东大会授权公司董事会审议并批准项目的具体跟投管理办法。

第十九条 各方权利义务以届时各投资企业的合伙协议及签署的承诺函等相关文件为准。

第二十条 本制度自公司股东大会审议通过后生效，修订亦同，并由公司董事会负责解释。

案例（三）中国公立医院面临人才流失危机[①]

不久前有媒体报道，一家高端耳鼻喉专科医院在武汉开业，其包括院长、业务副院长、科主任在内的专家团队竟然全部来自知名公办三甲医院！

最近几年，在国家大力鼓励社会办医、医生创业的政策促进下，大量优秀医护人才离开公立医院，创建或加入医生集团，中国的医生集团数量呈现井喷式增长。据相关数据统计，2017年底医生集团数量为440家，而截至2018年3月底，国内已经成立的医生集团已有620多家！

为什么那么多优秀医护人员放弃在公立医院的"铁饭碗"，进入民营医院或者成为自由职业者？一位出生于1982年，毕业于中国一所著名大学医学院并获得临床医学硕士学位，曾担任北京一家三甲医院王牌科室外科主任的王某对媒体记者提供了以下内容。

在辞职之前，王某身心俱疲。他粗略统计，这些年由他担任主刀的手术一共2 000多台，有他参与的手术不计其数。

---

① 黄津孚根据以下资料整理编写：大批三甲医院医生集体辞职办医院！[EB/OL].（2018-04-02）[2020-10-20]. https://www.sohu.com/a/227076096_377321；北京三甲医院辞职医生：有的医生月收入1 000万 [EB/OL].（2020-10-28）[2021-01-20]. https://new.qq.com/rain/a/20201028A02IFS.

从实习医生、住院医师开始，他一年一年地熬过了年轻医生最艰难的时段，晋升为主治医生，成为科室中最优秀的外科主刀大夫之一；今后本应是一帆风顺，可是他却放弃了。辞职后，王某到世界各地旅行，然后移居上海，学习艺术课程，与过往的环境告别。"大家都觉得，为什么看个病这么难，挂个号这么难，为什么医生这么冷漠，这么多矛盾……"王某告诉端传媒记者，是因为"每一个环节都出了差错"。

在中国做医生，不仅要精进医术，还要应对各种行政命令。因为公立医院作为"事业单位"，是由政府利用国有资产设立的社会服务组织，医生亦是国家体制内的成员，必须接受政府的管理。在深化医疗改革的进程中，为减轻管理上的压力，政府不再扩大公立医院的规模，于是医院开始强调"周转率"——在有限的时间和空间内，尽可能收治最多的病人。这样不仅可以提高医院的收入，还可以在数字上证明管理效率的提高。

医术本应是"精益求精"，现在却是"多多益善"。对于王某来说，初做医生的新奇与热情，很快便被这些从天而降的行政指令消磨掉。"刚开始工作的时候，我是很有热情的，每天都能学到新东西，自己从开刀、切皮，慢慢地能做简单的手术，后来可以做复杂的手术，接触到罕见的病例也很兴奋。那时，手术室到下午四点半就不再接收病人了，科室里的同事有空余的时间，经常一起吃个饭，学习一些新技术。""后来，医院开始强调周转率，强调平均住院日，要提高手术效率。平均住院日，就像吃饭的'翻台'一样，在有限的时间内，住进来的病人越多越好，而随之而来的医疗服务质量会越来越差。这种东西对领导比较好，比如院长、主任，周转率高了，平均住院日缩短了，证明他们的管理有效，他们会很有面子。"

"医院的指标是什么呢？每一年的手术量要提高10%。就是说不管上一年做到什么程度，下一年的手术量都要比前一年同期提高10%。如果达不到指标，就扣除医生奖金。这样的结果就是，我要不断增加手术量，不断缩短病人住院的时间。"以前一天做两三台手术，后来增加到一天五六台甚至七八台，这是我过去根本不敢想象的事实。没有人反抗，大家都逆来顺受、随波逐流。就像北京的房价一样，最开始你觉得两三万元一平方米很贵，你觉得忍受不了，但是现在十万元钱一平方米你也不得不买，你要继续忍受。"

在中国，培养医生的成本高昂。一名医科学生成为执业医师，通常需要七八年，成为主任医师需要约二十年。但医生所能得到的物质回报却不一定尽如人意。中国的医疗服务定价很低。通常来讲，门诊挂号费、医生护士的诊疗费都只有几元到几十元不等。医生没有高薪。"做医生，基本上'五年一个台阶'。医学院毕业生，从业五年可以考主治医师，再过五年就可以考副主任医师，然后是主任医师。一个医生在40岁上下，职称就基本到头了。"

"不同职称的基本工资相差不多。我作为主治医师的底薪是每月一千元，主任医师也就比我多两三千块钱。剩下的都是靠奖金，奖金就是临床工作的提成、手术的提成，按照比例分配。""我工作的医院科室，刚毕业的'小大夫'（指年轻医生），一个月总收入八千到一万元，住院总医师有一万元出头。主治医师按年资分低年主治和高年主治，收入分别是一万五六和两万元左右。副主任、主任差不多能拿到三四万元，收入的绝大部分都是奖金。"

"我们科室有一位六十岁的'大牛'（指权威医生），一个属于全国顶尖、业界排名前十名的大夫，算上奖金，一个月工资也就五万元钱。"医生的劳动价值没有在医疗费用中得到体现，现行的医疗收费，绝大多数都是耗材的费用，而支付给医生的人工费用其实很低。

"我们的手术费是奖金的一部分，它是当月返给大夫的基本手术提成费，大概是这个手术费用的7%。例如，一个癌症切除手术，可能会做五到六个小时，需要四至五位大夫、两个护士、两个麻醉师，大约八个人。手术费是三千多元，其中约7%（两三百元）返给手术的医务人员。我作为主刀，我拿这7%的提成中的一半，一百多块钱——也就是说我工作了五六个小时，才挣了一百多块钱。下面的主治大夫、医生助理所能拿到的钱就更少了，住院医生、实习大夫拿的更少，他们拿这个7%里面的3%左右，也就是几块钱。""并且，如果你的手术量提高不到10%，这些奖金就不发给你了。"

"更可怕的是，现在国家要实行'单病种'管理（指某些病种的付费标准被固定下来，包括患者就诊期间发生的所有费用，业内俗称'一价包治好'）。单病种有好处，也有不好，得区别对待。例如做一个腹部某部位的肌瘤手术，不管病人长100个瘤子还是1个瘤子，无论疑难程度多大，就是3 000元钱。如果这个病人的花费超过了3 000元，医院只好掏钱。就变成医院赔钱做手术了。""这就造成，只能给病人做开腹手术，而不会使用更加先进的腹腔镜。因为开腹手术的手术费只有几百元，腹腔镜（的成本）贵许多。但大家都知道，开腹手术对病人的创伤很大，腹腔镜打几个眼就可以了。"

在中国，不少医生都会通过走穴、药品和器材回扣等方法来获得"灰色收入"，增加个人收益。有一些"灰色收入"游走在法律的边缘，例如收受大额药品回扣。比如骨科就有很多器械，患者骨折了，医生放一个内固定钉子，或者一个钢板，都是有回扣的。

"有一些是'正常'的灰色收入，比如去讲学，讲一次课能拿两三千元钱的报酬；有一些是'擦边'的，就是走穴，比如医生外出会诊，到别的医院做手术。现在国家是默许走穴的。以我工作的领域来说，全国最牛的几个大夫，走穴做手术的行情是一万到两万元。"

"例如为腰椎间盘病人手术用的人工椎间盘，售价是5万元，（医疗器械厂家）能给大夫的回扣是1万元。""回扣要分科室。为什么全中国的大夫都想去骨科？因为确实很挣钱。心内科导管室做介入的也很挣钱。在恢复阶段，医生可以给病人用各种各样的药物，来提高收费。"

中国的医生，只有"白天忙临床、晚上忙论文"，才有可能在同行之中脱颖而出。根据1986年中国国务院实施的《专业技术职务系列》，医生职称评审和聘任是与科研工作相挂钩的。除了繁重的临床压力，医生不得不拿出很大一部分精力来写论文、申请科研基金。

"科研这个事是永远悬在我脑袋上的一把剑，是一个紧箍咒，我时刻想起来都会头疼。"

中国的医学教育只重专业知识，忽略人文教育。王某感到，曾经的他，作为一名医科学生却对医者的社会属性没有足够的认知和理解。很多医生在从业过程中，只能向患者提供技术帮助，却忽略了人文关怀。"在国外学医，学生要经过四年的其他专业的本科学习之后，才有资格去申请医学院，那个时候学生都20多岁了，心理比较健全，也有了社会科学的知识积累，再去做医生时，已处于相对比较成熟的状态。我们是'速成'——高中毕业的孩子就来学医，从学校毕业就直接去接触病人，不太注重人文素养的形成。"

"当然，医生的心理压力确实大，成天一大堆病人和家属围着，两分钟看一个病人，还有过来'加号'（指加塞看病）的，就不会耐心服务了，时间长了也就麻木了。"

根据《2015中国卫生和计划生育统计年鉴》的数据，34岁以下的医生在逐年减少。中国工程院院士钟南山曾在2016年公开对媒体说，有约20%的医学生毕业后不从医。王某则更加直接地表示，他周围的医生朋友都不允许自己的孩子学医。而比起医生群体的流失，中国病人的数量却在不断增加。根据《纽约时报》的报道，因为压力、不良生活习惯、环境污染等原因，中国的患病人口在激增，官方预测从2000年到2025年，中国患病人数将增加近70%。

如王某一样的年轻医生，他们的工作量超出常人想象，而他们的身体和精神状态却很少被社会关注。"第一次开皮、第一次缝肚子、第一次切除器官、第一次剔除肿瘤……其实只是暂时高兴一下,就过去了。真正给我自己留下深刻印象的,还是有感情交流的病人,而不是'我能做什么'的成就感。"

"压力真的很大,有时感觉自己完全就是不负责任的,但是我没有任何办法。"

"我在这家医院刚开始工作的时候,还是旧楼,墙皮都往下掉。后来医院的新楼越盖越多,大夫的工作条件还是那么差,所有的年轻医生挤在一个小屋子里面,抢电脑、写病历。一个屋子里只能放10台电脑,有40个医生去抢。""但这并不是主要的问题。能在国内做医生的人,就不会在乎工作环境有多差、工作强度有多大。以我现在的年资来说,已经熬过了最苦的阶段。但重要的是,最初想学医的心态是不是和现在的心态相符合。如果不符合,人就会很失落、迷茫,然后随波逐流。时间久了,负面的压力会越来越多,最终让我离开。"

2016年10月25日,国务院印发了《"健康中国2030"规划纲要》,明确指出"创新医务人员使用、流动与服务提供模式,积极探索医师自由执业、医师个体与医疗机构签约服务或组建医生集团"。这是"自由执业"第一次写进"国字号"文件,也是"医生集团"第一次写进"国字号"文件。2017年1月,国务院印发的《"十三五"深化医药卫生体制改革规划》中提到,持续开展健康领域大众创业、万众创新;同年5月,国务院办公厅印发《关于支持社会力量提供多层次多样化医疗服务的意见》,支持社会力量提供多层次多样化医疗服务;同年8月,国家卫计委公布《关于深化"放管服"改革激发医疗领域投资活力的通知》,号召拓展社会投资领域,推动健康服务业新业态发展,进一步提升医疗领域对外开放水平;中共十九大报告更是明确提出"支持社会办医,发展健康产业"。中央层面大力支持社会资本办医,各省市也紧紧跟进,北京、广东、甘肃、安徽、福建、四川、广西、青海、云南、宁夏等地均已出台促进社会办医相关政策。

事实上,不仅是医生,一些三甲医院也主动加入组建医生集团的行列。据媒体报道,2017年6月,华西医院公开招聘医生,组建"华西医生集团"。而在此前,协和医院已组建了一个由50多个科室、300多名医生组成的医生集团。

投资人士认为,在中国医疗改革中,医生肯定是最重要的资源。可以说,得医生者得天下。这也是医药企业非常关注医生集团的重要原因。然而这么多优秀医护人员出走对于公立医院的影响已是不争的事实。从近年来的医院数量、床位数量、患者数量这三个数据变化来看，民营医院数量增长超过公立医院，公立医院患者流量受民营医院影响而下降（见图11-2）。据上海一位知名三甲医院领导透露，2017年一整年，上海公立医院眼科的手术量下滑30%~50%，特别是白内障。

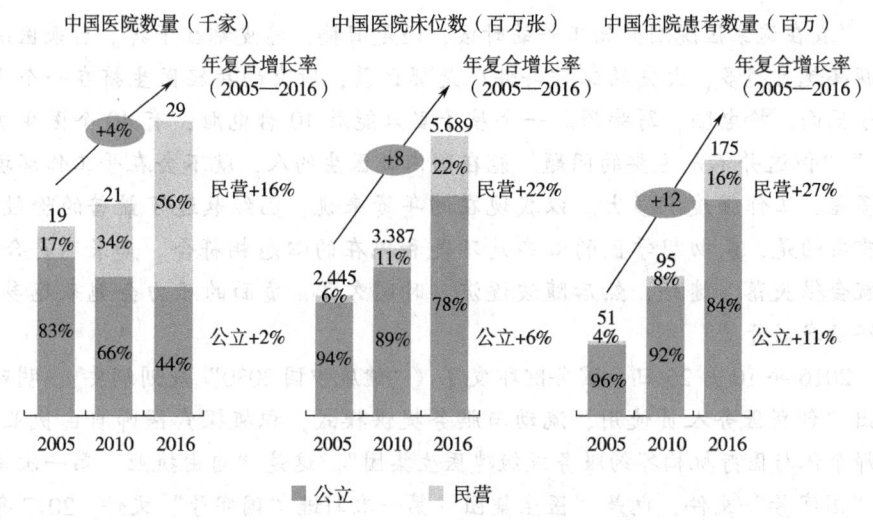

图11-2 中国医院数量、床位数、住院患者数量的对比

第12章 协调原理

一、教学目标、理论概要、思考与讨论

（一）教学目标

1. 确立协调是管理的基本职能的信念。
2. 理解协调的本质、机制以及企业经营中的协调任务。
3. 掌握协调的基本途径以及有效协调必须遵循的原则。
4. 了解我国企业协调管理面临的挑战和新的成功经验。

（二）理论概要

协调作为管理的一项职能，是理顺组织内外关系，消除不和谐、不平衡状态，加强各方合作，以便为实现组织目标创造良好的生态环境的过程。协调的对象包括企业内部各个群体和个体，包括企业与顾客、合作伙伴、同行、政府、社区、媒体等。协调的要求是：增强企业发展正向动能、保持组织的活力，形成既有统一意志又能相互制衡、长期稳定的局面，在代价可以接受的基础上保证企业主要目标的实现。协调的机制是通过沟通增进相互了解与共识，通过协商谈判实现资源与利益公平分享，通过改善计划、组织、管控实现行为的协同（见图12-1）。

（三）思考与讨论

1. 根据自己的实践经验和阅读，论述协调是与组织、激励、控制等并列的基本管理职能。
2. 关于协调机制，从曹德旺生财之道以及自贡鸿鹤化工反倾销案中能够得到什么启示？

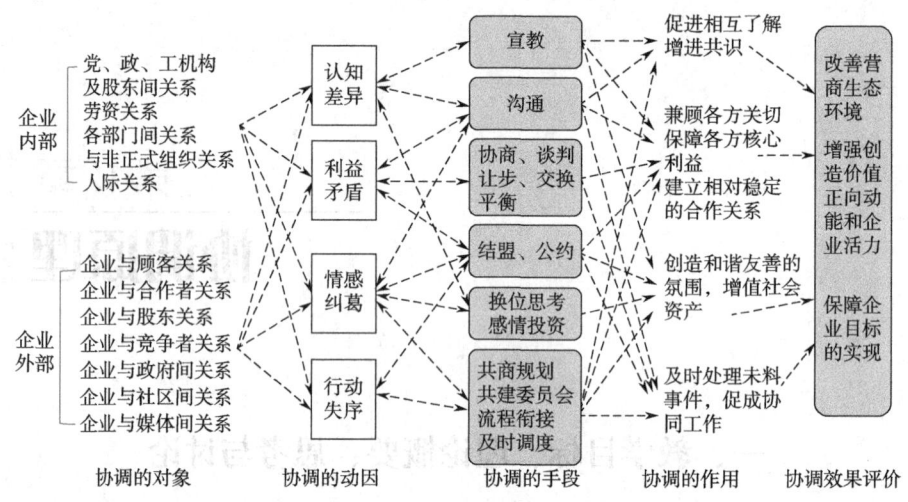

图 12-1 协调对象、机制、手段与效果评价

3. 讨论罗杰·道森的 20 条精华策略的适用范围（协调对象、主要矛盾、业务领域等）。

4. 电科院对董事会成员和党委成员的兼职比例是否有限制？各治理主体之间的权责关系是否清楚？实施过程中可能发生什么矛盾？该模式与我国公司法规定是否一致？该经验是否适用于非国有企业，特别是外资控股企业？

5. 2020 年末，中央经济工作会议提出，中国将积极考虑加入全面与进步跨太平洋伙伴关系协定（CPTTP），中国大规模合并国企，会不会引起 CPTTP 诸国的疑虑？

6. 平台型企业经营涉及哪些协调课题？你有哪些管理建议？

二、精读文选

文选（一）曹德旺将玻璃厂的毛利率提高到 40%[①]

福耀玻璃工业集团股份有限公司创始人、董事长曹德旺被称为"中国玻璃大王"。在中国制造业的利润只有 5% 左右的时候，福耀玻璃 2015 年的毛利

[①] 曹德旺如何将玻璃厂的毛利率"抠"到 40%［EB/OL］.（2018-10-17）［2020-08-20］. https：//www.glass.com.cn/glassnews/newsinfo_203709.html.

率高达42%！他有什么秘籍？有专家将其归纳为以下一些内容。

1. 互助互让实现共赢

福耀有一家日本原材料供应商，其中国区负责人叫张俊，他给出了福耀能保持40%以上毛利润的秘籍。"曹德旺做生意有两个特点：一个是'抠门'，另一个是'抠门'的升级版。""关于产品的价格问题，每一年跟曹先生的福耀集团都有一个针锋相对的很激烈的谈判。一帮人从日本飞过来，我从上海飞过去，就在他总部谈，直到谈到小数点后面第二位，曹总才说：就这样，蛮好。这还是因为我们人民币只有分，没有厘。"

曹德旺将日本商人看得更透彻："日本人从来不自己降价，这值得所有人去学，这是一个很好的生意经。"但日本人在原材料上不降价，就会让福耀的成本上升。曹德旺说："我们也面临着汽车厂给我们的压力，汽车厂降我的价是没有商量的。我跟日本人讲，我是汽车厂派下来的推销员，它做上游，我做下游，你拿那么多，那我赚什么？"

很快，曹德旺找出了"对付"日本人的办法。这一年，曹德旺和上游供应商提出要降低价格，要降15%，日方当然无法接受。这时曹德旺想到一个双赢方案。他知道，日方的生产流程管理有着几十年的经验积累，于是提出，日方能不能帮助福耀在生产流程和细节的设计上降低成本，只要能达到效果，他一分钱也不会降低日方原材料的价格。对于这家日本企业来说，流程管理能力是其最现成的资源，于是就派出最专业的人员帮助福耀完善生产流程、控制成本，很快福耀的成本就下降了20%左右。

曹德旺不仅和供应商学习成本控制，也向客户学习。丰田、大众、福特、通用、奥迪，都是福耀的大客户，从它们那里学到了非常多的降低成本的"秘籍"，对于这些大公司帮助福耀的原因，曹德旺说："这是外国企业做生意的责任！"

其实，福耀之所以能将成本降下来，还有一个秘籍就是预算。预算作出后，通过统计、分析、评估、纠正这四部曲来严格执行预算。曹德旺说："我们每一个东西都非常严格地预算出来，再将实际情况与预算比较，分析为什么能够降下来？降下来会有什么办法？整个集团几万员工会共享这些信息。我们有一个福耀管理论坛，鼓励员工提出解决办法。"

2. 开放式思维

随着国家"一带一路"倡议的提出和落实，大批企业都在走出去。曹德旺认为这又是一个合作共赢的机会。早年，曹德旺将玻璃卖给美国中间商时，一片玻璃是30美元，中间商一倒手可以卖到60多美元，而真正到了美国商业终端的时候，一片玻璃要卖200美元。于是曹德旺想自己在美国建一个仓库，自产自销。但是，从1996年开始在美国建仓库起到1998年一共三年，不但一分钱没有赚到，反而亏损了1000万美元。

为什么别人赚钱，他自己却亏损呢？他请美国当地的咨询公司进行调研。美国人调研后给出的亏损原因是，曹德旺跨行业经营，做玻璃属于制造业，而批发市场、流通渠道是服务业。美国的批发市场被四家企业所垄断，每一家的规模都在几十亿美元规模，曹德旺只带1000多万美元就想赚零售行业的钱，这是不可能的。

于是，曹德旺迅速调整战略，决定专心于制造，进行产销分离。不过为了尽可能提高利润，对于中间销售环节他也作了非常大的调整。由分销变为直销，跳过一级批发商直接进入经销商。曹德旺的小算盘是这样的：在美国自己建仓库，每一片可以卖到60美元，而卖给一级批发商只卖30美元，就是这一点变化，让他1999年当年赚了近1000万美元，把前三年亏的钱全部拿了回来。

2015年奥巴马政府在各种场合呼吁要求制造业回归美国，让美国再次成为制造业大国。曹德旺看到当时美国举国上下在恢复制造业大国的地位，其招商强度比中国还高，就加大了在美国的投资。曹德旺这样算账："我在美国建俄亥俄州的那个工厂，有18万平方米，占地面积1000亩地以上，从犹太人手里买过来花了1500万美元，再加上修厂房又花了1000多万美元，盘点下来，全部建完厂房总成本大概4000万美元。而美国政府给我的补贴就超过4000万美元！"除了美国政府这种对制造业的重视和补贴力度，曹德旺还仔细比较了中美两国的成本。

"美国天然气价格每立方9美元，只有中国的1/5；电价每度电卖4.5美分，不到3毛钱，也是中国一半的价格；油价划到运输成本里面，总体运输成本也是中国的一半。但是美国人工费用贵，美国白领是中国白领的3倍，美国蓝领收入跟白领差别不大，是中国蓝领成本的8倍，我们在中国做一片玻璃，工资成本1.2美元，在美国做一片则要8美元。但是，中国做完运到美国去，需要5.5美元运费，再加上关税要1.8美元，运费加税收就可以抵消美国蓝领工资的成本，而其他材料在美国都比中国便宜，美国的税和企业运行成本也比在中国低，这样算起来美国建厂成本更低。"正是曹德旺的这种"算计"，让福耀的毛利率始终保持在40%左右。

3. 敢战才能言和

福耀玻璃现在在美国拥有如此强的赚钱能力，可不是一蹴而就的。

2002年是中国加入世贸组织的第二年，美国商务部应PPG等同行业几家公司的申请，开始对福耀玻璃进行反倾销调查。曹德旺说："我们一直认为美国是一个宪政国家，很讲法律的，不会乱判。结果反倾销就是乱判，先告反倾销，先判你输，然后你要缴高额的官司费，拖两年你就倒了，没想到居然是这样的政策。"在明白其中的内幕之后，曹德旺花费一亿多美元在美国打反倾销案，最终胜利，全球震惊。官司虽然是赢了，但是曹德旺也进行了深深的反思。

"这场官司我们刚刚开始打的时候，我也经常骂美国人。后来真正打赢以后，我很认真地反思这件事情，不能怪美国人。为什么呢？作为美国政府来说，他们最喜欢中国人，东西越便宜越好，美国人会少付费，但是两个矛盾就出来了：第一，从战略上，国家安全战略上没有办法解决，这个行业你便宜，冲击了它，把它搞倒了，以后美国的其他行业怎么办？这个问题会涉及美国的国家安全问题；第二，你把它的行业冲垮的时候，这个行业原来的工人怎么安置？这个行业原来的贷款怎么赔偿？这都是问题。换位思考，我认为总统是美国人选的，代表美国人的利益是其天职。所以要学会换位思考，否则很难搞好关系。"

换位思考之后，他主动和PPG联系化解矛盾，通过协商PPG同意将原来的技术卖给福耀。"转让以后福耀十一年如一日地准时准点不少一分钱交给他们技术转让费。PPG说曹德旺真的很不错。"曹德旺高兴地说。

4. 曹德旺个人简介

曹德旺1946年5月生于上海，祖籍福建省福清市，因家贫9岁才上学、14岁就被迫辍学，在街头卖过烟丝、贩过水果、拉过板车、修过自行车，奋斗到30岁、1975年的时候，他已积累了5万余元的"巨资"（相当于现在上千万元）。1976年，曹德旺开始在福清市高山镇异形玻璃厂当采购员，他的工作是为这家乡镇企业推销人称"大路货"的水表玻璃。1983年，曹德旺承包了这家年年亏损的乡镇小厂。1985年，他将主业迅速转向汽车玻璃，彻底改变了中国汽车玻璃市场100%依赖进口的历史。1987年，曹德旺联合11个股东集资627万元，成立了福耀玻璃有限公司。1993年，福耀玻璃登陆国内A股，是中国第一家引入独立董事的公司，也是中国股市唯一一家现金分红是募集资金高达7倍的上市公司。1996年，由国际汽车玻璃龙头企业法国圣戈班投资1530万美元，福耀投资1470万美元，双方合资成立万达汽车玻璃有限公司。1999年，因双方经营原则不同，曹德旺用4000万美元买断圣戈班在福耀的所有股份，并与圣戈班约法三章：圣戈班在

2004年7月1日前不得再进入中国市场，为福耀在5年内排除一个强大的竞争对手赢得发展时空。2001—2005年，曹德旺带领福耀团队艰苦奋战，历时数年，花费一亿多元，相继打赢了加拿大、美国的两个反倾销案，震惊世界，成为中国第一家状告美国商务部并赢得胜利的中国企业。福耀公司生产的汽车玻璃占中国汽车玻璃70%的市场份额，并成功挺进竞争激烈的国际汽车玻璃配套市场，成为宾利、奔驰、宝马、路虎、奥迪等豪华品牌重要的全球配套供应商，是世界第二大汽车玻璃厂商。福耀玻璃在美国、德国、俄罗斯设有工厂。

2009年5月30日，曹德旺获得"安永全球企业家大奖"。安永全球企业家奖的评选依据是企业家精神、企业家责任和企业家的综合素质，共设立了六项入选条件：是否从无到有，白手起家；是否始终诚信经营；是否有良好的经营业绩；是否注重节能减排、环境保护；是否具有全球影响力；是否注重知识产权，可持续发展。这是该奖项自1986年评选以来，包含香港、澳门在内的大中国区企业家首次获得这项被誉为"企业界的奥斯卡奖"的殊荣。

曹德旺牢记企业家的社会责任，2010年以45.8亿元（含河仁慈善基金会）的捐赠额成为"中国最慷慨的慈善家"。2018年9月，曹德旺入选世界最具影响力十大华商人物榜。

文选（二）反倾销中的中国企业联盟[①]

自贡鸿鹤化工股份有限公司是我国甲烷氯化物生产基地。随着中国经济高速发展，下游行业对甲烷氯化物的需求以每年12%的速度增长。1999年以来，美、英、法、德、韩等国向中国低价倾销甲烷氯化物产品，二氯甲烷进口数量从3.2万吨上升到10万吨，售价由6 700元/吨下降到3 800元/吨，三氯甲烷进口数量也大幅度攀升，价格不断下滑，给中国的甲烷氯化物产业带来了实质性损害。鸿鹤化工公司损失最大，其市场占有率由70%急剧下降到20%，出现开工不足、产品大量积压。公司运用国际商务规则，先后在1999年12月和2003年3月，联合浙江巨化、江苏梅兰等企业向国家外经贸部、商务部提出了二氯甲烷和三氯甲烷反倾销调查申请，公司专门成立了由董事长领导的工作小组，成员包括生产部、营销部、综合管理部、物流中心等部门负责人。工作小组在向政府提出正式申请以前，开展大量资料和证据收集，

---

① 转引自：黄津孚. 现代企业管理原理 [M]. 北京：清华大学出版社，2017：286.

并严格保密。为了收集资料，一方面，公司与中国氯碱协会、同行业公司建立良好协作关系；另一方面，精心挑选具有国际贸易反倾销经验的高水平法律代理机构，充分发挥代理律师的策划、参谋、指导作用，定期走访客户单位。

2004年，国家商务部正式裁定三氯甲烷反倾销初裁获胜，对进口产品开始征收现金保证金，加上生产三氯甲烷的材料价格大幅上升，导致国内甲烷氯化物价格有所上涨，对下游行业的生存发展产生了一定影响，下游行业对国家开展三氯甲烷反倾销提出了异议。针对下游行业的反应，公司会同代理律师、国家有权机构等单位，对国内三氯甲烷市场的现状、今后的发展趋势等进行了详细调查，分析论证了近期三氯甲烷市场价格上涨的主要原因及走势，通过各种方式加大了解释和宣传工作力度，同时考虑到三氯甲烷反倾销可能会给国内下游行业带来不利影响，公司积极参加上下游行业调查协调会议，对保证下游行业三氯甲烷供应、给予适当价格优惠等方面作出了一定承诺，赢得了大多数下游行业企业的理解和支持，坚定了国内企业开展三氯甲烷反倾销的决心和信心。经过各方面努力，反倾销取得圆满成功，遏制了进口，市场价格回升，相关企业收入增长，加快了技术进步步伐。到2005年底，国内甲烷氯化物生产能力由2001年的28万吨提高到100万吨以上，公司二氯甲烷产量增长21%，新增效益4 870万元。

文选（三）风险沟通[①]

"9·11"事件导致美国社会各界开始对风险沟通高度关注，并随之促进了企业界对风险沟通的研究和培训。

美国国家科学院（The National Academy of Sciences）对风险沟通作过如下定义：风险沟通是个体、群体以及机构之间交换信息和看法的相互作用过程；这一过程涉及多层面的风险性质及其相关信息，它不仅直接传递与风险有关的信息，也表达对风险事件的关注、意见以及相关的反应，或者发布国家或机构有关风险管理的法规、措施等。

随着科技的不断进步，各种新产品层出不穷，人们的生活也因此变得更加丰富。但是，由于缺乏专业知识，许多消费者对新产品往往心存疑虑，特

---

① 参见：黄津孚. 现代企业管理原理（第六版）[M]. 北京：首都经济贸易大学出版社，2011：163-164.

别是在药品、食品等直接涉及人身安全的领域，更是格外小心。在这种情况下，一些似是而非的消息往往在公众中掀起轩然大波，直接影响到产品的命运，使企业面临极大的风险。因此，学会"风险沟通"，采用科学和易于接受的方式告诉公众真相，便成为企业面临的新课题。

创建于1901年的孟山都公司是一家总部设在美国的跨国公司，生产产品包括玉米、大豆、果蔬等主要农作物种子，以及除草剂等农药制剂、生物制剂。该公司是转基因种子市场的垄断巨头，在玉米、大豆、棉花等多种重要作物的转基因种子市场上，占据约70%至100%的市场份额。全世界超过90%的转基因种子都使用它的专利。该公司在全球66个国家和地区设有分支机构，拥有员工总数约2万多人。

孟山都公司多次因为大量输出转基因产品和除草剂遭受非议，由此深刻认识到风险沟通对于公司的重要性。该公司的管理专家保罗认为，"风险沟通"是"在人们普遍存在着担忧多、信任少、敏感和有争议的问题上，以科学为基础进行有效的沟通"。一般来说，在三种情况下尤其需要"风险沟通"：事物出现了潜在的价值降低风险时，事态失去了控制时，以及出现了信任问题时。例如，生物技术在未来有着广阔的发展前景，但是目前人们的最大疑虑是：吃转基因食品安全吗？如果能对这个问题做出权威、明确的解答，消除人们的疑虑，沟通就能够取得成功。

风险事件中技术的不确定性以及专业知识门槛，造成了不同群体在风险感知中的差异，因此需要推动风险信息在专家、风险管理部门、利益团体和民众之间有序流动，而信任是决定这种信息流动能否形成良性对话的决定性因素。

最有资格从事"风险沟通"的无疑是科学家，他们具有旁人不具备的专业知识。但是仅有这一点还不够，他们还应需要具备一定的素质和口才，在某一领域享有权威声誉；专家在传达信息时要具有实效性，沟通时务必清晰准确、善用类比、结论明确。美国风险沟通中心专家考维罗博士则提出了风险沟通的四个成功要素：沟通人的态度要热情友好，有忘我的奉献精神，能力足够、资历合格，人品要正直且保持头脑、胸怀开放。他认为，在一个成功的沟通中，态度热情且友好能够在50%左右的程度上影响沟通的成效，而其余三点要素约各占15%至20%左右的影响程度。

保罗先生认为，沟通时双方眼睛要保持接触。此外，说话时注意力如何集中、身体前倾的角度、沟通时的距离、手势和声音的选用，都是必须注意的。"因为每个人都需要知道，你是否真正在意他的感觉和心情。要知道，

80%的信息丢失源于害怕、气愤、焦虑。因此,为了打消对方的恐惧感,保持沟通的清晰度,就要使用12岁孩子能够听懂的语言,不使用专业技术术语,使用简单的句子以及简短的回答。"此外,一个负面的影响需要有三个正面的信息才能抵消。因此,在进行"风险沟通"时,一定要避免使用诸如"不"、"不能"、"绝不"和"不行"等消极的字词,而要在所有的回答中使用积极的字词。

"风险沟通"以它独特的心理学和管理学相结合的方式,受到企业界的普遍欢迎。目前,许多跨国公司都邀请"风险沟通"培训公司进行培训,以便做到未雨绸缪。

三、管理案例

案例(一) 中国电子科技集团多元治理主体的协调[①]

1. 多元主体治理协调问题的提出

公司治理没有放之四海而皆准的模式,但不管哪种模式,增强活力都是搞好企业的本质要求。为实现1+1>2的系统正效应,探索中国特色现代企业制度建设之路、解决现代企业多元治理主体在企业决策体系中的协同问题,是当前国有企业必须面对的管理任务。

中国大型国有企业面对的治理命题,本质上是如何处理好企业党委、公司董事会、总裁办的责任和权力关系。在国有企业多元治理主体中,党委(党组)会和董事会、总办会的决策方式、决策权限都是不同的。党委(党组)会采用的民主集中制,董事会采用的票决制,总办会采用的总经理负责制,都有各自的特点和优势,如何把这些主体的决策优势都充分发挥出来,既不能缺位,也不能越位?既要充分发挥企业党委(党组)的领导作用,明确国有企业党组织在公司法人治理结构中的法定地位,又要创新国有企业党

[①] 本书主编根据中国企业联合会管理现代化工作委员会编、企业管理出版社2020年出版的《国家级管理创新成果(第26届)上册》中的《大型国有集团公司"1+3"权责体系的构建与实施》一文节选编写。中国电子科技集团是中国国资委直接监管的"央企",成立于2002年3月1日,是以原信息产业部直属电子研究院所和高科技企业为基础组建而成的国有大型企业集团,也是国家批准的国有资产授权投资机构之一。集团公司总部设在北京,所属二级成员单位58家,三级公司184家,分布在全国18个省市区,其中包括杰赛科技、海康威视、太极股份、华东电脑、四创电子、卫士通和国睿科技7家上市公司,集团公司注册资本47.68亿元。

组织发挥作用的途径和方式，以确保企业决策科学、运行高效，形成既相互制衡又有机统一的权责体系；既要避免党组织在公司法人治理结构中成为摆设，"参与决策"变成"陪衬决策"，又要切实解决困扰国有企业的、在推进中国特色现代企业制度建设中存在的层层决策、效率低下或"一把手"说了算等问题，以提升中国电科重大事项决策的质量和效率，这也是中国电子科技集团（以下简称"中国电科"）面临的、亟待解决的问题。

2. "1+3" 权责体系的总体架构

（1）坚持依法治企方针。依据《中华人民共和国公司法》（以下简称《公司法》）、《中华人民共和国企业国有资产法》等有关法律法规，完善以公司章程为核心的制度体系，健全各治理主体依法履职保障机制，确保各项决策依法合规。

（2）贯彻"权责发生制""权责统一性""权责独立性"三原则。坚持权责对等，落实职权与责任同步跟进，明确权责边界，规范权力运行，强化责任追究，深化权力运行和监督机制改革，构建符合中国电科发展需要的监管体系。中国电科按照"权责发生制"思考决策主体的权责关系和决策特点。

"权责统一性"强调治理主体的权力与责任要统一，权力与责任同时发生、不可分割，行使权力的同时必须承担相关责任，且责任不能转移。比如，党组的民主集中制、董事会的票决制，以及经理层的总经理负责制三种决策方式中，决策主体的权力和承担的责任都不相同。因决策失误带来的重大影响，对三类决策者的追责方式也不相同。对同一权责事项，相关权责主体均可按照管理制度和流程行使提议权和审议权，但最终决策权的权力和责任主体具有唯一性。一旦决策产生了两个或者多个最终决策者，必然会产生事项推动方的混乱，而且多头决策势必形成责任不清、政令不明的后果，造成事项进度缓慢和决策低效。

"权责独立性"强调治理主体的权责应该是独立、互不交叉的。需要多级决策的事项，应该明确每个层级的责任、决策顺序和权限。同一事项的决策，理论上只能由一个治理主体负责；现实中如果多个治理主体就同一事项做出决策，由最后做出决策的治理主体承担主要责任，其他决策主体承担次要责任。

（3）明晰权责边界和实施流程，允许根据内外环境动态调整。确定治理主体、重点领域和关键环节，厘清决策流程和授权权限后，中国电科进一步确定权责体系中的组成单元和动态运作机制，包括细分治理主体，明确权责关系实施的重点领域、决策的关键环节、决策的流程和授权权限等。

企业需要在经营过程基于内外部环境的变化动态调整自身的组织架构、资源结构和业务重点等。例如，改革重组等行为导致企业组织结构发生较大变化时，权责平衡关系将被打破，需通过滚动调整使权责达到新的平衡。因此，权责表是动态可变的，可以随着企业管理水平的提升逐步完善。

横向明确各决策主体的功能定位、职责权限、权利义务等要素，理顺党组织、董事会和经理层的权责界面，梳理出党组、董事会、经理层等在决策、执行、监督环节的权责关系，在集团公司总部开展实践，以决策程序、责任清单、沟通机制和报告制度"四要素"为重点，推动党组、董事会和经理层高效运行，按照人权、事权、财权划分30余项人力资源类、60余项管理类和80余项金额类事项（事权又分为投资、战略、改革等）。

纵向理顺成员单位治理主体权责关系。一方面，以"1+3"权责表为基础，按照事业单位、未建立董事会的企业、建立董事会的企业等不同形态，制订三种权责表参考模板，在中国电科全系统进行推广应用；另一方面，根据成员单位改革发展的需要以及企业化的成熟程度，通过"一企一策"完善决策授权。中国电科初步构建全系统分层分级授权及监督机制，形成各司其职、各负其责、协调运转、有效制衡的中国特色现代企业制度"1+3"权责体系（见图12-2）。

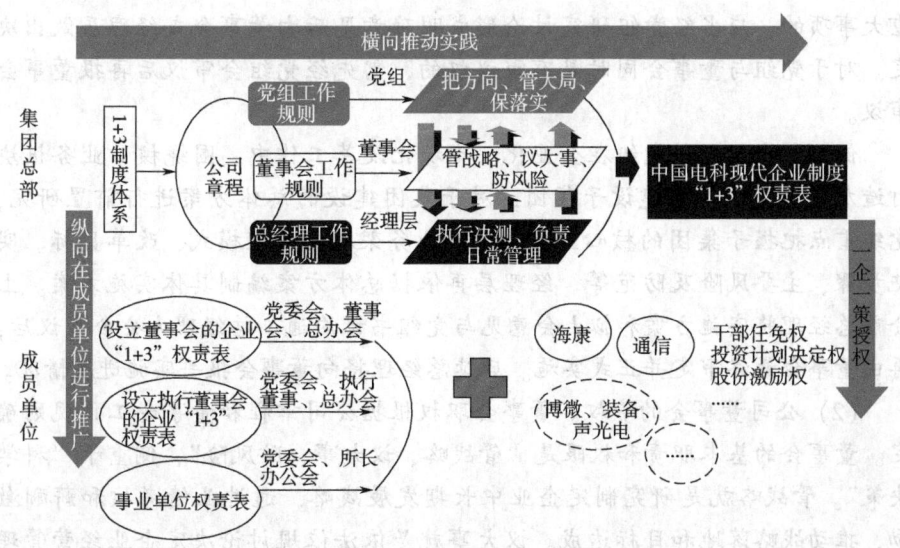

图12-2　"1+3"公司治理体系总体架构

3. 治理主体权责关系的界定及协同

（1）公司党组的责权。根据《中国共产党党组工作条例》和《中国电科党组工作规则》确定党组职权，并明确党组通过党组会审议决策职权范围内事项。在决策过程中，党组发挥"把方向、管大局、保落实"作用，前置把好"政治关、方向关、政策关、程序关"：从党和国家方针政策角度把好政治关，从公司发展战略角度把好方向关，从党纪党规角度把好政策关，从前置审议要求角度把好程序关。党组前置把关，重点看"4个是否"，即决策事项是否符合党的理论和路线方针政策，是否契合党和国家的战略部署，是否有利于提高企业效益、增强企业竞争实力、实现国有资产保值增值，是否维护社会公众利益和职工群众合法权益。坚持加强党的领导。把党的领导融入公司治理各环节，把党组织内嵌到公司治理结构之中，明确和落实党组织在公司法人治理结构中的法定地位，充分发挥成员单位党委的领导作用，把方向、管大局、保落实，依照规定讨论和决定本单位重大事项。

为落实党组前置研究讨论程序，必须事先形成"1+3"权责表，在穷举形成决策体系里的决策事项后，为落实党组织的前置作用，中国电科进一步探索如何将党的领导融入企业的决策之中。具体来说，一是明确党组前置研究讨论责任具体清单，对重要经营管理事项，按照预算计划、规划改革、具体经营分类明确党组前置研究讨论72项责任具体清单。二是明确重要经营管理事项的前置流程。经营管理方面事项，一般由董事会或经理层决定，涉及重大事项的，应当经党组研究讨论形成明确意见后由董事会或经理层做出决定。对于党组与董事会同时具有审议权的，需先经党组会审议后再报董事会审议。

例如，中国电科党组在企业化、市场化改革工作中，围绕核心业务板块打造龙头企业，布局建设子集团，对子集团建设的总体方案进行前置研究，党组重点把握子集团的核心业务方向、业务架构、管理模式、改革目标、实施步骤、主要风险及防范等。经理层再依据总体方案编制具体实施方案。上会前总经理将实施方案和拟上会意见与党组书记沟通。总经理办公会审议后，再由董事会最终审定并正式实施。后续总经理将向董事会报告实施进展情况。

（2）公司董事会的责权。董事会职权根据公司章程和董事会工作规则确定。董事会的基本职责和权限是"管战略、议大事、防风险"，侧重于"科学决策"。管战略就是研究制定企业中长期发展战略，通过业绩考核和薪酬激励，推动战略落地和目标达成。议大事就是依法依规讨论决定企业经营管理重大事项，支持经理层抢抓发展机遇，指导督促经理层高效执行。防风险就是健全企业风险管理体系，识别和揭示风险隐患，完善风险管理政策，领导内部审计工作，有效防范重大经营风险。

董事会又细分为董事会、董事会特别委员会、董事长（法人代表）。

(3) 总裁办的责权。总裁办的责权依据公司章程和总经理工作规则确定。经理层执行党组和董事会的决议侧重于组织实施。总经理在行使工作职权时对公司和董事会负有忠实勤勉义务。应当维护出资人和公司利益，落实党组和董事会决议的要求，完成其年度任期经营考核业绩指标和公司经营计划。

中国电科一方面明确以重点领域为主划分权责事项。明确了党组、董事会和经理层的决策重点。党组聚焦党的建设工作、干部人才队伍建设、人才发展规划、年度经营目标等事项；资产经营、经营计划及财务管理、资本运作中的原则性、方向性问题，以及提请董事会决策的重大项目安排和大额度资金运作事项；治理制度、经营管理基本规章制度、薪酬福利规章制度；对重大人身伤亡、重大财产损失、重大质量事故等进行前置讨论或决策。董事会主要聚焦战略规划、主责主业、经营计划、投资计划、财务管理、重大项目安排、大额资金运作等事项；章程及章程修改方案、经营管理基本规章制度；风险管理体系、关注的权责事项，以及企业改革发展、经营管理中的主要事项。总经理负责落实董事会决议和要求，完成其年度任期经营考核业绩指标和公司经营计划，是承担安全生产与环境保护的第一责任人，主持公司日常经营管理工作，并向董事会和党组报告工作。

在制定权责体系样表、明确决策流程和授权程序的基础上，基于横向到边、纵向到底、全面覆盖的原则，中国电科在总部层面系统梳理制度，穷举决策事项，开展四轮筛选工作。

经过多轮研讨，最终形成《中国电科中国特色现代企业制度"1+3"权责表》，共包括168项决策事项，由上级机关最终决策的为27项，党组会最终决策的为32项，董事会最终决策的为48项，总办会最终决策的为50项，其中党组前置研究讨论的为72项。中国电科在决策会议的实际运行中，已将"三重一大"所有事项内嵌到"1+3"权责表中。

重要事项决策流程如下。经营管理方面事项，一般由董事会或总经理决定，涉及国家宏观调控、国家发展战略、国家安全等重大经营事项，应当经党组研究讨论形成明确意见后由董事会或总经理做出决定；党组与董事会同时具有审议权的事项，需先经党组会审议后再报董事会审议；一般情况下治理主体在各自权限范围内决策，遇有特殊或紧急情况，上级决策主体可根据需要决策下级主体的决策事项，各级决策主体应形成会议纪要、记录、决议等,并建立相关资料档案备查。

授权管理的规定如下。中国电科根据授权管理中的重要性原则、适度原则、权责对等原则和级差授权原则对授权人、被授权人和授权事项进行了详细的规定。

第一,授权人可根据需要对授权事项及权限进行调整,并有权对被授权人的决策过程及执行情况进行监督。

第二,被授权人应按照相应工作规则和有关管理制度行使被授予的职权,并定期向授权人报告决策事项结果。被授权人在行使职权时,不得变更或者超越授权范围。

第三,原则上,预算(计划)内事项由董事会决策,在董事会、董事会特别委员会、董事长、总经理等进行权限划分;预算(计划)外事项"一事一议",需要调整到预算内才能决策;非主业项目不允许在预算(计划)外进行决策。

董事会决策限额以下的经济事项,由董事会分别授权董事特别委员会、董事长、总经理进行决策,其中"三重一大"事项须经过党组审议并形成明确意见。总经理通过召开总经理办公会等形式决定职权范围内事项,研究拟订拟提交党组会、董事会审议的事项。总经理可根据管理需要在职权范围内对副总经理、总会计师等经营班子成员及部门进行授权。

中国电科通过实施现代企业制度"1+3"权责体系,极大地提升了决策质量和执行效率。2016年10月到2019年11月底,中国电科共召开82次党组会,审议议题759项,其中党组前置审议涉及资金事项135项,投资总额达716亿元,引导资源投向关系国家战略布局和核心产业等领域,如网络信息体系建设、关键核心技术和重要元器件、新一代信息基础设施建设等,推动中国电科可持续健康发展。在国资委中央企业负责人经营业绩考核中,中国电科连续15年获得A级,连续5个任期获得"业绩优秀企业"。中国电科2018年实现营业收入2 203亿元,利润总额211亿元,2018年位列世界500强第370位。

案例(二)南车株洲所成功并购英、德两家高科技公司[①]

世纪之交,绝缘栅双极晶体管(IGBT)因为集高频率、高电压、大电流

[①] 该案例摘编自:全国企业管理现代化创新成果审定委员会. 国家级管理创新成果(2012)[M]. 北京:企业管理出版社,2012.

等优点于一身，在国际上掀起了电力电子技术的"第三次革命"。以 IGBT 为代表的第三代电力电子技术和装置日益广泛应用于能源、环境、装备制造业、交通运输、国防等众多的重要领域。基于全球降低 CO_2 排放量的影响，IGBT 将更加广泛地应用于可再生能源发电、智能配电与控制、分布式发电、电力牵引等领域，是构成节能技术和低碳经济的主要产品支撑，市场前景十分看好。由于进入门槛高，资源投入大，IGBT 技术长期以来都一直由国外少数几家知名公司所掌握。相比国外先进技术，中国至少落后 15 年，当时国内相关产品器件全部依赖进口。为此，大功率 IGBT 产业被中国列为"十一五"高技术产业发展规划和信息产业发展规划重点发展产业，国家对该产业的支持力度很大。

2006 年，南车株洲电力机车研究所（以下简称"株洲所"）是我国轨道交通牵引传动系统行业的技术领先企业，虽然成功研制出 IGCT 相关器件，但是在技术更加先进的 IGBT 设计和制造技术方面却是一片空白。面对欧美企业的技术封锁，很难在短短几年时间内自主研发掌握这一高端核心技术。

株洲所总经理李东林认为，中国企业要"走出去"，一定是全方位地"走出去"，不仅向世界各国推销我们的硬件产品，而且把中国制造先进的管理方式、生产经验、产品标准等"软实力"也"走出去"，形成"走出去"的系统解决方案，让"走出去"握指成拳；"走出去"也要"嵌进去"，大力实施本土化策略，积极融入"走出去"对象国，真正与当地各阶层打成一片，实现双方的共融共赢；"走出去"也要"请进来"，在全球化思维下，我们主动"走出去"可以更好地学习别人的长处，吸收全球智慧，把全球资源整合为我所用，强大自己[1]。

丹尼克斯公司是一家在多伦多上市、总部设在英国林肯的大功率半导体器件制造商，具有 50 多年研制开发经验，在技术与人才方面独具优势，产品广泛应用于机车牵引及辅助电源系统、工业电机驱动系统、高压直流输电系统以及再生能源设备等，主要面向欧洲市场。由于国际半导体市场不景气，丹尼克斯销售收入逐年下滑，再加上生产、管理等费用较高，公司出现了高达上千万欧元的严重亏损。资本投入能力不足，扩能技改压力大，潜力有限，该公司有出售资产和裁员的意愿。2008 年全球金融危机席卷全球，加元贬值，并购正当其时。

---

[1] 站在国际大佬的肩上前行——中车株洲所 8 年 5 次海外并购 [EB/OL]．(2016-09-23) [2020-08-28]．http：//hunan.voc.com.cn/article/201609/201609230809541704.html？mobile.

2008年10月31日，公司历时8个月投资1 672万加元，成功收购丹尼克斯75%的股权。为此公司组建了海外业务、技术、人力资源、财务、法律和证券方面部门专业团队，聘请了专业中介机构负责财务、税务、政策和法律等方面的专业调查与风险评估，超前思考了并购后的业务协调、议事机制、经营团队组建、技术交流、资源整合、文化融合等专项问题。

并购后，公司首先完成了丹尼克斯的芯片能力的提升和在株洲建设IGBT模块封装线，实现模块封装产能及技术提升；接着根据市场需求完成在株洲建设IGBT芯片生产线，从而实现从芯片到模块封装的全套能力。2010年5月，公司又开始全面整合株洲及林肯的研发资源，在林肯投资成立了半导体研发中心，承担公司中长期研发项目任务。这不仅大大激励了丹尼克斯研发团队的积极性，同时为中方员工共同参与技术全过程研发提供了良好的平台。2011年3月，公司对半导体海外营销资源进行整合，成立了半导体海外营销中心，总部同样设在英国林肯，下设欧洲、亚太及美洲三个区域，并明确了相应的管理职责，理顺了公司海外市场营销网络，开展了卓有成效的市场整合工作，包括借助丹尼克斯品牌优势，统一海外产品的品牌。对英国和中国两地的产品按照电压等级进行了产品制造的分工；梳理和调整了海外分销和代理渠道，对定价原则及内部交易价格进行了统一规范。

公司及时对丹尼克斯的公司治理架构和章程进行了重新评估和修订，明确了董事会和经营层的分工及议事规则。南车株洲所作为出资人和控股股东，在法人治理上通过派出董事来直接体现其战略意图和重大决策，并尽量减少对丹尼克斯日常经营工作的干预。明确工作接口关系，确定了财务管理、信息发布及日常经营信息沟通的基本流程，通过专人专管的形式，有效地保证了管理的差异化和独立性。由于丹尼克斯的本地文化和历史悠久，公司在尊重其现有文化的前提下，派出少量管理人员参与其经营层管理，充分信任并保持其原有管理团队的稳定；同时，还继续保留丹尼克斯原有国际品牌、管理和营销队伍，充分尊重丹尼克斯原有的企业文化、经营理念及方式方法，实现了丹尼克斯在并购后各项经营管理的平稳过渡，避免了并购案中常见的业务流失和人才流失。公司在尊重丹尼克斯文化的同时，丹尼克斯也在主动学习和理解中国文化和中国南车的企业文化。

历经多年的成长，中车株洲所旗下的时代新材已逐步成长为一家在轨道交通橡胶产品领域的优质企业。2003年，公司作出重大决策，从自主品牌减震产品着手，进军汽车产业。

一次偶然的机会，并购团队得知德国采埃孚集团有意调整战略结构、出售其橡胶与塑料业务（即"博戈"）的消息。作为全球领先的汽车动力传动系统和底盘系统等汽车关键零部件的供应商，采埃孚集团与大众、宝马、奔驰有着稳定、长期的战略合作关系。时代新材火速成立"香槟"并购项目组，一系列计划层层铺开。

中国公司并购博戈的消息一传出，在德国引起了强烈的震动，博戈工会"煽动"采埃孚集团超过两万人签名一起抵制并购，当地媒体更是对并购穷尽贬损之词。

时代新材并购团队没有退缩。他们主动"走出去"，与目标公司团队、外媒坦诚互动。在时任中国南车副总裁傅建国的带领下，项目团队赶赴德国，在当地召开新闻发布会，向采埃孚、博戈的管理团队、当地媒体坦诚地沟通、耐心解释。

"随着工作的深入，我们都能明显感觉到外籍员工、国外媒体的负面情绪在不断消散，取而代之是默认、接受、认可直到欢迎。"时代新材分党委书记、副总经理刘建勋介绍，当地富有影响力的媒体一反以往的消极态度，认为时代新材并购将"给员工和该地区带来希望"。

2014年9月，时代新材斥资24亿元人民币成功并购博戈。"我认为如果没有这次并购，我们也许花20年，甚至是30年，也达不到现在的发展规模。"时代新材总经理杨军说。

目前中车株洲所直接掌管了10家境外子公司，拥有4个海外研发中心，产业版图覆盖全球8个国家和地区，海外销售收入从2011年的不到6亿元，增长到2015年的超过60亿元，复合增长率达80%。

案例（三）平台型企业成长的烦恼[①]

随着互联网技术的普及应用，平台型组织逐渐发展，已成为企业的一种新业态。例如，以淘宝、京东为代表的电商平台，以百度、知乎为代表的提供信息和知识服务平台，以滴滴出行为代表的出行约车平台。

以整合为发展战略的平台型企业似乎已经度过了黄金发展期，当前正面临一系列"成长的烦恼"。

---

① 黄津孚、闫笑飞、张小红根据公开资料整理编写，包括但不限于：平台型公司的挑战和未来[EB/OL]．(2020-01-10) [2020-05-20]．tps：//www.jianshu.com/p/43028c7f2645；外卖平台和餐饮企业的矛盾激化？佣金是罪魁祸首 [EB/OL]．(2020-04-19) [2020-06-20]．https://finance.sina.com.cn/stock/relnews/hk/2020-04-19/doc-iirczymi7112949.shtml；ofo还有救吗？[EB/OL]．(2018-11-22) [2020-08-20]．http：//www.ftchinese.com/story/001080090?archive#adchannelID=1508.

1. ofo 商业模式的破产

当共享单车初创公司 ofo 于 2015 年在北京成立时,它似乎拥有一切有利条件:绝妙的想法、现金储备以及政府人脉。

ofo 小黄车希望人们能够拥有廉价、便捷和友好的交通工具。ofo 从阿里巴巴等投资者手中至少筹集了 22 亿美元的资金。在扩张的巅峰时期,ofo 的市场估值与竞争对手摩拜单车相当。截至 2017 年底,两者占据超过 90% 的国内市场,主导着这个快速增长的市场。ofo 在中国各个城市的街道上投放了 1 000 万辆单车,在 19 个境外国家,如美国、以色列、欧洲和印度开设了办事处,在全球投放了大约 1 500 万辆单车。

ofo 遵循了中国共享单车初创企业普遍采用的商业模式,即筹集大量融资、消费者享受补贴、主宰市场、最终提高价格来实现盈利。ofo 采用了全球最大石化公司巴斯夫设计的双层车胎,让车更好骑也更耐骑。ofo 在马路上增加单车供应密度,巅峰时期,ofo 在伦敦拥有 3 000 辆小黄车。让用户不论何时何地,只要有需求,都能在身边找到安全的车。ofo 确实为消费者已经做得足够好。

然而,ofo 的商业模式未能持续很久。ofo 的模仿者大量涌现。竞争对手很容易复制其商业模式:找自行车制造商,给一个规格说明,然后买入自行车,花钱找人把自行车投放到城市的各个地点,发布一款应用程序。类似的共享单车服务接连不断地诞生,到 2017 年底,中国共有 77 家共享单车公司。ofo 小黄车、橙色摩拜以及其他白色、绿色与红色共享单车如雨后春笋般涌现,大街小巷成了五颜六色的单车海洋。

故意破坏和顾客私藏单车的行为让 ofo 难以应付,仅 2017 年 7 月伦敦就有高达 10% 的单车损坏或被盗。ofo 单车没有跟踪器,单车离开允许停放的区域之外无法找到并收回它们,运营团队常需花费数小时去寻找被带走的单车。他们也尝试通过采取罚款等各种措施来解决这个问题。ofo 也缺乏与当地社区沟通以确定停放单车的地点。ofo 的全球扩张产生了不可持续的亏损,由于低价策略以及低估严重的故意破坏和其他折旧成本,ofo 将自己置于危险境地。

仅 4 年之后,这家共享单车初创企业就沦落到空无一人,用于研发的设备堆在办公室的角落,布满灰尘;供应商要求付款的电话响个不停,政府官员要求清理堆积如山的单车"墓地",不再抱幻想的顾客在网上排队要求退还押金……包括阿里巴巴在内的知名投资者,正进行着资产减记,ofo 创始人戴威申请让 ofo 破产,公司许多员工指望被国企接盘……

ofo 的死亡过程无疑是痛苦的。截至 2018 年 5 月，ofo 有 12 000 名员工。当年 7 月，ofo 将其美国业务转入"休眠模式"，裁减了 70%的工作岗位；略低于伦敦 ofo 裁减 90%的幅度。

ofo 死了，尽管摩拜还活着，但也给母公司美团带来了巨亏。美团现已将这种橙色自行车更名为"美团单车"。就在数百万用户在网上排队退还 99 元人民币（合 14 美元）押金之际，一种新型的两轮电动车在世界各地的城市街道上亮相。制造这些东西不太难，它们是否会面临与 ofo 共享单车类似的命运，我们拭目以待。

2. 电商平台与消费者、商户的关系

315 投诉平台 2019 年第三季度共采集电商行业（包括综合电商、社交电商、行业电商、二手电商、团购外卖、其他电商）消费投诉 38 683 例。其中，综合电商行业消费投诉 13 965 例，占电商行业总投诉量的 36.10%。按照投诉性质，包括商品质量问题、服务问题、虚假宣传、合同问题、价格问题、售假、安全问题、其他问题八个大类。

淘宝作为第三方平台，其提供的评价机制本意是让消费者更好地了解卖家店铺宝贝真实客观情况，从而降低购物风险、减少纠纷。但不少卖家为了一个好评，养成了开口就是"亲"的职业病，不惜花成本给买家送小礼品、返现，希望买家删除差评。作为消费者，随着网购的普及和购物水平能力的不断提升，他们在购物时非常看重卖家店铺的信誉等级和"宝贝"的好评及差评，因为这些因素的好坏都会影响着自己是否下单。消费者对所购买的商品发表评论本是很正常的事情，无论是好评还是差评，都是消费者在行使自己的权利。但是一些商户通过收买职业"评价手"，进行虚假购物和评价，让消费者逐步失去对平台评价信息的信任。

拼多多在消费者手机中狂轰滥炸式的拉客广告，已让许多粉丝们极为不"爽"，他们感觉这家平台企业特别的"不实在"，为了得到几元十几元的优惠，顾客需要花费许多时间帮其拉客，而买到的东西常常与期望值相差甚远。

所有大平台公司面临的挑战是：如何利用现有业务的优势和既有数据的优势来寻找下一个增长？因而，他们极力要求客户提供尽可能多的私人信息。早期的数据采集环境相对宽松，获取用户和数据的成本也比较低，但随着数据的利用效率不断上升，其所暴露出来的隐私泄露、信息安全、数据鸿沟等一系列伦理问题使得数据的成本也在不断上升。对客户信息的强制提供要求及滥用现象日益泛滥。

平台企业与商户的关系似乎也趋向紧张。此前，广东省餐饮协会向美团

"发难",声称平台佣金让餐饮企业苦不堪言。之前,餐饮业希望通过外卖来拓宽自己的"销售"渠道,也确实通过流量的增长带来了营业额的增加,但是餐饮老板们事后算账,却发现利润不增反降——虽然多卖出了食品,但是没有获得相应的收益,这其中的一部分利润就是被外卖平台掠夺走了。这也是近日关于餐饮和外卖平台之间矛盾爆发的导火索。广东省餐饮服务行业协会在公众号上发布《广东餐饮行业致美团外卖联名交涉函》,指称美团外卖涉嫌垄断、高额佣金、不公平竞争等诸多问题,呼吁美团外卖取消垄断条款,减免高额佣金。

2018年7月23日,《财经》记者接到来自拼多多平台商户的爆料。商户称,因平台方操作失误导致促销活动过程出现纰漏,事发后拼多多平台不但没有妥善解决,反而将商户资金、店铺及关联店铺全部冻结,造成其中一名商户财产损失约31万元。

3. 平台企业与政府及社会公众的关系

平台企业与政府的关系长期梳理不清。例如,究竟谁应该对平台销售商品质量负监管责任?是商户、平台还是政府质量监督部门?大量P2P平台爆雷跑路,投资人在咒骂黑心老板的同时,质疑政府相关部门是否对金融平台资质实行了严格的评审。美国将淘宝网拉入黑名单。

据美国财富网站报道,美国贸易代表办公室(USTR)连续第二年将阿里巴巴旗下淘宝网列入黑名单,原因是怀疑这家购物平台销售假冒产品。阿里巴巴表示,此举未能反映过去一年该公司保护知识产权所做出的努力。美国贸易代表办公室称:"据报道,大量侵权产品仍在淘宝网上线并出售,利益相关者仍报告在该平台上维护自己知识产权面临挑战和承受较大负担。"阿里巴巴则辩称:"本公司已经采取措施,让利益相关者更容易保护自己的知识产权,这也导致淘宝网注册用户数过去一年增长了11%。……过去一年,本公司收到的有关让侵权产品下线的请求已减少了25%。"①

平台企业盈利与其应该承担的社会责任的关系往往也难以平衡。近年来,全球政府的审慎监管态度给互联网大平台公司带来了潜在的威胁。回想二十年前,微软曾通过捆绑浏览器和操作系统的方法击败了众多独立的浏览器服务商,一跃成为操作系统和办公软件行业的王者。但随之面临的便是监管机构对微软发起的漫长而浩大的审查,甚至威胁要将其拆分。几年来平台企业

---

① 涉嫌销售假冒产品 美国再次将淘宝网列入黑名单 [EB/OL]. (2018-01-13) [2020-08-20]. https://tech.163.com/18/0113/08/D811QDH700097U7R.html.

可能导致的垄断风险正在引起各国政府和监管机构的警惕，拆分巨头的言论不时见于媒体。一些人认为，大的平台型公司损害了小公司的利益，影响了经济的增长，甚至造成了经济的衰退。欧盟对美国的互联网公司多次因为反垄断和数据监管施加数十亿美元的罚款。

案例（四）南车北车合并引发垄断质疑[①]

2014年12月30日，南车北车发布重组公告称，在技术上采取中国南车吸收合并中国北车方式进行合并。合并双方拟定中文名称为中国中车股份有限公司，简称"中国中车"。

南车北车合并公告称，两公司合并后，新公司同时承继及承接中国南车与中国北车的全部资产、负债、业务、人员、合同、资质及其他一切权利与义务。公告还具体提到南车和北车A股、H股换股方式，并承诺"所有A股股东和H股股东获得公平对待"。合并后新公司的实际控制人仍为国资委。此外，公告还透露，新公司将进行人事整合，可能需要经历较长的过程，并表示，合并完成后新公司可以进一步完善产品组合，优化全球产业布局和资源配置，增强核心竞争力。

"中国最大的两家机车车辆制造商宣布合并"，美国彭博社30日以此为题发文称，中国南北车合并正值其竞争对手德国西门子和法国阿尔斯通面临发达国家公共开支缩减。中国目前正在积极竞争海外高铁项目，目标除了发达国家的高铁项目，还有非洲、东欧、拉美和东南亚等新兴市场。李克强总理在出访时多次大力推荐中国高铁，并且签署了一系列高铁大单。共同社30日评论称，南北车合并后将成为远远超过欧洲、加拿大大企业的全世界最大的铁路车辆制造商，进一步强化中国高铁车辆和轨道设备的出口攻势。文章称，此次合并由中国政府主导。"中国已经在国内主要城市建立高铁网络，积累了丰富的经验，未来将成为日本新干线出口的强敌。"英国《金融时报》此前报道称，南北车是世界上轨道车辆的最大制造商，每家公司的年销售额约160亿美元。

2014年12月30日，南车北车内部人士均对《环球时报》记者表示，一切以公告为准，不便透露更多信息。中国工程院院士王梦恕30日接受《环球时报》记者采访时表示，南车北车长期以来在国内国外市场内斗，损耗了大量资源。合并后，在高铁国际市场上，将没有国家可以与中国抗衡。对于南

[①] 南车北车合并引发垄断质疑 院士王梦恕回应 [N]. 环球时报, 2014-12-31.

车北车合并引发中国机车车辆制造形成垄断的质疑,中国工程院院士王梦恕30日告诉《环球时报》,南车北车合并只是总公司层面的合并,并不会影响到下面多个工厂的运作。轨道交通行业现在国内的工厂本来就吃不饱,不会出现垄断的局面。他表示,2000年南车和北车分开以后,南车和北车下属工厂都有成千上万的员工,企业领导有压力。两家企业不仅在国外内斗严重,在国内市场也斗,结果是两家企业都把很多时间和精力花在了跑关系和拿项目上,反而忽略了技术研发,违背了当初分开的初衷。例如,2011年1月土耳其机车项目招标,南车报价200多万美元,北车报价120万美元,后来南车又继续把价格压到更不可思议的位置,但订单最后给了一家韩国公司。王梦恕说道:"这样的例子太多了,南北车把大量的时间和精力都用在怎么投标上,根本没有心思做高精尖的研究,还滋生了许多招标腐败问题。"在国外,各国装备企业多为一家出面竞争,如德国方面多为西门子,加拿大则是庞巴迪,法国则是阿尔斯通。

中国企业内斗的情况不仅存在于轨道交通行业,矿业和建筑业等其他行业的中国企业之间也有这个情况。中国企业内斗,让其他国家企业渔翁得利。南北车合并也曾一度受到来自原铁道部或现在的中国铁路总公司的阻力。"铁总是南北车的最大客户,非常担心两家企业合并后会提升车辆的价格。"中国宏观经济信息网总编辑田云30日对《环球时报》表示,投资者和监管方要对合并后的南北车加强审核,特别是财务方面,避免出现国内民众为低于成本价的海外大单埋单的情况。

业内人士在接受北京商报记者采访时表示,两家企业合并涉及董事会、财务、企业文化、人员合二为一以及上百亿元市值换股问题,将是一个复杂且艰难的过程。"现在南北车有些业务是重合的,有些机车厂经营状况非常不好,合并之后,就会涉及分工发展的问题,一些经营不好的分公司可能面临撤销或被迫转行的命运。"王梦恕表示,两家企业合并所需要的时间可长可短,主要取决于推动者的决心和能力。

交通运输部管理干部学院教授张柱庭30日晚接受《环球时报》记者采访时称,南北车合并影响重大。此前,中国出口主要是农副产品、纺织品等,不是高技术含量的产品,而中国铁路走出去是高科技含量的产品,符合中国既定的战略目标。南北车合并后,在国际上,中国交通运输装备制造出口将拉动中国汽车和飞机制造等产业的出口,而在国内,合并将给国内轨道交通提供更多的产品和更好的技术。

韩国《首尔新闻》30日发文称,中国已经崛起为"高铁帝国",凭借在国内建设完成世界最长里程的高铁,中国正在加快进军世界高铁市场。高铁现在已经成为中国国家主席习近平提出的"丝绸之路经济带"的重要组成部分,也与中国的"世界战略"息息相关。文章称,随着中国通过高铁与全世界紧密相连,中国在全球的影响力也将提升。

第13章 控制原理

一、教学目标、理论概要、思考与讨论

（一）教学目标

1. 理解管理控制机制并能够用于解释控制失效的原因。
2. 掌握企业管理控制的任务和要求。
3. 准确理解风险的概念及风险的来源，掌握全面风险管理内控体系的建设思路。
4. 了解我国企业管理控制的现状、面临的挑战及新鲜经验。

（二）理论概要

控制就是引导一个动态系统达成预定状态。管理控制是按照既定目标和标准，对组织活动进行监督测量，发现偏差并分析原因，采取措施使其符合既定要求的过程。管理控制要符合有利于计划目标的实现，使偏差以及控制成本限定在允许范围内；控制要求具有系统性（投入—转换—产出全要素全过程）、及时性、适度性，采用事前事中事后相结合、专业机构和主管相结合，并鼓励自我控制。管理的关键要素是高效的控制机构、完善的控制制度和有力的控制手段（包括技术、经济、行政、法律以及文化手段）（见图13-1）。

（三）思考与讨论

1. 企业经营管理控制包括哪些内容？请对全面质量管理（TQC）与六西格玛管理体系进行分析比较。

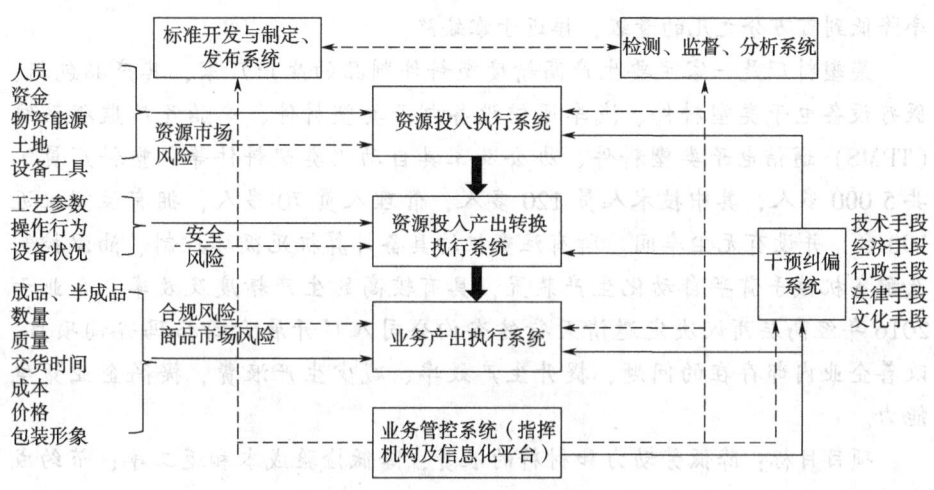

图 13-1 管理控制机制模型

2. 对大亚湾核电站的安全风险管理控制体系进行讲评。

3. 在全球化背景下，你对中国企业走出去的合规性风险有何看法？如何防控合规性风险？

4. 10 年前的台塑经验还有现实意义吗？遇到了哪些挑战？作为家族企业，王永庆创立的经营原则能否继承？

5. 结合我国报道的豆腐渣工程，分析本章提到的网红奶茶质量问题的根源并设计标本兼治的策略。

6. 试对 GD 股权全国煤炭交易中心 FOT 私募股权投资基金的风险进行分析评估。

二、精读文选

文选（一）某塑料厂实施六西格玛管理的应用[①]

六西格玛（Six Sigma，6 Sigma），是一个质量管理体系，由摩托罗拉公司于 1986 年提出，以后推广到世界各国。该体系强调制定极高的目标以及数据收集及分析系统，同时采取系统改善策略以减少产品和服务的缺陷，使差错

---

① 转引自：六西格玛管理在某塑料厂的应用 [EB/OL]．（2017-10-16）[2020-08-20]．https://www.lxgmgl.com/anlifenxiang/69.html.

率降低到百万分之几的量级，接近于零缺陷。

某塑料厂是一家主要生产高精度塑料件制品的生产厂家，其产品包括：医疗设备电子类塑料件、汽车通信设备电子类塑料件、车胎气压监视系统（TPMS）通信电子类塑料件、办公及家具自动化类塑料件等。塑料厂员工共5 000多人，其中技术人员120多人，管理人员70多人，拥有注塑机近100台，并设有无尘车间。所有注塑机均具备计算机死循环控制、油温控制及配备机械手臂半自动化生产装置，具有较高的生产精度及效率。企业于2016年经高层商议决定邀请天行健咨询公司入厂开展六西格玛咨询项目，改善企业内部存在的问题，提升生产效率、减少生产浪费，提高企业竞争能力。

项目目标：降低劳动力和材料的浪费；降低检验成本和返工率；节约成本100万元。

项目实施过程如下。

1. 注塑成型机对注塑成型参数影响的评估

公司于2016年9月开发一个新产品#126底面壳。工程部（PIE）工程师根据机床型号、模具结构、产品结构和自己的亲自实践操作制定了注塑工艺成型参数。为探讨不同的注塑机对注塑成型参数是否存在矛盾从而影响产品质量，他们采用6 Sigma应用工具中的方差分析法对生产情况进行研究、分析。

（1）数据收集：生产部根据计划分别进行试产并统计数据。

（2）数据分析：采用案例研究分析中的方差分析法对数据进行处理。

（3）方差分析表综合计算结果见表13-1。由 $F=2.15<2.35$ 可得出结论，注塑机机台对产品的注塑工艺参数无显著影响，即认为注塑机机台对产品质量无影响。

表13-1 方差分析表

方差来源	平方和 S	自由度 f	S 均方和	F 值	显著性
不同注塑机	44 360.7	3	14 786.9	2.15	无显著影响
误差 e	151 350.8	22	6 879.59		
总和	195 711.5	25			

2. 注塑机生产能力研究

品质部在现场通过收集资料，对生产线进行抽检并统计不良项目的资料，弄清尺寸超差和外观缺陷等不良项目的数量。通过计算出对比度及方差，根据 S 计算出总的影响，列出方差表进行原因分析，提出了改善措施，包括：

（1）完善作业流程。

（2）针对缺陷产生原因进行改善。例如：尺寸超差的原因主要是因为产品结构不合理最终引起模具结构设计不合理而产生毛边，并因毛边未去除干净致使工件尺寸产生超差。因此，短期内的有效措施是培训工人提高去除毛边的技巧，如制定毛边去除加工作业专用指导书，并对员工进行技能培训；长期措施是与客户讨论协商修改产品结构，加长水口位，以避开人为加工造成工件损伤或毛边不能去除干净；工模部依据产品结构再修改模具结构。

3. 采取系统管理策略

6 Sigma 项目在一个公司的实施不是一蹴而就的，它需要该公司做好文化、组织、人力资源、操作技能、信息系统等一系列准备，需要长期努力才能收到预期的成果。推行 6 Sigma 主要策略包括如下内容：培训高层人员和 6 Sigma 执行人员、召开动员会、成立 6 Sigma 推行委员会、出台 6 Sigma 推行目标、摸底各层次员工品质统计知识、出台培训计划、SPC（统计过程控制）培训、员工 6 Sigma 知识培训、建立品质改善团队、分析现状、确定并测量关键过程、分析关键过程、导入品质信息系统、推行 S 代统计过程控制、品质成本计算、确立改善目标、优化关键过程、控制关键过程等。

经过一年多努力推行，公司的品质成本投入由原来的 30.10% 下降到 8.6%，比上一年节约成本 883 600 元；劳动力和材料浪费比上年下降了 8 358.46 元；检验成本降低了 21.5%，一次返工率减少了 36%；公司每年节约成本约 1 678 600 元；改善前不良总数为 1 309，不良总数减少至 135，纠错率达到了 90% 左右。在积极推行实施 6 Sigma 质量管理体系后，企业于 2016 年 11 月 15 日荣获某省市年度"工业品质量奖"。

文选（二）跨国经营中外企业合规性管理的经验和教训[①]

企业在从事商品和服务出口贸易的过程中，可能会受到来自出口国、进

---

① 参见：中外跨国企业的合规经验与教训［EB/OL］．（2019-11-23）［2020-10-20］．https：//www.sohu.com/a/355590944_571013．

口国的多重法律规制审查，这就要求企业强化合规意识，加强自身的出口合规制度建设，促进我国企业"走出去"战略的稳健发展。北京新世纪跨国公司研究所研究咨询部主任、中国国际贸易促进会全国企业合规委员会专家委员会专家丁继华选取了有名的中外企业合规经营的正面与负面案例进行分析，为中国企业跨国经营提供了有益的经验和教训。

1. 外国公司不合规被处罚的经典案例

（1）西门子贿赂门事件开启全球企业强化合规经营的新里程。这是一起因西门子违反美国反海外腐败法（FCPA）被罚的典型案例。为了在全球获得业务，西门子通过授权第三方向政府官员行贿，从而触犯了美国 FCPA 所具有的"长臂管辖权"。FCPA 规定，禁止以支付、提供、承诺支付或授权第三方支付或提供金钱或任何有价值的事物的方式，向外国政府官员行贿以取得或者保留某种业务的行为。2008年12月，德国西门子公司与美国、德国两地主管部门达成庭外和解，了结了困扰西门子公司两年多的贿赂调查案。西门子公司为此向美国、德国当局分别支付了8亿美元，罚金总额创下了历史纪录。西门子公司监事会主席（相当于我国企业董事长）为首的20余名高级管理人员被解除职务，有的还被追究刑事责任。西门子受罚后，持续实施有效的合规管控措施，包括展现坚决的领导层决心、投入资源加强合规组织与制度建设、开展有效的合规培训等，成功摘去了"实质性内部控制缺陷"的标签，避免了其失去美国国内公共项目投标商资格的后果。西门子建立并且实施了全面系统而且有效的合规体系，成为全球合规体系建设的样板。

（2）BP因安全生产合规失灵导致墨西哥湾漏油事件受起诉。2010年4月20日，位于墨西哥湾的"深水地平线"钻井平台发生爆炸并引发大火，并于大约36小时后沉入墨西哥湾，11名工作人员死亡，漏油持续了近3个月。美国墨西哥湾原油泄漏事件引起了国际社会的高度关注，时任美国总统奥巴马将此事件称为"环保界的'9·11'事件"。2011年1月11日，美国负责调查此事件的总统委员会公布了最终调查报告，明确指出导致事件发生的关键原因是英国石油公司管理不力和对突发事件缺乏有效反应。可以确认的是，在事故相关钻井平台的施工中，为了赶工程进度，采取了不当的操作程序，减少了一些安全管理措施，并压缩了安全控制设备的成本。2015年，英国石油公司（BP）与美国濒临墨西哥湾的五个州达成187亿美元的和解协议，以有效终结该事故引发的多年索赔诉讼。这起典型的安全生产合规失灵导致的严重事件发生后，英国石油公司一度被禁止从美国政府部门获得任何合同，直至该公司与美国国家环境保护局达成协议提高安全性、运营、道德和公司治理等方面的要求。

（3）大众汽车因环境保护不合规发生尾气门事件。自2008年以来，德国大众汽车集团在美国销售的约48.2万辆柴油车内安装非法软件，该软件能识别出汽车是否在接受美国政府的尾气排放检测，如果发现汽车在接受检测，就会启动汽车的全部排放控制系统，使汽车尾气排放达标。但该系统在日常使用时不会启动，导致汽车日常的氮氧化物排放量最高可至法定标准的40倍，从而违反了美国《清洁空气法》。2017年，大众汽车向美国底特律的联邦法庭正式认罪，承认在柴油车排放问题上造假，将对美国国内针对公司的民事和刑事诉讼另行支付总额43亿美元的罚款（其中，28亿美元刑事罚款，15亿美元民事罚款）。根据大众汽车与美国当局达成的理赔协议，针对违规柴油车总计需赔偿车主、经销商、美国各州逾175亿美元，大众汽车在美因尾气门直接导致的损失金额高达218亿美元。

（4）葛兰素史克在华行贿被中国警方处罚。2013年7月，国家公安部对葛兰素史克（中国）投资有限公司（英文简称为GSK）部分高管涉嫌严重经济犯罪依法立案侦查。GSK的企业运营总经理等部分高管通过旅行社用虚增会议规模等手段进行套现，旅行社按照不成文的默契协议向部分高管通过支付现金等方式行贿。除了高管使用一定的费用，销售人员还通过虚开和虚构会议的方式套现，用以行贿政府官员、专家和医生等。调查发现，GSK有较完整的合规管理体系，但管理层为了追求业绩，没有制止甚至参与了商业腐败，导致该公司合规管理体系出现了系统性的坍塌。GSK被判处罚金人民币30亿元，这是迄今为止中国因企业商业腐败开出的最大罚单，GSK中国高管等被告人被判处有期徒刑2到3年。

（5）高通公司因垄断不合规被处罚。反垄断是各国合规管理的重点领域，企业在开展全球化经营时，面临来自全球反垄断机构的监管。自2005年起至2018年，高通公司因对过期的标准必要专利收取许可费，将标准必要专利和非标准必要专利搭售许可、排他性交易等滥用市场支配地位行为遭到各国（地区）执法机构的反垄断诉讼和调查。其中，欧盟、中国和韩国执法机构分别对其罚款9.97亿欧元、60.88亿元人民币和2.08亿美元。高通公司遭各国（地区）执法机构的反垄断诉讼和调查是一起典型反垄断合规案例。类似案例还有谷歌被欧盟反垄断调查被课以欧盟反垄断有史以来最高额罚款（24.2亿欧元）。

（6）在华外资企业因违规被美国处罚。摩根大通在亚洲的投资银行建立了一套客户推荐雇佣程序，绕开公司正常的雇佣程序，为由高管客户和有影响力的政府官员推荐的应聘者提供高薪及有发展前景的职位。在长达7年时间里，按照政府官员的授意，该公司雇用了约100名实习生和全职人员，让公司赢得或保持生意机会，为该行带来了超过1亿美元的收入。2016年，摩根大通因企业劳工雇佣不合规，违反美国反海外腐败法（FCPA），与美国证券交易委员会（SEC）达成和解。摩根大通公司愿意支付总计2.64亿美元罚款，以与其和解亚洲"雇佣门"事件相关的指控。

在全球范围内，中国是企业商业腐败的重灾区。从2002年以来，美国依据FCPA处罚了124家公司，其中有44家在中国涉案，超过了涉案公司总数的1/3。2014年到2017年，被美国处罚的在华外资企业有20家。

2. 中国企业"走出去"不合规案例

近年来，一批"走出去"的中国企业因为不合规，受到国外机构处罚，损失惨重，教训深刻。

（1）中国银行因反洗钱管理不合规在意大利被罚。反洗钱合规是企业合规管理，特别是金融企业合规管理的重点领域。中国银行、中国工商银行、中国农业银行、中国建设银行等中资银行都因违反国外反洗钱规定而被罚。例如，中国银行于2017年2月17日同意支付60万欧元的罚金，就该行米兰分行的洗钱案达成庭外和解。意大利佛罗伦萨检方宣称，在2006年到2010年间，住在佛罗伦萨和普拉托的297名中国人洗钱超过45亿欧元（相当于47.8亿美元），这些非法所得款项来自逃税、卖淫、剥削非法劳工及处理假货。法庭还要求中国银行交还98万欧元的非法所得。同时，4名员工因没有将涉案的非法资金周转向上汇报，并掩盖了资金的来源和目的流向，涉洗钱罪获刑2年，缓期执行。

（2）中国海外公司因投标腐败不合规被列入世界银行黑名单。世界银行规定，企业在参与世界银行项目时，如果违反世界银行的采购指南，参与投标的公司或者个人就会被该银行列入黑名单，禁止在一定的时间内参与该银行的项目。截至2018年5月17日，有76家中国企业被世行列入黑名单中。比如，正太集团及其20家附属公司因违反采购指南条款于2017年4月被列入世行黑名单，制裁期为15个月。调查显示，正太集团在中国安徽基础设施工业安置建设项目中，为了满足投标要求，提交虚假合同（包含虚假工期、虚假合同金额），世行在评标阶段取消了正太集团投标资格。又如，2015年5月29日，世行宣布禁止中国葛洲坝集团若干子公司参与世界银行拨款项目，禁令期限不等。上述公司在独立投标相关项目时，违反了世界银行关于禁止同一集团旗下多家实体重复投标同一项目的投标规定。被世界银行列入其黑名单后，其他国际银行或者企业可以通过信息共享和检索查到企业的违规历史，导致企业在涉外信贷与合作中受到限制，不仅对企业的当期经营业绩产生重要影响，还会对企业的信用、声誉带来不良影响，从而影响企业的长期绩效。

3. 中国企业"走出去"重视合规的案例

目前，已有越来越多的走向世界的中国企业建立了企业合规管理体系，防范海外经营的合规风险，同时成为维护企业合法利益的利器，促进了海外业务持续稳健发展。

(1) 吉利公司把合规作为基础设施。著名的民营企业吉利公司通过一系列跨国并购迅速成长为源于中国的跨国公司。2014年吉利公司开始培育合规文化。公司从识别和评估企业存在的合规风险入手，建立合规制度体系，完善合规运行机制。强化合规文化为实现企业构建全球型企业文化的目标奠定了基础，也为吉利软实力提升创造了条件。吉利公司董事长李书福多次强调，合规承载着企业的梦想，吉利搞合规是发自内心的，相当于是在搞基础设施。2018年，吉利集团斥资90亿美元入股德国企业戴姆勒。在入股之后，德国总理默克尔公开表示，中国企业吉利收购戴姆勒股份目前看来不存在违规行为。

(2) 中海油积极引导海外员工合规从业。2013年，中海油因海外公司在从业过程中发现存在合规风险，向总公司提出了境外从业合规管理的需求。随后由总公司牵头，中海油制定了境外机构及员工行为准则，针对海外合规重点领域编制了海外反贿赂合规工作指引、海外资产管理办法、利益冲突管理办法等。近年来，中海油把安全合规运营作为海外立足之本，遵守业务所在国家和地区的法律法规，在深度融入全球化的进程中，尽力为利益相关方创造最大价值，带动当地经济发展。

(3) 中国交建集团从"违规操作"到"合规经营"。中国交建集团中国路桥公司曾在2009年因违反世行欺诈和腐败政策被世行列入黑名单，制裁期长达8年之久。意识到海外合规经营的重要性，中交建（中国路桥的母公司）于2011年左右在对公司海外业务进行深入研究的同时，还研究国家相关法律法规、世界银行合规要求、国际合规惯例以及国际最佳实践。针对采购、投标、合同、付款、捐赠与赞助、业务招待、员工行为和第三方管理共八大高风险领域的管理现状与最佳实践进行对标，找出了合规管理的薄弱环节，参照最佳实践提出了改进方向。同时，公司制定了《海外业务合规管理办法》，通过完善的组织机构和制度体系作为开展合规管理的重要前提和基础,形成全员参与、职责清晰、全程监督的合规管理格局,帮助企业增强合规风险管控能力。

2010年,总造价达1.7亿欧元、含跨多瑙河1 500米塞尔维亚泽蒙大桥及其附属21公里的连接线项目由中交建集团下的中国路桥公司负责设计、施工。中国路桥在项目开发、实施各个阶段都严格坚持合规经营。具体做法包括:在当地采购环节严格按照驻外机构当地采购招标限额、招标流程实施,保证了采购环节的透明、公正、公平;在合同合规管理环节,通过采用塞尔维亚当地英文版合同标准范本,有效规避了合同风险;在捐赠环节,按照捐赠与赞助合规管理规定,与受赠人签署了捐赠协议,严格履行了审批流程和审核手续,并按规定向受赠人收取了合法、有效的收款凭证。规范的做法获得了相关国际组织的认可。

文选(三) 大亚湾核电站的安全保障体系[①]

大亚湾核电运营管理有限责任公司是我国核电行业第一个专业化的运营管理公司,注册资本一亿元人民币,由广东核电合营有限公司和岭澳核电有限公司各出资50%共同设立,隶属于中国广东核电集团有限公司,其经营范围主要是营运管理大亚湾地区的核电站及其他电力、环保设施业务;拥有4台百万千瓦级的核电机组,年发电能力近300亿千瓦·时。从1994年大亚湾核电站投入商业运行到现在大型核电新项目的相继开工,20多年来,大亚湾核电站始终把安全放在第一位,坚持科学管理准则,建立了从管理体制、作业流程、技术应用、企业文化到人员培训等的纵深安全管理体系(见图13-2),在2004年法国电力公司组织的4国66台同类核电机组安全挑战赛中,大亚湾核电运营公司荣获了参赛的"核安全""辐射防护""工业安全"三项第一名。安全体系保障了持续稳定的电站运行,到2004年底,公司所属两电站四台机组累计实现上网电量1 720.71亿千瓦·时,其中向香港输送951.98亿千瓦·时,创造产值逾860亿元人民币,为粤港地区经济和社会发展做出了重要贡献。

---

① 笔者根据大亚湾核电运营管理有限责任公司2005年7月提供的管理创新成果《以社会使命为导向的核电企业纵深安全管理》材料整理编写。

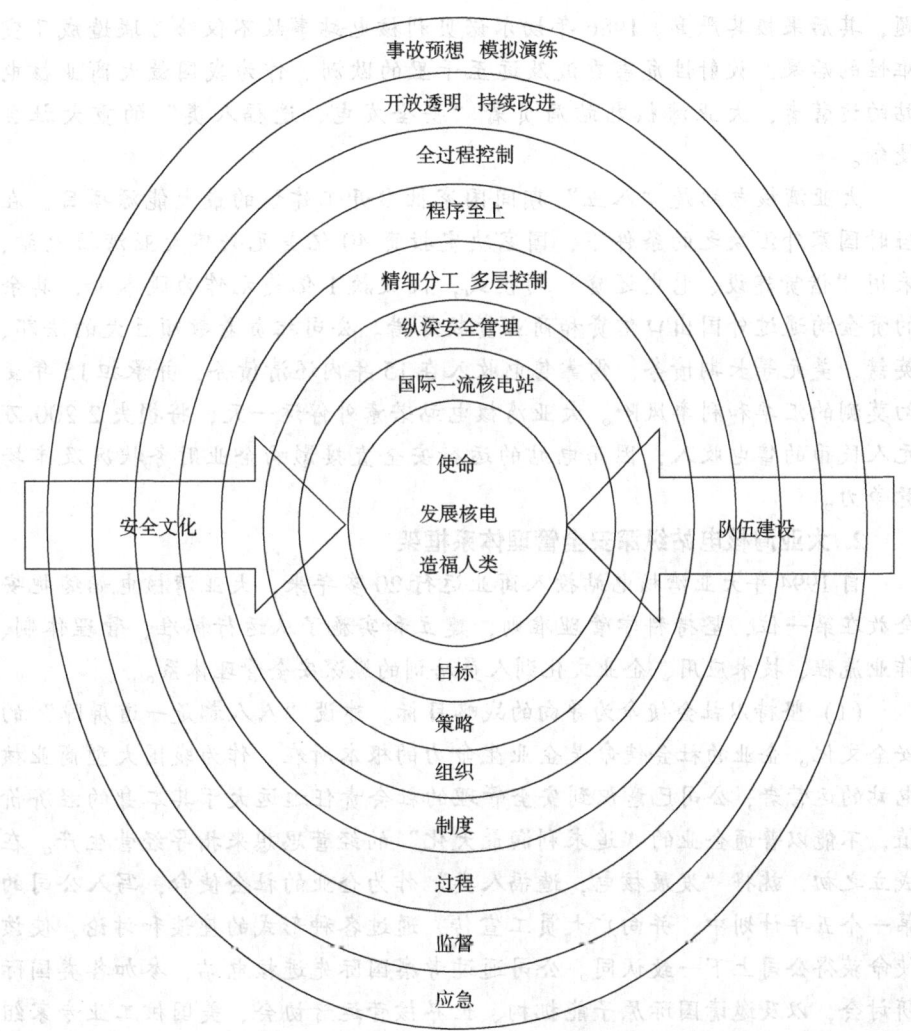

图 13-2　大亚湾核电站纵深安全管理体系

1. 建设纵深安全管理体系的背景

核电是一种安全、经济、清洁、高效的能源，建设核电站可以大量减少燃煤、燃油消耗，既可满足经济社会发展对电力的需求，又可大量减少电力生产的污染物排放，具有突出的环境效益，已成为目前世界上仅次于火电的第二大能源。建设核电是实现能源、经济和环境协调发展的有效途径，对实施可持续发展战略具有重要的现实意义。但是，核电站是一种民用核设施，在其电力生产过程中存在潜在的放射性风险。核电站一旦出现安全问题，其后果极其严重。1986年切尔诺贝利核电站事故不仅给苏联造成了灾难性的后果，放射性危害更波及远至千里的欧洲。作为我国最大商业核电站的运营者，大亚湾核电站肩负着"安全发电、造福人类"的重大社会使命。

大亚湾核电站是"八五"期间国家批准开工建设的最大能源项目，在当时国家外汇缺乏的条件下，国家决定投资40亿美元兴建大亚湾核电站，采用"借贷建设、售电还贷"的模式，仅拨款1亿美元作为股本金，其余的资金均通过外国出口信贷和商业贷款筹措。公司担负着数额巨大的法郎、英镑、美元等长期债务，需靠售电收入在15年内还清债务，并承担15年变幻莫测的汇率和利率风险。大亚湾核电站若意外停运一天，将损失2 200万元人民币的售电收入，因而电站的运行安全直接影响企业财务状况及市场竞争力。

2. 大亚湾核电站纵深安全管理体系框架

自1994年大亚湾核电站投入商业运行20多年来，大亚湾核电始终把安全放在第一位，坚持科学管理准则，建立和实施了从运行标准、管理体制、作业流程、技术应用、企业文化到人员培训的纵深安全管理体系。

（1）坚持以社会使命为导向的战略目标。建设"人人都是一道屏障"的安全文化。企业的社会使命是企业生命力的根本所在。作为我国大型商业核电站的运营者，公司已意识到安全管理的社会责任远远大于其本身的经济价值，不能以普通企业的"追求利润最大化"的经营思想来指导经营生产。在成立之初，就将"发展核电，造福人类"作为企业的社会使命，写入公司的第一个五年计划中，并向广大员工宣传，通过各种形式的座谈和讨论，使该使命获得公司上下一致认同。公司通过考察国际先进核电站、参加各类国际研讨会，以及邀请国际原子能机构、世界核营运者协会、美国核工业专家组等国际组织及同行，对照国际一流标准，对电站安全管理进行评估，找出安全管理的优势和劣势。在此基础上，公司提出了建设在世界同类核电站中具有市场竞争能力、风险抵御能力和持续进步能力的先进核电企业，创国际一流核电站的战略目标。

核电站的安全运行要依靠科学严密的规章制度、组织体系，特别是每一个员工的自觉合规的行为保证。为此大亚湾核电站通过实施"授权上岗，全员培训，终身教育"、严格的技能考核与安全业绩挂钩的激励制度、持续的安全文化教育与经常性的模拟演练，着力培养全体员工遵章守纪的自觉性和良好的工作习惯，在整个核电站内营造"人人都是一道安全屏障"的文化氛围。

(2) 采用国际先进核电站的安全标准，建立以安全业绩为中心的质量保证体系。核电产业是一个全球化的产业，并受国际原子能机构监管。核电企业安全管理遵循最严格的国际标准，包括对社会及公众的最优先的安全承诺、核电站无不可控放射性物质排放、核电站能力因子要达85%以上等，在国际公认的9项核电站综合安全业绩指标中至少要有5项超过世界中间水平，达到或接近世界先进水平的运行业绩并在国内具有示范带动作用。这就要求综合运用现代科学和管理技术成果，按照深层次、系统化、标准化、精细化、全员参与的要求，控制影响安全生产水平的全过程和各因素，设置多级安全授权，形成相互独立又相互补充的安全管理组织屏障，建立具有纵深防御特点的内部安全监督组织体系，从而达到整体提高公司安全业绩的目的。

公司根据国际原子能机构质量保证法规的要求，制定了质量保证大纲，明确规定了公司质量保证活动所涉及的领域和原则性要求，要求相应的管理部门及全体员工都应该承担各自的质量责任，并创造一种质量文化的氛围，激励员工报告和消除不利于质量管理的异常。

公司专门设立了独立的监督部门——安全质保部，由该部门来监督和检查整个组织管理措施执行的有效性。这个部门具有充分的组织独立性，并有权直接向总经理部报告，作为公司高级管理层的管理工具，具体负责的工作包括：对电站活动进行年度质保监察；对电站活动实施质保监督；对管理程序等质量文件进行质保审查；跟踪已发现的缺陷，以确保得到有效的纠正等。

公司采用三级验证方法：第一级验证包括工作人员自检、第二方验证、监护验证、独立验证和独立检查；第二级验证包括质保监督、经理和主管人员对工作活动的监督以及文件审查；第三级验证为质保部负责的质保监察，即通过对大纲的全面监察和评价以保证活动满足质保大纲的要求。

(3) 建立精细分工、多层控制的安全管理体制。依据公司的战略目标，结合电站的生产实际和安全要素，公司建立了以总经理为安全第一责任人，各部门主管及各方面专家组成的核安全评审委员会作为最高安全管理机构，从总经理、厂长、部门经理、基层管理人员、直到员工逐级指挥及安全授权体系。不同类型的安全生产作业管理必须由有相应级别安全授权的人员担任。

公司建立了安全生产风险控制中心，消除了一般多职能部门作业容易产生的相互推托、各自为政、无法实现全过程风险控制的管理弊端，最大限度地减少接口环节，实现了对整个核电站的生产指导、计划协调、安全监督和技术支持一体化管理，有利于现场作业整体的风险控制。工业安全工程师、辐射防护工程师、质保独立监察员、科技委独立评审员等组成安全监督层；各执行处、计划工程师、准备工程师、工作负责人、运行人员等负责安全执行。

在制度建设上，核电站遵循程序至上的原则，实现对安全运行的全过程控制。核电站自上而下建立一套完整的程序体系CQOM，从管理规程AD，到执行规程IP，再到具体的技术规程和维修、运行规程等，共3万余份。程序覆盖到核电站的每一个生产环节。与此同时，核电站大力培养员工的程序意识，要求每位员工严格按程序办事，做事之前先写好程序，按程序操作，按规定记录。

经验反馈是核电站提高安全水平的一项重要管理措施。公司建立了零障碍的安全异常事件报告和反馈系统。公司提倡"事件分析对事不对人"，鼓励员工在各自的工作中及时发现、报告和纠正缺陷（包括人因失误和设备故障），并协助他人及自身防止将来再次发生失误。与之配套，电站建立了完善的经验反馈制度，包括事件探测与报告制度、根本原因分析制度、纠正行动跟踪制度等；同时，充分利用电站内部计算机网络，实行电站内部信息发布和资源共享，营造公开、透明的管理氛围。

公司开发了内部安全事件经验反馈体系。每一位员工只要发现（或认为）存在任何安全异常事件，均可随时不受限制地在系统中填写异常事件单，发送给专业安全部门进行事件评价与跟进。电站制定评比考核奖励措施，鼓励员工发现和报告安全异常事件。

（4）通过先进科技手段确保安全。公司建立了标准化的安全生产流程，按国际标准将大型商业通用生产管理软件（MAXIMO）进行了二次开发，使其本地化，在风险管理、过程管理等功能模块上采用了大量适用于核电站的先进理念和方法，满足核电站生产管理复杂、安全性高的要求。公司将与所有与安全相关的业务流程纳入该系统，实行电子化管理。在此基础上，公司对所有的生产活动安全风险实行百分之百分析管理，进行风险筛选和梳理，参照标准风险分析单，根据风险大小将各类安全活动分为A、B、C三个等级。A类活动为有重大安全风险、有重大人身风险和直接引发机组停机停堆风险的生产活动。B类活动为一定安全风险，可间接引发机组停机停堆风险的生产活动。C类活动为无安全风险的生产活动。所有A、B

类活动均要求召开工前风险分析会，进行独立操作监护。安全风险分类制度确保了公司全面安全管理做到关键优先，使得管理资源能投向最关键的安全领域。

对于设备风险控制，公司建立了即时安全风险控制、中期安全风险控制和长期安全风险控制的全方位管理体系。根据国内外核电同行的统计数据，电站的安全事故有70%以上系人因失误所致，所以对人因风险的分析控制是电站风险控制的重中之重。

对于人因风险控制，主要在于预防人因差错所导致的安全风险控制。为此，公司制定了操作性非常强的运行、维修重要岗位的行为规范，并在上岗前进行严格的培训和情景演练，规范其工作行为，降低人因差错风险。对于重大的安全生产操作，实行专门的人因差错管理，采取自检（先停下，想清楚，再执行，后验证）标准操作步骤、双重监护制、工作前风险沟通会等管理措施。

（5）建立开放透明、持续改进的监督机制。公司的安全管理遵循冰山原理，重视对隐性的小安全事件探测与纠正。通过设立多个备用的专设安全系统以及层层安全监督屏障及保障措施，提供相互重叠的多层次保护，实现安全监督的"纵深防御"。包括：

第一，完善公司内部安全监督体系，加强日常运行核安全监督、大修核安全监督、重要定期试验监督、辐射防护监督及放射性废气废液与废物排放监督等。核电站内部安全监督将机组的安全状态分为16个监督领域，根据重要性对每个领域分配权重因子，根据电站实时发生的异常事件，对各领域和机组总体安全状态进行打分评估，借助局域网技术以指标盘的形式向全厂发布，形成了一个实时、透明的监督体系。

第二，积极配合国防科工委、国家经贸委、国家核安全局等行业监管部门的监管，认真执行报告制度，制定了管理程序，规定了各类报告的内容、时限及提交渠道，并建立了监管部门管理要求及报告跟踪管理系统。对行业安全监督检查，认真做好检查前准备、检查中配合、检查后针对提出的问题及时制定改进计划，认真落实纠正行动并及时反馈。

第三，采取"开放透明的态度，请进来走出去"的形式，加强与国际原子能机构（IAEA）及世界核电同行的交流和互访。定期邀请外部专家对核电站进行安全评审，每年还派人参加IAEA以及姐妹电站组织的各类培训或者研讨班，比如"经验反馈交流""运行安全分析""维修管理""设备管理""核安全管理"等，每年从国际核营运者协会事件库、法国电力公司的经验反馈数据系统等定期获取最新安全事件反馈信息，并筛选、甄别出对大亚湾、岭澳核电站有借鉴意义的经验进行反馈，制定预防措施，达到吸取外部经验教训，避免自身发生同类安全问题的目的。

（6）建立事故预想、模拟演练的应急体系。安全事故应急预案与应急响应体系是公司全面安全管理的重要组成部分。当核电站机组万一发生重大安全事件或事故时，应急计划作为核电站安全纵深防御的最后一道屏障，用于缓解和减轻事故后果。

大亚湾核电基地应急响应组织由应急指挥部和运行控制、技术支持、维修服务、安全防护、工地保卫、后勤支持等组成。组织内分为决策层和执行层，决策层的成员包括公司和电站两级领导，在应急状态下被赋予现场指挥权的最高权力机构，负责统一协调应急行动；执行层是各专业响应组，分别执行规定的和指派的各项任务。

"常备不懈"是应急计划与准备的方针，公司对应急设施设备进行专项定期检查和试验，使其处于随时可用状态。对人员进行定期培训和组织演习，以保持和提高全体员工特别是应急响应人员的应急响应能力。每年公司均会与国家核应急系统、法国电力公司举行联合应急演习，邀请国内外专家观摩，检验核电站的整体应急能力。同时，公司还建立了针对极不可能发生的超设计极限的严重事故管理体系，建立了一系列的事故规程，这些事故规程对事故工况下的设备风险和人因差错防范进行了精心设计，层层设防，以保证对核电站安全状态的有效控制。

公司不仅将应急响应体系应用在核事故处理方面，其在常规事故处理中也发挥了重要作用。例如，在防抗强台风、邻近海面油污拦截等方面通过及时启动应急组织，消除了不安全因素，保障了核电站安全。

此外，公司还结合我国的实际情况和特点，建立了由公安、武警、经警和治安联防队组成的保卫队伍，并成立了保安事件应急反应组织，制定了突发事件处理方案，同时与核事故应急组织紧密结合，在发生外部入侵，特别是恐怖袭击等各类突发事件时，迅速启动，使电站的安全得到有力的保障。

3. 大亚湾安全管理取得的效果

公司通过建立和实施纵深安全管理体系，电站年平均上网电量从111亿千瓦·时提高至142亿千瓦·时（每年增加约30亿千瓦·时），每年新增售电收入约15亿元人民币。电站放射性废气、废液的排放量占国家年限值的百分比由投产初期的5%~6%逐渐减少至2004年的不足1%，成为国内核工业中首家通过 ISO 14001 环境管理体系认证的企业。大亚湾核电站取得的良好经济效益和社会效益，为广东和香港地区的经济发展和繁荣做出了积极的贡献。公司的纵深安全管理也对国内外核电同行及国内的其他企业起到了积极的示范作用。国内外很多企业多次到电站现场进行经验交流和学习考察，引进或移植公司纵深安全管理的部分经验与实践。公司的安全指标监督体系以及管理跟踪的经验已被国际原子能机构作为技术文件录用并向国际核电站同行推广应用，其制作的"蜘蛛图"（用于安全评价和业绩比较的指标图）已被国际同行广泛采纳用于安全业绩标杆对比。

三、管理案例

案例（一）网红奶茶成分大揭秘[①]

随着国内居民收入水平的提高，奶茶作为时尚饮品及休闲消费饮品，具有方便、快捷、时尚的特点，受到市场欢迎。奶茶产品的消费者大多是追求潮流的年轻消费者。随着经济的持续发展和居民可支配收入的增长，以及奶茶产品的不断升级和多样化，奶茶消费人群不断扩展，受众范围逐渐扩大。夏季更是奶茶销售高峰期，在闹市区为了买一杯网红奶茶，有时竟要排队 3 小时。2020 年有关行业调研机构数据显示，目前全国奶茶店数量超过 60 万家，奶茶市场规模接近千亿元，"90 后"消费者为新式茶饮主流消费人群，占整体消费者数量的 50%。目前喜茶和奈雪的茶占据头部位置，主打性价比的蜜雪冰城覆盖下沉市场，中高端品牌贡茶、CoCo、1 点点等则牢牢占据奶茶市场第二梯队。

不过，奶茶店的存活概率仅为 20% 左右，绝大多数新开奶茶门店处于经营亏损状态。这反映了现在中国诸多企业的浮躁心理：盲目跟进市场热销产品、恶性价格竞争抢夺市场、不去潜心研究市场和开发属于自己的产品。由于市场竞争过度，企业利润微薄，有些企业为了降低产品成本而不惜降低产品质量，最后消费者没有得到实惠反而遭受伤害。

---

① 奶茶市场规模接近千亿 2021 奶茶行业市场深度分析［EB/OL］．（2020-12-14）［2020-08-10］．https：//www.chinairn.com/hyzx/20210126/113313632.shtml；网红奶茶成分大揭秘！知道真相的我真的要哭了［EB/OL］．（2017-07-26）［2020-08-20］．https：//www.sohu.com/a/160036385_674830.

市场上形形色色的各种网红奶茶的营养成分究竟如何？2017年7月，上海市消保委发布了"奶茶比较试验"情况通报，揭开了网红奶茶的种种"奥秘"。试验人员在27家奶茶铺中共购买了51件奶茶样品，包括喜茶、皇茶、贡茶、1点点等网红奶茶。试验人员委托上海市营养食品质检站，对奶茶中的糖分、脂肪、反式脂肪酸、咖啡因等进行了检测，真相着实令人大吃一惊。

1. 普遍含有咖啡因，却从来不提醒

消费者反映，经常喝了一杯奶茶以后，晚上就睡不着觉了。专家分析可能是咖啡因超标所致。检测发现，51件奶茶样品中均含有咖啡因，平均含量达到270毫克/升，最高的竟然达到828毫克/升。其中乐堂口原味手工拉茶（无糖），咖啡因含量为428毫克/杯，这就是说1杯奶茶≈4杯咖啡≈8罐红牛。上海市营养食品质检站专家表示，奶茶的冲泡方式和日常泡茶不同："泡茶使用茶叶，奶茶用茶的碎末，一旦粉碎后，浸出更容易，更快速地把咖啡因带到奶茶中。此外，奶茶用热水来烧煮，咖啡因更容易溶解到开水中。"咖啡因一般在咖啡、浓茶等饮料中存在，健康成人单次摄入量最好不超过200毫克。孕妇和儿童等人群不宜过多摄入，否则会引起类似焦虑的症状（如心悸、震颤、睡眠紊乱等）。在27家奶茶铺中，仅有一家对"孕妇勿过多饮用"有模糊提示，其余所有奶茶均未对奶茶含有咖啡因进行任何提示。

2. "无糖"真的无糖吗

健康指南一再提示，现代人们为防止"三高"（高血脂、高血糖、高血压）和肥胖，饮食一定要谨记"三低"（低油、低糖、低盐）。糖分含量是各种网红奶茶"忽悠"消费者的另一问题。检测发现，所有号称"无糖"的奶茶，均发现实际含有糖分。在27件正常甜度奶茶样品中，含糖量介于每杯11克至62克之间，平均含糖量为每杯34克，远远超过《中国居民膳食指南2016》中规定的"每天糖的摄入量不超过50g，最好控制在25g以下"的建议。而"无糖"也不代表真正没有糖分。20件宣称无糖的样品，竟全都有糖分测出，平均糖含量2.4克/100毫升，最低也有1.2克/100毫升；其中包括喜茶在内的4件"无糖"产品，含糖量在5克/100毫升到3.3g/100毫升之间，比某些正常甜度样品的含糖量都高。

虽然国家对现制饮料中无糖饮料没有现行标准，但参照预包装饮料《GB 28050—2011预包装食品营养标签通则》，无糖饮料糖含量应≤0.5克/100毫升。显然20件无糖样品都不符合要求。

3. 用奶并非"真材实料"

众所周知，摄入过量反式脂肪酸，会影响健康。《中国居民膳食指南》建

议每日摄入量不超过 2 克。但检测发现，卡旺卡、阿姨奶茶的 4 款样品，反式脂肪酸均超过了这个标准，最高的卡旺卡冰全套奶茶反式脂肪酸为 6.2 克/杯（见表 13-2）。一杯奶茶就超过三天的量了！

表 13-2 上海 4 款奶茶反式脂肪酸检测结果

标称 商品名称	标称品牌	销售单位	单价 （元）	反式脂肪酸 （克/杯）	蛋白质 （克/100 毫升）
冰全套奶茶	卡旺卡	上海新禄得实业有限公司糖皇餐厅	10	6.2	0.36
冰全套奶茶 （无糖）	卡旺卡	上海新禄得实业有限公司糖皇餐厅	10	5.8	0.40
原味奶茶 （无糖）	阿姨奶茶	上海铭盈餐饮管理有限公司 鹭岛小吃店	10	3.8	0.24
原味奶茶	阿姨奶茶	上海铭盈餐饮管理有限公司 鹭岛小吃店	10	3.7	0.37

值得注意的是，这 4 款奶茶的蛋白质含量均不高，一定程度上说明商家可能并没有用"真材实料"，牛奶原料很可能是用了奶精之类代替。

另外，对 1 605 名经常饮用奶茶的消费者调查发现，近 6 成消费者爱选择有奶盖的奶茶，却不知奶盖的脂肪含量很高。经检测在有奶盖的样品中，平均脂肪含量达 6.3 克/100 毫升，最高的一杯可提供 41 克的脂肪，已超过成人每日推荐摄入脂肪的三分之二。也就是说，喝一杯这样的奶茶，相当于吃掉了两顿饭中的脂肪。

案例（二）台塑经验还有哪些可取之处[①]

2010 年前后，大陆国企有过一阵组团到台塑集团考察学习的热潮。考察过台塑的大陆管理人士一致认为，台塑集团经营管理确有许多过人之处，其中最为突出的是该公司成功地实施了一系列低成本策略。

1. 千方百计降低"显性成本"

（1）尽量自己动手。20 世纪 50 年代，台湾地区开始推行第一次四年经

---

① 参见：降低成本成就台塑　王永庆的"鱼骨"论 [EB/OL]．（2010-05-18）[2020-08-29]．http://www.mbachina.com/html/management/201005/10363.html；企业最可怕的致命成本有哪些？[EB/OL]．（2015-10-07）[2020-08-29]．https://jingyan.baidu.com/article/0320e2c1d69f151b87507bf6.html.

济建设计划。"工业局"推出一系列工业发展计划，其中玻璃、纺织、塑料原料、水泥等行业被列为重点支援行业，可获得美国的工业援助资金。王永庆抓住机会成立福懋塑料公司，兴建石化工业基本原料聚氯乙烯（PVC）项目。1957年，福懋开始生产，设备投资额4 000万元新台币，设计能力为年产4万吨。经过一年多的生产运转，王永庆发现若能增加一定的设备，就可大幅提高产量，于是再追加投资1 000万元新台币增加设备及改善生产条件，产量一下子提高5倍。这一惊人的结果给了他很大启发，即以尽量少的投资，达到最大的经济效益。这其中一个重要手段就是自行设计，控制成本。台塑旗下的南亚公司，在设立多元脂棉丝厂时，最初计划是日产6吨，由德国一家公司供应设备。王永庆认为这样做很不划算，便决定让南亚公司工务部门与生产厂家共同研究制程，自行设计扩建工程，压低成本，提高效率。工厂建成后，其多元脂棉丝产量迅速增加，竞争力增强，跃居世界第三大多元脂棉生产厂家。后来，南亚公司在美国设立多元脂棉丝厂时也采用同样的方法，大大节约了成本，提高了效率；其年产能虽然达20万吨，但员工不超过500人，仅是同等规模企业员工人数的1/3，仅此一项人事费用，一年便可节约5 000万美元，大大提高了企业的竞争力。台塑在美国得克萨斯州等建世界规模最大的PVC塑胶工厂时，所有硬件设备都由公司机械事业部在台湾地区制造完成后再运到美国安装。这样整间厂的建厂成本，大约只有美国人投资同样工厂所需经费的63%、日本的75%。

20世纪80年代初，王永庆在美国兴建石化原料厂，计划将部分PVC原料运回台湾地区。当时，国际上一些商船公司为争取台塑公司这个大客户，都自愿降低运费，希望承揽下这一巨额业务。王永庆委托专家分析后，仍然认为打折后的船务公司运费还是偏高，就决定自组化学船队将原料运回台湾地区。这在台湾地区历史上还是第一次。自组化学船队，必须要有人懂海运知识，熟悉相关业务技术，当时的台塑公司，没有一个这方面的专家。王永庆当机立断，派台塑海运的负责人苏忠正到海洋学院学习。这位苏经理，仅用了几个月就学完了一般必修航运管理4年才能完成的课程。随后，王永庆用3 500万美元从日本订购了两艘化学船，又从台塑企业中抽调20多位海洋学院毕业生充实船队的力量。依靠自己的力量，王永庆再次取得了成功。1981年4月，"台塑一号"与"台塑二号"化学船正式启航，直接从美国与加拿大运回了PVC的中间原料——二氯乙烷。原来每吨100美元的运费，很快跌到了40美元左右。如果1年以运输20万吨计算，等于节省了1 200万美元，相当于一艘化学船成本的三分之二。5年下来，台塑的这支化学船队累计运输量达到 16 600 万吨。如果委托商船公司运输，运费高达 1.2 亿美元。但王永庆用自己的船队运输，仅花了 6 500 万美元，节省了近一半。

(2) 不多花一分钱。在"王永庆法则"中：每省下 1 块钱，就意味着赢利 1 块钱。这样的经营模式，是台塑集团无论市场繁荣还是经济衰退都能屹立不倒的秘诀。

自力更生并不是要求任何事情都自己做，一些设备的采购、工程的兴建等还需要专业公司来做，但王永庆同样坚持最低的支出获取同样的结果。他一个重要办法就是招标时杜绝说情，同时在选择供应上，大处着眼，小处着手，不放过任何可能降低成本的地方。1979 年，第二次石油危机爆发，全球油价迅速上涨。1980 年 10 月到次年 2 月，台湾地区在 4 个月内先后两次调高油电价格，台塑的年能源费用从不足 54 亿元新台币一下增加到 70 多亿元新台币。王永庆马上决定在集团内全面推动能源节约运动。首先成立能源改善专案小组，负责各单位本身有关能源改善事宜，不断进行检讨；其次，组织各单位能源负责人员赴各厂实地了解各企业能源节约与改善情况。同时，在集团展开节约能源宣传活动。

改善先从用电量较大的灯管开始。台塑集团共有 10 多万只双管日光灯，用电量很大，加装反射灯罩后，两支灯管减为一支，照明度不减反而增加。这项措施虽然投资 600 万元新台币，但一年节省的电费就高达 7 000 万元新台币。这次能源节约运动使台塑集团当年就获得经济效益近 13 亿元新台币，抵销了因油电涨价所增加的部分能源成本。

办公中使用公文夹在企业里是一件很平常的事。王永庆却发现台塑企业生产的公文夹成本是每本 1 元 2 角，而台塑美国公司所用的公文夹每个还不到 5 毛钱，怎么会差这么多？他马上命令南亚公司研发中心就这一问题进行研究，务必将公文夹成本降到与美国同样的水平，甚至更低。为此，研发中心经过近两年的研究，终于将公文夹的成本降到一个 5 毛钱，赶上了美国，为整个集团每年降低许多支出。

(3) 逆势而上，在衰退中把握机会。王永庆认为经济不景气陷入衰退危局的时候，可能也是企业再投资与展开扩建计划的时候。第二次世界大战期间，当时做米和木材生意的王永庆发现，因粮食短缺没有足够的食物，乡下每户人家养的鸡、鸭、鹅都骨瘦如柴，没人愿意收购。他同时也注意到农民在收割高丽菜后都将菜根、粗叶留在田地，任其腐烂，王永庆就试着结合菜根和粗叶，加上碾米厂买来的碎米和稻壳混在一起做饲料喂鹅，结果养出肥肥的大白鹅。于是王永庆大量向农户收购瘦鹅，集中饲养两个月后，等长成了七八斤重的肥鹅再出售，结果发了一笔小财。

　　饲养瘦鹅的经历给王永庆带来了两点重要启示：第一，他认为企业在经营不顺利时，要像瘦鹅一样能忍饥挨饿，只要企业垮不掉，一旦行业景气到来，企业就会像瘦鹅一样，迅速地成长壮大起来。第二，他说鹅之所以瘦，原因不在于鹅本身，而在于农户的饲养方法不当。企业经营也是如此，这就是王永庆著名的"瘦鹅理论"。

　　台塑成立初期，产品曾大量积压滞销，有时"一个月才卖出去了1吨聚氯乙烯"，但王永庆发现了塑胶产品的未来价值："PVC 管埋于地下几乎是永久的，可替代传统的钢、铁、铝等五金材料，堪称价廉物美。"于是决定进行第二次扩产。因为增加产量可以摊薄成本，还可以向下游二、三次加工业拓展以消化中游原料。就这样，台湾地区的 PVC 二、三产业在台塑的带动下发展了起来。而此时，王永庆看到自己的三次加工厂在和其他厂竞争的时候，毅然关掉了自己的三次加工厂，集中精力做好中游原料的生产和销售。这一决策使台湾地区的三次加工迎来了发展的鼎盛时期，也使得台塑企业的根基渐趋稳定。

　　1979年，第二次石油危机爆发，美国的经济陷入低潮，其石化产业普遍不景气，关闭、停产的化工厂比比皆是。此时，王永庆却果断出击，正式启动了投资美国的计划。因为在美国投资具备有利条件：首先是土地便宜，建厂的成本比较低；其次是美国的石油储备可以满足台塑的原料要求，在经济不景气的时候实施投资扩张战略，至少并且也可跟上经济形势的变化节奏。按兴建一座现代化工厂需一年半到两年的时间计算，在经济不景气的时候建厂，那么等建成后，市场又在复苏之中，正好赶上好的时机。在完成了一系列投资和并购后，1983年初，王永庆迎来了预期的景气年份，美国经济开始复苏。台塑在美国的几家工厂以此次经济复苏为契机，开始蓬勃发展。

　　王永庆除了在美国投资之外，更看好中国大陆的投资机会。20世纪90年代中期，他第二次到大陆的时候即投资30亿美元兴建亚洲最大的火力发电厂；当时大陆有关领导认为未来电力将会过剩，并不看好这一投资，但后来，电厂建成投产之时，也正是大陆面临缺电的开始。

　　(4) 标准化、精细化、表单化。王永庆强调，要谋求成本的有效降低，必须分析在影响成本的各种因素中最本质的东西，也就是要做到"单元成本"的分析。只有彻底地把有关问题一一列举出来检讨改善，才能建立一个确实的标准成本。他说："以财务费用为例，我们应该再细分为原料的财务费用、制造过程的财务费用、产品的财务费用及营业上的财务费用等。"这就是王永庆著名的"鱼骨理论":任何大小事务的成本,要对其构成要素不断进行分解,把所有影响成本所可能考虑到的因素全找出来,达到像鱼骨那样具体、分明、详细。

建立了自己的船队后,王永庆也把单元成本理论运用到船队运输上。集团管理处派成本分析专案小组来到船上,随船记录各项单元成本,按月或按航次记录,然后决定以各项单元成本最低者或以平均值为标准成本。

标准成本设定后,每月必须编订标准成本与实际成本的比较表。如果某一单元成本超出,与这项单元成本有关的主管必须进行检讨。如果超出标准单元成本的原因是非主管可以控制的,如油价的提高,主管就可过关,不影响将来的考绩,否则,将记上一笔不良记录,影响考评;与主管这件事有关的人员还必须一起马上找出原因并进行纠正。

2. 注意可怕的"隐性成本"

王永庆认为,成本管理是一项非常有文章可做的工作。明显的成本能够看到,易于管理。有些成本很难找到所在,我们称之为"隐性成本",这如同生命体暗藏的疾病,久治不愈,挥之不去,让经营者颇为头疼。

(1) 沟通成本。沟通是企业运营的重要环节。在大多数企业,你会发现,在同事之间的沟通过程中,会出现严重失真的现象,或词不达意,或答非所问,或百人百解……这种现象让很多工序成为无效工序,或失去很多重要机会,甚至有可能因此给企业带来隐患。会议也是沟通常见的方式之一,但这也是一个高成本的经营活动,因为这个活动往往是很多领导者参与的集体活动,每过一分钟,意味着与会人员总数的分钟数,而且很多企业的管理人员并未掌握开会的技巧,存在"会前无准备,会中无主题,会后无执行,与会无必要,时间无控制,发言无边际"的"六无"现象。这些时间成本非常昂贵。

(2) 加班成本。很多老板总认为,员工在下班后"废寝忘食"地"加班"是一种敬业现象。殊不知,这可能隐含着很高的成本:加班往往并不一定是因为工作任务太重,而是由于工作效率低下造成的;有时,加班耗费更多的员工精力和体力,严重透支员工的健康,长期下去,会让一些重要员工不能长期发挥其效能,甚至为公司带来隐患。比如,有的机械操作员工因为长时间加班而导致疲累,造成事故,而企业要为此付出沉重代价;加班员工并不一定在"务正业",有些员工下班后利用公司的资源,从事其个人事务,同时还领取公司的加班费。很多企业的重要损失、数据丢失等都发生在下班时间，而加班成为企业"藏污纳垢"的死角。

（3）用错人的成本。人力资源管理中有句名言："将正确的人放到正确的位置"。可惜，真正做到这点的企业真的不多。曾经有一个人才中介公司，每次招聘会都要全体职员去搬桌子、椅子，因为他们会租借体育馆作为招聘场地。上到职业经理人，下到普通职员，都成了"搬运工"。让人不禁叹息：这家企业从事的是人才招聘与管理，怎么会花那么高工资请来并不专业的搬运工。实际上他们因此付出的代价很高：该企业的员工一直抱怨不停，因为相当多的员工都是女职员，根本没有力气搬运桌椅；那些高管们也从来没有经受过这等"礼遇"，有些纷纷离职。

一个员工的离开对公司都是一笔成本，因为公司要承担对这个员工的培训费等前期投入，还要承担新招聘该岗位员工的前期成本及新员工是否适合岗位的风险，而老员工的离职也会流失重要的内部资料或业务。

（4）企业文化成本。有人说企业文化如同一个企业的魂，会在其每一个成员的精神面貌中得以体现。这种文化在企业成立的初期就开始建立，它受企业创始人的文化、习惯、技能、职业、好恶等影响，因此有人说，企业文化就是老板文化。我们会发现，一些企业的员工精神萎靡，做事效率极其低下，这种环境下无论多么优秀的员工进入，要么不久离开，要么也会变成那样，这就是"环境"问题。而这个"环境"正是这个企业的企业文化。

（5）信用成本。很多企业习惯拖欠供应商货款，习惯拖欠员工薪资，习惯克扣他人，习惯拖欠银行贷款等，以此来减轻企业流动资金压力。但是从长远来看，这会成为企业经营的严重隐性成本。首先，供应商一定会将时间成本算在其报价中，这类企业因此无法采购到最低价格的原料或服务。其次，拖欠员工薪资，违背劳动法规，有被惩罚的危险。而拖欠银行贷款，会使其信用度大打折扣，在企业某一天遇到困难时会四面楚歌。无疑，企业并没有因此获得任何益处，反而为此要付出惨重的代价。

（6）风险成本。将企业推向快车道是每个企业家的梦想，但其风险系数也因此而同步增加；特别是大中型企业，它们虽然发展迅猛、收入丰厚，但是一旦出现危机，也将是灾难性的。多个案例证明，企业的风险很多都是因为预料不足或管理不善造成的，而且往往在风险发生前就早已埋下隐患。

（7）企业家成本。"企业家成本"指的是企业的老板本身给企业带来的成本。企业家是企业支付成本最高的员工。很多民营企业的老板把自己变成了企业的"皇帝"，一切自己说了算，全体员工变成了执行的机器；但是，企业家个人因素的缺陷将会为企业增加沉重的成本负担。这种现象不光体现在小型企业，在大型企业里也存在着这样的现象。这种成本也可以延伸到企业的每一个部门甚至是每一个职员。很多领导者一直以自己为中心，这就大大降低了团队的作战能力，增加了高额的隐性成本。对于很多企业家来说，公司缺乏的不是人才，而是发现和善用人才的智慧。

3. 背景资料：王永庆及台塑集团

王永庆1917年生于台北，15岁时，便离开家乡和父母到嘉义闯天下。他先是在米店当学徒，1年后向父亲借得200元创业；1954年筹资创办台塑公司，1957年建成投产。历经五十余年努力，台塑集团发展成为台湾地区第二大民营企业，旗下有30多家分公司与海外公司，员工总数超过7万，2010年总营收折合人民币为4 540亿元；经营范围包括炼油、石化原料、塑料加工、纤维、纺织、电子材料、半导体、汽车、发电、机械、运输、生物科技、教育与医疗事业等，主营业务为石化工业，已建立起从原油进口、运输、冶炼、裂解、加工制造到成品油零售等一体化的完整产业链。台塑集团经营之道备受推崇，全球化工行业一直把王永庆尊为"经营之神"，很多台湾地区企业家都将王永庆的管理经验当作最为实用的教科书。2008年10月15日，王永庆在美国逝世。

台塑老总王永庆特别重视对员工的培训，他亲自给年轻人的八堂课为：

第一堂课：刨根问底；也就是面对问题一定要追究到水落石出，否则绝不罢休。

第二堂课：务本精神，凡事只求根本，不问结果；事事追求点点滴滴的合理化。

第三堂课：瘦鹅理论；这是王永庆时常提及的人生奋斗理念，说的是学习瘦鹅忍饥挨饿，用刻苦耐劳的精神面对困境，同时以坚毅态度等待机会到来。

第四堂课：从基层做起；必须脚踏实地、按部就班进步，必须在选定目标后咬住不放，全力以赴。

第五堂课：实力主义；学历不等于实力，只有实实在在的经验才能培养出令人信服的实力。实务经验越丰富，成功机会就越大。

第六堂课：切身感；企业的管理制度若能让员工产生切身感，他们的潜能才可发挥到十成。王永庆经常对员工说："虽是一分钱的东西，也要捡起来加以利用。这不是小气，而是一种精神，一种警觉，一种良好的习惯。"

第七堂课：价廉物美；只有建立在价廉物美的基础上，企业才能够蓬勃发展。

第八堂课：客户至上；买卖双方唇齿相依，只有懂得维护客户的利益，才能取得自己的最大利益。

案例（三）这款私募基金能不能认购①

1. 项目投资背景

新冠肺炎疫情严重打击各国经济，中国虽然是控制疫情影响最有效的国家，但由于大量企业业务萎缩，政府制定了支持企业的财政和信贷政策，银行理财收益率普遍下调，市场上发行的信托产品更加稀少，而且收益率普遍下调到7%左右；中国股市依然不温不火，上证指数在3 000~3 500点区间徘徊；房地产供大于求，贵金属价格已处于高位，投资者投资渠道稀少，但普遍谨慎。

项目背景：经国务院批准，国家发改委牵头，国家铁路集团联合煤炭、电力、钢铁、港口、地方煤炭交易中心等35家骨干企业发起设立全国煤炭交易中心有限公司（以下简称"煤交中心"），于2020年10月28日在北京开业运营。煤交中心是集产供储销运服务及监测预警信息于一体的首家国家级煤炭交易平台。通过交易调节市场、运用大数据形成有效监管、为政府制定政策提供依据，对稳定全国煤炭市场、保障国家能源安全稳定供应发挥至关重要作用。

煤交中心作为"央企控股、政府主导、市场运作"主体，依托35家股东在全国原煤产量、煤炭消费量、煤炭运输量的行业优势，在国家发改委《关于推进2020年煤炭中长期合同签订履行有关工作的通知》政策支持下，预计未来平台交易量将突破22亿吨/年，其中铁路运输规模占比达18亿吨/年。

GD能源（深圳）有限公司与全国煤炭交易中心有限公司于2020年11月签署了为期20年的《煤炭交易信息服务平台合作协议》，凭借自身优势，成为煤交中心首家供应链金融服务商。前期合作开展铁路运费托盘业务，为煤交中心会员单位增加交易机会、降低交易成本、提供交易信息服务，促进全国煤炭上下游行业合作共赢发展，从而提高市场运行效率，推进交易数字化转型，加速行业信用体系建设。

金融是实业发展的助推器，双方合作将进一步打造"市场机制有效、微

---

① 该案例由黄津孚编写。

观主体有活力、宏观调控有度"的煤炭交易市场体系，推动实现煤炭流通领域治理体系和治理能力现代化，保障国家能源安全和经济平稳运行。

2. 私募基金概要

基金产品名称：内蒙古 GD 股权·全国煤炭交易中心 FOT 私募股权投资基金

标的信托规模：不超过人民币 9 亿元

产品投资期限：每个投资周期不少于 12 个月

认购起点金额：100 万元起（认购金额以 10 万元的整数倍递增）

收益分配预案：100 万元起 9.1%/年起（具体以发行时管理人公告为准）

资金运用方向：基金管理人以契约型基金方式募集资金定向投资于信托公司设立的单一资金信托，通过信托公司向标的融资方增资，增资资金用于与全国煤炭交易中心合作，为其会员单位提供煤炭供应链金融服务，通过开展铁路运费托盘业务，提高市场效率，推动煤炭智慧物流体系和大数据平台建设，促进全国煤炭上下游行业合作共赢发展，保障国家能源安全稳定供应。

收益分配方式：每个投资周期内，满 6 个月分配一次收益，到期分配本金及剩余收益。

标的融资方：内蒙古惠民国际能源有限责任公司（以下简称"目标公司"）

标的信托受托人：国有信托公司

基金管理人：GD 股权投资公司

基金托管人：全国性股份制商业银行

基金备案编号：×××702

还款来源及退出方式：

（1）每个投资周期结束，为投资人开放一次转让退出选择权。

（2）基金退出方式包括但不限于大股东或第三方回购、上市公司并购等方式。

3. 风控措施

（1）目标公司存入不低于基金投资总规模 25% 的自有资金。

基金募集资金和目标公司自有资金全部存入为项目独立开立的专项监管账户内运作，其中目标公司自有资金不低于基金募集规模的 25%，作为项目保证金，由基金管理人监管。

（2）托盘业务标的货物"提货权+处置权"归目标公司所有。

目标公司与融资贸易商签订《铁路运费托盘协议》并在平台备案，约定目标公司拥有标的货物的铁路运输提货权和违约处置权。

通过控制提货权锁定运费回款；通过违约处置权，获得对标的货物的变现权利以确保运费回收。运费占煤炭价格的30%~50%，通过处置变现完全可以覆盖运费及相关成本。

（3）全国煤炭交易中心对目标公司托盘业务具有协同效应。

①煤交中心要求采购双方均需开立保证金账户，确保业务真实性，降低违约风险；

②煤交中心能够快速匹配有供需关系的煤炭上下游企业，为目标公司触发处置权条款后的权利实现提供有力支持；

③煤交中心采取"会员等级制"，对行业参与主体的运营资质和履约能力筛选分类；

④煤交中心采取"黑名单制"，通过完善的信用管理体系对平台注册企业进行严格的诚信管理。

（4）设置目标公司经营指标，提升基金退出效率。

基金与目标公司及其股东或指定第三方达成经营指标约定，有效提升目标公司经营管理效率，并通过一系列对赌措施保障基金实现有效退出。

4. 参与方介绍

（1）标的融资方——内蒙古惠民国际能源有限责任公司。

惠民国际成立于2018年9月，注册资本9.50亿元。惠民国际是"全国煤炭交易中心与GD集团战略合作协议"项下，被GD指定为煤交中心提供煤炭供应链金融服务的唯一业务实施主体。曾于2019年作为GD与中国铁路兰州局集团有限公司下属全资子公司实施"兰渝"能源新干线项目的主体，完成"蒙煤入川"业务150万吨，产生良好的经济效益和社会效益，在"北煤南运"战略合作中双方奠定了良好合作基础。

（2）交易对手方——全国煤炭交易中心有限公司。

全国煤炭交易中心成立于2019年12月，2020年4月获得北京市金融局设立批复，10月28日正式开业运营，注册资本6亿元。煤交中心是经国务院批准，由35家骨干企业联手设立的我国首家国家级煤炭交易平台，控股股东为中国铁路投资有限公司（占股30%）。

煤交中心致力于构建以煤炭交易服务为核心，涵盖物流服务、供应链服务、技术服务、数据服务、应急储备等领域的"1+N"生态体系。相比传统"面对面"煤炭市场交易模式，煤炭交易中心在价格公开、信息传递、配置资源、金融服务、节约成本等方面有着传统市场不可比拟的优势。能够有效促进合同签约履约，强化政府预期引导，做好保供稳价工作，推进信用体系建设，进一步提升行业治理水平。

目前中心有注册会员单位51家，涵盖煤炭、电力、钢铁、贸易、港口、地方煤交中心等行业头部企业，未来将全力打造"立足全国、辐射亚太、影响全球"的煤炭交易平台。

(3) 交易对手方——GD能源（深圳）有限公司。

GD能源系GD实业集团旗下以从事国内能源并购、能源贸易为主业，集能源投资、物流、供应链管理技术开发以及相关实业投资为一体的优质企业。其依托股东背景强大的金融优势，在煤炭行业成为一流的托盘业务服务商；依托在煤炭领域多年深耕的实战经验，铺设了广泛的煤炭经营网络，已具备较强的资产管理、平台管理能力。

(4) 信托受托人——国有信托公司。

本项目信托受托人是由中国银保监会批准设立的非银行金融机构，为综合实力排名前列的信托公司。

(5) 基金管理人——内蒙古GD股权投资管理有限公司。

GD股权成立于2012年2月，注册资本3 000万元，是中国GD集团内专注股权投资管理的专业性子公司，也是GD集团与内蒙古自治区人民政府进行产融战略合作的成果。公司依托GD集团丰富的金融资源和投资管理经验，结合内蒙古地区丰富的产业资源，在农牧业、能源领域等关系国计民生的行业深耕细作。

基金管理人控股股东中国GD实业（集团）有限责任公司，由国有骨干央企——中国GD集团总公司全资设立，注册资本44亿元，注册地北京。根据国务院批准的GD集团改革重组方案，实业集团承接了中国GD集团的实业类资产、负债和业务。实业集团充分结合GD银行、GD证券、GD金控以及GD永明人寿等全金融板块的综合资源，为优质企业提供"一站式"产融、并购、咨询等全方位综合服务。截至2019年末，GD实业集团总资产128.07亿元。

(6) 管理团队。

HXM先生：现任GD股权总经理、清华金名金融工程研究所管委会主任，在企业并购、资产管理领域拥有丰富经验，是本基金对外投资项目负责人。

发行时间：2020年11月下旬发行，预约实行"原基金投资人优先、金额时间优先，额满即止"原则。

特别提示：收益分配预案并不是基金管理人向基金份额持有人保证其投

资本金不受损失或者保证其取得最低收益的承诺。

案例（四）从房地产创业泡沫到新能源汽车与芯片之创新风口[①]

国内外企业创新创业历来有"刮风"的传统。20世纪80年代，在中国大地上曾刮起"超声波风"，神州大地有点规模的企业都投入开发超声波技术，但没过多久这股风潮就被其他风潮淹没了。"刮风"也许是国内外的普遍现象。

1. 海南房地产泡沫

1988年，海南脱离广东独立建省成立海南省，大批人到海南淘金，如同当年美国牛仔到西部淘金一样。当时海南房地产平均价格为1 350元/平方米，1991年也仅为为1 400元/平方米；1992年则猛增至5 000元/平方米，1993年上半年价格达到顶峰（7 500元/平方米）。与此相应，海口市地价1991年最高为98万元/亩，1993年猛涨至680万元/亩，形成全球Zoom的房地产泡沫。当时，以四大银行为首的资金，包括大型国企以至乡镇企业和民营资本的大量资本通过各种渠道进入房地产市场，当时流传着："要挣钱，到海南；要发财，炒楼花。"当时海南城市人口有100多万，房地产公司就有1.3万户。所有地产都在交易中，所有地产项目也在建设中，但谁也不知道建好以后给谁住，买卖地产的人没有打算住在海南的。有人在6楼签了房产买卖合同，走到1楼加价就卖了。在这波房地产风潮中有少数人暴富发迹，例如以潘石屹为代表的"万通系"不少人后来变成了地产大亨；他们1992年8月嗅到了不对劲的味道，就迅速撤离海南到北京发展。北京国贸边上的万通广场、阳光100、SOHO现代城都是他们的项目。

1993年下半年海南房地产热开始退潮，1996年初海口市地价基本上回落到1991年的水平（约100万元/亩）。房产泡沫破灭的结果是95%的房地产公司倒闭了，公司老板把赚的钱留给自己，将留下的房地产以高价抵给银行。"于是海南有了三大景观——天涯、海角、烂尾楼。"泡沫破灭后，海南的房地产抵押物一直处于贬值和不确定状态，国家派出的清查组经过几年的处置，仅收回了少量维持费用。由于许多项目只是挖了一个大坑，银行得到的抵押楼层基本都是空中楼阁。更惨痛的是，这些"概念中的楼层"多数被抵押了数次，不同的银行在确定自己的债主身份时，悲哀地发

[①] 参见：1993年的海南房地产泡沫对当今房地产有什么深刻的教训？[EB/OL]. (2021-01-31) [2021-08-20]. https://new.qq.com/omn/20210131/20210131A0BNTV00.html.

现这个"大坑"还欠着施工队惊人的垫资款,即使把整个项目变现也不足以支付工程款。

2. 美国的互联网泡沫

从1995年到2000年,在"新经济"概念的感召下,投资者对互联网公司的非理性投资推动了股市的高速增长,企业以注册网络公司为荣,以获得浏览量为资本,吸引社会资本拼命烧钱。例如,2000年1月17日美国举行的第34届超级碗吸引了17家网络公司的赞助,每家为30秒钟广告慷慨支付了200多万美元。但随着互联网泡沫破裂,2000年3月股市触底回落,纳斯达克指数在2002年10月下跌了近80%。大多数网络公司在把风投资金烧光后停止了交易。

2011年,随着小米手机的成功上市,中国互联网风潮随即强劲涌动。小米科技创办者雷军的名言"找准风口,猪也能飞上天"广为传布。找风口、借风力、创奇迹,一时成为中国企业的不二选择。

3. 新能源汽车风口①

为了解决全球气候变暖以及城市空气污染问题,各国政府大力支持发展新能源汽车。中国从中央到地方制定了财政补贴政策,刺激各路资本纷纷杀入新能源汽车行业,最高峰时,中国竟然出现了300多家新能源车企。2015年新能源汽车的产销量比2014年增长了4倍多,其中60%~70%是在第四季度达成的,这在很大程度上源于政策补贴退坡预期带来的产销提前释放。从2009年到2015年,国家累计安排334.35亿元补助资金。调查结果表明,涉嫌骗补的金额达92.7073亿元,占补贴总数的27.7%。国家为此公布了5家重点骗补行为的企业。吉利汽车董事长李书福就曾提到:"有些企业拿到了新能源汽车生产资质,却根本没有实力生产汽车,而是借着'资质'四处找投资;而很多有能力、想要生产新能源汽车的企业,却得不到生产资质。"

根据国家统计局的数据,2016年4月,新能源汽车生产4.7万辆,同比增长高达135%,当年1至4月汽车投资2 979亿元,增幅为17%,其中民营汽车投资2 334亿元,增幅为23%,占汽车投资总额的约78%。

---

① 豌豆公主彼得蛋,新能源汽车行业乱象 [EB/OL]. (2021-02-01) [2021-10-20]. https://zhuanlan.zhihu.com/p/345467698;新能源汽车下半场:高端品牌一拥而上,是否会再次一地鸡毛?[EB/OL]. (2021-02-13) [2021-10-20]. https://m.sohu.com/a/450724098_120946573/. 千亿投资驱动造车运动新能源汽车产业园遍地开花 [EB/OL]. (2016-05-27) [2021-10-20]. http://finance.sina.com.cn/roll/2016-05-27/doc-ifxsqxxu 4562760. shtml.

4. 芯片风口①

自美国向中国发起贸易战、科技战，对中兴、华为等高科技企业施行打压以来，出现了一拥而上研发芯片的风潮。国家在芯片方向上也推出了一系列的扶植政策。规模超 2 000 亿元、撬动资金 6 000 亿元的国家大基金二期也已经于 2019 年设立。2020 年 9 月，彭博社的一篇报道称，中国计划投入 9.5 万亿元人民币造芯片。天眼查专业版数据显示，我国目前有 23 万余家经营范围含"集成电路、芯片"且状态为在业、存续等的集成电路相关企业。2020 年前 8 个月，中国有近万家企业转投芯片行业，其中，江苏 1 262 家、浙江 1 230 家、陕西 905 家、天津 277 家、辽宁 239 家、重庆 230 家、江西 169 家企业转产半导体，同比分别增长了 196.94%、547.37%、618.25%、465.31%、387.76%、422.73%和 412.12%。2020 年 10 月 20 日，在国家发改委召开的 10 月份例行新闻发布会上，有记者提问："近期，关于芯片项目烂尾的报道引发关注，请问我们如何在推动该产业发展的同时，避免一拥而上和虚假项目的出现？"对此，国家发改委新闻发言人孟玮回应说："我们也注意到，国内投资集成电路产业的热情不断高涨，一些没经验、没技术、没人才的'三无'企业投身集成电路行业，个别地方对集成电路发展的规律认识不够，盲目上项目，低水平重复建设风险显现，甚至有个别项目建设停滞、厂房空置，造成资源浪费。"

典型案例包括武汉弘芯开发的制造芯片的核心设备光刻机，该项目规划总投资达 1 280 亿元。2019 年 12 月，该公司还为其首台高端光刻机进厂举行了隆重的仪式，如今却传出停工甚至可能烂尾的消息，其拥有的全国唯一的 7 纳米 ASML 光刻机在被引进一个多月后，即被抵押给武汉农商行，估值为 5.8 亿元。

2020 年 3 月，生产潜水服的中潜股份抛出向半导体领域转型的计划，收购标的为大唐存储；同年 4 月，又宣布收购环亚半导体（香港）有限公司，但实际上收购标的企业或无营收、无资产，或资不抵债。

过往经验表明，许多出现问题的项目追溯起来都与当初决策不透明、未最大限度汇集信息有关，过密的资本投入必将导致未来边际生产效率和回报率的双重递减。

---

① 媒体疾呼：杜绝芯片"大跃进"[EB/OL].（2020-10-21）[2020-10-20]. https：//3g.163.com/dy/article/FPF85LKL0519QIKK.html.

第14章 领导原理

一、教学目标、理论概要、思考与讨论

（一）教学目标

1. 理解领导与管理的关系、领导者与管理者的区别。
2. 通过领导机制模型领会提升领导力的基本途径。
3. 通过古今中外的实例理解提高领导艺术的重要性和基本途径。
4. 了解在智能互联时代变革中企业领导者应当发挥的新作用和扮演的新角色。

（二）理论概要

领导泛指运用某种（某些）影响力，引领他人或组织实现预定目标的过程。在管理领域，领导通常专指高层管理者为组织指方向、定战略、用干部、带队伍的活动，因此领导与管理相互交织、密不可分。不过，管理覆盖集体活动的全过程和组织的整个系统（包括各种生产要素、各个层次）；而领导横跨计划、组织、激励、协调、控制各项基本职能，在关键时刻发挥核心决策及指挥作用，主要涉及人际关系的处理。

领导的机制包括追随机制、承诺机制和服从机制，这三个机制决定领导效能。所谓领导力，就是领导者设定的目标被接受和实现的程度。影响领导力的因素比较复杂，直接因素包括领导者素质、企业治理体制决定的决策水平、领导者威信及组织文化四个方面（见图14-1）。

（三）思考与讨论

1. 什么是领导力？你认为曹仰锋先生归纳的领导力发展的四个阶梯论在理论上和实践中有何价值？

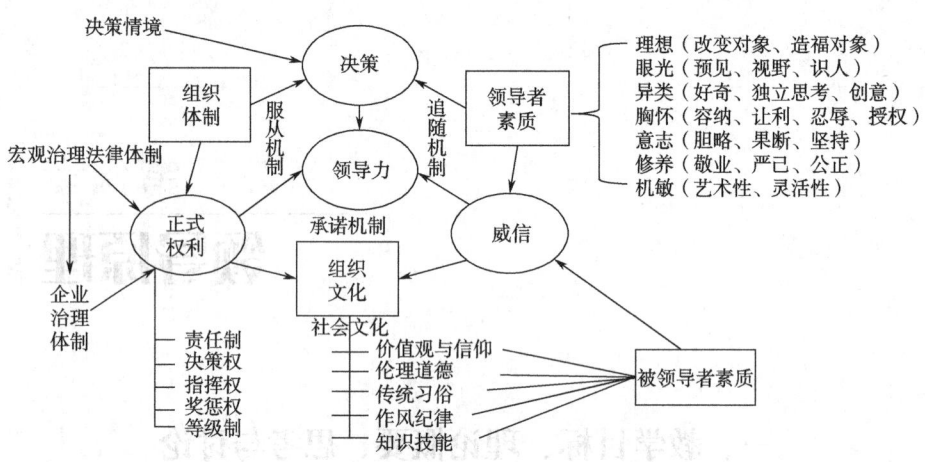

图 14-1 领导机制和领导力的影响因素

2. 斯坦福大学前校长约翰·汉尼斯提出了哪几个领导力要领？

3. 百度创始人李彦宏的领导模式与领导风格有何特点？其领导模式具有普遍推广价值吗？

4. 为什么有些领导听不进不同的意见，厌恶劝诫？这可能导致怎样的严重后果？下属怎样才能让领导者成为"纳谏明君"？

5. 通过任正非与索尼吉田社长的对话，能否归纳出两位著名企业家的领导观念及模式的异同点？

6. 领导能力是天生的吗？从乔布斯、任正非、比尔·盖茨、王永庆、刘强东、袁征、马斯克等杰出的企业领导人的经历中能得到什么启示？

二、精读文选

文选（一）：埃隆·马斯克与薛其坤院士的对话[①]

2021 年 3 月 20 日至 3 月 22 日，"中国发展高层论坛 2021"在北京举行，论坛的一个主题是"下一个颠覆性创新"，特斯拉创始人埃隆·马斯克和南方科技大学校长、中国科学院院士薛其坤进行了对话，发表了各自的看法。

[①] 根据以下报道改编：杨佩雯：《特斯拉 CEO 马斯克对话全文：谈抖音、谈人工智能、谈信息监管信息量巨大！》，《成都商报》，2021 年 3 月 20 日。

埃隆·马斯克：我觉得总体来说，中美应该有更多的信任，然后还要相信对方是善意的，这应该是能够营造最好的未来（的方式），这一点非常重要。其实（现在）中美之间的共识，比我们看到的很多时候都要多，我们应该共创一个繁荣的未来。

说到技术，我想大家都想听一听：面对未来的看法，比如颠覆性的创新，如何来塑造未来的世界，会有一些什么新的发展和影响，对人类社会又有什么样的影响。

说到技术，那肯定会讲到人工智能，在合成RNA和DNA上，我们也看到其他公司在研发疫苗的时候也用到了相关的技术，这就像是数字医药，会是一个治疗和疫苗方面很大方面的革命。当然还有自动驾驶汽车，这很快就能实现了，会大大地改变交通的面貌。

我觉得隧道在缓解城市拥堵方面也会非常重要，在全球的主要城市都有交通拥堵的问题，那么，解决方案就是要有3D的隧道。还有生活和生命会变得越来越"多星球化"。地球已经存在4.5亿年的时间了，现在第一次出现了这样的机会——生命可以走出地球，我们也可以去探索其他的星球，来确保我们意识的传递和延续。

薛其坤：非常高兴能和马斯克先生来进行这样一个非常难得的对话，今天和大家分享我作为一个物理学家在长期思考的问题，就是太阳能的高效利用和可持续循环问题。我非常同意刚才马斯克先生谈到的关于未来交通的问题，包括新的交通工具，未来的颠覆性技术……还有比如量子技术和量子网络，通用的量子计算机，第二代信息技术……

马斯克先生未来要登火星，火星上得到的太阳能量可能不到（地球的）一半，所以未来的地球人比未来的火星人更加幸福。这些太阳能造就了地球上的万物，包括植物和动物。经过长达几万年的演化，造就了我们今天的化石能源——煤、天然气和石油等。以石油为例，石油的年龄大概是4亿年，而且这是一个不可再生的能源，用完了就没了。

有一个统计数据，经过这三次工业革命，我们从地球上继承的能源已经寥寥无几了。预计在50年内，按照目前的发展水平和用量，石油和天然气将会用光。所以，尽管我们三次工业革命造就了巨大的产业，给我们创造了美好的生活，但是，如果50年以后这些化石能源用光了，我们现在的技术还存在吗？汽车、飞机……没有油了，飞机还能飞吗？轮船还能跑吗？好在马斯克先生给我们的问题提供了部分答案，就是电动汽车的发展。

为了保持我们目前的工业发展水平，保持现在的高科技，我们唯一的答案，就是开发用之不竭的太阳能，这是下一个颠覆性技术。就是基于太阳的光电效应将太阳能高效利用和可持续循环——这也是我今天的主要观点。

什么叫可持续循环？这是我自己定义的，就是在基本不使用化石能源的情况下，包括太阳能等清洁能源能保证三次工业革命造就的技术能被持续地运用，飞机还能继续飞，汽车还能继续跑。

有了太阳能电池以后，我们还需要配套技术，把能源储藏起来，像化石能源一样方便，想用的时候就可以去取，像我们想用煤的时候就去挖一下。

50年以后，如果我们不使用煤，不使用天然气了，我们生产水泥和钢铁，建造大楼、高速公路等，这些都需要大功率的电。这些电从哪里来？也是用这种（太阳能）电池吗？发动机用的燃料是什么呢？一个科学的回答是氢气。煤、石油和天然气都用氢气来代替，将来的飞机就是氢气的飞机，以后北京的天然气管道就全换成氢气管道，氢气和氧气反应以后，生成了水，既高效又清洁。

那我们如何得到氢气呢？当然，还是回到太阳，用最高效的太阳能电池把光收集起来，用一种技术把它变成电，像储藏化石能源那样储藏起来，随时可用的技术，然后用电源源不断地把水分解成氢气。

大家都知道自然界的基本规律是大道至简，人与社会的发展也是大道至简。

按照热力学和物理学的规律，任何能源的使用过程都会造成浪费、造成污染。所以，我们还是要回归初心，从最基本的核聚变出发，回到太阳，利用地球上、人类宇宙中最简单的元素氢发展最清洁的能源……

我希望全球的科学家、工程师和企业家联合起来，通过30~50年，甚至100年的科技创新，在地球上的化石能源消耗殆尽之前，完成这一使命，让我们的地球永远美好和可持续发展。让我们未来的SpaceX火箭用上最干净的氢能，把我们送出地球，甚至送到比地球更遥远的地方。

目前中美合作处在一个比较困难的时期，中国很多学生去美国大学学习现在变得非常困难，签证也比较难，所以影响很大。实际上，科技合作非常重要，今天的科学技术，是人类社会经过几百年的历史才走到今天，国家之间不合作是非常短见的。人类生活在地球上要加强合作。

科学是认识世界，技术是改造世界，改造世界的目的是让全世界的人变得幸福，所以不管发生什么，要保持学生之间的交流，科学、技术、产业的合作，包括特斯拉在中国有很大的产业，这种合作非常的重要，我们不能把眼光放在五年十年，而应该看得更长。

所以，我对中美政府的建议是求同存异，在制度和管理上有不同的地方，把我们之间的共同利益最大化。所以两国政府求同存异，保持中美对话，这是作为科学家的建议。

埃隆·马斯克：我建议双方要建立互信，在全球也是一样。很多时候我们担心是不是有间谍，比如在美国要关闭抖音，幸运的是没有发生。但很多人担心抖音的事，我觉得这是不必要的担心，我们要吸取教训。美国的这种关切有时候是不必要的。

我觉得物理（并）不无聊。其实，物理是希望了解自然宇宙，物理学看起来干巴且无趣，但是科学中有两点：一是物理好像不能赋予情感，所以物理论文、讲座看起来干巴巴。但是人是有感情的动物，吸引人的话必须要用感情，必须要解释为什么物理精彩有吸引力，这是非常重要的。物理学是非常重要、有意思的，而不是光背一些公式。

还有一点是要学经济学，要务实就要学经济。不只是证明从物理上是可行的，从成本的角度讲也要是行得通的，什么样的解决方案所需要的资源是最少的？我相信风能和太阳能，还有一些电气存储技术，所有的交通都应该是电气化。当然我也造火箭了，飞机也需要能源，所以我们生产的电池量是远远不够的，现在是需要达到每公斤450千瓦这样的储存水平，但是现在的产能有限。

现在我们已经达到了能支持远程飞机航行的水平，我觉得这很有意思，但是从经济上讲却不适用。从经济学角度讲，电池、风能、太阳能、电动汽车，应该是未来的解决方案。所以就是要让物理有温度，让经济学有温度。一个教授一直在讲、单向地讲授，是一个一直在重复的过程，那我们与其这么做，还不如让学生们参与进来。

文选（二）硅谷"教父"汉尼斯论领导力要领[①]

1. 约翰·汉尼斯简介

约翰·汉尼斯，美国计算机科学家，MIPS科技公司创办人，第10任斯坦福大学校长，图灵奖和冯·诺伊曼奖获得者。在斯坦福长达125年的历史中，汉尼斯展现出了杰出的管理能力和领导远见，他任斯坦福校长达16年，掌舵斯坦福期间，学校的捐款翻了一倍，本科申请人数翻了一番，录取的竞

[①] 黄津孚主要根据以下文献整理编写：周琪. 硅谷教父眼中的领导力要领 [EB/OL]. (2020-06-21) [2020-08-21]. https://mp.weixin.qq.com/s/TTzuj53shCGz-70Cip1n9w.

争激烈程度首次超过哈佛大学,被公认为"最成功的校长",也被公认为美国过去20年来最好的大学校长。约翰·汉尼斯彻底打破了学术与商业的"次元壁",据不完全统计,斯坦福为硅谷输送了近5 000家创业公司和不计其数的企业家,几乎贡献了硅谷创业公司的半壁江山,因而荣获"硅谷教父"的称谓。

汉尼斯是一位领导力专家,是理论和实践"双料"杰出领导人。在最新出版的《要领》一书中,他揭示了领导力的五大原则和塑造领导力的五大工具。在汉尼斯看来,许多精英人士,无论多么位高权重,终究未能出色地领导自己所在的机构。以下是《中欧商业评论》(CBR)对约翰·汉尼斯的专访。

2. 当前的领导力危机

CBR:回顾本世纪发生的两个重大事件,即"9·11"事件与2008年的金融危机,当时的国际社会,尤其是大国之间形成了共识,在行动上保持了一致,从而较好地应对了危机。此次新冠肺炎疫情是否暴露出世界的领导力危机?

约翰·汉尼斯:最要紧的是我们要携手渡过这场全人类共同面对的危机,做到不孤立任何一个国家。世界卫生组织这样的机构需要发挥比以往任何时候都重要的作用。这不会是最后一场灾难,很有可能只是灾难的序曲,这一次我们显然并没有充分准备好。

CBR:2018年2月,您接替埃里克·施密特,正式成为Alphabet的第三任董事长。谷歌有重返中国的计划吗?

约翰·汉尼斯:目前没有,但将来可能会有变化,具体什么时间不好说。毕竟此刻所有人都受困于疫情,未来一年里,这都会成为我们思考的最重要的问题。

CBR:谷歌内部的创新生态是怎样的?谷歌如何保持持续不断的创新?

约翰·汉尼斯:埃里克·施密特说过,谷歌内部要像斯坦福大学一样鼓励创新,年轻人有任何好的想法,都可以找到对应的导师帮助他们推进从创意到产品的落地。要保持源源不断的创新动力,这首先取决于谷歌录用怎样的一群人,这群人是否对创造新事物充满热情;其次,为他们提供良好的氛围,也就是所谓的创新生态。

CBR:脸书、谷歌被曝光数据泄露丑闻,还有《滴血成金》中伊丽莎白·霍尔姆斯的故事,今天的硅谷是否出现了领导力危机?

约翰·汉尼斯:许多初创企业都始于一个伟大的愿景,我相信即使是伊丽莎白·霍尔姆斯也是如此，只需要一滴血和廉价的诊查费，就能做不同的身体化验，这听上去无比诱人，不幸的是，技术本身无法实现那个愿景。这毫无疑问是一场领导力危机，不仅仅出现在伊丽莎白·霍尔姆斯的公司内部，如果我们站在更高的角度来看这场骗局，为什么伊丽莎白·霍尔姆斯会走上神坛，并且受到资本的青睐？为什么没有人更早介入并喝止她继续骗下去？一定是监管部门，也就是我们的"警报系统"出了问题，这是另一个层面的领导力危机。

3. 领导者应有的胸怀

CBR：您曾在一次采访中说，"在硅谷有那么多人渴望在35岁前成为亿万富翁，这件事吓到我了"，全球掀起创业风潮，您对年轻的创业者有什么建议？

约翰·汉尼斯：我想对年轻的创业者们说，让伟大的使命引领你想要开展的事业，做些了不起的事情，真正为客户、为社会创造价值，钱自然会来。要是只盯着赚钱，你或许会成功，但无法为世界带来任何改变。

CBR：当代商业人物中，您最欣赏谁？为什么？

约翰·汉尼斯：我和盖茨先生相识近30年，他是一位有远见的企业家，一手缔造了微软帝国，创造了个人计算机的历史。让我钦佩的是，他一直在自我重塑，我们现在看到的比尔是了不起的慈善家，关心全人类的健康福祉。

CBR：科技让时间管理变得越来越有挑战，您在这方面有什么秘诀？

约翰·汉尼斯：时间管理的问题，很多年前，我请教过一位在业内以高产闻名的计算机科学家，他只回答了四个字，"不看电视"。这个建议很实用，省下看电视的时间，你会发现人生多了一些思考的间隙。还有一点建议，也是我的切身体会，行程太满会扼杀创造性思维，自由自在的时候往往也是新想法冒出来的时候。许多人告诉我，企业家很容易犯的一个错误是，总是忙于应付眼前的问题，却不愿意留出时间去思考那些看上去不紧急，却足以影响企业未来走向的战略问题。似乎只有眼前的危机才是危机，才驱使我们去做出反应，那些即将到来的危机被无视了，它们有可能更加致命。所以，请务必留出时间想想"明天的麻烦"。

CBR：在任斯坦福校长期间，您花了大力气确保团队的每个成员都可以当着您的面说，"汉尼斯，在我看来你这个想法特别蠢"，如何做到的？企业可能复制吗？

约翰·汉尼斯：你只要确保一件事，没有人会因为当面表达异见而遭秋后算账。对我来说,比起内部争论、意见相左,没有意见、沉默才真正值得感到不安。无论学校还是企业,都是如此。

4. 同理心——塑造领导者和组织的秘诀

汉尼斯在其新著《要领》一书中,特别谈到了同理心与领导力的关系。

(1) 应界定同理心的个人层面和组织层面。同理心源自内心,这种高深精妙的人类情感具有奇妙的意义,如果同理心被误导或凌驾于理性,可能会很危险。处理这种情感与理性的平衡时,需不断尝试直至稔熟。

由一个触动你心灵的故事外化为一个机构的行动,这个大跨越有可能充满风险。作为机构的领导者,你必须问自己,这究竟是出于个人意愿还是整个机构应该采取的行动?

例如多年前,得知世界上有些地区遭受灾难后,我们的一群学生开始筹款援助灾民。我完全支持他们的募捐活动,但当同学们向我提出斯坦福大学也应捐出一笔钱时,我拒绝了,这是一个可以帮助厘清同理心这个概念的时刻。大学的经费主要来自捐赠者和学生所交的学费。资金的来源方都认为这些应当用于支持大学的教学和科研,而非救灾。所以,我告诉同学们:"我不同意提供大学经费作为捐助,但我个人会拿自己的钱支持你们达成筹款目标。"

(2) 兼顾同理心与理性。同理心不仅是一种情绪反应,更是一个学习的机会。无论你是在领导一所大学、一个非营利组织还是一家公司,时时刻刻都可能有人向你请求帮助,他们希望你能感同身受。决定何时回应以及如何回应是所有领导者面临的最大挑战之一。你不可能满足所有的请求,你需要一个情感甄别系统,来帮助你做出正确的决定,把关注点和资源放在适当的地方。

决策的过程包括反问自己一系列问题:你内心希望做这件事吗?你是否足够认可这件事或这个人,而需要为此采取行动?处理这件事是否符合你所在组织的使命?如果符合,你所在的组织是否有资源为此事提供帮助?如果不符合,你可以自己解决而不动用组织的资源吗?处理此事毫无疑问会占用你或组织可用于其他事务的资源,在充分了解这点后,你愿意为此事付出多大努力?如果决定出手,那么对于这个请求,你可以设计出一个有影响力、可持续运作的实施方案吗?

通过反问自己这一系列问题,你可以更深入地理解自己的价值观,了解你的同事和组织力所能及的部分,并了解那些可能会影响你所在的群体以及更大范围的人的问题。

2014年斯坦福大学的毕业典礼上比尔·盖茨及其夫人梅琳达·盖茨的演讲，是我听过的最棒的伉俪一席谈。比尔的演讲从数据和技术角度入手，主题是寻求解决全球公共卫生问题的方法，如使用全球定位系统跟踪疫苗注射以确保其覆盖到每个村庄。同样的话题，梅琳达的演讲则从个人视角入手，例如她在一家印度医院握住一名濒死的艾滋病人的手。比尔和梅琳达两人是理性与同理心结合的生动体现。

（3）兼顾同理心与公平。通常而言，我的团队希望我在两个层面展现同理心：一是私人层面，通常涉及与健康相关的问题；二是与家庭有关。我把我的员工视为负责任和有能力的成年人，他们被授权管理自己的时间——他们可以自由决定何时上班、何时下班。因为对我而言，最重要的是他们完成了自己的工作。但不幸的是，有些时候有些人利用了这一政策——他们没有完成工作并成为团队的拖累。我告诉他们，如果这类事件发生一次，可以被原谅，毕竟人人都会犯错——在这里我强调的是同理心；但如果此类事件经常发生，那么我基于公平的考量会超过同理心，这些人将会受到惩罚。

....

我时常感觉我们的同理心即将遭遇严重的挑战。人工智能和机器学习的兴起颠覆了传统的就业和雇用关系。机器人和自动驾驶汽车将取代手工劳动者和驾驶员，法律事务自动化人工智能系统和办公自动化人工智能系统将取代律师助理和行政助理。我们可能会看到越来越多的人将承受长期失业或就业机会不足带来的压力。

我们需要认识到，在革命性技术创新驱动下，就业市场转变可能导致临时失业，但这并不意味着受影响的个人无法再就业。我们必须考虑以前根本不存在的工作以及那些无法用聪明的计算机取代的工作。作为领导者，我们现在需要开始为这项工作做好准备。人性本质、情感联系和人文关怀，这些是唯有人类能带来而机器人、应用程序所做不到的。

文选（三）李彦宏的有机管理模式和君子型领导[①]

1. 李彦宏的有机管理模式

李彦宏，百度公司创始人、董事长兼首席执行官。创立百度之前，李彦

[①] 此案例由张小红教授提供，黄津孚教授做了删节，主要参考《北大商业评论》2010年7月15日刊载的《李彦宏：有机管理》一文。

宏已经跻身全球最顶尖的搜索引擎工程师行列，其拥有的"超链分析"技术专利，是奠定整个现代搜索引擎发展趋势和方向的基础发明之一。

在李彦宏的领导下，百度不仅拥有优秀的搜索引擎技术团队，同时也拥有优秀的管理团队及产品设计、开发和维护团队；在商业模式方面，同样具有开创性，对中国企业分享互联网成果起到了积极推动作用。

李彦宏在经营管理上提倡有机管理模式，在百度发展过程中起了很大作用。有机管理，指的是企业组织在学长式（君子型）的核心管理者领导下，以使命与文化驱动为组织发展的原动力，管理者制定有中心使命、同时随着环境变化而有所调整的战略，充分调动员工积极性，在开发员工潜能的同时实现组织核心目标。这种模式不同于传统的无机管理模式。无机管理是由盈利方式驱动的偏向于家长式管理，采用官僚式阶层组织，推崇英雄主义，它比较适合劳动密集型产业。

在实行有机管理模式的企业中，组织与组织成员间是成年人与成年人的关系，组织成员被首先看作是能主动发展并利用自身人力资本的投资者，组织成员对组织和自己都有职责和义务。核心管理者尊重、信任组织成员，鼓励团队合作与民主参与，组织构建以网络式为主，工作评价以成果为导向，员工被视为知识工作者，员工的创造力、创新性被有效激发，自主管理的特点明显，以进化型创新为主。

百度的有机管理主要由以下几个部分构成：李彦宏的君子型领导风格，简单可依赖的百度核心价值观，进化型创新的发展路径，以及有百度特色的用人机制和试错理论。

2. 君子式领导

某天，李彦宏参加了一个由产品副总监召集的讨论会。像往常一样，李彦宏在这次会上就像不存在——这个关于百度是否要进入一个新领域并进行投资的讨论会几乎在一种无序的情况下进行。产品副总监和其他被邀参会者各自陈述了对进入这个领域的看法，与会者自由发表意见及理由。

会议进行了将近两个小时，最后这场看似将要毫无结果的会议在一位百度副总裁拍板下决定"暂不进入该领域"。尽管后来李彦宏又提出可以先和这个领域的某个不错的公司"合资"试试，但这个想法马上被一个在电话上参加会议的高管否定。这位高管认为应该先合作一段时间，深入了解一下这个公司，如果有价值再投资，因此应该先"合作"。这是这次会议形成的最终决议。

这样的会议在百度司空见惯。在百度，讨论任何问题，即使是李彦宏的意见，也仅仅是"一己之见"，而不是领导意见。在李彦宏讲话过程中，任何人都可以随时打断，发表自己的观点，或者提出质疑。在一些非绝对重要性的问题上，李彦宏的意见常常被否定。但这恰恰被认为非常符合李彦宏推崇的"百度不仅是李彦宏的，更是每一个百度人的"原则。李彦宏和百度的其他管理层也在尽量维护这种学长式的讨论氛围，刻意打破开会时从职位高的人开始发言的制造企业传统，努力减少高职位员工在公司决议上对普通员工的影响。

在他们看来，作为一家知识型公司，百度不应该像传统制造业那样进行家长式的领导；要尽量用网络式的组织形式去替代那些阶层式的组织；用民主参与替代简单命令；用团队作战去替代个人英雄主义。

李彦宏的领导风格是西方特色与中国文化相结合的风格，这种风格不同于传统的中国企业家长式或草莽式领导风格，包括：自省和自律、胸怀和远见、信任与尊重、专注与专业、领先与超越。百度的管理、文化都反映了李彦宏的这种领导风格，有人称李彦宏的领导为"君子型领导"。

在中国古代，"君子"一词的本意是从道德层面来讲人的。这里提到的"君子型领导"，是指李彦宏对百度的领导行为具有君子的本质。他的领导是基于人性本善，是以君子的风度，自觉地、主动地想把公司发展好，为社会创造价值。

百度之所以始终能够根据用户需求和市场环境的变化进行调整，具有极强的学习能力和适应能力，一个重要前提就是李彦宏的君子型领导风格。

3. "简单可依赖"的核心价值观

有人说，技术就好比公司的智商，而文化好比公司的情商。智商很高，情商很低，也不能成大事。百度的公司文化在李彦宏的"君子型领导"风格影响下，形成了鲜明特色，最基本的特征就是"简单可依赖"的核心价值观。这种"简单可依赖"，首先指的就是公司内部的人际关系。

李彦宏曾经解释过这个词的含义："简单"，就是这个文化没有很多复杂的人事关系在里面，人和人之间的关系非常简单，我想说什么就直说好了，大家想做什么就直接去做好了，不需要顾及很多的东西。"可依赖"，就是可信任、可托付。作为团队，人和人之间有很好的信任感，把一件事交给这个人，这个人说"好，我来做"，那我们就放心交给他去做，做出来的东西就是好的、有需求的。有这样一个团队，效率就会很高，大家也会很喜欢。

在百度，大家工作比较愉快，没有什么勾心斗角，没有公司政治，每个人都可以放心地把精力花在自己的工作上。不会出现你在前线冲锋陷阵，有人在背后说你坏话的情况。

"简单可依赖"的公司文化，使得百度内部的人际关系非常简单，对于李彦宏来说，管理难度就大大降低了。所以，李彦宏说："我虽然是一个技术人员，但到现在还能坐在这个位置上，并非是我个人管理能力有多强，而是因为公司内部关系简单。"

除了人际关系的层面，百度的"简单"文化还包括以下层面：遵循公开、公平、公正的办事原则，用充满人文关怀的简单制度、文化以及优厚待遇吸引并留住高素质的"简单"人，务实敬业，积极进取，精诚合作，少说多做，鼓励创新，容忍失败，理解用户的简单需求，采用简单管用的方法技术，做出简单可依赖的产品，通过实现知识的共享来追求人类的真正平等。

"简单可依赖"的核心价值观对于百度的重要性，并不亚于那些技术创新。有人说，一家公司如果不能输出自己的价值观，也不可能成为一家真正伟大的企业。百度的核心价值观作为百度软实力的重要组成部分，对其成长发挥了推动作用。

4. 进化型创新与试错理论

与传统企业相比，李彦宏为百度制定的战略不是一步到位，而是不断进化及蜕变得来的。百度的发展壮大过程一直伴随着和各种对手的竞争博弈，持续面对的这种生存危机，促使百度不断加强创新、管理和文化，不断进化。在竞争过程中，百度不断在产品、技术、商业模式上进行创新，这种模式被称为"进化型创新"。

百度初创的时候，将自己定位为门户网站的技术提供商。此时，百度的商业模式是通过给门户网站提供搜索技术，获取服务费用。这个模式一直延续到2002年。

当发现给门户网站提供技术服务难以有较大发展的时候，百度对自己的商业模式进行了修正，开始尝试另外一种商业模式——给企业提供软件，通过出售应用软件与服务获得经济回报。这个商业模式帮助百度度过了艰难的创业期。但是，这个模式同样很难让百度有巨大发展，于是在找到另外一个更有发展潜力的商业模式后，给企业提供软件的商业模式在2006年最终终止了。

2001年9月，百度找到了一直持续到现在的商业模式——基于竞价排名的网络推广方式。再后来，百度又先后发展了另外一些包括品牌专区在内的新的商业模式。百度的商业模式是随着李彦宏等人对互联网认识的加深而不断优化的。商业模式没有最好，只有更好，而更好的商业模式是那些基于公司核心优势、适合公司发展的、具有巨大发展潜力的盈利方式。

进化论是百度成功的秘诀之一。传统竞争战略的制胜原则，是如何把握机会消灭竞争对手，而百度这种动态竞争战略的关键，是如何把握时机，重新配置自己的企业资源，不断建立新的优势。例如，在和谷歌的竞争中，在谷歌宣布进军中国前，百度在搜索市场份额不过三成，而当谷歌进入中国市场以后，百度的市场份额却一路飙升至超过七成。虽然谷歌后来宣布退出中国，但百度已经对自己提出了更高的发展目标——10年后收入增长40倍、做全球最大的媒体平台、在全球一半以上的市场成为家喻户晓的品牌。李彦宏为百度设定的这些目标，将推动百度进一步"进化"。

5. 有甄别地引进人才

百度也如同其他高速发展的知识型公司一样，正在经历爆发式增长期都要经历的人才问题。李彦宏说："百度能够发展到今天，找对了人是一大重要保证。"百度总结自己的"选人"经验为：那些通用类的技能职位可以大胆挖人，例如市场、公关、会计等岗位——每个公司都相通；但是那些技术、产品等位置就需要靠内生，从内部培养、提拔——就像从自家后院里拔萝卜一样，熟悉可靠。对于如何发现这些顶尖级人才，李彦宏有自己的秘密武器，这就是百度发现人才的五大法则。

（1）多角度面试。百度引进任何人才，都会安排多个同事对候选人进行多角度评估，然后根据汇总结果进行最终决策。一般情况下，对于中层以上的职位，百度会安排8个人左右进行面试；对于高管岗位，则至少安排4人进行面试。

（2）背景调查。这是管理规范的企业普遍使用的方法。通过候选人的直接上级或同事，多方面了解其德与才是否符合百度的要求。

（3）降级录用。这是百度与很多企业不同的地方。一般情况下，别的企业的副总到百度以后只能担任总监职位；别的企业的总监到百度只能担任高级经理的职位。

（4）证明自己。任何人来到百度，只有用实践结果证明能力以后才能获得提升。很多公司为了让员工出去谈业务的时候有个好的身份，随便给员工某个很好听的职务名称。而百度对于给予某人什么样的职务头衔十分苛刻和慎重。

（5）循序渐进。职位不但代表着权力，更代表着责任。百度在实践中锻炼和培养人才，不断给予其新的职责，根据其履职的情况检验其能力，职位由低到高，职责由小到大，循序渐进地培养人才。

三、管理案例

案例（一）民主纳谏与独裁决策[①]

中外史书中关于民主纳谏与独裁决策的故事非常多，现代管理科学（如行为科学中）关于领导风格更有许多研究成果。例如，美国密歇根大学李克特教授认为领导风格有四种典型，即独裁型、仁慈型、协商型与民主型。其中，民主型的作风最理想，因为具有高度成就的部门领导人，其作风大都倾向于这一类；而成就低下的部门领导人大部分作风倾向于独裁型。

1. 纳谏/拒谏的历史经验与教训

谏言和纳谏/拒谏在中国历朝历代皆有发生。唐太宗李世民广纳谏言，开创了贞观之治；吴王夫差不听伍子胥谏言，坚持赦免越王勾践，最后身死国灭。

公元208年，面对曹操20万大军压境，在实力悬殊的形势下，东吴文臣大都主张向曹操屈服称臣，而程普、黄盖等武将则主战，孙权拿不定主意，在诸葛亮联合鲁肃和周瑜的劝说下，力排众议，做出了孙刘联合抗曹的决策，取得了火烧赤壁大败曹军的历史性胜利。

纵览千百年来一个个帝国、王朝的兴亡史，当一个帝国已经容不下说真话的书和说真话的人，既得利益者只相信他想听的东西，谄谀献媚、拍马溜须者纷纷上位秉政，或为保全自身糊涂装睡，而任何试图挽救颓败的管理层之清醒者往往遭到无情斥责乃至弹压。清帝国由盛而衰，其中一个重要原因也与帝君拒谏有关。

一个半世纪前，大清帝国朝廷的统治者们始终自我感觉良好，天天做着我天朝上邦、华夏贵胄，四方洋夷万国来朝的美梦。而广东巡抚郭嵩焘则是一个看清现实的清醒者。

同治十三年（1874年），英国驻北京使馆的马嘉理路过云南，因与当地民众发生冲突而遇害。时隔两年后，英国就此事要清政府派遣使团赴英道歉，

[①] 黄津孚根据以下文献摘编：黄津孚. 现代企业管理原理 [M]. 北京：清华大学出版社，2017：338-339；韩翼，肖素芳. 从谏如流还是拒谏饰非？领导纳谏/拒谏背后的故事 [J]. 工商管理学者之家，2020 (12).

并任命中国驻英大使。彼时的天朝，虽历经鸦片战争之后三十余年，饱受列强欺负，被迫割地赔款，然而朝堂上下的秉政者们仍深感出任"驻英大使"是一件令人羞耻的事，高贵的士大夫们纷纷避之唯恐不及。最终，清政府让曾任广东巡抚的郭嵩焘"临危受命"，并勉励他赶紧赴任，能与国家"共克时艰"。

光绪二年（1876年），作为大清历史上首位驻外使节，郭嵩焘在嘲讽和诋毁中，与副使刘锡鸿等经过几十天航行，终于在1877年1月下旬到达伦敦。驻英期间，郭嵩焘在英国会见、结识各界名流，游览英国多个城市，参观学校、教堂、公园、图书馆、博物馆等公共设施后，深深感觉到清帝国与英国的差距已超百年。他首先被英国的先进机器所冲击，当亲眼看到农田上百余种机器时，不由赞叹道："一部机器兼四十人之力，而神速复倍之。"再及看到电话、电报、留声机等新鲜事物时，更是被惊呆，这就是闻所未闻、见所未见的神话传说中的"千里眼""顺风耳"啊！他为国内士大夫还沉浸在天朝上国的美梦中无法醒来，竟将远超自身的英法视为"夷狄"，更深感不安。按照总理衙门规定，他将自己出使英国期间（1876—1879年）的所有见闻全部用日记记载了下来，题作《使西纪程》，并寄回了总理衙门希望公开出版，其目的是想让朝廷上下知道差距，然后像日本明治维新一样，对西方文明奋起直追。

郭嵩焘在该书中不单有对科技的记载，还有对英国议会等西方体制的描述。他对英国实行的西方体制表示赞赏。在其看来，这种议会政党制以及行政公开有利于英国统治层了解民意，下情上达。

可是他万万没想到，这样一部介绍西方文明的《使西纪程》，不但没让夜郎自大的国人开阔眼界，反而引起他们的口诛笔伐。《使西纪程》刚一出版，一时间舆论哗然，群情汹汹。一些自以为是、自负自大、自欺欺人的"爱国者"们，纷纷指摘诋毁郭嵩焘，说他"诚不知是何肺肝"，更有甚者说郭嵩焘"有贰心于英国"，是一个十足的"汉奸""卖国贼"。据说在长沙准备乡试的考生，不仅烧毁了郭嵩焘出资修复的玉泉山林寺，还扬言要捣毁其故宅，连老朋友刘坤一也质问他："何以面目归湖南？更何以对天下后世？"简直是要开除他之湘籍了。

在如此"汹汹舆论"下，清政府先是下令将郭嵩焘日记《使西纪程》禁毁，还于1878年8月下令将郭嵩焘调回，拟将其查办治罪。回国后，郭嵩焘在全国上下的声讨与谩骂中度过残年，终于1891年悲愤离世。

然而，与这位大清帝国崩溃前夜可敬的"清醒者"相反，郭嵩焘的副使刘锡鸿，则扮演了帝国崩溃前夜众生相中最为典型的"装睡者"。这位副使，虽同样在英国见识西方文明，也私下里非常赞许，但在公开行动上，却密奏郭嵩焘"三大罪"，处处维护帝国"天朝上国"的"尊严"。这位副使与郭嵩焘虽一起回国，却继续风光无限地担任光禄寺少卿。

我们必须以史为鉴，亡国者常常并非外敌，而是装睡者及拍马溜须、讴歌赞颂的所谓"忠臣"，实际上像郭嵩焘、林则徐这样的清醒者才是国家强盛、民族兴旺的基石。就在郭嵩焘离世20年后，大清王朝的"盛世"帝国就终告覆灭！

故《资治通鉴》告诫各级领导者"兼听则明，偏听则暗"。民间则有"良药苦口利于病，忠言逆耳利于行""择其善者而从之，择其所恶而改之""言者无罪，闻者足戒"等箴言名句。

2. 现代管理学关于纳谏的研究

为什么有的领导者能欣然纳谏，有的领导者却愤然拒谏？为什么同一个领导者有时表现出开放宽容，有时却表现得蛮横专断？当今世界正处于快速发展变化之中，面对错综复杂的外部环境，面对复杂、不确定性、风险和危机，往往众说纷纭，如何决断？真理掌握在多数人手里，还是掌握在少数人手里？这是一个值得深思的问题。

组织领导者要想准确识别和规避风险，对员工所提供的谏言做出快速响应显得非常重要。尽管员工谏言对组织生存和发展有着举足轻重的作用，但领导者对员工谏言的反应却既有积极的（如纳谏），也有消极的（如拒谏）。事实上，由于领导者对员工谏言的理解是基于个人认知的，不同的领导者对谏言事件的反应不同。那么，哪些因素会导致领导者对谏言的反应不同呢？

（1）说服理论与领导纳谏。说服理论认为，说服是否有效取决于信息来源、信息、情境和接收者这四方面的因素，它们往往通过自动加工或启发式线索影响人物的态度改变，使其决定是否相信信息。谏言自身同时具有建设性和挑战性性质，这使得领导者在评估员工建议的过程中可能会对其说服力产生不同认知，可能予以采纳也可能予以拒绝。

卡耐基曾言：如果你是对的，就要试着温和地、巧妙地让对方同意你。员工谏言效果同样如此，应考虑其他说服因素。

首先，谏言者的专业性是信息来源可靠性的重要标志，会对谏言的说服效果产生积极影响。其次，领导者的个性特征也是其中重要一环。领导自恋是一种常见的人格特质，自恋倾向越高的领导者越强调单向沟通，不愿倾听他人意见，不利于员工意见说服效用的发挥以及领导采纳。最后，领导—成员交换关系这一重要的情境因素不容忽视。与领导关系的好坏会影响领导者对员工行为的评价。因此，我们认为谏言者的专业性、领导—成员交换关系和领导自恋将在员工谏言与领导纳谏的关系中扮演着重要角色。

针对说服理论我们开展了一项实证研究。我们主要从湖北、河南、安徽等地的企业中收集领导—员工配对数据，最终的有效配对问卷共有204份，平均每位管理者评价3位员工，有效回收率为72.86%。分析结果表明，员工专业性显著正向调节员工谏言与领导纳谏之间的关系；领导—成员交换关系显著正向调节员工谏言与领导纳谏之间的关系；员工谏言、专业性和领导自恋的三项交互显著作用于领导纳谏；员工谏言、领导—成员交换关系和领导自恋的三项交互显著作用于领导纳谏。

(2) 动机社会认知理论与领导拒谏。领导拒谏是一个复杂的行为概念。如果从行动者目的视角来定义拒谏，那么领导拒谏是领导者为了维护自尊和保证权威而对谏言行为表示厌恶或进行抵制的行为。

运用动机社会认知视角的整合框架，美国心理学家（Jost等）解释了人们保守主义倾向的成因：它可以减少人们的恐惧、焦虑、不确定心理；它可以避免变革、混乱和模糊的情形出现；它可以解释、排序和合理化群体和个人之间的不平等。抵制变革和保持等级秩序是动机社会认知理论的核心观点，这与领导拒谏密切相关，为我们理解领导者为什么经常拒谏提供了系统的理论视角。

动机社会认知视角整合了三种一般化动机：认知动机、存在动机和意识形态动机。

认知动机决定了人们试图获得确定性信念的方式，这些信念能够帮助他们应对外部物质世界的模糊性、复杂性、新奇性及混乱性挑战，并支持着他们找到前进方向。因此，认知需要会影响个体设法克服不确定性和对未知事物的恐惧的风格和方式。存在动机也包含了对与抵制变革有关的确定性和安全感的渴望，持此动机的人们更加关注自我保护和自尊的维护。意识形态动机希望保留现有的等级秩序和不平等情况，以此来减少不确定性、威胁感和无价值感。这三种动机虽然在理论上是不同的，但它们在概念上是相关的，因为它们有着共同的来源，即管理不确定性和威胁的心理意图。

美国著名的变革管理专家约翰·科特指出：从人性方面来讲，人们会本能地抵制变革，因为变革意味着风险。领导者作为谏言的接收者和处理者，动机因素在其对信息的处理过程中起着重要作用。虽然员工谏言被广泛认为是一种建设性的组织公民行为，其发起者的动机是亲社会的；但是，它也可能被认为是一种消极事件，是令人讨厌的事，是一种障碍，或者缺乏团队精神。因为谏言具有挑战性，它会使得现状产生变化，会让领导者感到威胁。

另外，虽然员工谏言的初衷是为了改善工作和组织现状，但采纳谏言并执行后是否能够获得对组织有利的结果仍具有很大的不确定性，因为谏言的实施过程还受到很多其他因素的影响。谏言的挑战性及其所带来的不确定性使得领导者充满认知上的不安全感，会激发领导者管理不确定性和威胁的动机（即认知动机、存在动机和意识形态动机），抵制变化，从而导致拒谏反应。

3. 中外企业纳谏/拒谏的故事

有"经营之神"之称的松下幸之助认为，能虚心接受人家的意见，能虚心请教他人，才能群策群力。招商银行为让基层发声，设有"蛋壳平台"，其行长说"若批评不自由，则赞美无意义"，以此鼓励全行员工自由发声。

20世纪30年代，美国经济发生大萧条，一家大型零售店库存急剧增加，老板急得像热锅上的蚂蚁。一位伙计建议在商店设一个柜台，专门销售滞销小商品，标价统一为1美元，以便尽快消化库存，后来又提议由他承租一个店铺搞试验。老板听后不胜烦恼，不但愤怒地加以拒绝，而且威胁这位伙计如果再异想天开就把他开除。这位伙计一气之下辞职，自己开了一家专门销售廉价日用品的"1元商店"，没想到生意非常兴隆，很快发展为年销售超千万美元的连锁杂货店。那位老板闻讯后悔恨莫及，叹道："天哪！当初我给他泼冷水的每一个字母都价值百万美元啊！"

吴志祥曾向马云建议做一个旅游行业的B2B平台，但未被采纳。于是他辞职自己创业，创建同程旅游公司，截至2018年底，公司市值估价高达222亿元。

Zoom公司的创始人袁征曾在美国思科工作过4年，他在拜访客户时发现，市面上的视频产品未能真正地满足客户真实需求，客户并不满意。他建议思科重新开发让客户满意的新产品，但未被领导人采纳。2011年，41岁的袁征离开思科在硅谷创立了自己的视频会议软件公司"Zoom 视频通信"（Zoom Video Communications）。2019年4月18日，Zoom登陆纳斯达克的第一天，市值为160亿美元；2020年4月28日，其市值竟逼近440亿美元。创始人袁征个人财富达到565亿元人民币，位列《福布斯2020全球亿万富豪榜》第293位。

从上述事件我们不难看出，领导纳谏或拒谏往往在很大程度上决定事业的成败。在 VUCA 时代①，组织领导者广开言路、虚怀纳谏、从谏如流等行为特征对于组织的生存和长远发展非常重要。然而，谏言对现有规则、流程和制度造成了挑战和威胁，使得组织的现状发生了变化。

员工谏言是员工对与工作有关问题进行的建设性意见表达，其目的在于改善组织。但是谏言并不会自动改善组织现状，只有当管理者支持、认可、执行并推广员工谏言时，谏言的积极作用才会显现出来。

案例（二）"独辟蹊径"的企业家乔布斯②

1955 年 2 月 24 日，斯蒂夫·乔布斯出生在美国旧金山，刚刚出世，就被大学教授的父亲与颓废派艺术家的母亲无情地遗弃了。幸运的是，一对好心的夫妻收留了这位可怜的私生子。虽然是养子，但养父母却对他很好，如同亲子。学生时代的乔布斯聪明、顽皮、肆无忌惮，常常喜欢别出心裁地搞出一些令人啼笑皆非的恶作剧。不过，他的学习成绩倒是十分出众。

21 岁的乔布斯成立了苹果公司，1985 年获得了由里根总统授予的国家级技术勋章；30 岁的他被自己招来了的首席执行官挤兑离开了公司；1996 年苹果公司宣布破产，此时 41 岁的乔布斯重返苹果，开始了史无前例的大拯救，之后的苹果逐渐走向世界巅峰！1997 年乔布斯成为《时代周刊》封面人物；同年被评为最成功的管理者，他是声名显赫的"计算机狂人"。

立方网首席执行官熊万里说：乔布斯是全世界的遗产，因为在不同的人心中，都有不同的映射。1 000 个人心中，就有 1 000 个不同的乔布斯。

1. 不停"i"下去

"i"下去，就是改变世界的脚步不停止，就是更高的顶峰。微软创始人比尔·盖茨说，乔布斯留下的东西会影响这个世界至少 100 年。在过去 30 年，乔布斯带领苹果开发的那些产品，重新定义了移动互联网，改写了动漫、音乐、出版、线下零售，乔布斯凭借这些产品，屹立于当代科技产业的顶峰。

苹果未来的产品不仅限于现在的产品，其正在拓展更多领域，乔布斯此前对艾萨克森说："我希望制造操作简便的综合型电视，可以与 iPhone、iPad、iMac 电脑等苹果其他产品相连接，可与苹果云存储账户 iCloud 同步。"

---

① 即变幻莫测的时代。"V"指 volatility（易变性），"U"指 uncertainty（不确定性），"C"指 complexity（复杂性），"A"指 ambiguity（模糊性）。

② 黄津孚主要（但不限于）根据以下文献整编：侯继勇. 阅读乔布斯：一个人留下的世界 [N]. 21 世纪经济报道，2011-10-29（01）；邝国泉. 中国为什么没有"乔布斯"？[EB/OL].（2012-02-02）[2021-10-25]. http://m.sjxso/L.com.

对乔布斯而言，iPod 重新定义音乐产业，iPhone 重新定义手机产业，iPad 重新定义电脑及传媒出版，iTV 将重新定义电视产业。熊万里认为，在乔布斯"改变世界"的远景规划里，包括 iCar（智能汽车）、iHouse（智能房屋）、iTown（智能城市），而终极目标则是 iEarth（智能地球）。在乔布斯的世界，人类身体的所有事务都可以通过技术进行"革命"。乔布斯"活着就为改变世界"。"i"下去，就是改变世界的脚步不停止，就是不断攀登更高的顶峰。

乔布斯逝世后，苹果改变世界的步伐仍然按照惯性向前。熊万里说，失去了乔布斯，世界"i"下去的脚步会慢很多。也正是因人类要不停地"i"下去，比尔·盖茨才说：乔布斯至少影响世界 100 年。

2. 艺术家乔布斯

经典集团董事长张宝权认为：与同时代的商业明星相比，乔布斯是个艺术家；最初造房子的鲁班，是个木匠，而造成故宫、寺庙、罗马角斗场的，却是诗人、艺术家和设计师。微软为什么没能实现盖茨的预言？很简单，盖茨是鲁班，是木匠，乔布斯是艺术家，是诗人。

乔布斯相信直觉，并且在技术实用化、设计愉悦感和界面友好方面，有很高的天分，他狂热地追求完美，为人非常苛刻。他的管理主要依靠自身的魅力和四溢的激情。

与乔布斯不同，盖茨懂计算机编程，更务实，更有原则，且拥有很强的分析处理能力。盖茨更有条理，他会频繁地召开产品分析会议，并在会上切入问题核心。比尔·盖茨曾经很看不起乔布斯——乔布斯不会编程。乔布斯早期合作伙伴沃兹尼亚克认为，乔布斯根本不懂电路设计。微软有全球最为庞大的软件工程师队伍，苹果公司的雇员则包括艺术家、诗人、音乐家。微软以软件公司注册，而苹果公司则以设计公司注册。

正是苹果，实现了将"科学与艺术完美结合"。1996 年 12 月 17 日，全球各大计算机报刊几乎都在头版刊出了"苹果收购 Next，乔布斯重回苹果"的消息。此时的乔布斯，正因其公司（现皮克斯）成功制作第一部电脑动画片《玩具总动员》而名声大振。1998 年，他推出了新的电脑 iMac，呈现在世人面前的是一个全新的电脑：半透明的外装，一扫电脑灰褐色的千篇一律的单调，似太空时代的产物，加上发光的鼠标，以及 1 299 美元的价格标签，令人赏心悦目……新产品重新点燃了苹果机拥戴者们的希望。三年来，他们一直在等待的东西出现了，iMac 成了当年最热门的话题；当年 12 月，iMac 荣获《时代》杂志"1998 最佳电脑"称号，并名列"1998 年度全球十大工业设计"第三名。紧接着，1999年乔布斯又推出了第二代iMac，有着红、黄、蓝、绿、紫五种水果颜色的款式供选择，一面市就受到用户的热烈欢迎。iBook融合了iMac独特的时尚风格、最新无线网络功能与苹果电脑在便携电脑领域的全部优势，是专为家庭和学校用户设计的"可移动iMac"。1999年10月iBook夺得"美国消费类便携电脑"市场第一名，还在《时代》杂志举行的"1999年度世界之最"评选中，荣获"年度最佳设计奖"。

在乔布斯的改革之下，苹果公司终于实现扭亏为盈。乔布斯刚上任时，苹果公司的亏损高达10亿美元，一年后却奇迹般地盈利3.09亿美元。

3. 开放与封闭之争

与谷歌作战，是乔布斯留给苹果继任者们的未竟之战。乔布斯对谷歌十分愤怒，因为其进入手机领域，并且整合推广了安卓操作系统。他曾对艾萨克森说："我要消灭安卓（Android），它剽窃了苹果iPhone，因而说谷歌'不作恶'的口号就是扯淡。"乔布斯觉得自己遭到了背叛。在iPhone与iPad开发期间，谷歌公司首席执行官施密特是苹果的董事会成员，乔布斯感到自己被利用了，认为安卓的多点触控、滑动操作、应用程序图标网格涉嫌抄袭了苹果。

在个人电脑时代，苹果败给了微软。盖茨后来总结说：这是开放系统战胜了封闭系统。但iPhone、iPad的成功却证明，软件、硬件、应用统一的封闭系统优于开放系统。

开放与封闭，用乔布斯的话，是一体化还是碎片化，谁将获得胜利？这是过去30年来的一场大辩论。乔布斯至死都主张，将软件、硬件、内容整合在一个干净漂亮的系统中可确保使用简洁。而施密特对此的评价是：和20年前一样，苹果是封闭系统的创新者，不希望别人未经许可进入自己的平台，其好处是可以控制；但谷歌相信，开放是最好的方式，能带来更多可能与竞争。盖茨则认为：开放的方式最终会成功。但盖茨也说：这只是根据自己的经验。

盖茨最后一次去看望乔布斯时，对乔布斯说：我曾经相信开放、横向的模式会胜出，但你证明了一体化、垂直的模式也可能很出色。乔布斯则对盖茨说：你也成功了。

开放与封闭之争，即使到乔布斯去世那一刻，也没有停止。

4. 中国为什么没有乔布斯

2011年12月中旬，国务院总理温家宝在考察苏州工业园区期间提出：中国要有"乔布斯"，要有占领世界市场的像"苹果"一样的产品。这既是对中国企业家的期盼，也是对中国经济成功转型的呼唤。

但是，现实是中国迄今尚未出现"乔布斯"那样的领导者，像任正非、宋志平、曹德旺那样创新型的企业家也是凤毛麟角。个中原因固然复杂，但有专家认为，根本原因无非是以下几条。一是中国对知识产权保护不给力，严重压抑了中国企业家的创新精神；二是产业结构畸形，房地产利润率畸高，导致国民财富过多囤积在房地产，国家创新动力和投入严重不足；三是从上到下急功近利的企业文化。

案例（三）索尼吉田社长对话华为创始人任正非①

吉田宪一郎在1983年加入索尼公司，到2019年，在索尼已度过了36年的工作生涯。和前任平井一夫不一样，吉田宪一郎最初是企业财务人员。日前，一份作为索尼首席执行官的吉田宪一郎向任正非发问的会谈纪要流出，在这份纪要中，吉田宪一郎发问任正非，提出了一系列有关组织管理、创业的问题。

1. 关于华为内部管理

吉田社长：索尼公司从创业至今有72年历史，我是第11任社长，今年4月开始任职。我从索尼公司的创始人盛田先生身上主要学习到三点：第一，我们需要拥有危机感；第二，我们需要保持谦虚的态度；第三，要有长期的视野。任总您的哲学是否与此相似？

任正非：基本相似。但是我认为，第一点应该是要有方向感，包括客户需求的方向感、未来技术创新的方向感。当然，技术创新实际也是客户需求，未来的客户需求。不断调整方向，方向要大致正确。方向并不一定要求绝对正确，绝对正确的方向是不存在的，太机械教条。第二点是组织要充满活力，这与您讲的三点基本一致。因此，要敢于在内部组织与人员中迭代更新。比如，我们的作战组织，要保证一定比例的基层人员参与决策层。最高层司令部的"战略决策"，允许少量新员工参加；再下一层级叫"战役决策"，如区域性决策、产品决策等，不仅是新员工，低职级员工也要占有一定比例。我们层层级级都实行"三三制"原则，要让一些优秀的"二等兵"早日参与最高决策。以前大家排斥他们，有人问"新兵到最高决策层做什么？"帮领导"拎皮包"也可以呀！他参加了会议，即使很多内容听不懂，但是脑袋开了天光，提早对未来作战明白，而且他们还年轻。新生力量就像"鲶鱼"一样，把整个鱼群全激活了。因此，迭代更新很容易，我们不担心没干部，而是担

---

① 参见：索尼向华为取经：任正非对话索尼吉田社长［EB/OL］.（2019-02-21）［2020-12-21］. https://www.sohu.com/a/296068535_100020651.

心后备干部太多了，不好安排他的工作。后备干部太多，在职干部就不敢情怠，否则很容易被别人取代。

吉田社长：华为的内部股份制和轮值机制，都是比较独特的。索尼公司和华为公司商业往来，我发现华为公司的决策是非常快的。华为的决策快与人事制度是否相关？

任正非：首先解释一下我们的轮值制度。如果公司某一个人有绝对权威，随意任命干部，其他人又不得不承认，这样公司的用人机制就会混乱。我们公司有三个最高领袖，一个人说了不算，必须要征求其他两个人的看法和支持。他们三个人的思维方式达成一致以后，还要经过常务董事会讨论，举手表决，少数服从多数；常务董事会通过以后，提交董事会表决，也是少数服从多数。这就制约了最高权力，维护了公司干部体系的团结，避免了个别领导不喜欢的干部在公司受到排斥。这个决策过程是慢的，四慢一快。董事长代表持股员工代表大会对常务董事会进行运作规则管理，监事会对其行为进行管理，这样我们就形成一个机制——第一，"王"在法下，最高领袖要遵守规则制度。"法"就是管理规则。第二，"王"在集体领导中，不能一言堂，他可以提出意见来，通过大家集体表决，这样控制最高领导层不会冲动。我们从上至下的行动之所以非常一致，有一个制度"立法权高于行政权"。社会有种传统说法"县官不如现管"，立法权就被架空了，我们强调立法权大于行政权。我们建立规则时，广泛征求了基层干部意见。可以批评、可以反对，制度形成后就必须被执行，不执行就要被免职。

吉田社长：现在华为公司已经完善了决策的制度，其实决策快，不是决策本身快，而是决策之后的行动非常快？

任正非：对，决策是很慢的。四慢一快。

吉田社长：我曾在一本书上看到，华为高层有过退任和回任，当时是基于什么目的去做的？

任正非：迭代更新。比如我们现在要攻一个"山头"（指产品），主攻部队集中精力攻克"山头"，他的精力是聚焦在现实主义的进攻，"山头"攻占下来，他已经消耗殆尽了。我们还有第二梯队，不仅考虑"山头"，还要考虑"炮火"延伸问题，比如攻下"山头"下一步怎么办、未来如何管理、武器还有什么缺点需要改进……他要在更宽的范围内改进作战方式。第一梯队"打完仗"以后，可能就分流了：有一部分人员走向市场、服务、管理……有一部分人员继续编成新队伍前进，和第二梯队融在一起，拓宽了战役面。分流到其他地方的人不是不行，攻下"山头"，他是最明白产品的人，在市场里是先知先觉,在服务里是最明白、最有能力的人,在管理里是吸取了经验教训的人,这个人的成长是根据他个人的特性,也充满了机会。第二梯队在冲上去时,已经不是用"步枪""机关枪",他带有"坦克""大炮"……各种新式武器进攻,所以进攻能力更强。第三梯队,研究多场景化,攻打"大山头"和"小山头"的作战方式不同。比如,市场需求有东京、北海道,还有北海道的农村,这叫多场景化。不能把东京的设备放到北海道的农村去,那太浪费了。同一个产品在对应不同客户需求时,出现不同形态,至少把成本和能耗降下来了。第四梯队,从网络极简、产品架构极简、网络安全、隐私保护入手,进一步优化产品,研究前面进攻的武器如何简化,用最便宜的零部件造最好的设备。第四梯队根据第一、二、三梯队的作战特点,简化结构,大幅度提高质量与降低成本;加强网络安全与隐私保护。在表彰的时候,我们往往重视第一梯队,攻下"山头"光荣,马上给他戴一朵大红花。其实第四梯队是最不容易做出成绩的,他要用最差的零部件做最好的产品,还面临着零部件的研发等一系列问题。如果我们对第四梯队一时做不出成绩就不给予肯定,就没有人愿意去做这个事情。总结起来,我们研发就是几句话:多路径、作战队列多梯次、根据不同客户需求多场景化。

高桥洋(索尼中国区总裁):您刚才提到,对于客户需求会分场景去开发,具体顺序是如何的呢?比如,有了客户需求,按照需求去开发技术;还是有了技术,按照客户需求去选择?

任正非:客户需求是一个哲学问题,而不是与客户沟通的问题,不是客户提到的就是需求。首先我们要瞄准综合后的客户需求理解,做出科学样机,科学样机可能是理想化的,它用的零件可能非常昂贵,它的设计可能非常尖端,但是它能够实现功能目标。第二梯队才去把科学样机变成商业样机,商业样机要综合考虑可实用性、可生产性、可交付性、可维护性,这个产品应该是比较实用的,可以基本满足客户需求,新产品投入时的价格往往比较高。第三梯队分场景化开发,这个时候我们要多听买方意见,并且要综合性考虑各种场景的不同需求以后才形成意见,并不是买方说什么就是意见,这就是适合不同客户的多场景化,可能就出现价廉物美了。第四梯队才开始研究用容差设计和更便宜的零部件,做出最好的产品来。比如,电视机的设计就是容差设计。我们以这种方式来满足客户需求,就不是让客户牵着鼻子走。否则刚满足了客户这个需求,新的机会点又出现,太碎片化,我们完全束手无策。

吉田社长:华为公司内部是否开放讨论,允许反对意见的存在?通过什么形式来保证发言人的安全？比如，您刚才提到的心声社区，是否匿名投稿？

任正非：你们懂中文的人可以以游客身份访问心声社区，看看我们内部的反对意见是有地位的，而且是得到保护的。我们人力资源有个机制，在匿名发帖和匿名批评意见中，首先看他批评的准确性和中肯性，确定这个人以后，与他沟通是否愿意与我们谈谈。虽然匿名，我们还是知道他是谁，只是网络不知道他是谁，但我们绝对不会打击他。如果他愿意谈，有些人可能被选拔到公司机关的秘书机构，工作3~6个月，用机关的方法充电，回到一线去看能否用这个方法解决一两个问题。当然，如果发帖的意见是简单、空洞的，我们会容忍，但不一定会关注。

吉田社长：对于反对意见，还用在了人才录用上？

任正非：是的。我如何知道"二等兵"可以升"将军"呢？如果"二等兵"靠拼刺刀一层层选拔上来，他不一定能走到"将军"位置，即使走到"将军"位置，他可能都80岁了。有些不是反对意见，是对事情的认识，可能比我们还深刻。反对的人，也许是有真知灼见的天才。容忍反对，才会人才辈出。

2. 关于华为发展历程

吉田社长：感谢您的介绍。听说华为是这样一种发展：国内先从农村开始，逐渐向县级、市级、省级……发展市场；海外全球市场，从落后国家到发展中国家，最后再打入发达国家。是这样的发展模式吗？

任正非：不是，从农村到城市不是我们的战略，这是媒体自己的包装宣传。最初，我们的产品达不到高标准，卖不进去发达地区。其实我们一开始就想攻进"东京"，但是进不去，不等于我们把农村作为战略目标。如果把农村作为战略目标，即使我们把农村做好了，照样进不去东京。所以，我们在往"东京"前进的过程中，有些地方做不出来，但是可以先"沿途下蛋"。如果我们把眼光只盯着落后市场，成功以后再来盯发达市场，当你把农村做完时，就已经被时代抛弃了，因为时代发展太快。产品做好了，谁买就卖给谁。

吉田社长：听说您是在44岁创业，是否当初就定好目标，华为一定要成为全球第一的厂家？

任正非：没有。40多岁创业是因为人生换了一次轨道，中国大裁军，整建制把我们部队裁掉，然后我们就要走向市场经济。从军队转业的我，不熟悉市场经济，活不下去，就要找一条活路。被裁军以后，命运是很难的，我是亲身体会的。当时是如何生存下来的问题。从人生的高位跌到谷底，我自己要生存，还要养活父母、老婆、孩子，找不到地方用我，我也不甘心，就只有走向创业。创业时我没钱，我们家夫妻总共领了3 000元人民币转业费，但是注册一个公司需要20 000元人民币，就需要去集资。所以，成立公司时我一分钱都没有了，初创时我自己的工资是每月500元人民币，需要养活全家人。我早期的目标是要生存下来。当时我们并不了解这个世界，也不懂得通信这个产业。所以，从小就想做伟大领袖，一创业就想做世界第一，这不符合实际。人一成功后，容易被媒体包装他的伟大，它没看到我们鼠窜的样子。创业时压力巨大，生存条件很差，完全不明白市场经济为何物，刚从军队出来，认为赚别人的钱，是欺骗行为。经过几年的发展，开始走入快车道。越快，矛盾越多，各种问题聚集，完全力不从心，精神几近崩溃。2000年前，我曾是忧郁症患者，多次想自杀，每次想自杀时就给孙董事长打个电话。当时我知道这是一种病态，知道关键时刻要求救。承受不了这么大的社会压力。国外有些年轻的大公司首席执行官，他们发展比我们快，现在也承受不了压力，问我是怎么过来的。实际上每个人在不同时候的心理状态都不同，我们过去根本没想到要做世界第一。有时候我说"要活下来"，并不完全指经济，还包括思想。外界神话我们，是不符合实际的，真实情况是我们很无奈。直到2006年，服务员们请我在西贝莜面村吃饭，我们坐在大厅，有很多内蒙古村庄的农民姑娘在唱歌，我请她们来唱歌，一首歌3美元。我看到她们那么兴奋、乐观，这么热爱生活，贫困的农民都想活下来，为什么我不想活下来？那一天，我流了很多眼泪，从此我再也没有想过要自杀。那时，我们才把战略目标调整过来，华为几千人、几万人、十八万人一直聚焦在同一个"城墙口"冲锋，每年研发经费150亿~200亿美元，全世界没有一个上市公司愿意投入这么大笔钱到研发。这个时候才萌生要为全人类服务。最近十来年，我们才下定决心要走向世界前列，但不是世界第一，"第一"是社会上给我们编造的。外界为了互联网的点击率，在描写时都想把我们神话了，"在母亲肚子里就想称霸世界、小学成绩好、大学有理想、当兵想当将军……"实际上我初二以前贪玩，成绩并不好，父母管不住我们。后来我当兵时，也不算优秀的军人，我的家庭出身不是贫下中农，得不到重用。我没有想过要当将军这件事，当年做出成绩后，我曾梦想过国家是否能给我中校军衔，结果裁军让我的梦破灭了。所以，我重新再做一个梦时，不可能一开始就梦想得很伟大，我们是走过非常崎岖的道路以后，才开始明确自己的发展方向。其实我并不聪明。我母亲是一个小学校长，每次放学都牵着我的手回家，途中告诉我哪些同学成绩好，如何好。那时候我没有感触，直到今天我才明白当时母亲是在"炼钢"，恨铁不成钢，当初麻木到一点不明白，傻乎乎地度过了人生。网上别神话我，我也许是无能才这么开放。

吉田社长：非常感谢您坦诚了各种想法，您非常谦虚。您刚才说，为了生存下来才创业，为什么会选择通信领域呢？

任正非：我们选择通信，完全是偶然，不是必然。我们当时认为，通信产业很大，只要小小做一点，就能活下来。我们却不知道通信产业这么规范，技术标准这么高，也许走向其他产业，我们的人生会轻松一些。但是，我们已经走上这条路，当时如果退回去，一分钱都没有了，还要面临着还债，所以只有硬着头皮走下来。正好碰上20世纪90年代世界电子工业在转型，从模拟电路转到数字电路，数字电路比模拟电路简单很多，我们小公司也能做一点事情。日本在模拟电路领域非常成功，如果当时我们去做运算放大器，简直没有可能。脉冲电路，小公司也有一点可能性了。那时，全世界整个通信包括电子工业，都处于落后状态，落后的产品还有一点市场。所以，在跟随世界发展的过程中，我们逐渐赚了一点点钱，并成长起来。选择通信，不是英明，而是我们确实不知道这条路有多难。如果我们早知道通信如此之难，可能还要付出自己的生命代价，那时我们就不走这条路了。因为中国改革开放时，各种机会都很多，也可以选择走其他道路。所以，选择通信是偶然，走上这条路，就没有后退之路了。上次我与台积电张忠谋交流，他问："为什么我们俩走的道路不一样？"我说，第一，台湾地区开放早，他有20多年在美国留学和工作的经历，看过美国大电子产业是如何成长的；台湾地区比大陆早发展20多年，积累了资本，所以台湾当局能给他提供2亿美元创业。大陆在改革开放之前，基本没有大工业，也没有积蓄过人才和经验，更没有积累起资本，当我们创业时，政府不仅没钱资助我们，注册公司时还需要交2万元人民币。第二，80年代中期，世界走上电脑时代后发展非常快，我们是不明白电脑的，年轻小孩也不明白，但是他们年轻，如果不把他们拥抱进来，就无法完成新陈代谢的迭代。他们进来以后，如果像对待"农民工"一样砌一块砖给1元钱，他们肯定会离开，我们的技术就没有积累。我们就发明了一个方法，把股票分给大家，大家认为"长城"每一块砖都有他的份，走了就没有啦，所以大家都留下来了，同时公司通过股票认购也积累了一些资本。当时是一个权宜性措施，没想到后来成为一个机制。公司早期，我们有一些员工并不能干，但为什么股票多，因为我没钱给他发工资，就给他发股票。当然，我们现在有规范的配股机制，但是早期没有机制，工人也拥有很多股票。内部股份制，也是在当时没有环境、没有条件产生的机制，经过20多年的完善，它现在已经变成了很有战斗力的机制。所以，与台湾地区不一样，我们是典型的穷人又没有知识和技术的创业模式。那个时候，我们是穷人，面对新的信息社会，我也算没有知识的人，我必须要去拥抱知识、拥抱资本，只能采取这个方法。

吉田社长：通信行业变化非常大，也是非常快的。2000年左右，互联网泡沫崩溃，一些通信行业的大公司也发生很大变化，比如摩托罗拉没了，阿朗有很多整合，诺基亚相比之前衰弱了。您对海外的通信大企业有什么看法和评价呢？

任正非：互联网泡沫破灭时，我们也面临非常严重的危机，不仅是外部危机，还包括内部危机。那时我们的思想系统、管理系统和行政系统都还是一盘散沙，不少人拿着公司的资源去外部创业，不承担公司的风险、责任，这种情况也是存在的。外部的风险，我们与所有西方公司一样，遭遇了市场的滑铁卢。我们在忍无可忍的情况下，召开了400人的高级干部大会，学习了德国克劳塞维茨的《战争论》。什么叫领袖？在茫茫的黑暗中，发出一丝丝微光，照亮前进的道路，引导大家走出黑暗。当时我们是濒于崩溃，这400多人团结起来了，在公司最困难的时候，走出了这个困境。这种悲惨的状况，我们才过去十五六年。我们派出了一大批人员到海外去争取市场，欢送他们走向海外的标语口号是非常悲壮的，"青山处处埋忠骨，何必马革裹尸还"，壮士一去可能就不复返了。那时，整个非洲处于动乱和战争环境。在俄罗斯这个国家，我们换了四任总裁，第四任总裁做出了全球第一个外贸合同——36美元，我们是从那种情况起步的。今天我们的销售收入能达到1 100亿美元，不要忘了有"36美元的辉煌"。

吉田社长：互联网泡沫肯定对华为也是一场危机，但正是在互联网泡沫之后，华为与其他西方公司拉开了差距。您是否认可我这个看法？

任正非：我认为，互联网泡沫对我们是危机，对西方也是危机。那时我们下定决心退到最低位置上前进，有个战略叫"鸡肋战略"，鸡肋骨是最没肉的。当时，北电在光的问题上犯了最大错误，由于过剩，光传输非常便宜，以至于许多公司放弃。相对别的来说，低端的光传输技术就比较简单一些，我们就集中力量到这儿来找机会。我们也已经到了最低点，退无可退，在别人不做的领域，我们选择抓住"鸡肋"，努力发展。这个产品，那时我们在世界排名应该是几十位，随着低端的光传输一点点成功，一点点往上走，今天我们在光通信领域才能领先。

吉田社长：今天您的讲话给我留下很深刻的印象，我想带几个观点回我们公司。比如您刚才提到，虽然"以客户为中心"，但不完全百分百听客户的声音。又如您刚才说，选择通信行业不是必然，而是偶然，对于我们来说，比较吃惊。

任正非：我本身不是学通信，大学学的是建筑专业，所有电子技术都是我自学的。大学毕业以后，我的第一个职业是养猪，那个年代大学生要接受工农兵的再教育，刚好我被分到炊事班养猪，就是利用那段时间我自学的电子技术。因此，选择通信行业是偶然的，对这个行业太不理解，以为好做，就挤进来了。中国房地产蓬勃发展，我应该选择当个包工头，挣钱还快一些。

吉田社长：从对世界贡献来看，幸好您选择的通信，是选对了。

高桥洋（索尼中国区总裁）：听说您很少接受媒体采访。有一个普遍看法，公司领导接受媒体采访会对公司品牌有好处。您对媒体采访和品牌的关系有什么看法？

任正非：品牌最根本的是诚信，而不是宣传。我主要是比较害羞，不敢出席大会，不善于接受媒体采访，可能镜头一对准我，我就傻了。我不善于系统性表达，点对点的提问回答可能还比较擅长。我接受达沃斯的采访，其实是被骗去的，当时他们只是说闭门会议，我以为就像跟你们这样面对面开会，直到采访前一天晚上才知道是全球直播。

3. 关于开放合作

吉田社长：介绍一下我个人的情况。6年前，我也来过华为，当时我在公司主要负责固网。当时我们计划从2013年开始做这方面的服务，选定用华为的终端，虽然我们内部也有反对华为的声音，而且只是1 000万美元的小合同，但是2012年来到华为，发现华为各位都欢迎我们。我们听到了愿景的介绍，也听到"以客户为中心"的想法。

任正非：在3D镜头上，我们愿意与索尼加强合作。当然，以下内容只是代表我个人意见，不代表组织意见，我讲了以后，他们会去给领导层传达，领导层是否接受这个观点，形成决议以后会告诉你。第一，在镜头的研究上，我们有很多先进的技术，可以考虑授权你们把我们先进的技术告诉苹果，让苹果使用，但我们不反向要求苹果把他们的秘密告诉我们。希望在这个世界上，我们共同来服务人类社会。第二，在电源技术上，目前我们应该是领先苹果的，是否可以考虑给苹果供应电源模块，提高苹果手机的耐电强度；或者我们授权苹果生产，只收专利费用。我的思想是很开放的，但还需要公司董事会决策批准我的想法。

吉田社长：好像从某一时期开始，华为就明确了开放战略。开放战略是否指与合作伙伴一起共存下来？

任正非：是的。